高等学校经济管理类主干课程教材

Design of Accounting System

会计制度设计

（第3版）

陈艳利 编著

中国人民大学出版社
· 北京 ·

前 言

作为会计管理的一项基础性工作，科学地设计企业会计制度，是会计制度设计人员着力研究的重要问题，对于实施企业会计准则、加强企业经济管理工作，具有重要的现实意义。

会计制度设计作为会计学科的分支学科，是对会计学专业基本理论和方法的综合运用和具体实践。本书有助于会计学等专业的学生全面理解会计制度设计的基本理论与主要技能，并在会计工作实践中，有针对性地设计各具特色的会计制度。

本书遵循《会计法》《企业会计准则》的要求，在广泛吸收最新科研成果的基础上，力图反映近期我国会计制度改革的最新要求（按照截至 2021 年 4 月 1 日的会计准则修订）。全书系统地阐述了会计制度设计的基本理论、主要组织、具体方法与操作技能，力求在突出基础理论的同时，满足实践业务所需。

本书共分 13 章，分别是会计制度设计概论（第 1 章）、会计制度总则设计（第 2 章）、会计组织系统设计（第 3 章）、会计科目设计和会计核算系统设计（第 4，5 章）、内部控制与核算方法设计（第 6～12 章），以及责任会计制度设计（第 13 章）。孙光国教授、刘英明副教授为本书提供了建设性意见。会计专业研究生毛斯丽、刘语嫣、张曼娜参与了教材内容的收集和整理工作。

会计制度设计是一门技术性和挑战性均很强的学科，本书为明确各章架构、突出重点和难点，每章开篇设有内容导图；为帮助学生更好地理解和掌握各章内容，每章内附有案例，章后设有思考题、练习题和实训题，以此增强会计制度设计方法的可操作性。此外，在编写过程中，根据内容需要，设置了“内容拓展”和“特别提示”专栏，便于学生对相关问题加以思考。需要说明的是，本书案例部分除由作者编写外，大都摘自公开出版的文献和网络资料，并在引用中加以适当的删改，在此，谨向有关文献资料的作者表示谢意！

本书在编写过程中得到了东北财经大学会计学院领导的支持和中国人民大学出版社的帮助，在此一并致以诚挚的谢意！

由于水平有限，书中不足与疏漏之处在所难免，欢迎读者和同行批评指正。

陈艳利

目　录

第1章　会计制度设计概论 …… 1

第1节　会计制度设计的意义 …… 2

第2节　会计制度设计的原则 …… 4

第3节　会计制度设计的程序 …… 7

第4节　会计制度设计的方法 …… 14

第2章　会计制度总则设计 …… 22

第1节　会计制度总则设计的作用 …… 23

第2节　会计制度总则设计的原则 …… 23

第3节　会计制度总则设计的内容 …… 24

第3章　会计组织系统设计 …… 42

第1节　会计机构的设计 …… 43

第2节　会计人员岗位责任制设计 …… 47

第3节　会计档案管理的设计 …… 51

第4节　电算化会计系统的设计 …… 56

第4章　会计科目设计 …… 65

第1节　会计科目设计的意义与原则 …… 66

第2节　会计科目设计的内容 …… 69

第3节　各类会计科目的设计方法 …… 78

第5章　会计核算系统设计 …… 92

第1节　会计凭证的设计 …… 93

第2节　会计账簿的设计 …… 113

第3节　财务会计报告的设计 …… 125

第4节　会计核算组织程序设计 …… 143

第6章　货币资金的内部控制与核算方法设计 …… 147

第1节　货币资金内部控制原则与设计要求 …… 148

第2节 货币资金核算方法的设计 …… 152
第3节 货币资金业务核算程序的设计 …… 161

第7章 采购与付款的内部控制与核算方法设计 …… 168
第1节 采购与付款内部控制要求与原则 …… 169
第2节 采购与付款核算方法的设计 …… 173
第3节 采购与付款业务核算程序的设计 …… 178

第8章 生产制造的内部控制与核算方法设计 …… 184
第1节 生产制造内部控制要求与原则 …… 185
第2节 生产制造核算方法的设计 …… 186
第3节 生产制造业务核算程序的设计 …… 198

第9章 销售与收款的内部控制与核算方法设计 …… 208
第1节 销售与收款内部控制要求与原则 …… 209
第2节 销售与收款核算方法的设计 …… 212
第3节 销售与收款业务核算程序的设计 …… 221

第10章 存货的内部控制与核算方法设计 …… 225
第1节 存货内部控制要求与原则 …… 226
第2节 存货核算方法的设计 …… 229
第3节 存货业务核算程序的设计 …… 232

第11章 投资、筹资的内部控制与核算方法设计 …… 239
第1节 投资、筹资内部控制要求与原则 …… 240
第2节 投资、筹资核算方法的设计 …… 243
第3节 投资、筹资业务核算程序的设计 …… 256

第12章 固定资产、无形资产的内部控制与核算方法设计 …… 267
第1节 固定资产、无形资产内部控制要求与原则 …… 268
第2节 固定资产、无形资产核算方法的设计 …… 270
第3节 固定资产、无形资产业务核算程序的设计 …… 279

第13章 责任会计制度设计 …… 285
第1节 责任会计制度设计的意义与原则 …… 286
第2节 责任中心的设计 …… 288
第3节 责任核算系统的设计 …… 296
第4节 责任会计报告的设计 …… 300

参考文献 …… 305

第1章

会计制度设计概论

内容导图

会计制度是进行会计工作的规范。它是进行会计核算、监督工作的规范，是会计工作应该遵守的工作准绳。要使会计工作能够真正发挥核算与监督的作用，就必须建立科学的会计制度，使会计工作有组织、有秩序地进行。

通过本章的学习，学生要了解会计制度设计的意义；掌握会计制度设计的基本内容；了解与领会会计制度设计的基本原则；理解会计制度设计的基本程序；掌握会计制度设计的方法。

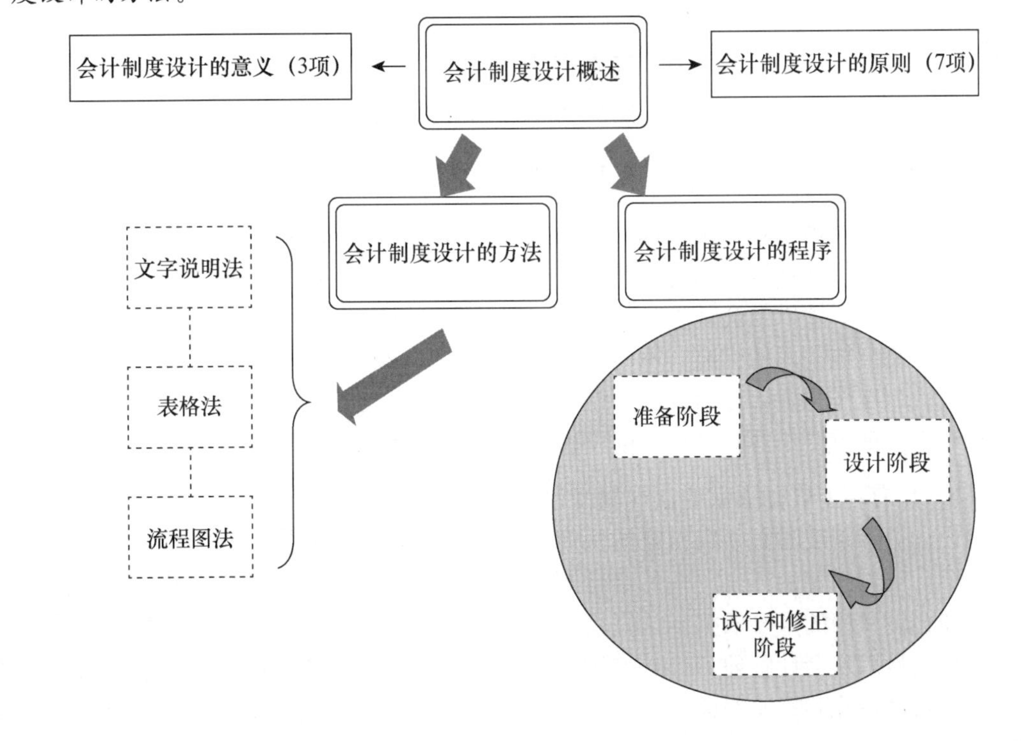

第1节 会计制度设计的意义

会计制度是由政府部门、单位通过一定程序制定的具有一定强制性的会计行为准则和规范，是在会计核算和监督过程中，所有与会计业务有关的成员都应遵守的程序和规范，是会计规范体系的重要组成部分。会计制度有广义和狭义之分。广义的会计制度包括：会计组织制度，如《会计人员继续教育规定》《会计档案管理办法》等；会计核算制度，如《企业会计准则》（包含基本准则和具体准则）、《企业会计制度》等；会计业务流程制度，这类制度散见于相关的会计制度之中。狭义的会计制度仅指会计核算制度。本书中的会计制度均指广义的会计制度。

《中华人民共和国会计法》（简称《会计法》）第八条明确规定："国家实行统一的会计制度。国家统一的会计制度由国务院财政部门根据本法制定并公布。"这里所说的"统一的会计制度"包括的内容如图1-1所示。

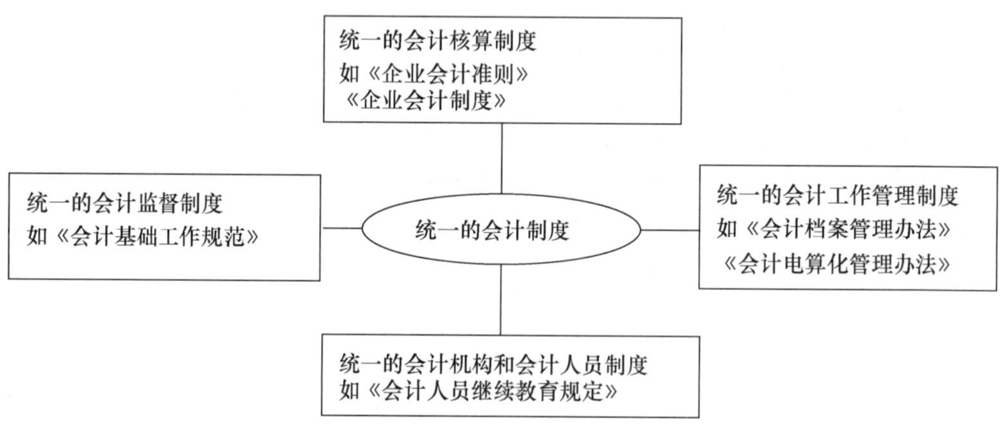

图1-1 统一的会计制度

作为会计管理的重要组成部分，会计制度设计是以一定的理论、原则为指导，根据有关法律法规和规章，结合会计工作实际，采用文字、图表等形式，对全部会计事务和会计处理手续以及会计人员的职责进行系统规划的工作。

会计制度按不同的标准有不同的分类，如图1-2所示。

会计制度作为会计行为规范，是各单位组织会计工作的重要依据，也是各单位做好会计工作的重要条件。会计制度设计的意义可概括为以下几个方面。

（一）有利于贯彻国家的法规制度和财经政策

设计会计制度时必须以国家的法规制度和财经政策为依据，不能与之相背离。依据《会计法》制定的国家统一的会计制度，是生成会计信息的重要标准，是规范会计行为和会计秩序的重要依据。认真贯彻实施用于规范会计核算、会计监督、会计机构和会计人员以及会计管理工作等的国家统一的会计制度，是贯彻落实《会计法》各项规定的具体措施和重要保证，对于依法进行会计核算，实行会计监督，规范会计秩序，

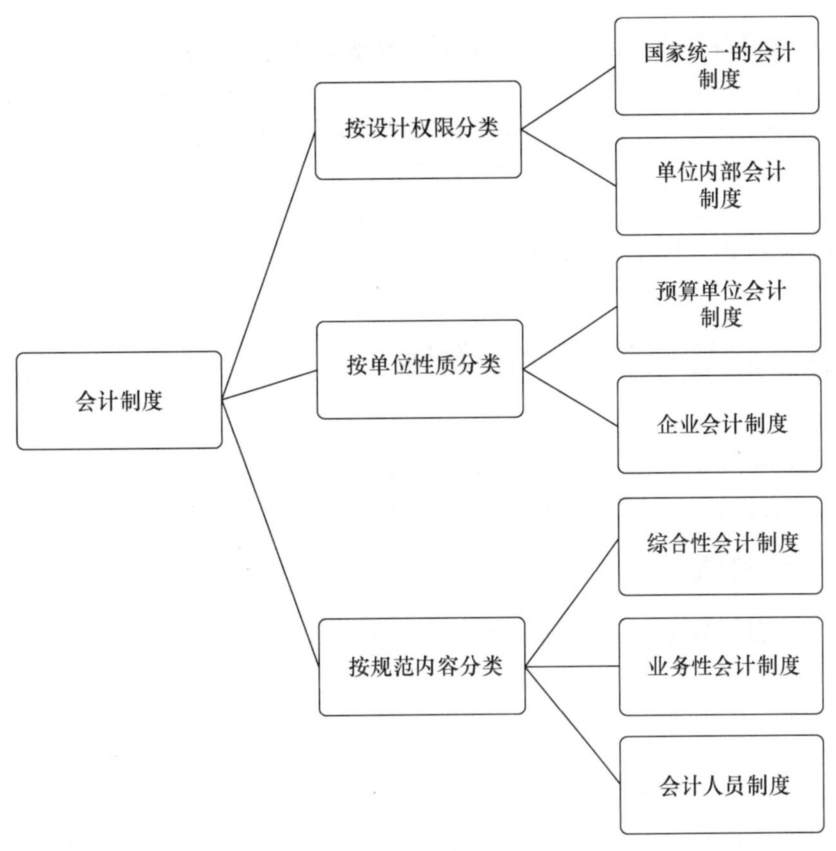

图 1-2　会计制度分类

提高信息质量，加强会计监管，维护公众利益，都有十分重要的意义。①

（二）有利于提高经济管理水平，保证会计工作顺利进行

从宏观上看，国家在制定计划和政策、开展综合平衡工作时需要高度概括的会计资料，这些会计资料是通过编制汇总会计报表获得的，汇总会计报表的编制要以各地区、各部门会计指标的相互可比为前提。全国统一的会计制度从宏观角度对会计工作提出普遍的、共同的要求，通过强制执行，为汇总会计报表的编制提供了重要的保证，从而加强了综合平衡工作，提高了全社会的经济管理水平。

从微观上看，各单位不但要执行统一的会计制度，还应结合自身经营管理的具体情况，自行设计出适用于本单位的会计制度，解决个性问题，要有一定的针对性。贯彻执行会计制度，有利于保证会计资料的真实、完整、可靠，从而提高经营管理水平。

通过会计制度的约束，可以纠正一些会计工作混乱、管理松懈的现象，有效抑制不设账、造假账等违法行为，从而保证会计工作顺利进行，提高会计工作效率，保证会计工作质量。

① 参考财政部 2019 年 10 月 31 日发布的《关于加强国家统一的会计制度贯彻实施工作的指导意见》（财会〔2019〕17 号）。

（三）有利于加强会计管理，及时准确地提供会计信息

加强会计管理工作是企业发展的重要保证。会计制度设计对会计机构的设置、会计人员的配备、职责分工、岗位责任制以及业务工作程序等进行科学合理的规划，为会计管理工作提供了依据和保障，促进会计工作正常、顺利进行。会计的主要任务是向信息使用者提供对决策有用的会计信息，会计制度设计规划了会计信息收集、加工、对外报出的程序与方法，保证会计信息提供的及时性和准确性。

第2节 会计制度设计的原则

会计制度设计是一项技术性强、复杂且严肃的工作，要想设计出科学合理的会计制度，充分发挥会计制度的作用，应遵循一定的设计原则。主要有以下几项。

一、合规性原则

设计会计制度时，必须符合国家法律法规和政策的规定。《会计法》是我国会计工作的根本大法，是最高层次的规范，是办理会计事务依据的基本法。它对会计核算、会计监督、会计机构、会计人员、法律责任等内容作了规范，各单位必须依其规范会计事务。

《企业会计准则》和《企业会计制度》是企业进行会计核算工作的规范，是企业会计工作自由度和统一度相平衡的标准。就我国企业会计准则而言，包括基本准则和具体准则两个层次。会计制度设计必须符合基本准则中一般原则的规定，符合会计要素确认、计量的规定，也要与具体准则相协调，同时要遵守《企业会计制度》的规定。

内容扩展

相关会计法律法规总结如表1-1所示。

表1-1 会计法律法规总结

法律法规	年份	改革过程
《中华人民共和国会计法》	1985	第六届全国人民代表大会常务委员会第九次会议通过
	1993	根据第八届全国人民代表大会常务委员会第五次会议《关于修改〈中华人民共和国会计法〉的决定》修正
	1999	第九届全国人民代表大会常务委员会第十二次会议修订，自2000年7月1日起施行
	2016	《财政部会计司2016年工作要点》中提出组织修订《中华人民共和国会计法》
	2017	第十二届全国人民代表大会常务委员会第三十次会议修正，自2017年11月5日施行
	2019	2019年10月23日，财政部发布《中华人民共和国会计法修订草案（征求意见稿）》向社会公开征求意见，截至2021年12月1日，新《会计法》尚在修订中

续表

法律法规	年份	改革过程
《政府会计准则》	2014	国务院批转财政部制定的《权责发生制政府综合财务报告制度改革方案》，确立了政府会计改革的指导思想、总体目标等
	2015	《政府会计准则——基本准则》公布，自 2017 年 1 月 1 日起施行
	2016	财政部印发《政府会计准则第 1 号——存货》《政府会计准则第 2 号——投资》《政府会计准则第 3 号——固定资产》《政府会计准则第 4 号——无形资产》，自 2017 年 1 月 1 日起施行
	2017	财政部印发《政府会计准则第 5 号——公共基础设施》《政府会计准则第 6 号——政府储备物资》，自 2018 年 1 月 1 日起施行
	2018	财政部印发《政府会计准则第 7 号——会计调整》《政府会计准则第 8 号——负债》《政府会计准则第 9 号——财务报表编制和列报》，自 2019 年 1 月 1 日起施行
	2019	财政部印发《政府会计准则第 10 号——政府和社会资本合作项目合同》，自 2021 年 1 月 1 日起施行①
《企业会计准则》	1992—2006	1992 年底发布《企业会计准则——基本准则》，之后陆续发布了 16 个具体准则
	2006	发布了新的《企业会计准则》，从 2007 年 1 月 1 日起施行，标志着中国的会计准则与国际会计准则实现了实质性趋同
	2014	发布新的《企业会计准则》，对基本准则和 8 项具体准则进行修订
	2017	财政部修订《企业会计准则第 14 号——收入》《企业会计准则第 16 号——政府补助》《企业会计准则第 22 号——金融工具确认与计量》《企业会计准则第 23 号——金融资产转移》《企业会计准则第 24 号——套期会计》《企业会计准则第 37 号——金融工具列报》
	2018	财政部修订《企业会计准则第 21 号——租赁》
	2019	财政部修订《企业会计准则第 7 号——非货币性资产交换》《企业会计准则第 12 号——债务重组》，发布了《企业会计准则解释第 13 号》②
	2021	财政部印发《企业会计准则解释第 14 号》，自 2021 年 1 月 1 日起施行
《企业会计制度》	2000	财政部印发《企业会计制度》，于 2001 年 1 月 1 日起执行，适用于小企业和金融保险企业以外的其他企业
	2004	财政部发布《小企业会计制度》，自 2005 年 1 月 1 日起实施
	2001	财政部印发《金融企业会计制度》，自 2002 年 1 月 1 日起实施，适用于中华人民共和国境内依法成立的各类金融企业
	2011	《金融企业会计制度》废止，金融企业执行《企业会计准则》
	2013	《小企业会计制度》废止，小企业开始执行《小企业会计准则》，新准则在核算方法上兼具小企业自身的特色，简化核算要求

① 参考财政部 2019 年 12 月 24 日发布的《关于印发〈政府会计准则第 10 号——政府和社会资本合作项目合同〉的通知》相关内容。

② 参考财政部 2019 年 12 月 16 日发布的《关于印发〈企业会计准则解释第 13 号〉的通知》相关内容。

续表

法律法规	年份	改革过程
《中华人民共和国注册会计师法》	1993	第八届全国人民代表大会常务委员会第四次会议通过，1994年1月1日起施行
	2014	新修订的《中华人民共和国注册会计师法》在第十二届全国人民代表大会常务委员会第十次会议上通过并自发布之日起实施，本次修订是针对注册会计师行业行政审批事项的专项修改，有利于完善注册会计师行业管理体制，不断提高注册会计师行业的法治化、规范化、市场化水平
	2021	2021年10月15日，财政部发布《中华人民共和国注册会计师法修订草案（征求意见稿）》，向社会公开征求意见

二、真实性原则

会计工作的基本目标就是提供会计信息。一个单位的会计核算以及通过会计核算所提供的会计信息不仅仅是单位内部事务，更关系到投资者、债权人、国家、社会公众等多方面的利益。企业在进行会计制度设计时，对会计核算的依据、会计核算的内容和基本程序的设计等必须符合法律有关会计信息生成和披露的规定，以规范会计核算秩序，保证会计信息真实、完整。

三、科学性原则

科学性原则的含义有两个：一是系统性，即设计会计制度时要从整体上考虑，不能顾此失彼。设计出的会计制度与其他制度不能相互矛盾，必须口径一致，相互协调，互为补充，并与之构成一个有机的制度体系。各项内部控制制度之间也应相互照应，协调一致。二是合理性，即设计出的会计制度既要有利于提高会计工作质量，又要简便易行；既要符合会计理论，又要有利于会计实践；既要适应手工操作，又要符合会计电算化要求。

四、针对性原则

企业会计制度是企业对其生产经营活动进程进行会计管理的章程，因此企业会计制度设计一定要从实际出发，针对单位的具体实际进行设计。企业作为国民经济的细胞，其设立形式、组织机构、规模大小、经营范围、经营方式等千差万别，即使同一部门的不同行业、同一行业的不同企业之间，也各有其具体特点，因此，设计会计制度，切忌生搬硬套，必须符合客观实际，才能行之有效。

五、有效性原则

会计制度设计的有效性指制度实施后能有好的成效，有效的会计制度能够帮助企业合理设置会计机构以及优化会计人员的配置，提高会计工作的效率。另外，会计制度的实施应有助于会计信息的产生、加工、处理、存储、传输、反馈与利用。有效使用会计信息，有利于加强经济核算，使企业合理使用资金，促进增产节约，减少损失浪费。

六、效益性原则

对会计制度设计来说，效益性原则就是在目前的经济发展水平和经济政策下，通过制度收益和制度成本的比较来选择制度效益最大的制度设计方案。一是要尽量节约设计费用，例如，能自行设计的就不要聘请注册会计师或咨询顾问，能小范围修订的就不要全面铺开；二是要充分考虑会计制度运行的经济性，例如，一项会计信息用一个指标能反映，就不要设计两个。在进行会计制度设计时，要尽量以最少的花费取得最佳的监督、核算效果。

七、适应性原则

会计制度是指导会计工作的规范性文件，一经建立，就应保持相对稳定，不宜经常改变，特别是有关经济业务的会计处理方法应保持相对稳定，以便于执行，避免造成会计核算方面的混乱和会计信息失真。

会计制度设计的稳定性并不是说会计制度是一成不变的，相反，会计制度要适应一定的经济体制和管理要求，并随经济体制、企业规模、经营特点的变化而变化。《中华人民共和国会计法修订草案（征求意见稿）》第二十二条规定："单位采用的会计处理方法，前后各期应当一致，不得随意变更；确有必要变更的，应当按照国家统一的会计制度的规定办理。"① 这就要求进行会计制度设计时，要对企业未来一定时期内的发展情况作出恰当的估计，以保证会计制度具有一定的适应能力。同时，一个新的制度正式投入使用前，应采取谨慎的态度进行小范围试验，不断修改完善，切不可操之过急。

第 3 节　会计制度设计的程序

会计制度设计的程序是指设计各项会计制度时应分为几个阶段，按什么步骤进行，它是从确定设计项目到具体进行设计，再到付诸实践的全过程。明确会计制度设计的程序，可以使会计制度的设计工作有条不紊地进行，提高工作效率。会计制度设计的程序主要包括以下几个阶段（如图 1-3 所示）。

一、准备阶段

准备阶段是会计制度设计基本程序的第一个环节。要达到预期的目的，在很大程度上取决于设计的准备工作是否做得充分、细致、周全。这一阶段的工作包括三大方面，分别是确定设计的内容和目的、制定设计方案和设计规划以及调查研究。

---

① 财政部 2019 年 10 月 23 日发布的《中华人民共和国会计法修订草案（征求意见稿）》中第二章会计核算修改了部分条款表述。截至 2021 年 12 月 1 日，新《会计法》仍在修订中。

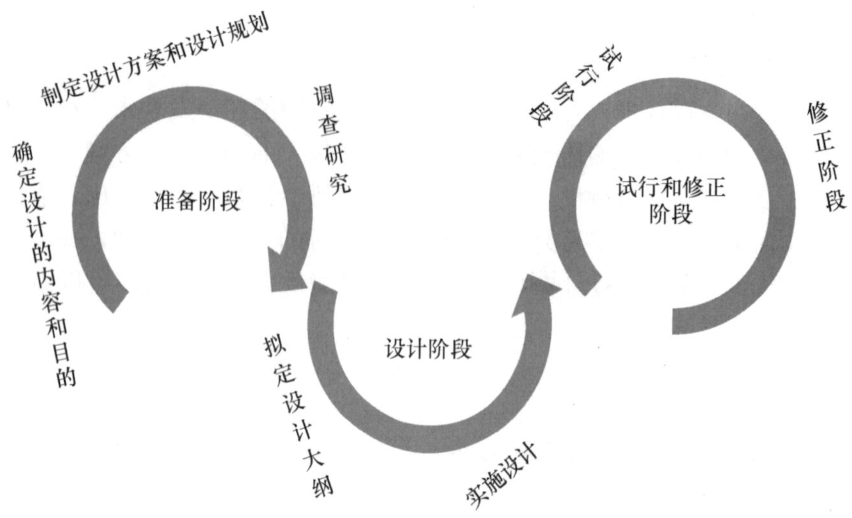

图1-3　会计制度设计的程序

（一）确定设计的内容和目的

会计制度的设计工作，根据所涉及的范围可以分为全面设计和局部设计两种类型。全面设计是指设计整套的会计制度，包括：会计机构的设置，会计人员的配备，会计科目的设置及使用说明，会计凭证、账簿、报表的设计，会计核算组织程序的设计，内部控制制度的设计，以及主要业务的会计处理程序。局部设计是指对部分经济业务的设计，包括修订性设计和补充性设计两种。会计制度的设计工作，从设计内容方面又可分为会计核算、会计控制、会计组织三方面。不同类型、不同内容的会计制度在设计上有不同的要求。因此，在设计会计制度之前，首先要明确设计的内容和目的，以便合理地安排设计工作，提高工作效率。

（二）制定设计方案和设计规划

制定设计方案即拟定设计的计划。其内容一般包括以下几方面。

1. 确定设计的时间安排

时间安排要根据设计类型来确定，如为全面设计，时间要长一些，否则可短一些，要有一个进度表。

2. 明确设计的内容

设计的内容是指设计什么项目。例如，全面设计要求列出一个设计清单，列明所要设计的项目。局部设计则应列出设计所涉及的具体部分及这些部分所涉及的具体项目。修订性设计要列清修改的项目和修改的内容。

3. 配备一定的设计人员

根据设计的内容和工作量，要配备一定数量的设计人员。选派会计制度设计的工作人员时，要根据设计内容配备各方面的人员：具有丰富的实践经验、对本单位情况了如指掌的高级会计师、会计师；来自会计教学和会计研究领域、具有厚实理论功底的会计专家；见多识广、对不同行业和不同企业会计工作现状有充分了解的注册会计师等。参加设计的人员数量要根据设计内容来确定。

（三）调查研究

调查研究是设计会计制度的基础，只有在充分调查研究的基础上，才能设计出高质量的会计制度。调查研究的内容一般包括以下几项。

1. 了解企业生产经营的实际情况

主要调查企业的性质与规模、产品的特点、生产工艺过程与特点、原材料供应情况、市场情况与产品销售情况、生产设备情况、职工人数、筹资方式与资本构成情况、盈利和利润分配情况、机构设置与人员配备情况、定额管理情况、历年的生产经营情况和经济效益等。凡与会计制度设计有关的所有生产经营情况，均须详细调查，作为会计制度设计的参考。

2. 了解企业现行会计制度的执行情况

会计制度设计的工作人员可以选择几个主要问题进行调查：材料采购、验收、货款结算的情况；存货的收、发、结存、清查盘存情况；销售的开票、发货、运输与结算情况；生产费用核算与成本计算方法；内部核算情况；固定资产、工资、货币资金、往来款项的核算情况等。要了解现行会计制度的基本内容、特点、存在的问题和缺陷；科目、报表（包括内部报表）、凭证、账簿的设置及其格式；原始记录的设置及实施情况；主要产品的成本核算方法；成本核算组织体系及有关凭证表单格式；内部控制制度的主要内容及其实施情况等。

3. 征询意见

征询企业领导、各职能部门特别是会计部门以及主要会计人员对新设计的会计制度的要求和意见，以指导设计工作，确定设计工作的整体思路和工作重点。例如，征询材料按什么成本价格进行日常核算、采用什么产品成本核算方法、是否实行定额成本法、实行定额成本法是否具备条件、对内部控制制度的要求、对内部报表指标的要求等。

4. 调查其他相关情况

（1）了解目前统计核算、业务核算的实施情况，存在的主要问题，所用凭证、表单、原始记录的种类及其格式等。

（2）了解组织机构与人员情况。主要了解企业各职能部门与财会部门的机构与人员情况和分工情况、岗位责任情况等。

（3）收集本企业的有关规章制度，如厂规、技术操作规程等，分析其与企业会计制度设计的关系。了解财务、统计、业务核算的实施情况和存在的问题，作为设计会计制度的参考。

（4）熟悉企业会计准则、企业会计制度等国家颁发的有关统一会计制度和财经法令等的内容，特别要了解和掌握国家最近颁布的有关法律、法令、制度和准则，作为设计会计制度的依据。

（5）收集同行业先进企业的会计制度。设计会计制度时，要注意收集同行业先进企业的各种会计制度，作为设计本企业会计制度的参考。

内容扩展

会计制度全面设计的调查研究

企业调查的内容

进行会计制度的全面设计时，企业调查的主要内容如下。

一、企业管理工作的历史和现状

对整个企业管理工作的历史进行回顾，同时对企业管理工作的现状进行总结，在此基础上分析以往企业管理工作中的利弊得失，在新设计的企业会计制度中继续发扬成功的经验，对失败之处则根据实际情况予以修正。这方面的企业调查主要做以下工作：

1. 调查企业概况

调查企业管理的历史和现状以及企业各项管理制度的执行情况。

2. 对企业会计制度集中进行企业调查

（1）调查现有的企业会计制度是否符合实际需要。如果不符合实际需要，则要进一步调查清楚，哪些是因为客观环境的变化过时了，哪些经过修订后还是必不可少的。

（2）调查现有的企业会计制度与企业其他管理制度能否很好地衔接。如果不能很好地衔接，应当查明原因。

（3）从企业管理的总体情况和企业管理的现状来看，调查清楚究竟是否有重新进行企业会计制度设计的必要，如果有必要，那么应当做哪种形式的企业会计制度设计，是全面设计、补充设计还是修改设计。

二、企业生产业务和组织结构情况

在进行企业会计制度总体设计时必须对企业的生产经营现状以及与企业生产经营现状有直接关系的企业组织形式进行深入细致的调查。

1. 企业的主营业务情况

生产企业应调查了解以下情况：企业当前生产产品的种类、数量、质量以及今后的生产发展规划；产品的一般生产方法和工艺流程，是大批量生产还是小批单件生产，是连续式生产还是单步骤生产；耗用的主要原材料和所需的劳务供应情况、半成品的储存情况；产品生产的协作情况和质量管理情况等。商品流通企业和各种提供劳务的企业，应着重调查了解：经营业务的范围、提供劳务的方式；各种业务费用的开支情况；商品的流通渠道和经营方式等。

2. 企业的性质和规模

（1）企业的组织性质。目前我国主要有以下几种企业类型：国有独资企业、有限责任公司、股份有限公司、股份合作制企业、外商投资企业和民营企业等。

（2）企业规模。通常将企业规模划分为特大型企业、大型企业、中型企业、小型企业。不同性质的企业，其组织形式、设立程序和出资方式各不相同，内部的运作程序也各不相同。企业规模不同，其内部的经营活动以及与经营活动密切相关的内部运作方式也各不相同。

3. 企业的组织结构

在企业的组织结构方面通常应调查了解以下内容：企业是集团组织，还是单一的企业组织；企业内部采取何种管理体制；企业设置了哪些分、子公司，又下设哪些生产车间或职能部门；各自的主要职责范围如何等。

4. 本企业与其他企业之间经济联系与合作的方式

这一部分主要调查了解以下内容：企业有哪些合作企业，合作企业如何分类，以什么方式建立与其他企业的经济联系，企业与供应商、代理商之间的关系等。

5. 企业发展的战略方向

企业发展的战略方向是什么？是一体化经营还是多角化经营？通过调查，了解企业的经济合作方式，以便在企业会计制度的总体设计中有针对性地提出切实可行的会计制度。

三、企业财务会计工作的现状

在制定新的会计制度之前，必须对企业财务会计工作的历史和现状进行充分的调查和了解。调查的内容主要包括以下方面。

1. 分支机构的设置及其财务管理情况

主要了解企业中设置了哪些分支机构，属于什么性质；企业以何种方式领导管理这些分支机构；这些分支机构的会计制度是否健全，哪些应加以改善等。

通过调查，可以有针对性地选择与分支机构相互往来的核算形式，确定会计部门对它们实行会计监督的办法以及与分支机构之间业务往来的结算办法等。

2. 企业的会计工作情况

主要了解现有的会计制度及其执行情况。包括：现有的会计制度与企业其他管理制度的衔接配合情况；会计机构的设置情况和会计部门的内部分工；会计人员的文化程度和业务素质情况；企业对今后会计工作的规划、设想及打算。

3. 企业财务管理的情况

主要了解各项长期资金、流动资金、专项资金的来源、构成及使用情况；企业的筹资渠道是否畅通；资金的管理权限和资金的内部调拨使用管理办法；有无对外投资的管理办法和制度，对外投资业务的决策程序是否明确；对长期股权投资核算采用的是成本法还是权益法；有无对重大项目建设的资金管理和控制制度；企业内部成本和费用管理的现状，有关成本费用的管理制度是否健全等。

4. 企业各级经营管理人员、企业内部各个单位需要的会计信息

会计信息对企业重大战略投资决策、日常的企业生产经营管理决策起关键作用。企业的各个部门、各级各层经营管理人员，在职权范围内行使其决策和管理职能时都离不开会计信息。

四、企业财产物资的管理情况

正确核算企业财产物资的收发保管，保证各项财产物资的安全是会计工作的重要内容之一。在进行总体设计前需要对以下内容进行调查。

1. 固定资产的核算与管理情况

主要了解固定资产的构成、企业对固定资产的分类和划分标准；固定资产的收、发、调拨和报废等手续；固定资产的折旧制度和明细核算办法；固定资产的维修、保

养、大修理制度等。

2. 企业的物资供应和保管情况

主要了解主要原材料或库存商品的来源渠道、运输方法；企业物资的采购报批管理制度；采购资金的使用、报销审批制度；采购物资的结算方式；物资供应部门的内部分工情况；采购、供应及储存机构设置情况；物资的盘点与清理制度等。

3. 企业商品的销售情况

主要了解商品的销售方式；企业与代理商、经销商的关系如何，以何种方式与其结算销货款；有无商品促销方式，促销权限的报批审查制度如何；在物流管理上是实行销售单位上门提货，还是由本企业送货到店；销售货款的回收与清理等情况。

五、计划、统计和劳动工资的管理情况

1. 劳动工资管理情况

主要了解职工的招聘、录用管理制度；职工队伍的结构和人员组成情况；职工的培训、考核、定级、辞退制度；企业的工资制度、奖励制度以及福利费开支制度；病假、事假、公假、调休的管理制度；职工劳动保护的管理方法和管理制度等。

2. 计划、统计和其他经营业务的工作情况

主要了解生产计划；固定资产的大、中修理计划；各项资金、成本和利润计划的编制程序和历年的执行情况；产量、工时、机器台班、职工考勤等原始记录的填制、报送和内部流转程序及管理办法；企业统计部门所需的会计资料有哪些；会计核算和会计监督对统计资料及业务资料提出的要求是什么等。

六、其他情况

在制定总体计划时，除了要详细调查了解上述所列的各项情况以外，还要充分了解其他情况，主要包括：与企业所在地有关单位经常性业务的联系；与政府部门的联系等。

企业调查的方法

一般来说，可以采取以下方法开展企业调查。

一、参观采访、个别访谈、召开小型座谈会

有针对性地参观企业生产经营的过程，随机采访有关工作人员，同时召开必要的小型座谈会，是全面了解并占有详尽的企业第一手资料的最有效方法。

只有深入基层，充分了解生产经营活动第一线情况，才能最大限度地掌握和占有基本资料，使企业会计制度的总体设计具有深厚的群众基础，也只有这样，才能使制定的每一项具体会计制度为广大员工所理解和接受，从而使制度顺利地在企业管理过程中得到贯彻执行。

二、广泛查阅和收集企业已有的制度、文件、工作报告等

材料主要包括：原有的各项管理制度、内部管理机构的设置和内部各单位的职责范围；有参考价值的总结资料、工作报告、远期和近期规划等。

通过查阅和收集有关制度，充分了解企业的历史和管理现状，总结出成功经验和应当吸取的教训，从而在新的企业会计制度总体设计中提出巩固、改进的措施和方法，

使设计的企业会计制度能真正满足生产经营管理的需要。

三、随时对调查情况汇总归类

在企业调查中应随时做好调查记录，对查阅或收集到的制度或文件也要有重点地摘录。对某一方面进行企业调查告一段落之后，应对所了解的情况加以综合汇总，用活页记录的形式把各类问题归类整理出来，这样不仅有利于总体设计的顺利完成，而且有利于各项具体企业会计制度的设计工作有条不紊地进行。

二、设计阶段

（一）拟定设计大纲

设计大纲是企业会计制度设计的纲领性文件。科学的会计制度设计大纲可以引导企业以最快的速度、最高的质量、最少的投入完成会计制度设计工作。

一般来说，会计制度的设计大纲应当包括下列内容：

（1）根据国家统一的会计制度的要求初步拟定本企业的会计科目。

（2）初步拟定账簿组织系统图。

（3）主要产品成本流程图。

（4）主要业务工作流程图。

（5）原始记录流程图。

（6）关于采购、销售、筹资、投资、成本、利润等的核算方法和要求。

（7）会计管理工作的总体思路。

（8）会计制度设计的进度计划。

（二）实施设计

1. 设计程序

以最合理的程序设计企业会计制度可以提高企业会计制度设计的效率。企业可以按图 1－4 所示的顺序具体实施会计制度的设计工作。

2. 设计会计制度时应注意的问题

（1）要贯彻国家的方针、政策和法规。

（2）要符合《企业会计准则》《企业会计制度》和其他国家会计制度的规定，不能与之相抵触。

（3）各项会计制度要具体、全面、准确，满足本企业的需要，不要脱离企业实际，更不能模棱两可，同时，要防止简单化，不能只有原则而没有具体内容。

（4）要适应企业业务流程的要求。设计会计制度要充分体现出内部控制和业务流程的要求，以利于控制，提高管理水平。

（5）正确处理各部门的关系。设计会计制度时，要注意处理好会计部门与其他各有关业务部门的关系，相互配合，积极支持，共同搞好企业生产经营管理。

（6）正确处理会计制度与其他制度的关系。设计会计制度时，要注意正确处理会计制度与其他制度的关系，应该从一盘棋出发，相互配合，不能相互背离。

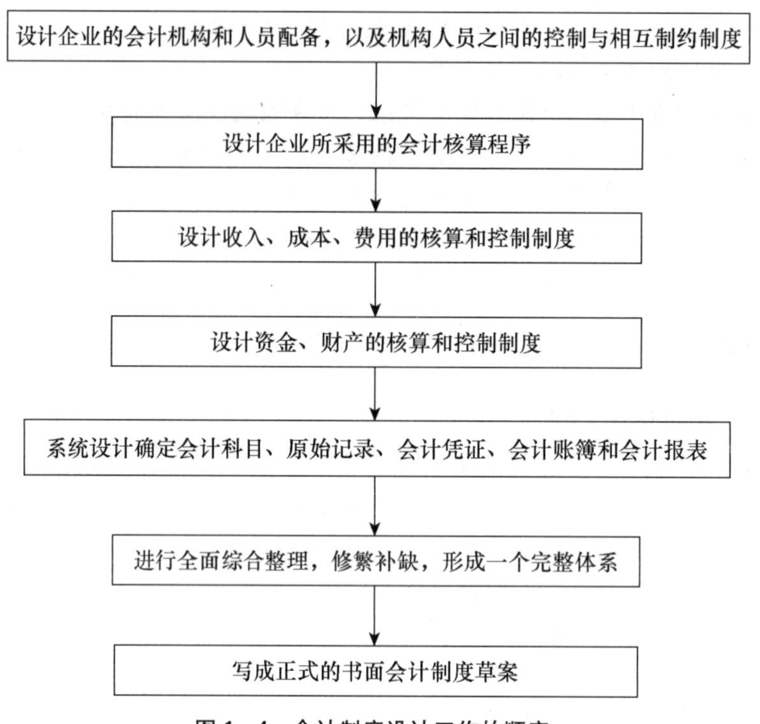

图1-4　会计制度设计工作的顺序

三、试行和修正阶段

会计制度设计不可能一次设计就很完善，会计制度涉及面广，难免有考虑不周之处，因此，必须检查验证。

（一）试行阶段

试行阶段，设计者应深入基层进行现场观察和测定，发现会计制度设计草案中的缺陷和薄弱环节，并听取群众意见，尤其应特别注意各职能部门和会计人员对制度草案正反两方面的意见。会计制度试行中，对某些部分还可根据实际情况，另行拟定几种不同方案，对比试验，以进行优选。

（二）修正阶段

对于会计制度试行过程中出现的问题应随时详细记录，将试行情况进行小结，对正反两方面意见进行筛选，肯定正确部分，对缺陷部分进行修改补充。最后，企业会计制度经修正定稿，作为正式会计制度贯彻实施。

第4节　会计制度设计的方法

会计制度设计的方法是指对会计制度的内容以一定形式予以反映。这些方法一般有文字说明法、表格法和流程图法。

一、文字说明法

文字说明法是将会计制度的有关内容用文字进行阐述，并以法规的形式固定下来，要求企业所有员工必须执行，是会计制度设计中使用最多的方法。其主要特点是以通俗易懂、恰当合理的语言规范会计制度包含的几个方面，并具体到相应的细节部分，既有一定的系统性，又有一定的规范性。

该方法在使用时可用文字单独说明，如会计制度的总体说明，会计科目及其使用说明，内部控制要点等，也可以用文字辅以图式说明，如对会计组织结构及岗位职责、凭证、账簿、报表的使用说明，对各类业务会计处理程序的说明等。应用文字说明法，需要恰当表达有关内容，行文要规范，定义要严谨，语句要确切，避免无关紧要的修饰，要防止冗长，避免使用易误解的句子。同时，以文字说明法表示的会计制度的内容要注意排列得体，同一层次的语句段落要采用相同的字号排列，不同层次的要采用合适的编号形式，如一、(一)、1.、(1) 等。

二、表格法

表格法主要是针对会计制度中涉及的会计凭证、会计账簿和会计报表的格式所采用的一种方法。该方法可以更为直观地说明某个数据的形成及各种数据共同说明的问题，为企业管理者管理企业、完善内部控制、提高管理效率、降低成本提供依据。应用表格法应满足以下三方面要求。

1. 表格尺寸统一

表格尺寸统一也就是会计凭证、账页和报表用纸格式的统一。统一会计凭证用纸大小，有利于会计凭证的编制及装订和保管；统一账页用纸大小，便于账页的登记和装订保管；统一报表用纸大小，既便于编制装订保管，又便于阅读。总之，便于装订保管是统一会计凭证、账页和报表用纸的共同目的。便于会计凭证、账号的编制和登记，是会计人员自身工作的要求；便于会计报表的阅读，则是为使用人员考虑。

为了保证表格用纸规格统一、节约、有效，有关主管部门应确定用纸规格，以便设计人员能在相对集中的用纸规格中选择适合的纸张尺寸。

2. 表格画线标准

在会计工作中所用的表格，其画线方法通常有以下要求：

(1) 表格空边的画线。表格一般由表首、表体和表尾组成。表首反映表的名称、日期等内容；表体以线条划分项目、金额等内容；表尾说明表格经办人员等情况。表格空边则是表体与纸张边缘的空间，设计时要对表格空边作出统一规定，通常表格装订部分空边和表格表首部分空边要留宽些。另外，表体部分的画线也要统一规定，例如表体外围用粗线，表体内部标题线用次级粗线，表体内部空格线用细线。有条件的，亦可对表格画线的颜色作出规定，以规范醒目。

(2) 表格栏次的画线。表格中划分几个大部分的垂直线应该是最显著的线，例如，用垂直线将账页的金额栏划分为借方、贷方及余额栏。在金额栏中不同货币单位的线也应有所区别，例如元与角之间、百元与千元之间、十万元与百万元之间等可用粗线，其他可用细线，以便记账人员定位。在表格中的横线较多较密的情况下，可每隔五条线采用一条较粗的线，这样可以防止记录串行，也便于统计记录的笔数（见表1-2）。

表1-2 三栏式总账

会计科目： 第 页

年		凭证		摘要	借方金额	贷方金额	借或贷	余额
月	日	种类	号数					

3. *表格制作控制*

会计业务中的表格数量在企业所有管理用表格中一般占有较大的比例，为了降低表格制作成本，提高表格使用效率，应对表格制作予以控制。方法是使用表格制定、修改及废止的申请审批程序。具体做法是：首先，凡表格制定、修改和废止，均须填制申请单。随后连同表格样本，送会计主管审核。表格审核要点主要包括：表格是否确实需要，表格内容是否与其他表格有重复或冲突之处；表格制定和修改对有关部门是否有影响；使用是否经济有效；表格联数、尺寸及印数是否经济合算；表格废止理由是否正当，其相关业务是否已不存在或其内容已由其他表格代替或合并等。申请单位审核批准后，对制定、修改后的表格予以编号，并将样本及其使用说明向有关部门或人员公布，对废止的表格要限期及时收回，集中处理。会计主管部门要定期检查表格使用情况，作为表格使用、改进及审查的依据，应定期编制表格控制报告。

三、流程图法

流程图法是采用特定的符号，以业务流程线加以联结，辅之以简要的文字和数字，反映某项业务处理程序和内部控制制度的一种描述方法。会计制度设计中的流程图法是指用一定的图形反映各项业务的处理程序。用该方法反映业务处理程序要比用文字说明法更易为人们所了解和掌握，使用流程图有利于提高工作效率，能为会计电算化创造条件，也有助于审计人员进行内部控制测试，确定审计重点和审查的详细程度。流程图有多种类型，常见的有以下几种。

（一）框图式流程图

框图式流程图是用矩形框图和直线组成的一种流程图，框图内反映所处理的内容，直线反映信息及其载体的传递；框图亦可反映信息及其载体，直线反映处理要求。它常用于简单的业务处理流程，如会计核算形式、业务处理主要环节图等（见图1-5）。

（二）符号式流程图

符号式流程图是用具有一定意义的符号形象地反映业务处理过程的图。它比框图式流程图更直观全面，不仅能反映业务处理部门、人员，而且能反映信息传递、变换的过程和信息载体生成、传递、记录、存档的情况。它广泛用于业务处理程序设计中。

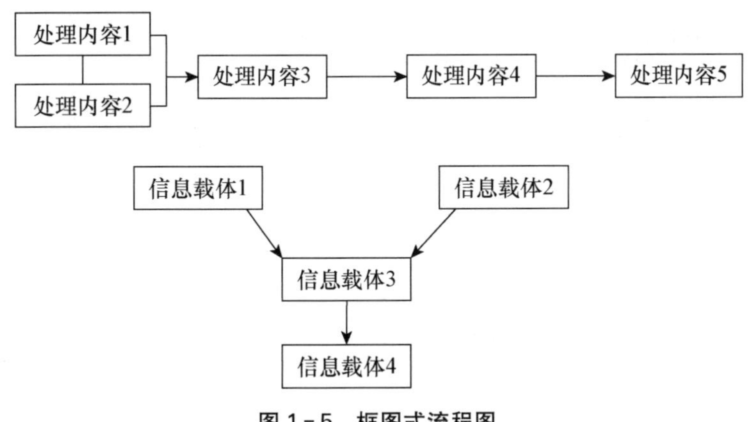

图 1-5　框图式流程图

符号式流程图要事先规定符号及其意义，并规定绘制方式，现分别述之。

1. 符号及其含义

用于流程图的符号（见图 1-6），国际会计界没有专门统一，但在某些国家有专门规定，如美国、澳大利亚、日本等均由国家、行业或协会专门规定流程图符号，我国尚未制定统一的业务流程图符号。

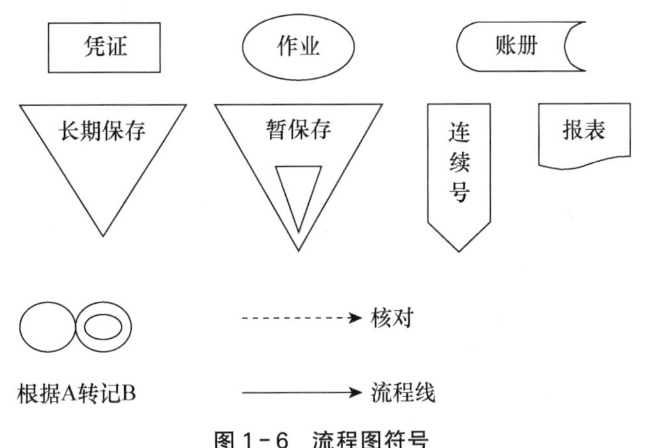

图 1-6　流程图符号

2. 绘制方式

业务流程图的绘制方式一般有两种：一种是纵式流程图；另一种是横式流程图。纵式流程图的绘制方法是：将一项业务处理过程按照先后次序，用一条主线垂直连起来，业务处理过程中发生的单据、凭证以及凭证的分类、记录、归集、汇总等处理步骤，都用具体图式描绘出来。纵式流程图的一个显著特点是：对每个处理步骤都有相应的注释，以简明扼要的文字阐明各步骤的工作内容、控制性质和特点。这种方式较易理解，但难以反映各部门之间的联系。横式流程图的绘制方法则以业务处理过程中各部门的控制和实施范围以及部门之间的联系为基础，横向表示凭证、单据在部门之间和部门内部的传递、分配、记录、归档等步骤。这种方式可系统完整地反映业务处理过程中各职能部门之间的联系，但不便于对各步骤的活动作简单的文字叙述，如果业务内容过于复杂，或图形符号过多，就较难明了整个业务的控制系统（见图 1-7）。

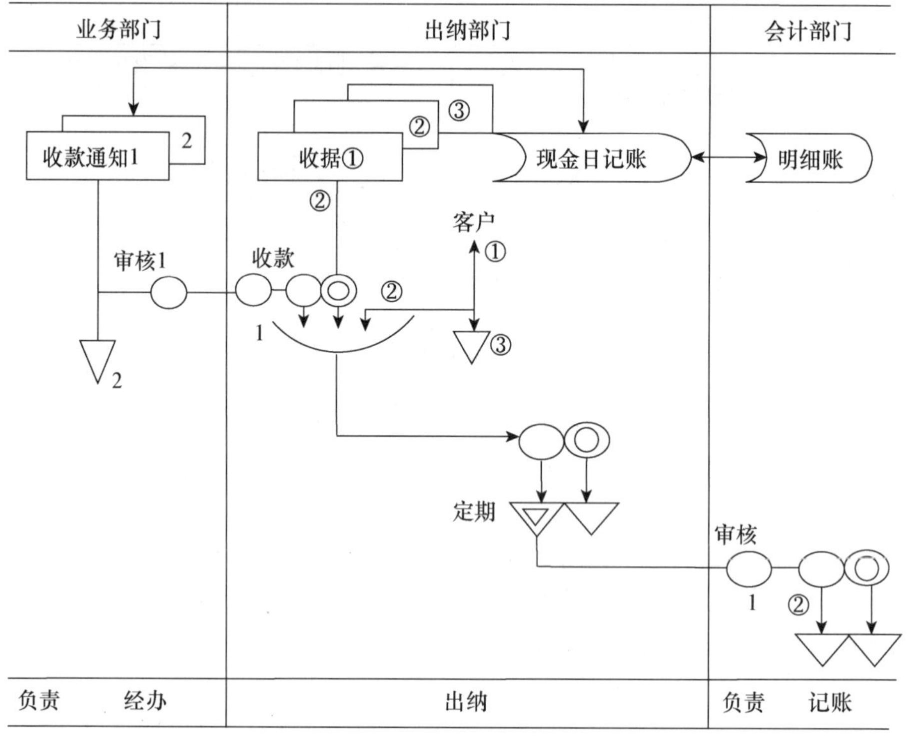

图1-7 横式流程图

案例1-1

北方公司的会计制度设计方法

北方公司在会计制度设计中所采用的方法如下。

一、北方公司差旅费用报销办法

为了规范企业差旅费的报销，合理使用差旅费，特制定本制度。

第一条　凡是出差人员，必须填写《公出审批单》，履行审批程序。各部门人员公出，由各部门负责人审批；执行总裁公出由常务执行总裁审批。

第二条　出差人员以审批后的《公出审批单》到财务部门填写《借款单》借支差旅费。

第三条　差旅费报销标准根据出差人员的职位和出差地点不同而不同。具体如下：

1. 总裁级别的人员：特区出差，交通伙食补助每天200元，住宿费用800元；省外地区，交通伙食补助每天160元，住宿费用600元；省内地区，交通伙食补助每天100元，住宿费用400元。

2. 处级经理：特区出差，交通伙食补助每天120元，住宿费用560元；省外地区，交通伙食补助每天100元，住宿费用440元；省内地区，交通伙食补助每天40元，住宿费用400元。

3. 科级经理：特区出差，交通伙食补助每天80元，住宿费用400元；省外地区，交通伙食补助每天60元，住宿费用160元；省内地区，交通伙食补助每天40元，住宿费用160元。

4. 其他人员：特区出差，交通伙食补助每天80元，住宿费用300元；省外地区，交通伙食补助每天 60 元，住宿费用 160 元；省内地区，交通伙食补助每天 40 元，住宿费用 120 元。

第四条　公出原则上以乘高铁二等座为主，处级以上人员公出乘高铁 6 小时不能到达的，或者遇到紧急公出任务的，经过常务执行总裁审批可乘飞机、软卧、轮船一等舱和二等舱，其他人员经过特批，只可坐普通舱。

第五条　住宿票据核销超标准的部分由个人承担。如住宿自理，按标准的 50%补贴个人其他差旅费。

第六条　如因特殊情况，实际出差天数超过原定计划天数，需要按公出审批程序办理延续手续，否则超过天数的费用不予报销。

第七条　公出人员不允许借公出办私事，绕道乘车。

第八条　公出人员返回本单位后，限三日内持票据到财务报销，逾期一周仍未报销又未说明原因的，在当月工资中扣回借款。

二、北方公司存货报表

北方公司存货报表如表 1-3 所示。

表 1-3　存货报表

编制单位：　　　　　　　　　　年　月　日　　　　　　　　　　金额单位：

科目	行次	期末余额		
		本期计划	本期实际	上期实际
一、库存材料				
1. 原材料				
2. 包装物				
3. 低值易耗品				
二、在途物资				
三、委托加工材料				
四、在产品				
五、自制半成品				
六、产成品				
合计				
附注：				
一、存货全期平均余额				
1. 每百元销售占用的存货资金				
2. 存货周转率				
二、存货包括		账面实际成本	可变现净值	可能发生损失
1. 已经计提变现损失准备的存货				
2. 可变现净值低于成本的存货				
3. 待处理的存货（短缺或毁损）				
4. 已批准进行处理的存货				

会计主管：　　　　　　　　复核：　　　　　　　　制表：

问题：北方公司采用的会计制度设计方法是什么？有何特点？

思考题

1. 什么是会计制度？什么是会计制度设计？
2. 会计制度设计的基本原则有哪些？
3. 为什么要进行会计制度设计？
4. 会计制度设计有哪些步骤？每一步骤都有哪些具体工作？
5. 会计制度设计的方法有哪些？每一种方法的要点是什么？

练习题

1. 单项选择题

（1）根据规定，我国制定企业会计准则和统一会计制度的部门是（　　）。

A. 全国人民代表大会常务委员会

B. 国务院

C. 财政部

D. 中国会计学会

（2）在我国会计规范体系中，居于最高层次的规范是（　　）。

A.《中华人民共和国会计法》

B.《企业财务会计报告条例》

C.《企业会计制度》

D.《会计基础工作规范》

（3）不属于会计制度设计准备阶段的工作是（　　）。

A. 明确设计的内容和目的

B. 制定设计方案和设计规划

C. 调查研究

D. 拟定设计大纲

2. 多项选择题

（1）我国统一的会计制度包括（　　）。

A. 统一的会计核算制度

B. 统一的会计监督制度

C. 统一的会计机构和会计人员制度

D. 统一的会计工作管理制度

（2）从会计制度设计工作所涉及的范围来看，其类型有（　　）。

A. 全面设计

B. 会计核算制度设计

C. 局部设计

D. 会计控制制度设计

(3) 会计制度设计的方法主要有（　　）。

A. 文字说明法

B. 表格法

C. 全面设计法

D. 流程图法

3. 判断题

(1) 会计制度设计的程序主要包括准备阶段、设计阶段、试行和修正阶段。（　　）

(2) 会计制度的设计工作，从设计内容方面可分为会计核算、会计控制、会计管理三方面。（　　）

(3) 会计制度设计的方法一般有文字说明法、表格法和流程图法。（　　）

实训题

请你想办法联系一家企业，以会计制度设计为目的，了解该企业的基本情况：

(1) 该企业的生产经营情况。

(2) 该企业机构设置情况及会计机构设置与会计人员配备情况。

(3) 该企业执行会计制度情况。

(4) 该企业在会计机构与会计人员方面及会计制度执行中存在哪些问题。

第 2 章

会计制度总则设计

会计制度总则是指写在会计制度最前面的概括性的适用于会计工作各个环节的总原则。在我国，一项会计制度的第一章的名称基本上是总则，有时也称为总说明。

通过本章的学习，学生要了解会计制度总则设计的作用；了解会计制度总则设计的原则；掌握会计制度总则设计的内容；掌握会计制度制定前提的设计、会计机构与会计人员总则的设计、会计核算规则的设计、会计控制系统总则的设计。

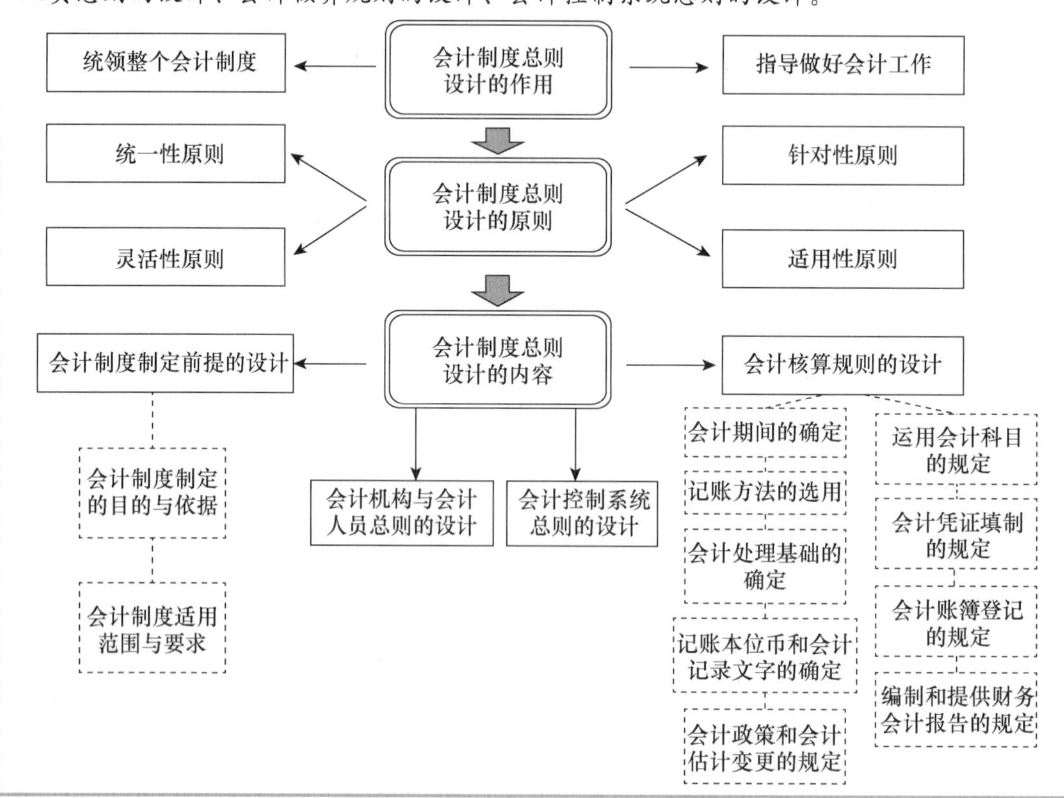

第 1 节　会计制度总则设计的作用

会计制度总则一般包括会计制度制定的目的与依据、适用范围与要求、会计组织机构设置、会计工作任务、会计核算一般原则、记账方法、计量货币、文字选择、财务报告要求等，这些内容概括性地规定了一些指导性的原则和总的要求、总的任务，是企业组织会计工作的重要依据。通过阅读会计制度总则，企业的财会人员和其他人员可以了解会计制度制定的目的、实施的要求，掌握会计制度的总精神，掌握一些指导会计工作的规范，这对会计制度的贯彻实施、明确会计工作任务、做好会计工作有重要意义。

会计制度总则设计的作用主要体现在两大方面。

一、有利于统领整个会计制度

任何一个企业设计适用于本企业的会计制度，都必须说明该制度的制定目的与依据、适用范围、会计工作任务等，这些要求对该制度所包含的内容起统领作用。会计制度后续的所有内容都必须遵循这些要求，在这个框架下去制定。比如，某集团公司制定了一部会计制度，在适用范围方面规定："本制度适用于本集团内所有纳入合并报表合并范围的母公司和子公司的会计核算。"从这个规定可以得知，该集团公司在制定会计制度时，仅仅考虑了纳入合并报表范围的公司的会计核算，不纳入合并范围的公司的会计核算不受其约束。

二、有利于指导做好会计工作

会计制度总则简要概括了会计制度的基本内容和一些原则规定，如会计核算一般原则、计量货币、文字选择、记账方法的选择等。科学地设计会计制度总则的内容对会计工作具有全面的指导意义。

第 2 节　会计制度总则设计的原则

会计制度总则作为会计制度的概括性条文，将会计制度的基本指导思想和会计核算的基本要求完全用文字表述出来，它统驭和说明了整个会计制度。

会计制度总则设计主要遵循以下原则，如图 2－1 所示。

一、统一性原则

统一性是会计制度设计的一条重要原则，在会计制度总则设计中也需要加以明确。首先，统一性体现在会计制度的依法制定、依法实施、依法处理会计事项方面，这是会计制度统一性的最高尺度，以保证国民经济宏观管理与调控所需的会计信息。其次，统一性体现在部门、企业集团、公司内部，统一要求融合于总则之中，即在设计会计

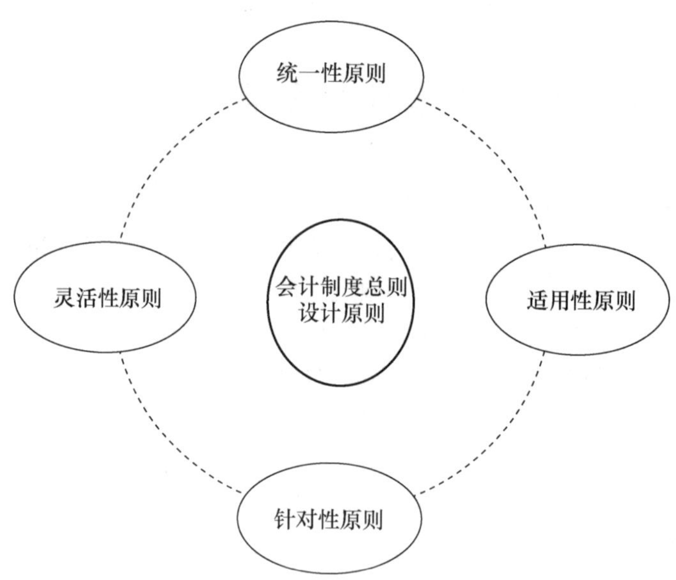

图2-1　会计制度总则设计的原则

制度总则时，应当体现企业规章的基本要求。

二、灵活性原则

灵活性是指在坚持统一性的前提下，应允许会计制度的设计保持一定的灵活性，以适应企业在不同阶段的发展需要。例如，《企业会计制度》总则的第十一条规定：“企业的会计核算方法前后各期应当保持一致，不得随意变更。如有必要变更，应当将变更的内容和理由、变更的累积影响数，以及累积影响数不能合理确定的理由等，在会计报表附注中予以说明。”

三、针对性原则

针对性是指总则内容的规定应在充分体现一般会计规律性要求的同时，兼顾实施单位的实际情况和业务特点，即要求总则内容有较强的现实针对性，以保证会计制度的有效实施。

四、适用性原则

总则内容涉及范围很广，各条规定又都是概括表述，因此在设计会计制度总则时要保证简明易懂，切实可行。这就要求在设计会计制度总则内容时要做到全面细致，文字规定要规范化，避免产生歧义而生出不必要的麻烦。

第3节　会计制度总则设计的内容

会计制度总则对企业会计制度的基本指导思想和会计核算的基本要求作了概括性的规定。设计会计制度总则的内容，可以从四个方面入手，分别是会计制度制定前提的设计、会计机构与会计人员总则的设计、会计核算规则的设计、会计控制系统总则的设计，如图2-2所示。

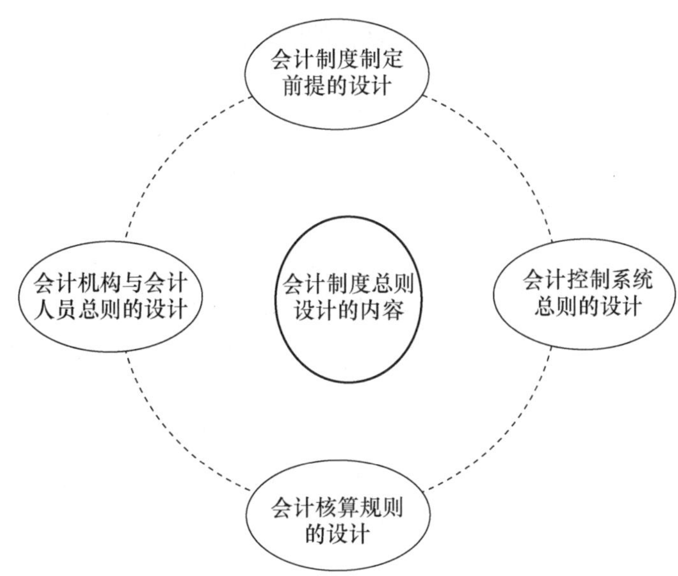

图2-2 会计制度总则设计的内容

一、会计制度制定前提的设计

会计制度制定前提主要指会计制度制定的目的与依据、适用范围与要求。

（一）会计制度制定的目的与依据

设计会计制度必须要有明确的法律依据，这是会计制度设计贯彻合规性原则的重要体现。

按照与社会主义市场经济相适应的要求，我国现行会计规范体系包括四个层次，如图2-3所示。总括来说，设计单位内部会计制度的依据主要有：《会计法》、国家统一的会计制度和国家其他相关法规。

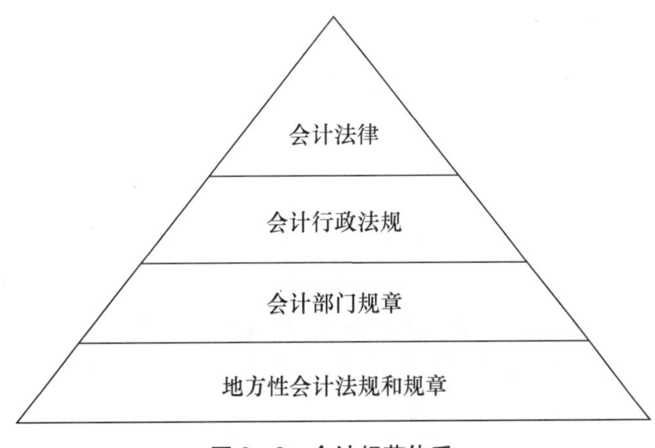

图2-3 会计规范体系

内容扩展

我国现行的会计规范体系

我国现行的会计规范体系包括以下层次和内容。

1. 会计法律

会计法律是由全国人民代表大会及其常务委员会经过一定的法律程序制定的有关会计工作的法律。目前只有《会计法》属于国家法律的层次。

2. 会计行政法规

会计行政法规是由国家最高行政机关国务院制定的会计法律规范。我国的会计法律规范体系中，属于这个层次的有《总会计师条例》《企业财务会计报告条例》。

3. 会计部门规章

会计部门规章是指国家主管会计工作的行政部门——财政部及其他相关部委制定的会计方面的法律规范。属于这个层次的有《会计基础工作规范》《会计电算化管理办法》《会计档案管理办法》《企业会计制度》等。

4. 地方性会计法规和规章

主要指各省、自治区、直辖市根据会计法律、会计行政法规和国家统一的会计制度的规定，结合本地实际情况制定，在各自的行政区域内实施的地方性会计法律规范。

---

1. 会计法

《会计法》是调整我国经济生活中会计关系的法律总规范，在我国会计法律制度中处于最高地位，是会计工作的根本大法，是其他一切会计行政法规、会计规章的“母法”。《会计法》不具有法律上的溯及力，只适用于施行以后的行为。

财政部制定的《企业会计制度》（2000年12月29日发布）第一章第一条指出：“为了规范企业的会计核算，真实、完整地提供会计信息，根据《中华人民共和国会计法》及国家其他有关法律和法规，制定本制度。”由此可见，设计单位内部会计制度时，必须以《会计法》为依据，根据社会主义市场经济体制下企业行为自主化、管理科学化、工作制度化的要求，设计符合《会计法》要求、满足宏观管理需要、适应本单位特点、能指导具体操作的具有内部约束力的规范性文件，以此实现企业会计目标。

2. 国家统一的会计制度

国家统一的会计制度是指财政部根据《会计法》制定的关于会计核算、会计监督、会计机构和会计人员以及会计工作管理的制度，是对处理会计事务制定的规章、准则、办法等规范性文件的总称。实行国家统一的会计制度有利于规范各单位会计行为的标准，实现各单位和组织的口径一致，相互可比，同时也有利于突出国家统一的会计制度的法律地位，以强化会计制度的统一性和权威性，保障国家统一的会计制度的贯彻和实施。国家统一的会计制度包括《总会计师条例》《会计电算化管理办法》《会计档案管理办法》《企业会计准则》等。

《企业会计制度》总则的第四条指出：“企业填制会计凭证、登记会计账簿、管理会计档案等要求，按照《中华人民共和国会计法》、《会计基础工作规范》和《会计档案管理办法》的规定执行。”例如，某集团公司制定的适用于该集团公司的会计制度中第一章第一条说明：“为了加强集团公司会计管理工作，统一集团会计核算，促进内部会计控制建设和内部会计监督，改善经营管理，提高经济效益，适应市场经济发展，根据《中华人民共和国会计法》《企业财务会计报告条例》《企业会计准则》《企业会计制度》《会计基础工作规范》《会计档案管理办法》《内部会计控制规范》等法律法规，特制定本制度。”这家企业会计制度的设计就很好地体现了《企业会计制度》总则的要求，将会计组织系统、会计信息系统、会计控制系统三方面的内容综合在一个会计制度中，按照国家统一的会计制度进行了规范。

内容扩展

《会计档案管理办法》

1984 年由财政部、国家档案局发布并开始实施。

1998 年财政部和国家档案局依据《会计法》和《档案法》的有关规定对此法进行了修订，并于 1999 年 1 月 1 日起施行。

2015 年通过财政部部务会议、国家档案局局务会议修订后的《会计档案管理办法》公布，自 2016 年 1 月 1 日起施行。

此办法在加强单位会计档案管理、促进会计工作、为单位经济和国家经济建设服务等方面发挥了积极的作用。

《企业财务会计报告条例》

2000 年 6 月 21 日由中华人民共和国国务院令第 287 号公布，自 2001 年 1 月 1 日起施行。

此条例根据《会计法》制定，用以规范企业财务会计报告，保证财务会计报告的真实、完整。

《会计基础工作规范》

根据《会计法》的有关规定制定，于 1996 年 6 月 17 日由财政部财会字〔1996〕19 号发布。根据 2019 年 3 月 14 日《财政部关于修改〈代理记账管理办法〉等 2 部部门规章的决定》修改。

此规范用以加强会计基础工作，建立规范的会计工作秩序，提高会计工作水平。

---

3. 国家其他相关法规

单位设计内部会计制度时除了依据《会计法》和国家统一的会计制度以外，还应遵循其他相关法规。这些法规有的是所有单位必须共同遵守的，如税法、支付结算办法、票据法、合同法等；有的则应根据其自身的特点选用，如股份有限公司必须依据《中华人民共和国公司法》（简称《公司法》），结合本公司的情况制定内部会计制度，从事证券业务的股份有限公司，除上述以外，还应依据《中华人民共和国证券法》（简称《证券法》）制定内部会计制度。

（二）会计制度适用范围与要求

会计制度适用范围与要求是会计制度存在的另一个前提条件，没有这个条件会计制度也就没有存在的必要。

财政部制定的《企业会计制度》(2000年)第一章第二条指出:“除不对外筹集资金、经营规模较小的企业，以及金融保险企业以外，在中华人民共和国境内设立的企业(含公司，下同)，执行本制度。”财政部发布的《企业内部控制基本规范》(2008年)第一章第二条指出:“本规范适用于中华人民共和国境内设立的大中型企业。小企业和其他单位可以参照本规范建立与实施内部控制。大中型企业和小企业的划分标准根据国家有关规定执行。”由此可见，会计制度的适用范围很广。在理解时应该注意以下几点：

1. 小规模企业和金融保险企业不执行本制度

“除不对外筹集资金、经营规模较小的企业”体现了重要性原则和对符合特定条件的小规模企业的会计豁免，与《企业财务会计报告条例》第六章“附则”第四十五条的规定相一致。金融保险企业例外，是因为金融保险企业具有与一般行业企业完全不同的经营业务，一些通用的会计核算方法对金融保险企业不一定适用，这一例外处理，避免了强求统一带来的种种弊端，体现了企业会计制度设计的针对性原则。

2. 本制度所规定的暂在股份有限公司范围内执行

就《企业会计制度》本身而言，其适用范围是除上述两类例外企业之外的所有企业，只是考虑到我国会计人员素质现状以及会计制度调整和衔接等多方面的原因，采取了“先试点，后推广”的做法，即在会计信息质量、会计人员素质相对较高和会计工作基础相对较好的股份有限公司范围内执行。

财政部发布的《小企业会计准则》(2011年)第一章第三条规定:“(一)执行本准则的小企业，发生的交易或者事项本准则未作规范的，可以参照《企业会计准则》中的相关规定进行处理。(二)执行《企业会计准则》的小企业，不得在执行《企业会计准则》的同时，选择执行本准则的相关规定。(三)执行本准则的小企业公开发行股票或债券的，应当转为执行《企业会计准则》;因经营规模或企业性质变化导致不符合本准则第二条规定而成为大中型企业或金融企业的，应当从次年1月1日起转为执行《企业会计准则》。(四)已执行《企业会计准则》的上市公司、大中型企业和小企业，不得转为执行本准则。”该条规定对企业使用该准则的条件提出了具体要求。

二、会计机构与会计人员总则的设计

《会计法》第三十五条规定:“单位应当根据会计业务的需要，设置会计机构，或者在有关机构中设置会计人员并指定会计主管人员，或者委托经批准从事代理记账业务的中介机构代理记账，或者采取国务院财政部门认可的其他方式组织本单位的会计工作。”①

在设计会计制度总则时，也应当考虑会计机构与会计人员，但在总则中只需作出

① 财政部2019年10月23日发布的《中华人民共和国会计法修订草案（征求意见稿）》中第四章会计机构和会计人员修改了对单位会计工作的组织方式的强制性规定。截至2021年12月1日，新《会计法》仍在修订中。

一个原则性的规定，具体规定可以在后续的各章内容中体现。一般来说，以下几个方面需要予以说明：

（1）是否设置专门的会计机构？是在有关机构中指定会计人员记账还是委托代理记账？

（2）会计机构与财务机构是否分别设置？财务机构的职责是资金的筹集、管理和使用，会计机构履行会计核算和监督的职能。这需要考虑企业规模大小以及管理要求。

（3）是否设置总会计师岗位？根据《会计法》的规定，国有的和国有资产占控股地位或主导地位的大中型企业必须设置总会计师。

（4）会计工作岗位按什么原则设置？在内部设置工作岗位时，可以按照企业交易循环涉及的业务设置工作岗位，也可以按照报表项目设置工作岗位。

（5）对会计人员的总体要求。例如，会计人员应当具备从事会计工作所需的专业能力，应当遵守职业道德，提高业务素质等。

（6）会计人员的交接规定。会计人员因工作调动或其他原因离职，必须与接管人员办理交接手续，这样可以使会计工作前后衔接，防止账目不清、财务混乱，同时也是分清责任的重要措施。

三、会计核算规则的设计

会计核算规则是单位会计核算中约定俗成、须共同遵守的法则或章程。如采用的会计期间、记账方法、会计处理基础、会计记录所使用的文字、会计政策和会计估计变更的规定、会计科目的编号及其运用、会计凭证填制、会计账簿登记、编制和提供财务会计报告的规定以及会计制度与税收制度的关系等。上述这些内容在国家统一的会计制度中都有原则规定，具体到各个单位，因业务性质、经营规模和管理组织形式各不相同，有些会计核算规则在不违背国家统一的会计制度的前提下，单位有一定的选择权，因此，在进行会计制度设计时，必须在会计制度总则中加以明确。会计核算规则设计的具体内容如图 2－4 所示。

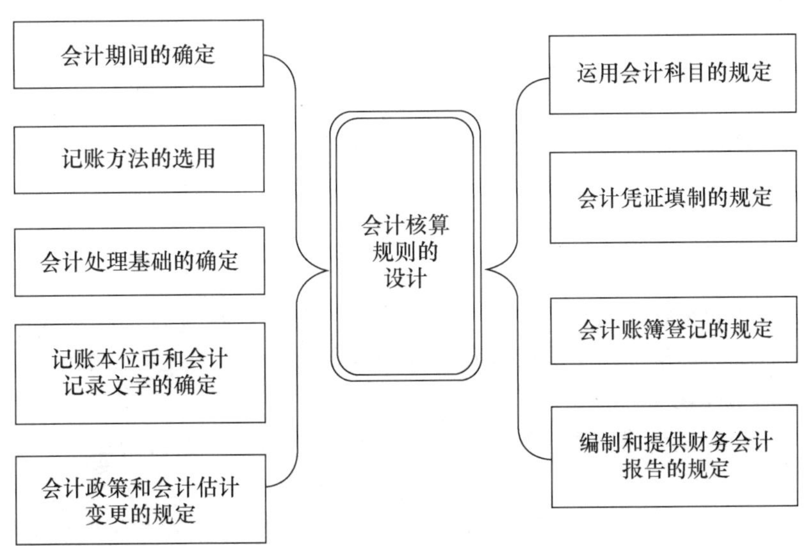

图 2－4　会计核算规则的设计

（一）会计期间的确定

会计期间的确定是单位会计核算的基本前提之一，也是单位设计和选择会计方法的重要依据。为了适应单位管理者和利益相关者及时利用有用会计信息来安排和改进他们的行动方针的需要，会计人员必须确定从何时开始到何时截止对经济活动进行核算，也就是说需要人为地将单位持续不断的经济活动划分为若干间隔相等的期间，以提供分阶段的会计信息。通常以一年作为划分会计期间的标准，也可以其他的标准来划分会计期间，如以 6 个月为一个会计期间。以一年为会计期间的，称为会计年度。在一个会计年度内，为了满足管理上的需要，还可以划分若干较短的会计期间，一般按月份或季度来划分。

（二）记账方法的选用

记账方法是根据一定的原理和规则，采用一定的符号，利用账户记录经济业务的会计核算方法。科学的记账方法，对提供正确、全面的会计信息，实现会计职能，完成会计工作的任务有着重要的意义。

记账方法有单式记账法和复式记账法之分。单式记账法是指对发生的经济业务，只在一个账户中作单方面登记的一种方法。由于该方法账户设置不完整，不能全面系统地反映经济业务的来龙去脉，无法了解各会计要素有关项目的增减变动情况，也不便于检查账户记录的正确性和真实性，已不适应现代经济管理的需要。复式记账法是对发生的每一笔经济业务，用相等的金额在两个或两个以上相互联系的账户中进行登记的一种方法。复式记账法虽然记账手续较单式记账法复杂一些，但能完整地反映每一项经济业务的过程和结果，在全部经济业务登记入账以后，可以通过账户之间的相互关系，对记录的结果进行试算平衡，以检查账户记录的正确性。因此，复式记账法是一种科学的记账方法，是填制会计凭证，登记会计账簿，进行试算平衡和编制会计报表的基础。

内容扩展

复式记账法的种类

在世界及我国的会计发展史上，曾经采用过和正在采用的复式记账法有借贷记账法、增减记账法和收付记账法等。其中，借贷记账法是世界各国通用的一种复式记账方法。在我国，事业单位曾采用资金收付记账法，金融企业曾采用现金收付记账法，商业企业曾采用增减记账法。随着我国市场经济的成熟与发展，统一记账方法成为规范会计工作和及时反映会计信息的实务之需，为此，我国有关法规规定会计记账采用借贷记账法，使借贷记账法成为我国各行各业统一采用的复式记账方法。

1. 借贷记账法

15 世纪形成于意大利，现为世界各国所广泛采用，我国企业一般也用此法。其主要特点是：

(1) 以“借”“贷”为记账符号，每个账户分借、贷两方。凡属于资金占用增加，资金来源减少，费用增加和收入减少，均分别记入有关账户的借方；凡属于资金来源增加，资金占用减少，收入增加和费用减少，均分别记入有关账户的贷方。

(2) 以“有借必有贷，借贷必相等”作为记账规则，对每一项经济业务都要记入两个（或两个以上）账户中，并以相等的金额分别记入一个或几个账户的借方和另一个或几个账户的贷方。

(3) 以资金占用总额等于资金来源总额为平衡公式，利用各个账户的借方余额合计数与各个账户的贷方余额合计数必然相等的关系，来检验账簿记录的正确性。

2. 增减记账法

1965 年我国商业系统首先推广应用。其主要特点是：

(1) 以“增”“减”为记账符号，所有账户都分为增、减两方，将会计科目固定分为资金来源和资金占用两大类。无论是资金占用还是资金来源，只要是数额增加就记入有关账户的增方，减少就记入有关账户的减方。

(2) 以“两类科目记同增同减，同类科目记有增有减”为记账规则。凡涉及资金占用账户和资金来源账户同时增加（或减少）的经济业务，分别记入两类有关账户的增方（或减方）；凡涉及资金占用（或资金来源）类账户之间此增彼减的经济业务，则分别记入该类有关账户的增方和减方。

(3) 用差额平衡公式检验账簿记录的正确性。

3. 收付记账法

它是用“收”“付”来表示资金运用、资金来源、费用和收益变动的一种记账方法，分为单式收付记账法和复式收付记账法。我国采用复式收付记账法，主要有：

(1) 钱物收付记账法：以钱和物收付为中心，记录经济业务的一种记账方法，为我国农村基层生产组织所广泛采用。

(2) 资金收付记账法：以预算资金和预算外资金收付为中心记录经济业务的一种记账方法。我国行政事业单位广泛采用此法。

(三) 会计处理基础的确定

会计处理基础是在确定会计期间的基础上区分本期与非本期的收入和费用的入账基准。有两种方法可供选择：一是权责发生制；二是收付实现制。

权责发生制也称应计制或应收应付制，是指本期的收入和费用是以其归属期或权责关系为标准确定。凡属于本期应获取的收入和应负担的费用，不论其是否在本期发生实际收支，都应作为本期的收入和费用处理；反之，凡不应归属本期的收入和不应由本期负担的费用，即使其款项在本期已经发生收支，也不作为本期的收入和费用处理。采用权责发生制，对于有关收入和费用要按照其归属期或权责关系在本期和非本期之间进行分配确认，为此需要在会计上运用应收、应付、预收、预付、待摊等一些特殊的会计处理方法。采用权责发生制进行会计核算，其优点是收入和费用两者之间存在合理的因果关系，能较好地体现收入和费用相配比的原则，据此计算的损益能够真实地反映企业一定时期的经营成果和获利能力，也能够真实地反映企业在该会计期间终了时的财务状况；其缺点是不能真实地反映企业一定时期的现金流量。

收付实现制又称现金制或实收实付制，是指确认本期的收入和费用是以其收支期为标准。凡在本期收到的收入和支付的费用，不论其是否应归属本期，都应作为本期的收入和费用处理；反之，凡本期未曾收到的收入或支付的费用，即使应归属本期，也不作为本期的收入和费用处理。采用收付实现制，对于收入和费用的确认只看其是否收到或支付了款项，因此，会计上一般不需要运用应收、应付、预收、预付、待摊等一些特殊的会计处理方法。采用收付实现制进行会计核算，手续比较简便，可以真实地反映单位一定时期的现金流量，但难以真实地反映单位一定时期的经营成果。

目前，我国财政总预算会计和行政单位会计以收付实现制为会计处理基础；事业单位会计根据单位实际情况，分别采用收付实现制和权责发生制；企业会计均以权责发生制为会计处理基础，只有在编制现金流量表和为了简化会计核算工作、节约核算成本、处理一些不重要的会计事项时才运用收付实现制。因此，单位在设计会计制度时，必须在总则中明确本单位所采用的会计处理基础。

权责发生制和收付实现制二者的关系如表2-1所示。

表2-1 权责发生制与收付实现制的关系

主要区别	权责发生制	收付实现制
确认标准不同	应收应付	实收实付
配比要求不同	强调收入与费用配比	忽略收入与费用配比
收益结果不同	各会计期间比较均衡	各会计期间差异较大
期末处理不同	必须进行调整	无须进行调整
账户设置不同	须专门设置调整账户	没必要设置调整账户
优缺点不同	科学合理但较麻烦	核算简单但不合理
适用范围不同	各企业类会计主体	行政事业会计主体

（四）记账本位币和会计记录文字的确定

记账本位币是指一个单位在会计核算时统一使用的记账货币。在会计核算时，对于采用人民币记账还是采用人民币以外的货币记账，《会计法》作了原则性规定，单位会计核算应以人民币为记账本位币。业务收支以人民币以外的货币为主的单位，可以选定其中一种货币作为记账本位币，但是编报的财务会计报告应当折算为人民币。这就给外币业务发生频繁的单位如实反映和简化会计核算手续、选择适合本单位情况的记账本位币提供了理论基础和法律依据。因此，单位在设计会计制度总则时应明确规定本单位所选用的记账本位币，并且编报的财务会计报告应当折算为人民币反映，即单位对外报出的财务会计报告应以人民币金额反映，各个外币账户的期末余额，应以期末市场汇率折合为人民币作为编制财务会计报告的依据。对于我国在境外设立的企业，一般以当地的币种进行经营活动和会计核算，但为了便于国内有关部门了解企业的财务状况和经营成果，在向国内报送财务会计报告时，应当折合为人民币来反映企业情况。

会计记录文字是指会计凭证、账簿、财务会计报告等会计专业核算资料的书面表达形式，它是会计信息交流的工具。我国《会计法》对会计记录文字的规定比较灵活，一方面规定单位会计记录文字应当使用中文；另一方面规定在民族自治地方，会计记录可以同时使用当地通用的一种民族文字，在中华人民共和国境内的外商投资企业、外国企业和其他外国组织的会计记录可以同时使用一种外国文字。这就给我国少数民族地方的单位和涉外单位在选择会计记录文字时提供了理论和法律依据。

(五) 会计政策和会计估计变更的规定

会计政策是指单位在会计核算时所遵循的具体原则以及所采纳的具体会计处理方法。一般情况下，单位应在每期采用相同的会计政策，不应也不能随意变更会计政策，这体现了会计核算的一贯性原则。但是，会计政策也不是一成不变的，如果法律或会计准则等行政法规、经济环境发生了变化，变更会计政策后能够给信息使用者提供有关财务状况、经营成果和现金流量等更可靠、更相关的会计信息，这时就要进行会计政策变更。

会计估计是指单位对其结果不确定的交易或事项以最近可利用的信息为基础所作的判断。在进行会计处理时，会计估计是不可或缺的，但估计毕竟是就现有资料对未来所作的判断，随着时间的推移，估计基础会发生变化、新的信息会不断取得、新的经验也会不断积累，也就不得不对会计估计进行变更。

会计政策和会计估计变更并不表明原来的会计政策或会计估计方法有问题或不适当，只表明会计政策或会计估计方法已经不能适应目前的实际情况，已失去了继续沿用的依据。要变更会计政策或会计估计方法，必须具有据以变更的条件或原因，同时还应明确变更的程序和批准手续，所有这些都必须在单位设计会计制度总则时明确规定。

内容扩展

会计政策变更与会计估计变更

1. 会计政策变更与会计估计变更的划分

企业应当以变更事项的会计确认、计量基础和列报项目是否发生变更作为划分该变更是会计政策变更还是会计估计变更的判断基础。

(1) 以会计确认是否发生变更作为判断基础。《企业会计准则——基本准则》规定了资产、负债、所有者权益、收入、费用和利润六项会计要素的确认标准，是会计处理的首要环节。一般地，对会计确认的指定或选择是会计政策，其相应的变更是会计政策变更。会计确认的变更一般会引起列报项目的变更。例如，某企业在前期将某项内部研发项目开发阶段的支出计入当期损益，当期按照《企业会计准则第 6 号——无形资产》的规定，该项支出符合无形资产的确认条件，应当确认为无形资产。该事项的会计确认发生变更，即前期将开发费用确认为一项费用，当期将其确认为一项资产。该事项中会计确认发生了变更，因此该变更属于会计政策变更。

(2) 以计量基础是否发生变更作为判断基础。《企业会计准则——基本准则》规定了历史成本、重置成本、可变现净值、现值和公允价值五项会计计量属性，是会计处理的计量基础。一般地，对计量基础的指定或选择是会计政策，其相应的变更是会计政策变更。例如，某企业在前期对购入的价款超过正常信用条件延期支付的固定资产初始计量采用历史成本，当期按照《企业会计准则第 4 号——固定资产》的规定，该类固定资产的初始成本应以购买价款的现值为基础确定。该事项的计量基础发生了变更，因此该变更属于会计政策变更。

（3）以列报项目是否发生变更作为判断基础。《企业会计准则第30号——财务报表列报》规定了财务报表项目应采用的列报原则。一般地，对列报项目的指定或选择是会计政策，其相应的变更是会计政策变更。当然，在实务中，有时列报项目的变更往往伴随着会计确认的变更或者相反。例如，某商业企业在前期将商品采购费用列入销售费用，当期根据《企业会计准则第1号——存货》的规定，将采购费用列入成本。因为列报项目发生了变更，所以该变更是会计政策变更。当然这里也涉及会计确认的变更。

（4）根据会计确认、计量基础和列报项目所选择的为取得与该项目有关的金额或数值所采用的处理方法，不是会计政策而是会计估计，其相应的变更是会计估计变更。例如，某企业需要对某项资产采用公允价值进行计量，公允价值的确定需要根据市场情况选择不同的处理方法。在不存在销售协议和资产活跃市场的情况下，需要根据同行业类似资产的近期交易价格对该项资产进行估计；在不存在销售协议但存在资产活跃市场的情况下，其公允价值应当按照该项资产的市场价格为基础进行估计。因为企业所确定的公允价值是与该项资产有关的金额，所以为确定公允价值所采用的处理方法是会计估计，不是会计政策。相应地，当企业面对的市场情况发生变化时，其采用的确定公允价值的方法的变更是会计估计变更，不是会计政策变更。

2. 划分会计政策变更与会计估计变更的方法

企业可以采用以下具体方法划分会计政策变更与会计估计变更：分析并判断该事项是否涉及会计确认、计量基础选择或列报项目的变更。当至少涉及上述一项划分基础变更的，该事项是会计政策变更；不涉及上述划分基础变更的，该事项可以判断为会计估计变更。例如，企业在前期将与自行购建的固定资产相关的一般借款费用计入当期损益，当期根据会计准则的规定，将符合条件的有关借款费用予以资本化，企业因此将对该事项进行变更。该事项的计量基础未发生变更，即都是以历史成本作为计量基础；该事项的会计确认发生变更，即前期将借款费用确认为一项费用，当期将其确认为一项资产；同时，会计确认的变更导致该事项在资产负债表和利润表相关项目的列报也发生变更。该事项涉及会计确认和列报的变更，因此属于会计政策变更。又如，企业原采用双倍余额递减法计提固定资产折旧，根据固定资产使用的实际情况，企业决定改用直线法计提固定资产折旧。该事项前后采用的两种计提折旧方法都是以历史成本作为计量基础，对该事项的会计确认和列报项目也未发生变更，只是固定资产折旧、固定资产净值等相关金额发生了变化，因此，该事项属于会计估计变更。

（六）运用会计科目的规定

单位会计核算制度一般包括总则、会计科目、会计报表、主要会计事项分录举例等。会计科目的分类、编号、名称以及对会计科目使用的详细说明都应在会计科目设计中进行规定，在会计制度总则中对运用会计科目的规定只是原则性的要求。

（1）单位会计核算制度应按照国家统一的会计制度规定会计科目的编号，以便于编制会计凭证、登记账簿、查阅账目、实行会计电算化并保证提供会计信息的统一性。单位所属各核算部门（包括分公司、分支机构）不应随意改变或打乱重编会计科目的编号。会计制度在某些会计科目之间留有空号，供增设会计科目之用。

（2）各核算部门（包括分公司、分支机构）应按会计制度的规定，设置和使用会计科目。在不影响会计核算要求和会计报表指标汇总，以及对外提供统一财务会计报告的前提下，可以根据实际情况自行增设、减少或合并某些会计科目。明细科目的设置，除单位会计制度已有规定外，在不违反统一会计核算要求的前提下，各核算部门（包括分公司、分支机构）可以根据需要自行规定。

（3）各核算部门在填制会计凭证、登记账簿时，应填制会计科目的名称，或者同时填列会计科目的名称和编号，不应只填科目编号，不填科目的名称。

（七）会计凭证填制的规定

单位办理经济业务，必须填制或者取得原始凭证并及时送交会计机构，会计机构、会计人员必须按照国家统一的会计制度的规定对原始凭证进行审核，对不真实、不合法的原始凭证有权不予接受，并向单位负责人报告；对记载不准确、不完整的原始凭证予以退回，并要求按照国家统一的会计制度的规定更正、补充。原始凭证记载的各项内容不得涂改；原始凭证有错误的，应当由出具单位重开或者更正，更正处应当加盖出具单位印章。原始凭证金额有错误的，应当由出具单位重开，不得在原始凭证上更正。记账凭证应当根据经过审核的原始凭证及有关资料编制。

单位利用电子会计凭证进行会计核算的，应当保证电子会计凭证的生成、传输、存储安全可靠，对电子会计凭证的任何篡改都能够被发现，且在会计核算系统中设置必要的程序，防止电子会计凭证重复入账。单位利用纸质会计凭证的电子影像件等电子副本文件进行会计核算的，应当确保纸质会计凭证的电子副本文件及会计核算系统符合关于利用电子会计凭证进行核算的有关要求，并建立纸质会计凭证与其电子副本文件的检索关系。①

（八）会计账簿登记的规定

会计账簿登记必须以经过审核的会计凭证为依据，并符合有关法律、行政法规和国家统一的会计制度的规定。会计账簿应当按照连续编号的页码顺序登记。会计账簿记录发生错误或者隔页、缺号、跳行的应当按照国家统一的会计制度规定的方法更正，并由会计人员和会计机构负责人（会计主管人员）在更正处盖章。使用电子计算机进行会计核算的，其会计账簿的登记、更正，应当符合国家统一的会计制度的规定。

（九）编制和提供财务会计报告的规定

编制和提供财务会计报告的详细说明应在财务会计报告设计中规定，在会计制度总则中只对编制和提供财务会计报告提出原则性的要求。

1. 合法性要求

单位应当按照《会计法》、国家统一的会计制度关于财务会计报告的编制要求、提供对象和提供期限的规定，根据经过审核的会计账簿记录和有关资料编制和提供真实、完整的财务会计报告。

2. 财务会计报告的内容

单位对外提供的财务会计报告包括：资产负债表、利润表、现金流量表、所有者

---

① 根据财政部 2019 年 10 月 23 日发布的《中华人民共和国会计法修订草案（征求意见稿）》，增加了对会计信息化的原则性要求。截至 2021 年 12 月 1 日，新《会计法》仍在修订中。

权益变动表、有关附表和会计报表附注。会计报表种类和格式、会计报表附注的主要内容应符合国家统一的会计制度的要求。单位内部管理需要的会计报表由单位会计制度规定。

内容扩展

财务会计报告的内容

《企业会计准则——基本准则》第四十四条规定：财务会计报告是指企业对外提供的反映企业某一特定日期的财务状况和某一会计期间的经营成果、现金流量等会计信息的文件，财务会计报告包括会计报表及其附注和其他应当在财务会计报告中披露的相关信息和资料。会计报表至少应当包括资产负债表、利润表、现金流量表等报表，小企业编制的会计报表可以不包括现金流量表。

根据《企业会计准则第30号——财务报表列报》的规定，企业对外提供的会计报表至少包括：资产负债表、利润表、现金流量表、所有者权益（或股东权益）变动表。会计报表附注是对在资产负债表、利润表、现金流量表和所有者权益变动表等报表中列示项目的文字描述或明细资料，以及对未能在这些报表中列示项目的说明等。

---

3. 财务会计报告提供的时间

单位的财务会计报告应当按照相关法规规定的时间向有关各方提供。需要向股东提供财务会计报告的，还应按照公司章程规定的期限向股东提供。

特别提示

财务会计报告的时间要求

会计信息的价值在于帮助所有者或其他方面作出经济决策，如果不能及时提供会计信息，经济环境发生了变化，时过境迁，这些信息也就失去了应有的价值，无助于经济决策。因此，企业的会计核算应当及时进行，不得提前或延后。

企业应当依照有关法律、行政法规规定的结账日进行结账。年度结账日为公历年度每年的12月31日；半年度、季度、月度结账日分别为公历年度每半年、每季、每月的最后一天。要求月度财务会计报告应当于月度终了后6天内（节假日顺延，下同）对外提供；季度财务会计报告应当于季度终了后15天内对外提供；半年度财务会计报告应当于年度中期结束后60天内（相当于两个连续的月份）对外提供；年度财务会计报告应当于年度终了后4个月内对外提供。

---

4. 财务会计报告使用的货币计量单位

财务会计报告的填列一般以人民币“元”为金额单位，“元”以下填至“分”。

5. 编制和提供财务会计报告的责任

单位对外提供的财务会计报告应依次编定页数，加具封面，装订成册，加盖公章。

单位对外提供的财务会计报告应当由单位负责人和主管会计工作的负责人、会计机构负责人（会计主管人员）签名并盖章。设置总会计师的单位，还须由总会计师签名并盖章。《会计法》还特别强调了单位负责人应当保证财务会计报告真实、完整，加大了单位负责人的责任。

四、会计控制系统总则的设计

会计控制系统是为了提高会计信息质量，保护资产的安全、完整，确保有关法律法规和规章制度的贯彻执行而制定和实施的一系列控制方法、措施和程序。会计控制系统总则的设计包括会计控制的目标、建立会计控制的依据、会计控制的内容等。

内容扩展

《企业会计制度》中总则的内容

财政部于2000年发布的《企业会计制度》中第一章总则的内容如下：

第一条　为了规范企业的会计核算，真实、完整地提供会计信息，根据《中华人民共和国会计法》及国家其他有关法律和法规，制定本制度。

第二条　除不对外筹集资金、经营规模较小的企业，以及金融保险企业以外，在中华人民共和国境内设立的企业（含公司，下同），执行本制度。

第三条　企业应当根据有关会计法律、行政法规和本制度的规定，在不违反本制度的前提下，结合本企业的具体情况，制定适合于本企业的会计核算办法。

第四条　企业填制会计凭证、登记会计账簿、管理会计档案等要求，按照《中华人民共和国会计法》、《会计基础工作规范》和《会计档案管理办法》的规定执行。

第五条　会计核算应以企业发生的各项交易或事项为对象，记录和反映企业本身的各项生产经营活动。

第六条　会计核算应当以企业持续、正常的生产经营活动为前提。

第七条　会计核算应当划分会计期间，分期结算账目和编制财务会计报告。会计期间分为年度、半年度、季度和月度。年度、半年度、季度和月度均按公历起讫日期确定。半年度、季度和月度均称为会计中期。

本制度所称的期末和定期，是指月末、季末、半年末和年末。

第八条　企业的会计核算以人民币为记账本位币。

业务收支以人民币以外的货币为主的企业、可以选定其中一种货币作为记账本位币，但是编报的财务会计报告应当折算为人民币。

在境外设立的中国企业向国内报送的财务会计报告，应当折算为人民币。

第九条　企业的会计记账采用借贷记账法。

第十条　会计记录的文字应当使用中文。在民族自治地方，会计记录可以同时使用当地通用的一种民族文字。在中华人民共和国境内的外商投资企业、外国企业和其他外国组织的会计记录可以同时使用一种外国文字。

第十一条　企业在会计核算时，应当遵循以下基本原则：

（一）会计核算应当以实际发生的交易或事项为依据，如实反映企业的财务状况、经营成果和现金流量。

（二）企业应当按照交易或事项的经济实质进行会计核算，而不应当仅仅按照它们的法律形式作为会计核算的依据。

（三）企业提供的会计信息应当能够反映企业的财务状况、经营成果和现金流量，以满足会计信息使用者的需要。

（四）企业的会计核算方法前后各期应当保持一致，不得随意变更。如有必要变更，应当将变更的内容和理由、变更的累积影响数，以及累积影响数不能合理确定的理由等，在会计报表附注中予以说明。

（五）企业的会计核算应当按照规定的会计处理方法进行，会计指针应当口径一致、相互可比。

（六）企业的会计核算应当及时进行，不得提前或延后。

（七）企业的会计核算和编制的财务会计报告应当清晰明了，便于理解和利用。

（八）企业的会计核算应当以权责发生制为基础。凡是当期已经实现的收入和已经发生或应当负担的费用，不论款项是否收付，都应当作为当期的收入和费用；凡是不属于当期的收入和费用，即使款项已在当期收付，也不应当作为当期的收入和费用。

（九）企业在进行会计核算时，收入与其成本、费用应当相互配比，同一会计期间内的各项收入和与其相关的成本、费用，应当在该会计期间内确认。

（十）企业的各项财产在取得时应当按照实际成本计量。其后，各项财产如果发生减值，应当按照本制度规定计提相应的减值准备。除法律、行政法规和国家统一的会计制度另有规定者外，企业一律不得自行调整其账面价值。

（十一）企业的会计核算应当合理划分收益性支出与资本性支出的界限。凡支出的效益仅及于本年度（或一个营业周期）的，应当作为收益性支出；凡支出的效益及于几个会计年度（或几个营业周期）的，应当作为资本性支出。

（十二）企业在进行会计核算时，应当遵循谨慎性原则的要求，不得多计资产或收益、少计负债或费用，但不得计提秘密准备。

（十三）企业的会计核算应当遵循重要性原则的要求，在会计核算过程中对交易或事项应当区别其重要程度，采用不同的核算方式。对资产、负债、损益等有较大影响，并进而影响财务会计报告使用者据以作出合理判断的重要会计事项，必须按照规定的会计方法和程序进行处理，并在财务会计报告中予以充分、准确地披露；对于次要的会计事项，在不影响会计信息真实性和不至于误导财务会计报告使用者作出正确判断的前提下，可适当简化处理。

案例2-1

星海股份有限公司会计制度总则

假定以下是星海股份有限公司会计制度的总则部分。

星海股份有限公司会计制度

第一章　总则

第一条　为了规范星海股份有限公司（以下简称“本公司”）本部和所属事业部、控股子公司及其他相关企业的会计核算，提供统一、可比的会计信息，根据《中华人民共和国会计法》《企业财务会计报告条例》《企业会计准则》《企业会计制度》及财政部发布的其他有关法规，结合公司的实际情况，特制定本制度。

第二条 本制度适用于下列单位的会计核算：公司本部、事业部制企业、控股子公司及所有纳入公司合并报表范围的单位或企业（以下简称“公司各单位”）。

第三条 为保证会计工作的正常进行和会计信息质量，各单位在进行会计核算时，应遵循会计核算的基本前提和一般原则。

（一）会计核算应当划分会计期间。会计期间分为年度、半年度、季度和月度，均按公历起讫日期确定。半年度、季度和月度均称为会计中期。各会计期期末均应按照有关规定进行结账和编制财务会计报告工作。会计期末是指月末、季末、半年末和年末。

（二）各单位的会计核算均以人民币为记账本位币。若会计核算中涉及外币业务，按照本制度中有关外币业务的相关规定进行。

（三）会计核算时，除特殊业务（如结账等）和自行编制原始凭证的业务（如制造费用分配业务等）以外，其他经济业务的核算必须取得合法、有效的原始凭证并经审核无误后才能编制记账凭证，据以登记入账。

（四）各单位经济业务的会计核算方法由本制度规定，未经公司批准，各单位不得擅自改变会计核算方法。

（五）在对各项经济业务进行核算时，应当切实遵守权责发生制原则、收入与费用之间的配比原则、财产物资计价的实际成本原则、划分收益性支出与资本性支出原则以及谨慎性原则等。各单位未经公司同意，不得随意改变确认与计量原则。

第四条 公司各单位的会计记账均采用借贷记账法。

第五条 公司各单位的会计记录文字均使用中文。

第六条 公司各单位使用统一的财务软件进行会计业务的处理工作。会计软件的操作与管理规范另行规定，作为本制度的补充。

第七条 为了规范和加强公司各单位的会计档案管理工作，根据《会计基础工作规范》和《会计档案管理办法》的规定，制定《星海股份有限公司会计档案管理暂行办法》，作为本制度的补充。

问题：请分析该公司这份会计制度总则的内容，并指出该总则存在的不足之处。

思考题

1. 什么是会计制度总则？它有什么作用？
2. 会计制度总则设计的原则有哪些？
3. 会计制度总则的设计包括哪几个方面的内容？
4. 会计制度制定前提包括哪些内容？如何设计？
5. 会计核算规则的设计主要包括哪些内容？

练习题

1. 单项选择题

(1) 一般而言，写在规章条例前面的概括性条文是（　　）。

A. 前言　　B. 序言　　C. 说明　　D. 总则

(2) 下列各项不属于会计制度总则的作用的是（　　）。

A. 明确制定会计制度的目的　　B. 明确贯彻实施的范围

C. 掌握会计制度的总精神　　D. 规范会计工作的操作

(3) 我国《会计法》规定，对本单位的会计工作和会计资料的真实性和完整性负责的，即会计责任的主体是（　　）。

A. 会计机构　　B. 会计主管

C. 单位负责人　　D. 总会计师

(4) 会计凭证、会计账簿和会计报表的设计是企业会计制度总则设计具体内容中的（　　）。

A. 会计核算规则的设计

B. 财产核算及其管理制度的设计

C. 成本费用核算及其管理制度的设计

D. 会计机构和人员配备的设计

2. 多项选择题

(1) 我国现行会计规范体系包括的层次有（　　）。

A. 会计法律　　B. 会计行政法规

C. 会计部门规章　　D. 地方性会计法规和规章

(2) 会计制度总则设计一般要遵循的原则有（　　）。

A. 统一性原则　　B. 灵活性原则

C. 针对性原则　　D. 适应性原则

(3) 企业会计制度总则设计中的会计核算规则的设计包括（　　）。

A. 会计科目的设计

B. 会计报表的设计

C. 会计机构和人员配备的设计

D. 会计凭证、会计账簿的设计

3. 判断题

(1) 目前，我国的事业单位可以根据实际情况，分别采用收付实现制和权责发生制。（　　）

(2) 我国的《会计法》规定，只能选择人民币作为记账本位币。（　　）

(3) 各核算部门在填制会计凭证、登记账簿时，应填制会计科目的名称或者编号。（　　）

实训题

1. 试根据《会计法》、国家统一的会计制度和外商投资法以及其他法律法规的规定，并自设有关条件，为某中外合营企业设计编写一份内部会计制度总则。

2. 假如你是某公司负责会计核算业务的会计主管人员，现在要求你将该公司有关会计核算业务的基本规则加以总结，设计成会计核算总则，请你想想应该包括哪些方面，如何表述。

第3章

会计组织系统设计

会计组织是开展会计工作的组织，由专门的机构和专职会计人员组成。会计组织系统是由科学的机构设置、合理的人员分工、明确的岗位责任、完善的会计工作制度等有机组成的。会计组织系统设计就是拟定有关会计组织系统的办法、措施和制度。

通过本章的学习，学生要了解会计组织及其设计的意义与内容；领会会计机构设计的原则；掌握会计机构设计的方式和内部分工设计的内容；了解会计人员配备与分工设计的原则、会计岗位责任制的具体设计方法；了解会计档案管理的设计；掌握电算化会计组织系统的设计内容。

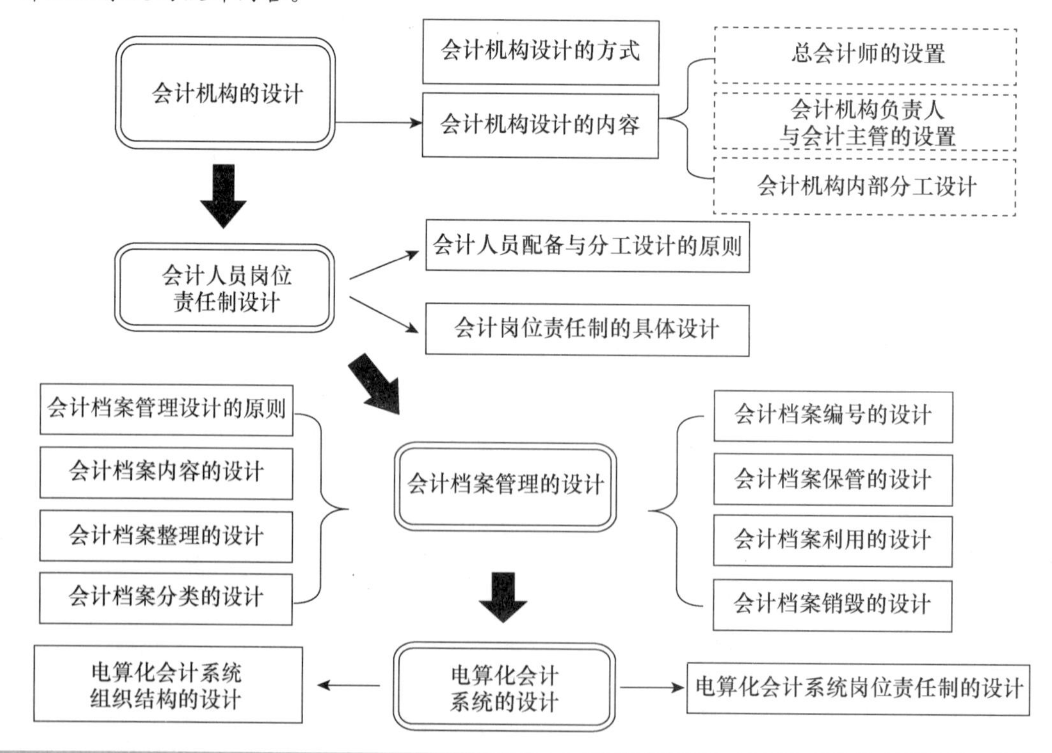

第 1 节　会计机构的设计

一、会计机构设计的方式

会计机构是制定和执行会计制度、组织领导和直接从事会计工作的职能部门。建立健全会计机构，配备与本单位业务需要相适应的、具有较高业务素质的会计人员，并规定他们的工作范围和职责，是做好会计工作、充分发挥会计职能的组织保证。

一个合适的、有效的会计机构的设置，必须与整个组织相协调。企业内部的部门、单位是否设置会计机构，要根据企业规模的大小、生产经营管理的组织系统和业务性质而定。《会计法》第三十五条规定了会计机构设计的方式，单位应当根据会计业务的需要，设置会计机构，或者在有关机构中设置会计人员并指定会计主管人员，或者委托经批准从事代理记账业务的中介机构代理记账，或者采取国务院财政部门认可的其他方式组织本单位的会计工作。①

二、会计机构设计的内容

本部分以单独设置会计机构为例，说明单位会计机构设计的内容。

（一）总会计师的设置

国有独资和国有资本占控股地位或者主导地位的大中型企业应当设置总会计师。总会计师的任职资格、任免程序、职责权限由国务院规定。其他单位需要设置总会计师的，应当参照执行。② 这条规定要求国有大中型企业必须设置总会计师，并不排除其他单位设置总会计师，其他单位可以根据需要，自行决定是否设置总会计师。

总会计师一般是在单位负责人直接领导下进行工作的单位领导决策层的成员。总会计师作为单位会计工作的主要负责人，全面负责本单位的财务会计管理和经济核算，参与本单位的重大经营决策活动，是单位负责人的参谋和助手。为了保障总会计师的职权，《总会计师条例》规定，凡设置总会计师的单位不能再设置与总会计师职权重叠的副职。

1. 总会计师的任职条件

按照《总会计师条例》的规定，担任总会计师，应当具备以下条件：

（1）坚持社会主义方向，积极为社会主义建设和改革开放服务；

（2）坚持原则，廉洁奉公；

（3）取得会计师任职资格后，主管一个单位或者单位内一个重要方面的财务会计工作时间不少于 3 年；

---

① 财政部 2019 年 10 月 23 日发布的《中华人民共和国会计法修订草案（征求意见稿）》中第四章会计机构和会计人员修改了对单位会计工作的组织方式的强制性规定。截至 2021 年 12 月 1 日，新《会计法》仍在修订中。

② 财政部 2019 年 10 月 23 日发布的《中华人民共和国会计法修订草案（征求意见稿）》中第四章会计机构和会计人员进一步明确了总会计师的法定职责和适用范围。截至 2021 年 12 月 1 日，新《会计法》仍在修订中。

（4）有较高的理论政策水平，熟悉国家财经法律、法规、方针、政策和制度，掌握现代化管理的有关知识；

（5）具备本行业的基本业务知识，熟悉行业情况，有较强的组织领导能力；

（6）身体健康，能胜任本职工作。

2. 总会计师的职责

总会计师的职责主要包括两个方面：

（1）由总会计师负责组织的工作主要有：

①编制和执行预算、财务收支计划、信贷计划，拟定资金筹措和使用方案，开辟财源，有效地使用资金；

②进行成本费用预测、计划、控制、核算、分析和考核，督促本单位有关部门降低消耗、节约费用、提高经济效益；

③建立健全经济核算制度，利用财务会计资料进行经济活动分析；

④承办单位主要行政领导人交办的其他工作；

⑤负责对本单位财会机构的设置和会计人员的配备、会计专业职务的设置和聘任提出方案；

⑥组织会计人员的业务培训和考核；

⑦支持会计人员依法行使职权。

（2）由总会计师协助、参与的工作主要有：

①协助单位负责人对企业的生产经营、行政事业单位的业务发展以及基本建设投资等问题作出决策；

②参与新产品开发、技术改造、科技研究、商品（劳务）价格和工资奖金等方案的制定；

③参与重大经济合同和经济协议的研究、审查。

3. 总会计师的权限

为保证总会计师履行自己的职责，有关法规赋予总会计师以下权限：

（1）对违反国家财经法律、法规、方针、政策、制度和有可能在经济上造成损失、浪费的行为，有权制止或者纠正。制止或者纠正无效时，提请单位主要行政领导人处理。

（2）有权组织本单位各职能部门、直属基层组织的经济核算、财务会计和成本管理方面的工作。

（3）主管审批财务收支工作。除一般的财务收支可以由总会计师授权的财会机构负责人或者其他指定人员审批外，重大的财务收支，须经总会计师审批或者由总会计师报单位主要行政领导人批准。

（4）预算、财务收支计划、成本和费用计划、信贷计划、财务专题报告、会计决算报表，须经总会计师签署。涉及财务收支的重大业务计划、经济合同、经济协议等，在单位内部须经总会计师会签。

（5）会计人员的任用、晋升、调动、奖惩，应当事先征求总会计师的意见。财会机构负责人或者会计主管人员的人选，应当由总会计师进行业务考核，依照有关规定审批。

内容扩展

总会计师与总经济师的工作关系

"总会计师"的提法源自苏联的计划经济体制。我国1990年发布的《总会计师条例》对总会计师的定位是:"总会计师是单位行政领导成员,协助单位主要行政领导人工作,主要对单位主要行政领导人负责。凡设置总会计师的单位,在单位行政领导成员中,不设与总会计师职权重叠的副职。"

通俗地说,会计的总管即总会计师。总会计师是总经理的理财助手、经营参谋,由总经理提名,通过一定程序任命,与经营者利益完全一致。总会计师代表企业管理当局,是经理级财务管理人员,由总经理任命,对总经理负责。总会计师的职能是负责企业的日常管理,负责企业内部管理控制。总会计师侧重于财务管理和会计核算。在西方国家,总会计师更多地被称为主计长、会计长、会计经理或会计负责人,这一职位的主要工作是主管企业会计工作,向财务总监汇报工作。

总经济师是在总经理直接领导下进行工作的高级管理人员,属于企业的高级管理岗位,即高层领导岗位,对企业的发展和经营决策起着重要作用。其主要职能是:根据国家有关的经济政策和经济法规,组织制定并监督实施企业经营决策与经济管理等方面的规章制度;领导市场调查、市场预测、可行性论证及技术经济分析工作;组织制定企业的发展战略、中长期发展规划、阶段性发展目标、年度经营计划、企业经营策略与经营方针,并负责各项经济计划指标的分解及贯彻落实;监督企业对国家承担的经济责任和企业内部经济责任制的实施;研究和处理企业的一切重大经济问题,审核及签署企业的重要经济文件;组织同其他企业及经济部门的经济协作与经济联合,处理企业同各方面的经济关系;领导企业对有关经济信息与经济资料的收集、整理、分析、存储与传递工作;审核企业的各种计划、统计报表,并对其真实性负责;有权制止一切违反国家经济政策、经济法规、企业经营方针等的行为,并提出处理意见。

在中国,大中型企业多设有专职的总经济师或由主管经营的副厂长兼任。未设总经济师的小型企业,由经营副厂长或指定的职能部门行使总经济师的职权。

(二)会计机构负责人与会计主管的设置

在独立设置会计机构的单位,应指定会计机构负责人。在没有独立设置会计机构的单位,也需要在会计人员中指定会计主管人员。会计机构负责人和会计主管人员属于单位中层管理人员,具体组织管理本单位的会计工作。对单位财务负责人、会计机构负责人(会计主管人员)实行备案制度,具体办法由国务院财政部门规定。①

在单位负责人和总会计师的领导下,会计机构负责人负有组织、管理本单位所有会计工作的责任,其工作水平的高低、质量的好坏,直接关系到整个单位会计工作的

---

① 财政部2019年10月23日发布的《中华人民共和国会计法修订草案(征求意见稿)》中第四章会计机构和会计人员增加对单位财务负责人、会计机构负责人(会计主管人员)实行备案制度的要求。截至2021年12月1日,新《会计法》仍在修订中。

水平和质量。任命会计机构负责人，应该考虑以下几个方面：

（1）政治素质。会计机构负责人应遵纪守法，坚持原则，廉洁奉公，具备良好的职业道德。

（2）专业技术资格条件。担任单位会计机构负责人的，应当具备会计师以上专业技术职务资格或者具有会计专业知识背景并从事会计工作3年以上经历。

（3）政策业务水平。会计机构负责人要熟悉国家财经法律、法规、规章制度，掌握财务会计理论及本行业业务的管理知识。

（4）组织能力。会计机构的负责人不仅要是会计工作的行家里手，更重要的是领导和组织好本单位的会计工作，因此要求其必须具备一定的领导才能和组织能力，包括协调能力、综合分析能力等。

在大中型企业里，一般设置专门的会计机构，称为“财务部”或“财务会计部”。这些机构的负责人称为“部长”或者“经理”。

（三）会计机构内部分工设计

实行总会计师制的大中型企业一般有较多的财务、会计人员，在总会计师的监督和财务部部长（经理）的领导下实行分工协作，形成一个以总会计师为首，以财务部部长为主管，包括许多小组的财务会计组织体系。

在设计会计机构内部分工时，应考虑企业规模、业务特点、管理要求和会计信息需要。企业会计组织中可以设置以下几个小组。

1. 总账报表组

负责汇总记账凭证的登记、总账的登记以及报表的编制。本组还负责月终结账、利润结转等工作。

2. 采购及应付款组

负责反映监督采购业务，查核全部采购原始凭证是否经过采购部门和主管会计人员批准。核算采购成本，反映在途商品（材料），登记应付款明细账。经审核的发票在本组填付款单，由财务部门负责人签署后支付。

3. 销售及应收款组

负责反映和监督销售业务，审核销售发票及有关凭证并按编号顺序登记，同时负责收货款和发出商品，并经常或定期向有关部门反映应收账款的明细情况和编制商品的销售分析报告。

4. 工资核算组

负责监督工资基金、控制工资奖金支出总额，审查和核算职工工资额，编制工资单。另外，根据成本计算的要求，将工资总额按其类别进行分类，编制出工资分配表。

5. 仓库核算组（或存货核算组）

负责审核各仓库的收发、退领商品材料和物资凭证，检查账存与实存是否相符。其核算范围包括原材料、辅料、燃料、低值易耗品、产成品以及商品的收、发、储存记录，并定期进行盘点，保证账实相符。

6. 固定资产核算组

负责登记企业厂房设备及其他固定资产的分类账和折旧账以及在建工程有关账户。凡属企业添置和减少固定资产有关业务，如新建、购置、大修理、更新重置和调出报废等，都由该组核算。

7. 成本核算组

负责计算、登记基本生产、辅助生产、制造费用和管理费用等明细分类账簿，按期编制生产成本报表，反映各种产品的单位成本，并进行分析。

8. 对外投资核算组

负责登记企业对外长期投资和短期投资的有关账簿，投资的付出、收回及投资效益的分析等由该组核算。

上述各组人数视工作需要而定，少则一人，多则若干人。在分工中应贯彻内部牵制原则，便于相互制约。另外，有些大中型企业设有稽核组，或者在总账报表组内设稽核员。

根据上述会计机构设置的基本思路，可以归纳出大中型企业会计机构设置的示意图（如图 3－1 所示）。

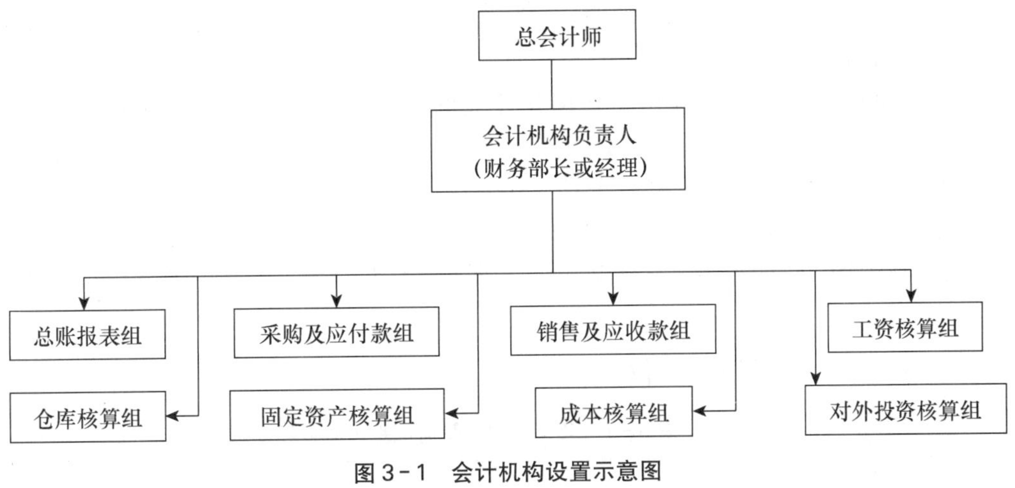

图 3－1　会计机构设置示意图

第 2 节　会计人员岗位责任制设计

一、会计人员配备与分工设计的原则

企业会计机构应当设计安排一定数量的会计人员，以顺利完成会计工作。会计人员配备的关键是确定各单位从事会计工作所需会计人员的数量和层次结构。会计人员的配备程序通常有以下三种：一是由国家会计主管部门或上级主管单位直接任命；二是由各单位自行聘任；三是由各单位征得上级主管部门的同意后聘任。

会计人员配备与分工设计的基本原则是：

（1）根据会计工作需要，配备会计人员。会计工作任务很重，配备人员必须能满足工作需要。设计会计工作岗位时，应考虑单位经济管理对会计信息要求的详细程度和单位经济业务工作量的大小。

（2）会计人员必须具备一定的资格条件。这些资格包括政治素质与业务素质，必须坚持先经过专业教育与岗位培训才能正式上岗，切实保证会计人员的任职资格。

（3）结构要合理，人数要适当。会计机构所需会计人员，既要有领导人员、业务骨干，又要有一般工作人员。各岗位对业务能力要求不同，人员安排应合理，人数要适当。

此外，会计人员的分工应注意平衡工作负荷，以利于提高会计人员的业务水平。根据工作情况，会计工作岗位可以一人一岗、一人多岗或者一岗多人，但应符合内部牵制制度的要求，现金和有价证券必须由出纳人员经管，出纳人员不得兼任稽核、会计档案保管和收入、费用、债权债务账目的登记工作，单位在银行的预留印鉴不得由同一人员保管；在岗位设定以后，应当有计划地实行会计人员岗位轮换制度；会计工作岗位的设置由各单位根据会计业务需要确定。

二、会计岗位责任制的具体设计

设计会计岗位涉及两个问题：一是要确定会计岗位数，即定岗；二是要确定各岗位的职责，即定责。

岗位责任制是企业按照工作岗位建立的责任制度。会计人员岗位责任制应按照“事事有人管、人人有专责、办事有标准、工作有检查”的原则来设计。其设计要求是：设计的责任制要将工作任务和工作方法、职责和权限、专门核算和群众核算有机地结合起来，保证会计任务的完成。岗位责任制应以会计的职能为设计依据。现以制造企业为例，说明各岗位责任制的设计情况，表3－1至表3－10是各岗位的基本职责和要求。

（一）会计部门主管岗位

表3－1　会计部门主管岗位基本职责和要求

1	领导本单位的会计工作
2	组织制定本单位的各项会计制度，并监督贯彻执行
3	参加生产经营管理会议，参与经营决策
4	审查或参与拟定经济合同、协议及其他经济文件
5	负责向本单位领导和职工代表大会报告财务状况和经营成果，审查对外提供的会计资料
6	组织会计人员学习政治理论和业务技术，负责会计人员的考核，参与研究会计人员的聘任和调整工作

（二）采购及应付款核算岗位

表3－2　采购及应付款核算岗位基本职责和要求

1	审查汇编材料采购用款计划，控制材料采购成本，分析采购计划的执行情况
2	认真审核各类材料的采购凭证，分别按材料的采购地点、类别、品种、规格、保管地点、供货单位、采购成本等进行登记。对在途材料要督促清理催收。对已验收入库尚未付款的材料，月终应估价入账
3	对应付账款要登记明细账，经常对账，及时办理结算手续，认真审核有关发票、账单等结算凭证，防止错付、漏付、多付、重付等现象发生

（三）销售及应收款核算岗位

表3-3　销售及应收款核算岗位基本职责和要求

1	审查销售业务的有关凭证，严格执行国家的价格政策，认真履行销售合同，分析销售计划的完成情况
2	根据销货发票等凭证，正确计算销售收入、销售成本、费用、税金和销售利润，登记有关明细账
3	对应收账款要及时登记往来明细账，经常对账，催收欠款
4	经常核对产成品、发出商品账户的定额和实际库存，保持账实、账账相符
5	对购销业务以外的各项往来款项，要按照单位和个人分户设置明细账，根据审核后的记账凭证逐笔顺序登记，并经常核对余额

（四）工资核算岗位

表3-4　工资核算岗位基本职责和要求

1	监督工资基金的使用
2	审核发放工资和奖金
3	负责工资分配的核算
4	计提职工福利费和拨交工会经费

（五）固定资产核算岗位

表3-5　固定资产核算岗位基本职责和要求

1	建立健全固定资产管理办法，编制固定资产目录，负责固定资产的明细核算，定期核对，保持账、卡、物相符，按期编报固定资产增减明细表
2	计提固定资产折旧
3	定期清查盘点固定资产，认真审核并正确处理盘盈、盘亏以及使用不当的设备等，分析固定资产的使用效果，促进提高固定资产的利用率
4	负责核算在建工程及无形资产

（六）成本核算岗位

表3-6　成本核算岗位基本职责和要求

1	制定成本核算办法，编制成本、费用计划；健全基础工作，实行责任成本，指标分解、归口分级落实，促进成本计划实现
2	严格按成本制度规定，正确归集和分配生产费用，计算产品实际成本
3	登记成本费用明细账，编制成本、费用报表；进行成本、费用分析和考核，加强成本的日常控制，促进成本降低
4	加强对在产品和自制半成品的管理和核算，建立车间、班组的在产品台账和半成品登记簿，经常盘点，保持账实相符
5	开展部门、车间和班组经济核算

（七）总账报表岗位

表3-7 总账报表岗位基本职责和要求

1	编制汇总记账凭证，登记总账
2	编制资产负债表、利润表和现金流量表，以及其他明细报表，核对其他报表
3	管理会计凭证、账簿和账表

（八）出纳岗位

表3-8 出纳岗位基本职责和要求

1	办理现金收付和银行结算业务
2	登记现金和银行存款日记账
3	保管库存现金和各种有价证券
4	保管有关印章、空白收据和支票

（九）稽核岗位

表3-9 稽核岗位基本职责和要求

1	审查财务成本计划执行情况
2	审查各项财务收支
3	复核会计报表
4	其他稽核事项

（十）综合分析岗位

表3-10 综合分析岗位基本职责和要求

1	综合分析财务状况和经营成果
2	编制财务情况说明书和专题分析报告
3	进行财务预测，提供经营决策参考资料

案例3-1

岗位职责的重要性

2020年6月的一天，青州市召开了一场由有关各方参加的听证会，具体情况如下。

星辰公司是一家国有控股企业，2019年12月，公司总经理针对公司效益下滑、面临亏损的情况，电话请示正在外地出差的董事长，董事长批示把财务会计报告做得漂亮一些。总经理将这项工作交给公司总会计师，要求按董事长意见办。总会计师按公司领导意图，对当年度的财务会计报告进行了技术处理，虚构了若干无交易的销售收入，从而使公司报表由亏变盈，经诚信会计师事务所审计后，公司财务会计报告对外报出。

2020年4月，在《会计法》执行情况检查中，当地财政部门发现该公司存在重大会计造假行为，依据《会计法》及相关法律法规、制度，拟对该公司董事长、总经理、总会计师等相关人员进行行政处罚，并分别下达了行政处罚告知书。星辰公司相关人员接到处罚告知书后，均要求举行听证会。

在听证会上，有关当事人作了如下陈述。

公司董事长：我长时间出差在外，对公司情况不太了解，虽然在财务会计报告上签字并盖章，但只是履行会计手续，我不能负任何责任。具体情况可由公司总经理予以说明。

公司总经理：我是搞技术出身的，主要抓公司的生产经营，对会计我是门外汉，我虽在财务会计报告上签名并盖章，那也只是履行程序而已。以前也是这样做的，我不应承担责任。有关财务会计报告情况应由公司总会计师解释。

公司总会计师：公司对外报出的财务会计报告是经过诚信会计师事务所审计的，他们出具了无保留意见的审计报告。诚信会计师事务所应对本公司财务会计报告的真实性、完整性负责，承担由此带来的一切责任。

问题：你认为这起财务舞弊案的责任应由谁来负？为什么？

案例提示：这个案例的纠纷是由于岗位职责不清引起的。责任分担应当严格依据《会计法》及岗位职责规定。

董事长的陈述不符合会计法律法规、制度的规定。《会计法》规定：单位负责人对本单位会计工作和会计资料的真实性、完整性负责，是本单位会计行为的责任主体。虽然董事长出差在外，但他仍然是单位的法定代表人，仍然需要在公司年度财务会计报告上签名并盖章，并对本公司会计报表的真实性、完整性负责。事实上该公司的会计造假行为是董事长授意指使的，因此，董事长应承担授意会计机构、会计人员及其他人员编制虚假财务会计报告的法律责任。

总经理的陈述不符合会计法律法规、制度的规定。《会计法》规定：财务会计报告应当由单位的负责人和主管会计工作的负责人、会计机构负责人（会计主管人员）签名并盖章。总经理负责单位日常经营管理活动，许多财务活动和经济业务事项是在公司总经理的指挥下进行的，总经理也是财务会计报告的责任人，应承担相应的会计法律责任，不能以不懂会计业务推脱。事实上该公司总经理也参与了会计造假，因此，总经理也应承担授意、指使会计机构、会计人员及其他人员编制虚假财务会计报告的法律责任。

总会计师的陈述不符合会计法律法规、制度的规定。设置总会计师的单位还应由总会计师在财务会计报告上签章，并对会计报表中数据的合法性、真实性、准确性、完整性承担相应的责任。总会计师按公司领导意图对当年度的财务会计报告进行了技术处理，虚增销售收入，是该公司虚假财务会计报告的直接编制者，应当承担相应的法律责任。

另外，诚信会计师事务所也应当承担相应的审计责任。

第3节 会计档案管理的设计

会计档案是机关、团体、企事业单位和其他组织在会计活动中自然形成的，并按照法律规定保存备查的会计信息载体（包括会计凭证、会计账簿、财务会计报告和其他会计资料），是记录和反映经济业务的重要史料和证据，是检查遵守财经纪律情况的书面证明，也是总结经营管理经验的重要参考资料。《会计法》规定，各单位对会计凭证、会计账簿、财务会计报告和其他会计资料应当建立档案，妥善保管。在设计会计制度时，应根据《会计法》和《会计档案管理办法》，明确规定本单位会计档案管理的要求及整理、保管、利用、销毁办法。需要说明的是，会计档案管理属于会计工作管理的一个方面，也是会计制度的重要组成部分。有的企业在设计会计制度时，单独将其作为一个管理办法来对待；有的企业在会计制度总则中作简单说明，将具体办法作为附录放在制度的最后。

一、会计档案管理设计的原则

会计档案管理设计的原则主要有如下几项（见图3-2）。

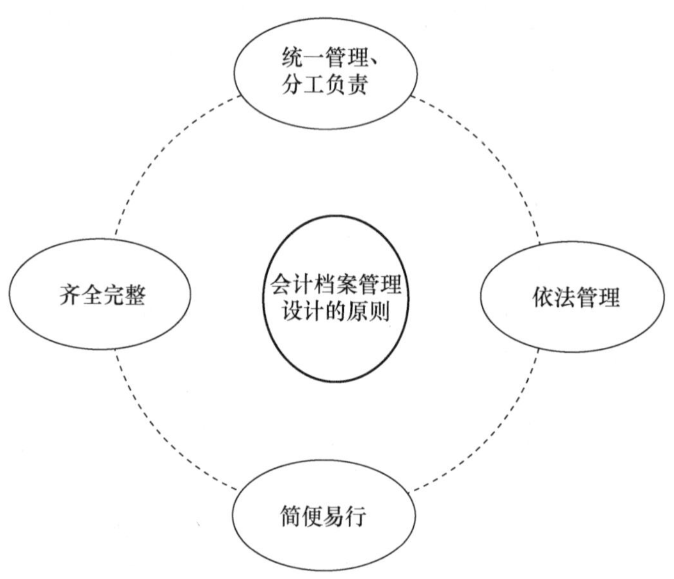

图3-2　会计档案管理设计的原则

1. 统一管理、分工负责原则

统一管理是指会计档案由档案、财政部门统一管理。会计档案既是本单位全部档案的一部分，又是国家全部档案的重要组成部分，因此，会计档案应由各级档案部门实行统筹规划，统一管理，进行监督和指导；同时会计档案政策性、专业性强，分布面广，作为会计工作法定管理部门的财政部门对会计档案负有业务指导、检查和监督的责任。分工负责是指各单位每年形成的会计档案应由本单位财会部门负责整理、立卷、装订成册，按期移交档案部门，由档案部门管理。财会部门与档案部门分工合作，共同做好档案管理工作。

2. 齐全完整原则

财会部门或经办人员必须按期将应归档的会计档案全部移交给档案部门，保证档案的齐全完整，不得以方便工作为借口自行封包保存，档案部门也不能以库房紧张、装备不足为由拒绝保管。会计档案残缺不全会大大降低会计档案的保存和利用价值。

3. 简便易行原则

会计档案的工作制度、管理办法等应当力求简便易行、通俗易懂、操作简单、利用方便，以提高工作效率，充分发挥会计档案的作用。

4. 依法管理原则

会计档案涉及面广、政策性强、使用价值大，因此，必须加强会计档案管理的法制建设，依法管理会计档案。单位应根据法律法规规定，建立健全会计档案的立卷、归档、调阅、保存和销毁等管理制度，切实管好用好会计档案。

二、会计档案管理的设计

（一）会计档案内容的设计

会计档案是记录和反映企事业单位经济业务发生情况的重要史料和证据，具体内容包括以下几个方面：

1. 会计凭证类

会计凭证类包括原始凭证、记账凭证以及其他会计凭证。

2. 会计账簿类

会计账簿类包括总账、明细账、日记账、固定资产卡片及其他辅助性账簿。

3. 财务报告类

财务报告类包括月度、季度、半年度、年度财务会计报告。

4. 其他类

其他类包括银行存款余额调节表、银行对账单、纳税申报表、会计档案移交清册、会计档案保管清册、会计档案销毁清册、会计档案鉴定意见书及其他具有保存价值的会计资料。

（二）会计档案整理的设计

各单位的会计资料往往是分散的，数量也很多。为了更好地发挥会计档案的作用，必须对会计资料进行收集、整理。会计档案整理是指将会计档案分门别类、按序存放的工作。整理工作是会计档案管理的重要内容，是保存、利用会计档案的前提，一般包括会计凭证的整理、立卷，会计账簿的整理归档，会计报表的整理归档以及其他财会资料的整理归档等。

1. 会计凭证的整理、立卷

对取得和填制的各种会计凭证在登记账簿后，应按照凭证类别和时间顺序编号整理，于定期或每个月份终了，将所有应归档的会计凭证收集齐全，并根据记账凭证分类整理其附件，剔除不属于会计档案范围和没有必要归档的资料，补充遗漏的必不可少的核算资料，按适当厚度分成若干本，填制凭证封面，统一编号，装订成册，并由专人负责保管。

如果在一个月内凭证数量过多，可分装为若干册，在封面上注明共几册、第几册字样。如果某些记账凭证所附原始凭证数量过多，也可以单独装订保管，但应在其封面及有关记账凭证上加注说明。对重要原始凭证和单据，如合同、契约、押金收据以及需要随时查阅的收据等，在需要单独保管时，应编制目录，并在相应记账凭证上注明原始凭证另行保管，以便查核。

2. 会计账簿的整理归档

年度终了，各种账簿（包括仓库的材料、产成品或商品的明细分类账）在结转下年、建立新账后，一般都要把旧账送交总账会计集中统一整理。应将活页账按页码顺序排好，以便登记会计档案（会计账簿）封面，会计账簿封面的有关内容要全。

3. 会计报表的整理归档

会计报表一般在年度终了后，由专人（一般是主管报表的人员或会计机构负责人）统一收集、整理、装订、立卷归档。平时，月（季）度报表由主管人员负责保存。年终，将全年会计报表按时间顺序整理装订成册，登记会计档案（会计报表）目录，逐项写明报表名称、页数、归档日期等。经会计机构负责人审核、盖章后，由主管报表的人员负责装盒归档。

4. 其他财会资料的整理归档

其他会计资料，包括年（季）度成本、利润计划、月度财务收支计划、经济活动分析报告都应视同正式会计档案进行收集整理，但这部分资料不全部移交档案部门，有的在一个相当长的时期内，仍由财会部门保存，因此，应逐件进行筛选、鉴别，将需移交档案部门保存的，另行组卷装订并移交，其余的则由财会部门保存，以便随时利用。

会计档案的整理要规范化。封面、盒、袋要按统一的尺寸、规格制作，卷脊、封面的内容要按统一的项目印制、填写。会计档案应做到收集按范围，装订按标准，整理按规范。

（三）会计档案分类的设计

会计档案的分类要遵循会计档案的形成规律和本身固有的特点，从本单位会计档案的实际出发，可选择以下分类方法。

1. 年度形成分类法

年度形成分类法指把一个年度形成的会计档案分为凭证、账簿、财务会计报告三大类，分别组成若干保管单元（卷）。这一方法适用于一般的企业、事业单位。

2. 年度机构分类法

年度机构分类法指先把一个年度内形成的会计档案按机构分开，然后在机构内按凭证、账簿、财务会计报告分别组成保管单元。这种方法一般适用于各级财政、税务、银行等部门和所属单位多的大型企业。

（四）会计档案编号的设计

为了实现会计档案管理规范化，有利于电算化处理，根据会计档案排列“年”（所属年度）、“类”（种类）、“限”（保管期限）三要素的多种组合方式，可以选用以下两种排列编号方法。

1. 按年、限、类排列

一般的企业、单位可采用年、限、类的排列编号方法，即以每一年度的会计档案为一单元，将每个案卷按不同保管期限，从永久到最短的期限依次排列，然后将同一保管期限的案卷分类排列，最后以第一卷“永久”卷为1号，按顺序编制目录号，这些号码也作为案卷号。

2. 按时间先后顺序排列

对于由于种种原因会计档案仍由财会部门保管的单位，可将当年的“永久”卷集中按时间先过去、后现在顺序排列，用大流水方法编号，即首卷为“1”，以后各卷按顺序编列。其余定期保管案卷，仍以每一年度为一单元，按上述年、限、类方式排列编号。

（五）会计档案保管的设计

会计档案的保管要严格执行安全和保密制度，做到会计档案完好无缺，不丢失、不破损、不霉烂、不被虫蛀等。安全制度包括会计档案的保存、保护责任制，检查、监督等方面的制度。保密制度包括接收会计档案信息的范围、对象，利用会计档案时保密的程序、方法以及各环节保密的责任等。

各单位每年形成的会计档案，在财会部门整理立卷或装订成册后，如果是当年的会计档案，在会计年度终了后，可暂由本单位财会部门保管一年，期满后，原则上应由财会部门编造清册移交本单位的档案部门保管。单位会计管理机构临时保管会计档案最长不超过三年。临时保管期间，会计档案的保管应当符合国家档案管理的有关规定，且出纳人员不得兼管会计档案。

各类会计档案的保管期限，根据其特点，可分为永久和定期两类。一般年度决算财务会计报告和会计档案保管、销毁清册需永久保存，其他会计资料作定期保存，定期保管期限一般分为 10 年和 30 年。各种会计档案的保管期限，从会计年度终了后的第一天算起。各类会计档案所适用的保管期限为最低保管期限，各单位不得擅自变更。表 3-11 中的各种会计档案的保管期限从会计年度终了后的第一天算起。

表 3-11　企业会计档案保管期限

序号	档案名称	保管期限	备注
一	会计凭证		
1	原始凭证	30 年	
2	记账凭证	30 年	
二	会计账簿		
3	总账	30 年	
4	明细账	30 年	
5	日记账	30 年	
6	固定资产卡片		固定资产报废清理后保管 5 年
7	其他辅助性账簿	30 年	
三	财务会计报告		
8	月度、季度、半年度财务会计报告	10 年	
9	年度财务会计报告	永久	
四	其他会计资料		
10	银行存款余额调节表	10 年	
11	银行对账单	10 年	

续表

序号	档案名称	保管期限	备注
12	纳税申报表	10年	
13	会计档案移交清册	30年	
14	会计档案保管清册	永久	
15	会计档案销毁清册	永久	
16	会计档案鉴定意见书	永久	

（六）会计档案利用的设计

保存会计档案的目的是调阅和利用会计档案，会计档案的整理、归档、保管等工作只是为利用奠定基础。因此，必须重视和加强会计档案的利用工作。本单位人员调阅会计档案要经会计主管人员同意，外单位人员调用会计档案要有正式介绍信，经会计主管人员或单位领导人批准。调阅会计档案一般应在档案室查阅。外单位人员调用会计档案原则上不得借出，如有特殊需要，需报经上级主管部门批准，在指定地点查阅，不得拆散原卷册，并限期归还。查阅会计档案人员不准在会计档案上做任何记录、勾画和涂改，更不能抽撤单据，违者应视情节轻重进行严肃处理。

（七）会计档案销毁的设计

会计档案保管期满需要销毁时，应由单位档案管理机构编制会计档案销毁清册，列明销毁会计档案的名称、卷号、册数、起止年度和档案编号、应保管的期限、已保管的期限、销毁时间等内容，单位负责人、档案管理机构负责人、会计管理机构负责人、档案管理机构经办人、会计管理机构经办人在会计档案销毁清册上签署意见。单位档案管理机构负责组织会计档案销毁工作，并与会计管理机构共同派员监销。监销人在会计档案销毁前，应当按照会计档案销毁清册所列内容进行清点核对；在会计档案销毁后，应当在会计档案销毁清册上签名或盖章。电子会计档案的销毁还应当符合国家有关电子档案的规定，并由单位档案管理机构、会计管理机构和信息系统管理机构共同派员监销。

内容扩展

《会计档案管理办法》

财政部、国家档案局令第79号发布修订后的《会计档案管理办法》，自2016年1月1日起施行。1998年8月21日财政部、国家档案局发布的《会计档案管理办法》（财会字〔1998〕32号）同时废止。

第4节　电算化会计系统的设计

随着电子计算机技术的快速发展，电子计算机技术越来越广泛地应用于会计工作。

以计算机作为工具进行会计数据处理，即会计电算化。在电算化会计系统中，会计工作的组织管理制度与手工系统基本上相同，这里仅就不同之处进行介绍。

一、电算化会计系统组织结构的设计

电算化会计系统建立后，首先应考虑的问题就是电算化会计系统的组织结构，即会计组织机构设置以及责任与权力的分配。这对于确定企业内部各个作业单位和员工之间的职责关系、确保会计电算化工作顺利开展及电算化系统内部管理制度的有效执行都有着重要影响，必须加以重视。一般来说，电算化会计系统的组织结构通常有以下几种形式。

（一）财务部门与信息中心并列的形式

在总经理或副总经理领导下设置管理信息系统中心、财务部等各职能部门。财务部门与信息中心处于并列位置，电算化会计系统的开发与维护都由信息中心负责，在财务部门内设有微机或终端，但财务部门只负责使用电算化会计系统，如图3-3所示。

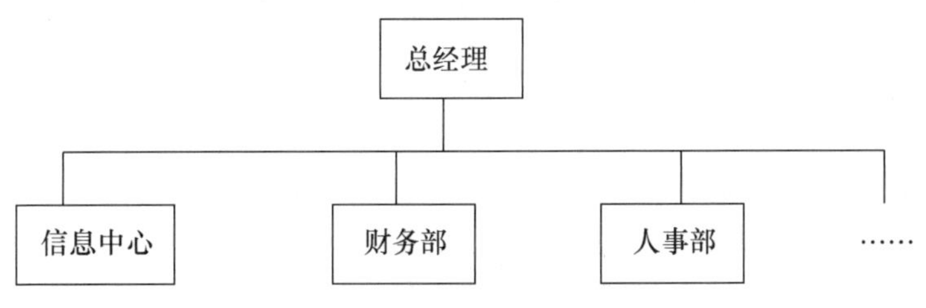

图3-3　财务部门与信息中心并列

在这种情况下，财务部门内部组织结构是否需要变动或调整，主要由计算机的应用程度决定。如果计算机处理的业务不多，财务部门内部组织结构与手工核算体系下相比基本无大的变化，只是下属专业组的职能有所变化，需与信息中心提供的信息发生关联。如果会计核算工作基本上都由计算机来处理，就必须对财务部门的内部组织结构作较大调整，图3-4就是一种常见的调整后的组织结构。在该结构中，数据准备组负责电算化会计系统所需数据的组织、整理工作；数据处理组负责电算化会计系统的运行工作；财务管理组负责会计信息的分析、整理、参与决策等工作；档案管理组主要负责各种打印输出资料、备份数据的工作。这种组织结构一般适用于大中型企业。

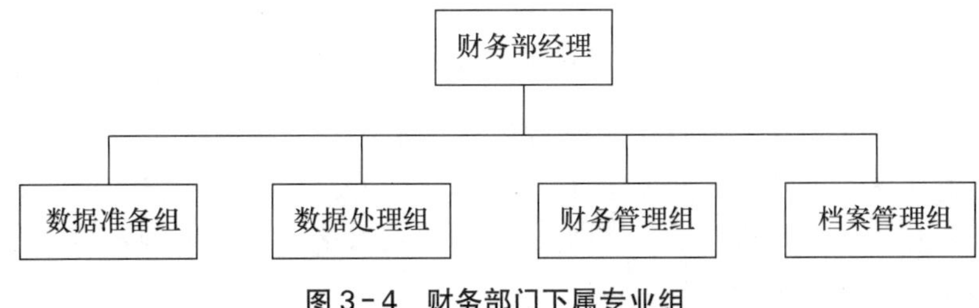

图3-4　财务部门下属专业组

（二）财务部门内下设计算机应用组的形式

即总部不设置管理信息系统中心，由各个业务部门独立设置计算机应用组（或计算机房），各计算机应用组负责本业务部门的会计电算化工作，在会计部门常以系统开发组的形式出现，与其他小组平级，主要负责会计电算化的规划、开发工作，如图3－5所示。

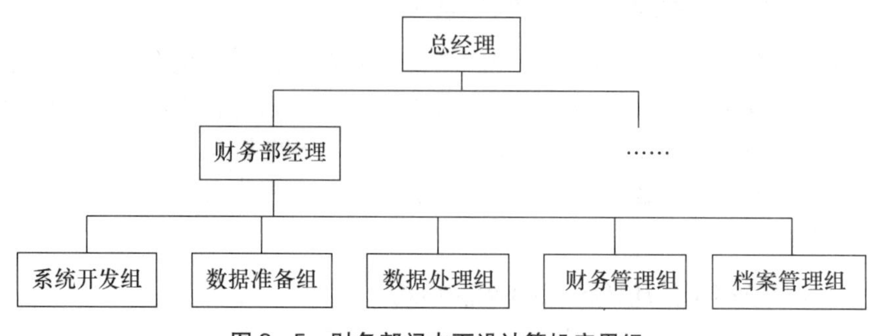

图3－5　财务部门内下设计算机应用组

这种组织结构有利于根据财务部门的需要确定开发步骤和项目，系统的实用性强，也有利于开发人员与会计人员相互学习，共同搞好会计电算化工作。但不利于满足单位的总体信息需求，不利于单位对计算机应用进行统一领导、规划、组织，容易造成重复开发，共享性差，也不利于财务部门与其他业务部门的协调。从长远来看，这种方式只能作为一种过渡形式。

（三）单位没有独立的信息部门，财务部门内仅配以专职维护员、操作员，运行已建立的电算化会计系统

这种形式主要适用于小型的企事业单位，它们不能配置专门的软件开发人员和专门的信息部，主要靠购买商品化会计软件或聘请软件开发公司帮助其建立电算化会计系统。

在实际工作中，有些单位的电算化会计系统组织结构可能是上面几种常见形式的组合。如有的单位既在总部设置信息中心，又在各个业务部门设置计算机应用组，计算机应用组在业务上受信息中心指导，行政上受业务部门领导，因而电算化会计系统组织结构中有系统开发组，但它同时也受信息中心的指导。实行会计电算化后，各单位应根据自身的特点和实际需要，合理设计电算化会计系统的组织结构。

内容扩展

会计信息化与会计电算化

会计信息化是指将会计信息作为管理信息资源，全面运用以计算机、网络通信为主的信息技术对会计信息进行获取、加工、传输、应用等处理，为企业经营管理、制定决策和经济运行提供充足、实时、全方位的信息。会计信息化是信息社会的产物，是未来会计的发展方向。

传统的会计电算化，实质上并未突破手工会计核算的思维框架。会计电算化与会计信息化虽然都是利用现代科学技术处理会计业务，提高会计工作效率和企业财务管理水平，但在信息化环境下的会计信息化系统与电算化会计系统相比，无论是在技术上还是在内容上都有质的飞跃，两者的内涵大相径庭。总的来说，两者有以下区别。

1. 历史背景不同

会计电算化产生于工业社会，为了适应企业快速发展和不断增大的会计业务处理量，采用电子计算机对会计业务进行处理。会计信息化则产生于信息化社会。信息化社会要求社会信息化，企业是社会的细胞，社会信息化必然要求企业信息化，企业信息化必然导致会计信息化。

2. 目标不同

现行的电算化会计系统是基于手工会计系统发展而来的，其业务流程与手工操作方法基本一致，主要是为了减轻手工操作系统的重复性劳动，提高效率。会计信息化系统是从管理者的角度进行设计的，能实现会计业务的信息化管理，充分发挥会计工作在企业管理和决策中的核心作用。

3. 技术手段不同

由于开始设立时的环境束缚，现行的电算化会计系统主要是针对单功能计算机设立的，后来的会计电算化软件也是在此基础上发展和完善的。会计信息化系统是在网络环境下设计的，其实现的主要手段是计算机网络及现代通信等新的信息技术。

4. 功能范围和会计程序不同

会计电算化是对手工会计系统的改进，在手工的基础上产生，故其会计程序也模仿手工会计程序进行，也是以记账凭证为开始，最后实现用计算机对经济业务进行记账、转账和提供报表等功能。会计信息化是适应时代的要求，根据现代信息的及时性、准确性、实时性的特点而产生的，它从管理的角度进行设计，具有业务核算、会计信息管理和决策分析等功能，其会计程序是根据会计目标，按照信息管理原理和信息技术重整会计流程。

5. 信息输入输出的对象不同

电算化会计系统主要是为财务部门设立的，设计时只考虑了财务部门的需要，由财务部门输入会计信息，输出时也只能由财务部门打印后报送相关机构。会计信息化系统是企业业务处理及管理信息系统的组成部分，大量数据从企业内外其他系统直接获取，输出也是依靠网络由企业内外的各机构、部门根据授权直接在系统中获取。

6. 系统的层次不同

会计电算化以事务处理层为主。会计信息化包括事务处理层、信息管理层和决策支持层。

二、电算化会计系统岗位责任制的设计

在合理的组织结构基础上，还需将各部门的业务活动再划分为若干具体的工作岗位，并赋予各个岗位以相应的职责权限。岗位责任是组织结构的具体代表。在电算化会计系统中，“不相容职务分离”的控制原则仍然适用，但是在控制程序与方法上必须有一定的调整或变更，相应地，电算化会计系统的岗位责任制也有所不同。会计电算化后的工作岗位可分为基本会计岗位和电算化会计岗位。基本会计岗位包括会计主管、出纳、会计核算各岗位、稽核、会计档案管理等工作岗位。这些岗位的基本职责没有

发生多少变化。电算化会计岗位设置如图3-6所示。

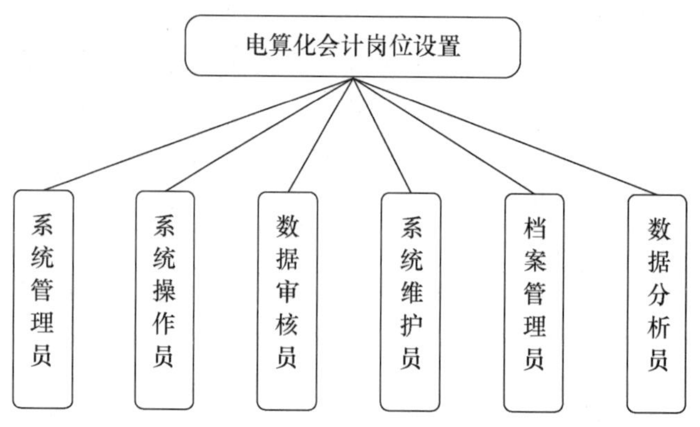

图3-6 电算化会计岗位设置

（一）系统管理员

负责电算化会计系统的日常管理工作，监督并保证系统有效、安全、正常运行；负责组织和建立系统运行环境，以及系统建立时的各项初始化工作；负责协调系统各类人员之间的工作关系，规定机构内各使用人员的权限等级；负责系统各有关资源的调用、修改和更新的审批；负责做好系统运行情况的总结，提出系统更新或修改的需求报告等。系统管理员要求具备财会和计算机知识，以及相关的会计电算化组织管理的经验，可由会计主管兼任，也可指定专人担任。但要注意，不能由软件开发人员担任。采用中小型计算机和计算机网络会计软件的单位可设此岗。

（二）系统操作员

系统操作员有权进入电算化会计系统调用系统的全部或部分功能，但不能调用非自己权限内的功能；负责系统的数据登录、数据备份和输出凭证、账表的打印工作；严格按照系统操作要求进行部分会计数据处理操作；负责系统维护操作，包括各数据库的修改和更新操作等。该岗位要求具备会计软件操作知识，达到会计电算化初级知识培训的水平，一般由经过计算机和会计两类训练的会计人员或计算机专业人员担任，但不能由系统开发人员担任。

（三）数据审核员

负责对输入各种凭证单据的审核工作，包括各类代码的合法性、摘要的规范性和数据的正确性审核。对不合要求的退回有关人员更正，再行审核；负责对计算机输出各种凭证、账表的审核工作，不合要求的返回不签章。该岗位要求熟悉本单位全面的会计业务并具备一定的计算机知识，可由主管会计兼任。

（四）系统维护员

负责系统的安装和调试工作；负责定期检查系统运行情况，对运行中软件、硬件故障及时进行排除，对由于故障而产生的数据混乱丢失等情况负责恢复工作；负责各种共享代码设置及维护工作等。该岗位要求具备会计知识、经过会计电算化中级培训、能熟练地编写程序、了解所用软件的结构，可以由软件开发人员担任。

（五）档案管理员

负责系统的各种文档、硬盘及各类账表、凭证、资料的备份和存档工作；负责各类数据、账表、凭证、资料的安全保密工作。该岗位要求具备计算机常识，如硬盘的使用与保护等，一般应由能做好安全保密工作的人员担任。

（六）数据分析员

主要负责会计信息的分析、整理工作，并向管理层提出参考性意见。该岗位要求熟悉会计业务、有经验，达到会计电算化中级知识培训水平。

内容扩展

会计电算化操作管理制度设计

会计电算化操作管理制度设计的目的就是通过严格标准的计算机操作来保证信息处理的高质量，减少产生差错及未经授权使用系统的机会。其主要内容如下。

1. 操作人员职责

如前所述，此处略。

2. 操作人员权限

应明确规定各操作人员的操作权限，各操作人员只能在自己的权限范围内进行操作，不得越权操作。另外还需明确规定：

（1）系统管理员权限较大，一般可调用所有的功能和程序，但不能调用系统的源程序及详细的技术资料。

（2）系统维护员只能对系统进行管理和维护，不能从事系统的任何操作使用工作。

（3）除了系统维护人员之外，其他人员不得直接打开库文件进行操作，不允许随意增删和修改数据、源程序库文件结构。

（4）存档的数据、账表、凭证及其他资料，由档案管理员按规定统一复制、保管，未经许可，其他人员不得擅自复制、修改和带出。

3. 操作规程

应建立一套完整的电算化会计系统操作使用规程，明确操作方法和操作次序，防止重复、遗漏和误操作。具体可以从以下几个主要方面进行规定：

（1）各类操作人员操作基本规程。各操作使用人员在上机操作前后，应进行上机操作登记；操作人员应遵循每一个作业操作指南中的规定进行作业操作，包括程序运行顺序、设备和文件的使用要求等；上机必须输入自己的操作密码，操作运行中离开工作现场必须执行相应命令退出系统；不得使用来历不明的软件和非数据维护员发放的硬盘；每次操作完毕必须退出系统，并及时做好备份。

（2）数据输入操作规程。只有经过审核无误并由有关人员签章的方可输入；按软件提供输入项目和要求输入，收付款凭证必须当日输入，其他凭证视情况而定，但每月必须将当月的资料全部输入；每项业务输入后必须自审一次，无误后方可进入下一次输入；不得擅自修改凭证数据，如发现错误可停止输入退回审核员或准备人员，已输入计算机的数据，在登账之前发现差错，可按凭证数据进行修正，在登账之后发现差错，必须另做凭证，以红字（或负数）冲销，录入计算机；输入后必须及时备份，进行必要的打印输出。

（3）计算机计算、转录及查询操作规程。对上次加工操作备份数据进行复核，对输入数据的审核进行检查；计算、转录必须按程序规定进行，日记账每日一次，其他视情况而定，但月底前必须全部处理；查询必须符合查询范围，不得擅自扩大查询范围；每次操作结束后必须进行备份。

4. 其他操作管理制度

如操作日志制度，对每个操作人员的姓名、进入系统操作的时间、操作内容，应作详细记录，形成操作日志，以备需要时核查。操作日志应由专人保管，禁止修改，保证记录的原始性和真实性。

思考题

1. 什么是会计组织？什么是会计组织系统？
2. 会计机构设计的方式有哪些？
3. 在进行会计机构设计时，需要遵循哪些原则？
4. 会计组织系统设计的基本内容有哪些？
5. 如何进行会计机构内部分工的设计？
6. 在进行会计人员配备与分工设计时，应考虑哪些因素？
7. 会计档案管理设计应坚持哪些原则？
8. 会计档案如何分类？如何编号？
9. 如何建立会计档案保管、利用和销毁等方面的管理制度？
10. 电算化会计系统中，应设置哪些岗位？各有哪些责任？

练习题

1. 单项选择题

（1）《会计法》规定，国有的和国有资产占控股地位或主导地位的大中型企业必须设置（　　）。

A. 总经济师　　B. 总会计师　　C. 财务总监　　D. 审计人员

（2）企业组织结构设计的出发点和依据是（　　）。

A. 权责利关系　　B. 一项管理职能

C. 分工合作关系　　D. 实现企业目标

（3）根据《会计基础工作规范》，下列不属于会计岗位工作的是（　　）。

A. 成本费用核算　　B. 会计电算化

C. 环境绩效核算　　D. 出纳

(4) 根据《会计档案管理办法》的规定，会计档案保管期间分为永久和定期两类。定期保管会计档案的期限最短的是（　　）。

A. 1年　　B. 3年　　C. 10年　　D. 30年

2. 多项选择题

(1) 会计组织系统的有机组成部分包括（　　）。

A. 科学的机构设置　　B. 合理的人员分工

C. 明确的岗位责任　　D. 完善的会计工作制度

(2) 会计人员设计的要求有（　　）。

A. 根据会计工作需要配备会计人员

B. 不相容职务相互分离

C. 各岗位人员必须符合任职资格

D. 结构合理，人数适当

(3) 通常电算化会计系统的组织结构形式包括（　　）。

A. 财务部门与信息中心并列

B. 财务部门内下设计算机应用组

C. 财务部门内仅配以专职维护员、操作员

D. 以上均不是

(4) 会计档案管理设计的内容主要有（　　）。

A. 会计档案整理的设计

B. 会计档案的分类和编号设计

C. 会计档案保管的设计

D. 会计档案利用和销毁的设计

3. 判断题

(1) 原则上，任何单位都必须设置独立的会计机构，以保证会计工作的正常开展。（　　）

(2) 只有国有大中型企业有必要设置总会计师职务。（　　）

(3) 出纳人员不得兼任稽核、会计档案保管岗位，但可以登记收入、费用账目。（　　）

(4) 企业在建立电算化会计系统后，就不需再考虑电算化会计系统的组织结构问题了。（　　）

实训题

1. 青河市化纤股份有限公司是一家国有控股企业，注册资本3亿元，职工5 000多人。该公司属于化学纤维行业，主要生产纺氨纶长丝，产品畅销全国。企业设董事会，董事长由投资方担任，并为企业法人。董事会由股东大会选举产生。董事会直接聘任总经理1人。总经理聘任副总经理若干人（包括主管财务的副总和主管销售的副总）。其他生产车间及部门采取主任或部长负责制。

结合该企业的情况，请你想想，应该如何设置该企业的会计机构和会计人员。

2. 某国有企业财务部现有10名会计人员，其中含1名总会计师，1名财务部经理，其余人员分别负责相关会计业务的处理，请你为该企业设计一份会计人员岗位责任制。

3. 根据国家相关法规，设计一家企业的会计档案管理办法。

第4章

会计科目设计

内容导图

会计科目是会计制度的重要组成部分。企业的经济业务特点不同，会计对象的具体内容也不一样，因此在设计企业会计制度时，首先要根据企业的实际情况确定合适的会计科目分类并具体规定需要设置的会计科目名称。做好会计科目的设计对保证会计制度设计质量、完成会计制度设计任务具有重要意义。

通过本章的学习，学生要了解会计科目设计的意义；掌握会计科目设计的基本内容；了解与领会会计科目设计的基本原则；掌握手工会计和会计电算化下会计科目设计的方法。

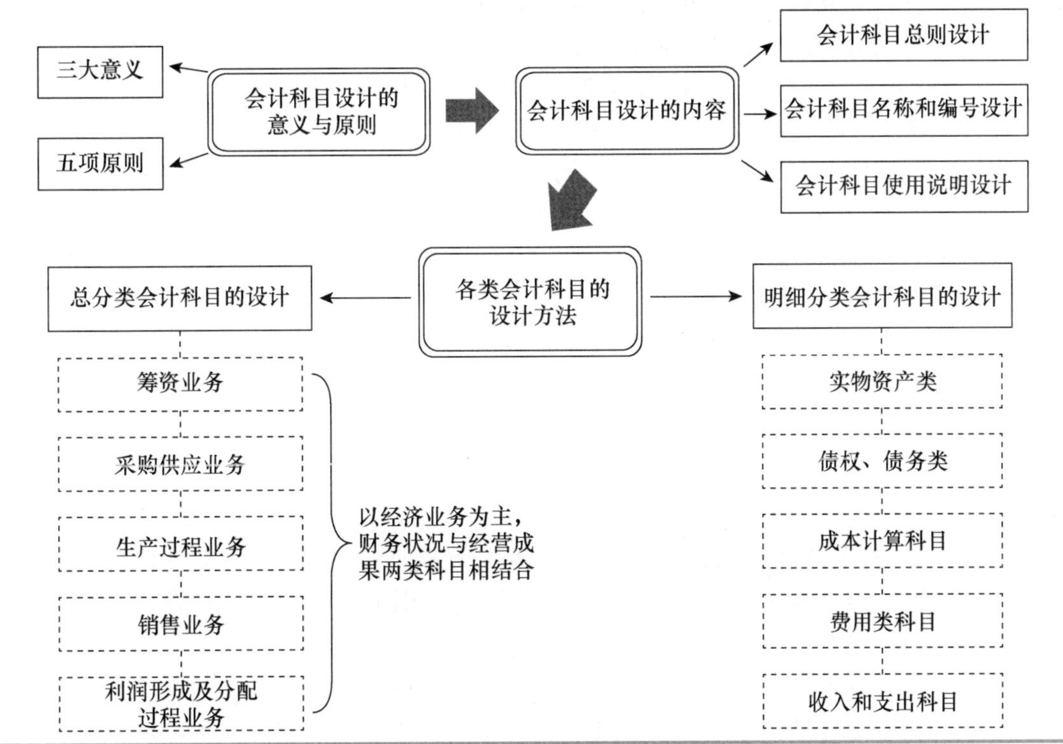

第1节　会计科目设计的意义与原则

会计科目是对会计对象进行具体分类的名称，是对会计信息分门别类进行处理的依据。会计科目设计是会计制度设计的一个重要环节，是确定会计对象经济内容的分类体系，为会计凭证、会计账簿、会计报表及会计业务处理程序等的设计奠定基础。

一、会计科目设计的意义

会计科目设计对保证会计制度设计质量，完成会计制度设计任务具有重要意义，主要体现在以下三方面，如图4－1所示。

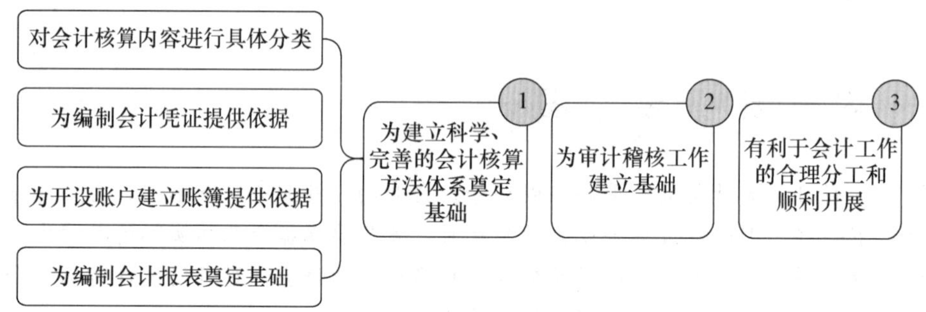

图4－1　会计科目设计的意义

（一）为建立科学、完善的会计核算方法体系奠定基础

1. 对会计核算内容进行具体分类

会计是企业内部的一个信息与控制系统。会计核算的系统性主要体现在对核算内容的分类上。会计核算内容的分类是对会计对象六大要素即资产、负债、所有者权益、收入、费用和利润的内容所作的进一步划分。各单位发生的经济业务是纷繁复杂的，它会引起会计要素的具体形态和数量的变化。如果对各要素不加以具体分类，就很难满足有关会计信息使用者的要求。因此，会计科目设计是对经济业务内容做具体分类，进行系统的、连续的核算的一个重要步骤。

2. 为编制会计凭证提供依据

会计核算的特点是连续、系统、全面地反映企业经济业务活动。在取得原始凭证后，要根据会计科目进行分类整理，编制记账凭证。再按会计科目对记账凭证进行分类整理，作为登记账簿的依据。

3. 为开设账户建立账簿提供依据

账户是按会计科目在账簿中开设的户头，账簿是账户的载体。会计科目是开设账户、建立总分类账和明细分类账的依据。因此，会计科目设计是开设账户体系、建立账簿体系的基础。

4. 为编制会计报表奠定基础

会计报表是根据总分类账和明细分类账余额或发生额填列的，会计报表的信息主要来自会计科目分类汇总的资料，会计科目往往又成为会计报表上的指标项目。会计报表所反映的单位财务状况和经营成果就是会计账户（根据会计科目开设）的余额与发生额在会计报表上的综合反映。总分类账户就是按照总分类会计科目进行设置的，期末可以根据总分类账户的本期发生额和余额编制试算平衡表，并据以编制资产负债表和利润表。

（二）为审计稽核工作建立基础

审计工作的进行，必须首先明确一个单位的会计科目组织系统，然后才能详查每一账户的内容是否相符。因为每一笔交易的发生，均会引起会计要素的变化，表现在各账户记录中，所以审计工作就是对全部会计科目的审查、评价和分析。

（三）有利于会计工作的合理分工和顺利开展

严密完善的会计科目体系，为财会部门的内部分工提供了方便，便于准确划分核算组并正确确定各组的工作任务，科学合理地组织会计工作，规范会计行为，使会计工作有序地进行。

二、会计科目设计的原则

会计科目设计在会计制度设计中占有很重要的地位。在设计会计科目时，应当遵循以下一些原则，如图 4-2 所示。

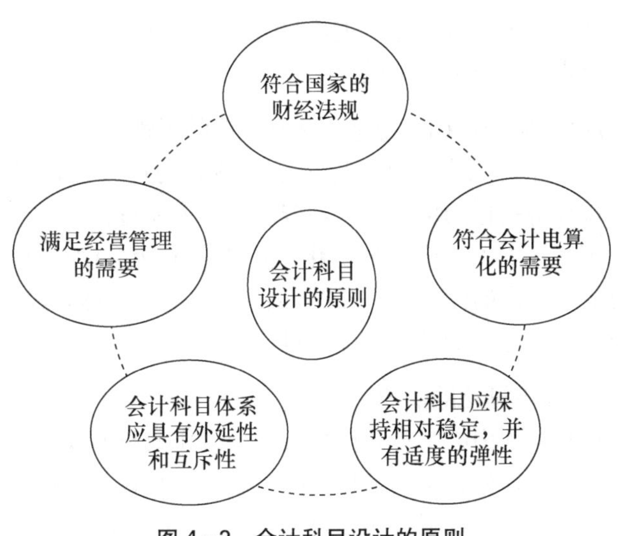

图 4-2 会计科目设计的原则

（一）符合国家的财经法规

国家的财经法规体现了党和国家的方针、政策和宏观经济管理的要求，对国家的经济工作和企业单位的经济活动起着指导和制约的作用。在这方面，作用最直接和制约最大的是《企业会计准则》，设计会计科目时必须以它为依据。根据《企业会计准则》的规定，企业在不违反会计准则中确认、计量和报告规定的前提下，可以根据本单位的实际情况自行增设、分拆、合并会计科目。企业不存在的交易或者事项，可不设置相关会计科目。对于明细科目，企业可以比照《企业会计准则》中的规定自行设置。会计科目编号供企业填制会计凭证、登记会计账簿、查阅会计账目、采用会计软件系统时作参考，企业可结合实际情况自行确定会计科目编号。

（二）满足经营管理的需要

会计是经营管理的重要组成部分，通过提供会计信息，发挥控制作用，履行会计职能。会计科目提供的信息既要满足国家宏观调控对会计信息的需要，又要满足企业微观经营管理的需要。会计科目设计要考虑到企业经营业务特点和生产经营过程，如工业企业的生产经营活动、商业企业的商品购销活动、租赁企业的租赁活动、服务业的收支活动对经营管理都有不同的要求，会计科目设计就应有所差别，否则难以满足需要。此外，会计科目设计要考虑到企业规模大小。如大中型企业经营业务活动比较复杂、业务量大，会计科目应当细一些；反之，小企业业务量小、业务性质比较单一，会计科目应力求简明。

（三）会计科目体系应具有外延性和互斥性

会计科目的外延性是指集合全部一级科目能全面完整地反映本单位会计核算内容，能全面覆盖本单位的所有经济业务。发生任何经济业务都有相应的会计科目可以使用；所设置的二级科目应能核算一级科目所核算的经济业务内容；所设置的三级科目应能核算二级科目所核算的经济内容，不致发生无适当科目进行核算的现象。

会计科目的互斥性是指每一个会计科目（包括各级科目）核算的内容都有严格的界限，发生的任何一笔经济业务只能在特定的会计科目中反映，所编制的会计分录是唯一的，不能出现模棱两可的情况。

（四）会计科目应保持相对稳定，并有适度的弹性

会计科目保持相对稳定，可以保证会计核算的连续性，减少不必要的账务调整，从而有利于保持经济指标的可比性。随着现代企业制度的建立，企业自主权不断扩大，经济业务不断拓展，为了适应这种变化，企业会不断增设会计科目。因此，在最初设计会计科目时要有一定的弹性，在编号时留有空位。当然，经济业务类型发生精简和调整的企业单位，也应减少某些会计科目。

（五）符合会计电算化的需要

会计电算化是指利用电子计算机替代手工操作或机械操作，人和计算机有机结合，是一个人机系统。会计科目是会计核算的基础，也是计算机处理会计数据的主要依据。会计电算化对会计科目的设置提出了新的要求。为了减少初始设置的工作，它要求会计科目的名称、编码、层次、核算内容尽可能统一，并尽可能稳定。明细科目的设置应尽量考虑便于计算机处理。会计科目的编码应加以缜密考虑，使制度规定的编码体系满足系统性、通用性、可扩展性、唯一性的要求。

特别提示

会计科目设计的其他要求

在设计会计科目过程中，除要遵循上述基本原则外，还应注意以下几个问题：

(1) 会计科目名称应简明易懂，字数不宜过多，能显示会计科目的性质或功能，并尽量采用公认的名称，要有科学性，要和内容一致。

(2) 会计科目应按照流动性、变现性或重要性进行排列，以适合编制各种报表。

(3) 会计科目应有大小类别及层级隶属，以便控制及编制不同用途的会计报表。

(4) 会计科目顺序确定以后，应给予系统编号，以确定其位置，便于会计核算。会计科目编号须具有弹性，以适应业务变动时增删之用。

(5) 对每一个会计科目的性质、内容及影响因素，应有简单、明白、确切的说明。

(6) 会计科目说明资本性支出、存货支出及费用支出时，应有明确的划分。

(7) 定期检查修正会计科目表，以适应业务需要。

第2节　会计科目设计的内容

会计科目设计的基本内容包括会计科目总则设计、会计科目名称和编号设计以及会计科目使用说明设计。

一、会计科目总则设计

会计科目总则是对会计科目的一个总括说明，它通常包括以下几个方面的内容。

(一) 阐明会计科目的适用范围

在设计会计科目时应就每一会计科目所表示的意义及适用范围加以说明，以规范会计科目的使用，便于进行分类核算与管理。例如，“在建工程”科目，应先说明其是核算公司为建造或修理固定资产而进行的各项建筑和安装工程，包括固定资产新建工程、改扩建工程、大修理工程等所发生的实际支出，以及改扩建工程等转入的固定资产净值。购入不需要安装的固定资产，不在本科目核算。再如，对企业的劳动资料按其价值大小、使用年限长短划分为两大类，对使用年限超过一年，单位价值在规定价值以上的劳动资料定义为“固定资产”，不同时具备上述两个条件的劳动资料定义为“周转材料”。

(二) 阐明会计科目的基本设置依据

会计科目的设置依据可从以下三个方面进行研究。

1. 以所反映的经济内容为依据

会计科目按其所反映的经济内容，分为资产类、负债类、所有者权益类、成本类、损益类等科目。单位的经济业务一般可以分为两大类：一类是反映财务状况的经济业务；另一类是反映经营成果的经济业务。反映财务状况的经济业务，又可以从资产的取得及增减变动、负债的形成与偿还、资本的投入与增减变动等方面，将其划分为资产、负债、所有者权益三类；反映经营成果的经济业务，又可以根据资金的耗费及成本费用的产生、资金的收回及利润的形成，划分为费用、收入、利润等经济业务，如图4-3所示。在对经济业务分类后的基础上，需要根据每一类经济业务的性质、单位管理和核算的需要，对每个会计要素进行细分。如资产可划分为货币资金、投资、应收款项、存货等，再具体到会计科目，如货币资金根据核算与管理的需要可以划分为库存现金、银行存款、其他货币资金。所选定的会计科目就是在经济业务分类基础上产生的。

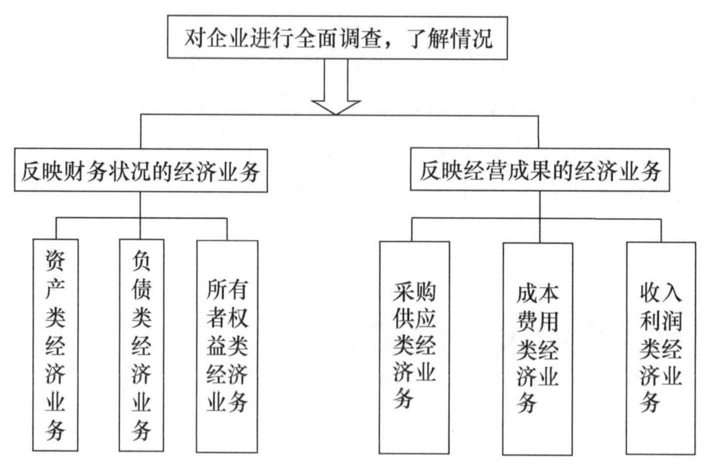

图4-3　单位的经济业务分类

2. 以与会计报表的编制关系为依据

按会计科目与会计报表的编制关系，可以将会计科目分为表内科目与表外科目两类。表内科目又可分为资产负债表科目与利润表科目；表外科目则核算不属于企业而由本企业代管的财产物资，如设计“代管商品物资”“租入固定资产”等科目。

3. 以各类科目在核算中的地位及相互关系为依据

根据会计科目在核算中的地位及相互关系可以将会计科目分为基本会计科目、从属性会计科目、过渡性会计科目三类。基本会计科目是核算财务状况、经营成果的主要科目；从属性会计科目是核算对某些科目调整数字的科目；过渡性会计科目是指对费用跨期摊配及资产待处理设置的科目。

（三）关于会计科目增删补修的规定

一个企业的经济业务通常会随着本企业经营规模的扩大而有所变化，同时，国家相关的会计政策、法规、条例等也不是固定不变的。明确该规定可以说明现有会计科目的运用情况，了解哪些会计科目可以继续使用，哪些会计科目的核算内容或使用方法需要适当变动，在原有的基础上通过局部变动，设计出适应本单位新情况的会计科目体系。企业在进行会计科目的设计时要注意，通过对会计科目的补充修订，使会计科目体系与会计准则的要求相一致，与各项财税制度相一致。

（四）会计科目的编号及其使用说明

会计科目的编号就是对已确定的会计科目进行分类排列，采用一定的方法编制出会计科目的号码，按顺序组成会计科目表，建立分类有序的会计科目体系。会计科目的使用说明是对会计科目的核算内容、明细科目的设置、根据科目开设的账户用途及不同记账方法下账户结构特点、科目的主要经济事项及账务处理等方面所作的说明。会计科目使用说明是使用者使用会计科目的标准，也是检验设计是否成功的尺度。

（五）其他需要说明的问题

为了保证会计科目的正确使用，对会计基础和会计政策应作出说明。如对于固定资产的不同折旧方法、存货计价的方法等会计基础和会计政策，应作出较详细的说明。

二、会计科目名称和编号设计

（一）会计科目名称设计

会计科目名称设计分为总账科目名称设计和明细科目名称设计。因新修订《企业会计准则》中的部分核算内容和核算要求以及其他相关政策法规发生变化的，也需要根据这些变化对总账科目进行增删修补。对于明细科目，根据所对应的总账科目的核算内容与核算要求，本着成本效益原则，结合单位生产经营的特点、编制财务会计报告的需要及内部管理的要求，可采用以下两种方法进行设计：一是对一些重要的明细科目予以明确规定，比如"应交增值税""应交消费税"等明细科目；二是对其他明细科目只规定设置的原则，比如"长期应收款"规定按照承租人或购货单位（接受劳务单位）等进行明细核算，企业根据这一原则设置明细科目名称。

（二）会计科目编号设计

会计科目编号设计就是确定会计科目的编码。具体地说，是根据会计科目的经济内容及其在会计科目体系中的地位和特点进行分类，为每一会计科目确定一个号码作为科目的代号，一经确定不得随意变更。编码的形式体现了会计科目的分类和每类中各科目的排列次序，能使会计科目体系得以科学、系统的体现，有利于会计事项的归类，便于记忆和查阅，便于在分类账中按会计科目的排列次序开设账户，以进行归类汇总和编表。

1. 会计科目编号的要求

为了达到上述目的，会计科目编号应考虑以下几项要求：

（1）简明实用，即会计科目编号应尽可能简单以提高工作效率；

（2）要便于记忆；

（3）要有弹性，即在每类账户的编码之间留有适当的余地，以便于业务变更而增设或更换会计科目；

（4）编号要排列有序，层次分明，根据科目编号就能判断会计科目的经济内容。

2. 会计科目编号的方法

会计科目编号的方法有很多，如数字编号法、文字编号法以及文字、数字混合编号法等。多年实践证明，有些编号方法达不到上述会计科目编号的要求，一般都使用数字编号法。数字编号法一般包括顺序编号法、数字组编号法、十进制编号法和数字定位编号法。

（1）顺序编号法。顺序编号法是从1号开始有多少科目编多少号。这种编号法最为简明，但没有增添科目的余地，也不能反映账户的性质。它一般适用于业务简单、账户比较固定的单位。

（2）数字组编号法。该编号方法是给每一类会计科目以一定的数字组，该类有关会计科目就在一定的数字组内进行编号。例如，给予资产类会计科目的数字组编号为

100～199，则有关流动资产、固定资产和无形资产及递延资产的会计科目均在这一数字组内进行编号；给予负债类会计科目的数字组编号为200～299，有关负债的会计科目就在这一范围内进行编号，以此类推。同时，在每一数字组内又可根据会计科目明细分类规定相应的数字组编号，如在资产类会计科目的100～199数字组内进一步分类规定，货币资金类编号在101～109内，固定资产类会计科目编号在161～169内。

（3）十进制编号法。该编号方法将会计科目按类别（大类、小类）、总分类会计科目和明细分类会计科目的顺序排列，把每一顺序向前推进十位。例如，假设资产类会计科目分为流动资产、固定资产、无形资产及递延资产三大类，可分别给予1，2，3的编号，其中流动资产又分为货币性流动资产和非货币性流动资产两小类，可分别给予1，2两个编号，余下的总分类会计科目可给予两位数的编号。具体如表4-1所示。

表4-1 十进制编号法

1. 流动资产	1. 货币性流动资产	01 库存现金
		02 银行存款
		03 其他货币资金
		⋮
	2. 非货币性流动资产	01 材料采购
		02 原材料
		03 包装物
		⋮
2. 固定资产		01 固定资产
		02 累计折旧
		03 固定资产清理
		⋮
3. 无形资产及递延资产		01 无形资产
		02 递延资产
		⋮

按以上的编号顺序排列，“库存现金”会计科目编号为1101，“材料采购”会计科目编号为1201，“固定资产”会计科目编号为2001。

上述数字组编号法和十进制编号法都能显示会计科目的类别，对会计科目所反映的经济内容起到一定的说明作用，但编号的数字可能较多，不便于记忆。

至于明细会计科目的编号，可以在总分类会计科目编号后用点号或连字符表示。编号的数字位数，可根据明细账户的多少决定。多的可给予三位数或四位数编号，少的可给予一位数或两位数编号。例如，“原材料”会计科目的明细会计科目较多，可给予四位数编号，表示方法为“1202. ××××”或“1202－××××”。点号之前为总分类会计科目编号，点号后为明细分类会计科目编号，其中前面的数字又可表示材料的类别，后面的数字可表示材料的品种规格。

（4）数字定位编号法。该编号方法是给予每个数字特定的含义，并按一定的位置进行排列。例如，第1位数字代表大类会计科目，第2位数字代表小类会计科目，第3，4位数字代表总分类会计科目，第5，6位数字代表明细分类会计科目等。如账户的编号为210304，它表示该账户是属于第2大类第1小类中的第3个总分类会计科目的第4个明细分类会计科目。采用这种编号时，总分类会计科目和明细分类会计科目之间不需用点号或连字符隔开。

数字定位编号法也适用于对财产物资明细账的编号，以表示该项物资的存放地点。如第1位数字表示库号，第2位数字表示货架号，第3位数字表示层次号，第4位数字表示货位号。设某一物资的编号为1532，则表示该项物资存放于第1仓库第5号货架第3层的第2个货位。

数字定位编号法是十进制编号法的扩展，其缺点是编号数字较长，不便于记忆，但是它对账户的经济内容或物资的存放地点都可明确显示，也便于实行会计电算化。会计准则体系中的会计科目编号采用的就是这种方法，见表4-2。

表4-2　会计科目表①

顺序号	编号	会计科目名称	顺序号	编号	会计科目名称
一、资产类			24	1311	代理兑付证券
1	1001	库存现金	25	1321	代理业务资产
2	1002	银行存款	26	1401	材料采购
3	1003	存放中央银行款项	27	1402	在途物资
4	1011	存放同业	28	1403	原材料
5	1015	其他货币资金	29	1404	材料成本差异
6	1021	结算备付金	30	1405	库存商品
7	1031	存出保证金	31	1406	发出商品
8	1101	交易性金融资产	32	1407	商品进销差价
9	1111	买入返售金融资产	33	1408	委托加工物资
10	1121	应收票据	34	1411	周转材料
11	1122	应收账款	35	1421	消耗性生物资产
12	1123	预付账款	36	1431	贵金属
13	1131	应收股利	37	1442	抵债资产
14	1132	应收利息	38	1451	损余物资
15	1201	应收代位追偿款	39	1461	融资租赁资产②
16	1211	应收分保账款	40	1471	存货跌价准备
17	1212	应收分保合同金	41	1481	持有待售资产
18	1221	其他应收款	42	1482	持有待售资产减值准备
19	1231	坏账准备	43	1501	债权投资
20	1301	贴现资产	44	1502	债权投资减值准备
21	1302	拆出资金	45	1503	其他债权投资
22	1303	贷款	46	1504	其他权益工具投资
23	1304	贷款损失准备	47	1511	长期股权投资

① 根据旧准则下的会计科目表，并结合2017—2019年新修订的相关会计准则中有关会计科目调整情况形成此表，仍有“合同资产”“使用权资产”“合同负债”“合同履约成本”“合同履约成本减值准备”“应收退货成本”等新科目尚未进行官方编号，因此未纳入此表。最新官方会计科目表尚未公布。

② 财政部于2019年10月28日修订发布的《企业会计准则第21号——租赁》（财会〔2018〕35号）中取消承租人经营租赁和融资租赁的分类，要求对所有租赁（短期租赁和低价值资产租赁除外）确认使用权资产和租赁负债。

续表

顺序号	编号	会计科目名称	顺序号	编号	会计科目名称
48	1512	长期股权投资减值准备	89	2241	其他应付款
49	1521	投资性房地产	90	2245	持有待售负债
50	1531	长期应收款	91	2251	应付保单红利
51	1532	未实现融资收益	92	2261	应付分保账款
52	1541	存出资本保证金	93	2311	代理买卖证券款
53	1601	固定资产	94	2312	代理承销证券款
54	1602	累计折旧	95	2313	代理兑付证券款
55	1603	固定资产减值准备	96	2314	代理业务负债
56	1604	在建工程	97	2401	递延收益
57	1605	工程物资	98	2501	长期借款
58	1606	固定资产清理	99	2502	应付债券
59	1611	未担保余值	100	2601	未到期责任准备金
60	1621	生产性生物资产	101	2602	保险责任准备金
61	1622	生产性生物资产累计折旧	102	2611	保户储金
62	1623	公益性生物资产	103	2621	独立账户负债
63	1631	油气资产	104	2701	长期应付款
64	1632	累计折耗	105	2702	未确认融资费用
65	1701	无形资产	106	2711	专项应付款
66	1702	累计摊销	107	2801	预计负债
67	1703	无形资产减值准备	108	2901	递延所得税负债
68	1711	商誉			三、共同类
69	1801	长期待摊费用	109	3001	清算资金往来
70	1811	递延所得税资产	110	3002	货币兑换
71	1821	独立账户资产	111	3101	衍生工具
72	1901	待处理财产损溢	112	3201	套期工具
		二、负债类	113	3202	被套期项目
73	2001	短期借款			四、所有者权益类
74	2002	存入保证金	114	4001	实收资本
75	2003	拆入资金	115	4002	资本公积
76	2004	向中央银行借款	116	4003	其他综合收益
77	2011	吸收存款	117	4101	盈余公积
78	2012	同业存放	118	4102	一般风险准备
79	2021	贴现负债	119	4103	本年利润
80	2101	交易性金融负债	120	4104	利润分配
81	2111	卖出回购金融资产款	121	4201	库存股
82	2201	应付票据	122	4301	专项储备
83	2202	应付账款			五、成本类
84	2203	预收账款	123	5001	生产成本
85	2211	应付职工薪酬	124	5101	制造费用
86	2221	应交税费	125	5201	劳务成本
87	2231	应付利息	126	5301	研发支出
88	2232	应付股利	127	5401	工程施工

续表

顺序号	编号	会计科目名称	顺序号	编号	会计科目名称
128	5402	工程结算	147	6403	税金及附加
129	5403	机械作业	148	6411	利息支出
六、损益类			149	6421	手续费及佣金支出
130	6001	主营业务收入	150	6501	提取未到期责任准备金
131	6011	利息收入	151	6502	提取保险责任准备金
132	6021	手续费及佣金收入	152	6511	赔付支出
133	6031	保费收入	153	6521	保户红利支出
134	6041	租赁收入	154	6531	退保金
135	6051	其他业务收入	155	6541	分出保费
136	6061	汇兑损益	156	6542	分保费用
137	6101	公允价值变动损益	157	6601	销售费用
138	6111	投资收益	158	6602	管理费用
139	6115	资产处置损益	159	6603	财务费用
140	6117	其他收益	160	6604	勘探费用
141	6201	摊回保险责任准备金	161	6701	资产减值损失
142	6202	摊回赔付支出	162	6702	信用减值损失
143	6203	摊回分保费用	163	6711	营业外支出
144	6301	营业外收入	164	6801	所得税费用
145	6401	主营业务成本	165	6901	以前年度损益调整
146	6402	其他业务成本			

3. 会计电算化对科目编号的要求

在电算化账务系统中除了像手工账务一样要使用会计科目外，还要为每一个会计科目加入一个编号，科目编号就是将纳入会计核算、会计管理范围内的人、财、物进行科学合理的编号，以便计算机识别、分类、汇总和查询。为了保证会计科目的统一、完整和通用性，现有的财务软件都要求必须在初始化时预先设定会计科目编号的级次和各级位数，一旦使用就不能变动。因此，正确设置科目编号是设计电算化会计系统必须慎重考虑的问题。

会计电算化下科目编号的原则要求与手工会计下科目编号基本相同，要求编号设置要简明、具有唯一性和可扩充性、排列有序、层次分明等。

(1) 编号结构的设计。科目编号结构是指科目的编号有几段（几级），每段有几位，每一段代表一个科目的级别，科目编号与会计科目必须严格对应。会计电算化环境下的科目编号结构应按照国家颁布的《企业会计制度》的规定，统一采用一级会计科目编号，长度固定为四位，二级和三级编号均为两位，对于四级以下科目的级次与编号长度用户可以自行定义。各科目编号往往采用全码，即本级科目全码＝上一级科目全码＋本级科目编号。一般单位可将科目编号级长定为 4，2，2，2，2，即一级 4 位长，二级 2 位长，三级 2 位长，四级 2 位长，五级 2 位长，最多可使用五级科目。例如，某单位“应交税费”科目的设置如表 4－3 所示。

表4-3 “应交税费”科目设置表

科目级次	科目编号	科目名称
1	2171	应交税费
2	217101	应交增值税
3	21710101	进项税额
3	21710102	已交税金
3	21710103	销项税额
3	21710104	出口退税
3	21710105	进项税额转出

（2）科目编号的方法。会计科目编号，可以采用字母、数字或字母数字混合编号等不同的方法。一般采用数字或混合编号方法作为会计科目编号方法。字母编号方法在进行编号时常可与所反映的对象有某些联系，容易记忆，但该方法相对于其他两种方法不易进行计算机处理。会计电算化中使用的科目编号方法与手工会计下的类似，主要有顺序编号法、数字组合法和数字定位编号法。

特别提示

根据《小企业会计准则》附录，小企业在不违反会计准则中确认、计量和报告规定的前提下，可以根据本企业的实际情况自行增设、分拆、合并会计科目。小企业不存在的交易或者事项，可不设置相关会计科目。对于明细科目，小企业可以比照《小企业会计准则》附录中的规定自行设置。会计科目编号供小企业填制会计凭证、登记会计账簿、查阅会计账目、采用会计软件系统参考，小企业可结合企业的实际情况自行确定其他会计科目的编号。

三、会计科目使用说明设计

为了能够正确地使用会计科目，需要在会计科目表后以使用说明的方式对各个会计科目的核算内容、用途、使用方法等进行详细说明，以利于正确使用。会计科目使用说明设计有以下几项主要内容。

（一）阐明会计科目的核算内容与范围

撰写方法是先正面说明会计科目的核算内容与范围，有些会计科目还需区别易混淆的内容，指出不在该科目核算的内容。如“库存现金”科目，核算的内容是企业的库存现金；明确科目核算范围，要指出企业内部各部门使用的备用金，可以单独设置“备用金”科目。

（二）说明所属明细科目的设置

对于会计科目所属明细科目的编写方法有两种：一是概括地说明设置明细科目的要求；二是具体写明所需设置的各个明细科目及其核算内容。如按第一种方法设置“管理费用”科目的明细科目，可以在使用说明中说明“本科目可按费用明细项目进行明细核算”。按第二种方法设置“交易性金融资产”科目的明细科目，可在使用说明中表示“本科目可按交易性金融资产的类别和品种，分别以‘成本’‘公允价值变动’等进行明细科目核算”。

（三）说明会计科目的主要账务处理

撰写方法是以该科目为主，写明借记本科目、贷记有关科目的业务，或借记有关科目、贷记本科目的业务。如“库存现金”科目，企业增加库存现金，借记本科目，贷记“银行存款”等科目；减少库存现金作相反的会计分录。

（四）撰写主要会计事项会计分录举例

在说明会计科目的主要账务处理时，只是扼要地说明借贷两方的对应关系。撰写主要会计事项会计分录举例则比较具体，要结合企业的实际业务情况，有经济业务内容，有对应的会计科目，便于会计人员参考学习。

内容扩展

会计科目使用说明设计——以“库存现金”为例

（1）“库存现金”科目核算企业的库存现金。企业内部周转使用的备用金在“其他应收款”科目核算，或单独设置“备用金”科目核算，不在本科目核算。

（2）企业应当严格按照国家有关现金管理的规定收支现金，超过库存现金限额的部分应当及时交存银行，并严格按照本制度规定核算现金的各项收支业务。

（3）现金收支的主要账务处理：

①从银行提取现金，根据支票存根所记载的提取金额，借记本科目，贷记“银行存款”科目；将现金存入银行，根据银行退回的进账单第一联，借记“银行存款”科目，贷记本科目。

②企业因支付内部职工出差等原因所需的现金，按支出凭证所记载的金额，借记“其他应收款”等科目，贷记本科目；收到出差人员交回的差旅费剩余款并结算时，按实际收回的现金，借记本科目，按应报销的金额，借记“管理费用”等科目，按实际借出的现金，贷记“其他应收款”科目。

（4）企业应当设置现金日记账，由出纳人员根据收付款凭证，按照业务发生顺序逐笔登记。每日终了，应当计算当日的现金收入合计数、现金支出合计数和结余数，并将结余数与实际库存数核对，做到账款相符。

（5）每日终了结算现金收支、财产清查等发现的有待查明原因的现金短缺或溢余，应通过“待处理财产损溢”科目核算。属于现金短缺，应按实际短缺的金额，借记“待处理财产损溢——待处理流动资产损溢”科目，贷记本科目；属于现金溢余，按实际溢余的金额，借记本科目，贷记“待处理财产损溢——待处理流动资产损溢”科目。

（6）单独设置“备用金”科目的企业，由企业财务部门单独拨给企业内部各单位周转使用的备用金，借记“备用金”科目，贷记本科目或“银行存款”科目。自备用金中支付零星支出，应根据有关的支出凭单，定期编制备用金报销清单，财务部门根据内部各单位提供的备用金报销清单，定期补足备用金，借记“管理费用”等科目，贷记本科目或“银行存款”科目。除了增加或减少拨入的备用金外，使用或报销有关备用金支出时不再通过“备用金”科目核算。

（7）本科目期末借方余额，反映企业实际持有的库存现金。

第3节 各类会计科目的设计方法

会计科目按提供指标的详细程度，可分为总分类会计科目和明细分类会计科目。总分类会计科目又称为一级会计科目或基本会计科目，它是对会计要素具体内容进行总括分类的科目。明细科目是总账科目所属的二级科目、三级科目以及细目。明细科目设计也称为次级科目设计。

一、总分类会计科目的设计

总分类会计科目的设置是对会计对象进行分类，对会计对象可用资金运动及其成果进行表述。根据资金运动过程和结果，可以把会计科目分为两大类。实际上这两类经济业务是交错进行的，有着密切的联系。在具体设置会计科目时，通常以经济业务为主，把财务状况和经营成果两类科目结合起来。因此，可将总分类会计科目的设置分为筹资业务、采购供应业务、生产过程业务、销售业务和利润形成及分配过程业务这五个方面。

（一）筹资业务会计科目的设置

通过各种形式和途径取得资金是企业生存和发展的首要条件之一。企业取得资金的渠道主要有：投资者投入企业的资本金；从银行和其他金融机构借入的信贷资金；发行债券取得的资金。

1. 筹集资本会计科目的设置

根据《企业会计准则》《企业财务通则》《公司法》等财经法律法规的规定，投资者可以以现金、实物和无形资产等形式向企业投资。筹资业务发生后，一方面增加了企业的资产，另一方面形成了企业的所有者权益，两者形成对应关系。

在增加资产方面，企业可以设置“库存现金”“银行存款”“库存商品”“原材料”“固定资产”“无形资产”等科目。在企业的所有者权益部分，应根据不同企业投资者投资特点的不同分别设置不同的会计科目。股份制企业股东是以购买企业股票的形式向企业投资，一般企业投资者可以用现金也可以用实物资产或无形资产对企业投资。根据投资特点的不同可以考虑对股份制企业设置“股本”科目核算投入资本，对一般企业则设置“实收资本”科目核算投入资本。同时，由于投资主体的多元化，有国家投资、法人投资、个人投资、外商投资等。“实收资本”“股本”科目还需按投资者进行明细核算，设置有关明细科目。

另外，在筹集资本金过程中，如果投资者缴付的出资额超出资本金，为保持资本金原貌，执行资本金保全制度，应设置“资本公积”科目核算出资额超出资本金的差额（或股票发行的溢价收入），直接计入所有者权益的利得和损失在“资本公积”和

“其他综合收益”科目核算。

2. 借款业务会计科目的设置

企业经营资金不足时，从银行或其他金融机构借款是筹集资金的一个重要途径。按照借款期限不同，分为长期借款和短期借款。其中，一年以上的借款为长期借款；一年以下的借款为短期借款。为反映两种借款的增减变化情况，应当设置“短期借款”和“长期借款”两个科目。

由于短期借款多用于企业的日常经营活动，借款利息应计入当期损益，因此，还要求相应设置“财务费用”科目。长期借款既可用于企业的生产和经营，又可用于固定资产的购建，借款利息既可能计入当期损益，又可能计入固定资产建造成本，因此，还要相应设置“在建工程”或“固定资产”科目。

3. 发行债券业务会计科目的设置

为解决经营资金的不足，企业除向银行借款外，还通过发行债券方式筹集资金。为了反映各种债券及应付利息的增减变化情况，便于确认债务责任，应设置“应付债券”科目，其相对应的一般是“银行存款”科目。发行债券构成企业的一项长期负债，企业不仅要按期偿还债券本金，而且要支付债券利息，同时，债券利率与市场利率的差别会造成债券溢价或折价的发生。对于债券应计利息、溢价和折价的摊销也要设置科目核算，可以在“应付债券”科目下分别设置“面值”“应计利息”“利息调整”二级科目进行核算。

另外，还有其他筹资方式，如企业采用补偿贸易方式引进设备发生的长期应付款业务，应设置“长期应付款”科目进行核算。

（二）采购供应业务会计科目的设置

采购供应过程是企业生产经营过程的重要环节。采购业务是企业为从事产品生产或商品销售，采购各种材料、商品或物资储备待用。

采购供应业务主要是以现金、银行存款支付各种材料、商品或物资的价款；支付各种采购费用；计算材料或商品的采购成本；处理因采购材料或商品等发生的相应债务，如应付账款、应付票据等。主要包括以下几个方面。

1. 计算采购成本会计科目的设置

材料和商品是企业存货的重要组成部分。为了计算采购成本，应当设置“材料采购”或“在途物资”科目，用以反映材料和商品的采购成本。其中，“材料采购”科目核算企业采用计划成本进行材料日常核算而购入材料的采购成本；采用实际成本进行材料日常核算的，购入材料的采购成本，在“在途物资”科目核算；购入的工程用材料，在“工程物资”科目核算。

采购材料或商品的价款和各种采购费用，一般以现金、银行存款、外埠存款、银行汇票、银行本票等存款支付和采用赊购或预付货款方式进货，要求相应设置“库存现金”“银行存款”“其他货币资金”“应付票据”“应付账款”“预付账款”等科目。

2. 各种存货会计科目的设置

企业购买的各种材料物资在生产中的用途各不相同，有的直接构成产品实体，有的只有助于产品形成，有些则用于保护产品，但在它们的存续期间都属于存货。针对存货的不同用途，应分别设置“原材料”“库存商品”“发出商品”“周转材料”等科目。

“原材料”科目核算企业库存的各种材料，包括原料及主要材料、辅助材料、外购半成品（外购件）、修理用备件（备品备件）、包装材料、燃料等的计划成本或实际成本。

采用计划成本核算的企业，还应当设置“材料成本差异”科目，用于核算计划成本与实际成本的差异。

“库存商品”科目核算企业库存的各种商品的实际成本（或进价）或计划成本（或售价），包括库存产成品、外购商品、存放在门市部准备出售的商品、发出展览的商品以及寄存在外的商品等。

“发出商品”科目核算企业未满足收入确认条件但已发出商品的实际成本（或进价）或计划成本（或售价）。

“周转材料”科目核算企业周转材料的计划成本或实际成本，包括包装物、低值易耗品，以及企业（建造承包商）的钢模板、木模板、脚手架等。对于企业的包装物、低值易耗品，也可以单独设置“包装物”“低值易耗品”科目。

如有向外加工业务，还应设置“委托加工物资”科目，核算企业委托外单位加工的各种材料、商品等物资的实际成本。

采用售价进行日常核算的商业企业应设置“商品进销差价”科目核算商品售价与进价之间的差额。

对各种存货在存续期间发生的溢余或短缺应当设置“待处理财产损溢”科目进行核算，以保证存货核算的真实性，便于加强存货的管理。

企业对存货发生的跌价损失，在提取跌价准备金时，应当设置“存货跌价准备”科目进行核算。

企业接受其他单位委托代销和寄销商品，或受托代管商品和物资，应当设置相应的备查账进行登记，以便分清自有“库存商品”和其他单位代销、代管商品物资的所有权，加强财产管理。

3. 采购付款业务会计科目的设置

企业采购材料或商品时，除了以现金、银行存款和其他货币资金支付以外，还可采用赊购的方式，因此会与供货单位之间发生结算关系。为了清晰地反映这些债务，需设置“应付账款”“应付票据”科目。

（三）生产过程业务会计科目的设置

企业在生产过程中形成的生产费用，有些是为生产某种产品发生的直接费用，可以直接计入某种产品的生产成本；有些是为生产几种产品发生的间接费用，需要通过一定的分配方式，在几种产品之间进行合理分配；还有一些则是为组织生产经营活动而发生的，属于管理费用。具体的生产业务主要有：原材料的领用；职工薪酬和各种费用的支付；固定资产折旧的计提；产品生产成本的计算；完工产品的入库。根据上述情况，生产过程业务会计科目设置如下：

1. 各种费用会计科目的总体设置

根据《企业会计准则》和《企业会计制度》的规定，企业在一定期间内发生的各项费用，有些费用是当期受益，有些费用则是若干会计期间受益，因此应当执行权责发生制原则。

根据核算与管理的需要，生产企业的生产业务应当设置“生产成本”“制造费用”“管理费用”科目，分别核算直接生产费用、间接生产费用和管理费用。此外，单独核算废品损失、停工损失的企业，还可以增设“废品损失”和“停工损失”科目。大型工业企业需要加强成本核算与管理时，可将“生产成本”科目分设为“基本生产成本”和“辅助生产成本”两个科目。小型工业企业也可将“生产成本”和“制造费用”合并为“生产费用”科目。

为保证各会计期间费用的合理负担，根据权责发生制原则，应当设置“长期待摊费用”科目，“长期待摊费用”科目用以核算分摊期在一年以上的各种待摊费用，如租入固定资产的改良支出等。企业在不违反会计准则确认、计量和报告规定的前提下，可以根据本单位的实际情况自行增设、分拆、合并会计科目。

2. 职工薪酬业务会计科目的设置

生产部门职工薪酬的核算包括生产部门人员的工资、福利费、社会保险费、住房公积金、工会经费、职工教育经费、非货币性福利、辞退福利等的计算和结算以及职工薪酬的支付。职工薪酬结算引起的是生产成本或制造费用成本的增加，支付职工薪酬引起的是货币资金的减少。因此，职工薪酬业务的核算除涉及前述的各种成本费用科目和“库存现金”“银行存款”科目外，还应设置“应付职工薪酬”科目，用来核算根据有关规定应付给职工的各种薪酬。

3. 提取折旧业务会计科目的设置

企业生产经营用的房屋、建筑物、机器和设备，由于使用期限较长，其价值应逐期计入各期的成本费用。“固定资产”科目反映的是固定资产的原价，即历史成本，为反映其已计入各期成本费用的价值，应当设置“累计折旧”科目，作为固定资产的备抵科目。

4. 核算完工产品成本业务会计科目的设置

工业企业生产的产品完工后，经过检验合格以后，应交给仓库保管。为了反映产成品入库、出库及结存情况，应设置“库存商品”科目。实行计划成本核算的企业，还应设置“产品成本差异”科目，用以核算产品实际成本与计划成本的差额。“库存商品”和“产品成本差异”两科目并在一起，才能反映库存产成品的实际成本。

（四）销售业务会计科目的设置

销售业务是指企业销售产品及其他非产品，收回货币资金等的过程。主要业务有：出售产品、商品和材料以及提供劳务等取得的各种收入；结转销售成本；支付各种销售费用；计提销售税金；计算和结算销售折扣和折让；核算因销售业务而发生的各种应收款项。销售业务会计科目设置包括以下各项。

1. 营业收入会计科目的设置

营业收入包括主营业务收入和其他业务收入。企业在销售商品、提供服务等主营业务中所产生的收入，称为主营业务收入，应当设置“主营业务收入”科目进行核算。企业除主营业务收入以外的其他销售或其他业务的收入，如生产企业销售材料、代购代销、包装物出租等收入，称为其他业务收入，应当设置“其他业务收入”科目核算。

2. 营业成本会计科目的设置

营业成本包括主营业务成本和其他业务成本。企业因销售商品、提供劳务等日常活动而发生的实际成本，称为主营业务成本，应设置“主营业务成本”科目进行核算。企业除主营业务成本以外的其他销售或其他业务所发生的支出，包括销售材料、出租包装物等发生的相关成本、费用，称为其他业务成本，应当设置“其他业务成本”科目进行核算。

3. 税金及附加会计科目的设置

税金及附加是企业日常活动应负担的税金及附加费用，包括消费税、城市维护建设税、资源税和教育费附加，应当设置“税金及附加”科目进行核算。

内容扩展

营改增实施的三个阶段

2011年，经国务院批准，财政部、国家税务总局联合下发营业税改征增值税试点方案。从2012年1月1日起，在上海交通运输业和部分现代服务业开展营业税改征增值税试点。自2012年8月1日起至年底，国务院扩大营改增试点至8省市。

2013年8月1日，营改增试点推向全国，同时将广播影视服务业纳入试点范围。2014年1月1日起，铁路运输业和邮政服务业在全国范围实施营改增试点。2014年6月1日起，电信业在全国范围实施营改增试点。

2016年3月18日召开的国务院常务会议决定，自2016年5月1日起，我国将全面推开营改增试点，将建筑业、房地产业、金融业、生活服务业全部纳入营改增试点，至此，营业税退出历史舞台，增值税制度将更加规范。这是自1994年分税制改革以来财税体制的又一次深刻变革。

4. 应收款项会计科目的设置

企业销售业务发生以后，由于赊销或结算方式等原因，可能发生暂时收不回的应收款项，形成结算债权，是企业流动资产的重要组成部分，应当设置会计科目进行反映。根据各种应收款项的不同形式，应分别设置“应收票据”“应收账款”科目，反映其发生、收回和结存情况。

“应收票据”科目用以核算各种应收票据的增减变化及结存情况；“应收账款”科目用以核算各种应收货款的增减变动及结存情况；“其他应收款”用以核算各种赔款、备用金和各种垫付款。

根据《企业会计准则》的谨慎性原则，均衡各会计期间的负担，企业按照规定，可按应收账款的一定比例或一定金额提取坏账准备金，因此应当设置“坏账准备”科目，作为“应收账款”的备抵账户。

此外，如有预收货款业务，应设置“预收账款”科目，如有分期收款销售业务，可相应设置“分期收款发出商品”科目。

(五) 利润形成及分配过程业务会计科目的设置

1. 利润形成业务会计科目的设置

企业从事生产和经营一定时期之后，会实现一定数额的利润。企业利润主要是由营业利润和营业外收入、营业外支出组成的。

营业利润是由营业收入抵减营业成本、税金及附加、销售费用、管理费用、财务费用、资产减值损失、信用减值损失，再加上其他收益、投资收益（减投资损失）、净敞口套期收益（减套期损失）、公允价值变动收益（减公允价值变动损失）、资产处置收益（减处置损失）构成。

营业收入项目反映企业经营主要业务和其他业务所确认的收入总额，分别设置“主营业务收入”和“其他业务收入”科目核算。

营业成本项目反映企业经营主要业务和其他业务所发生的成本总额，分别设置“主营业务成本”和“其他业务成本”科目核算。

企业销售商品和材料、提供劳务的过程中发生的各种费用，包括保险费、包装费、展览费和广告费、商品维修费、预计产品质量保证损失、运输费、装卸费等，以及为销售本企业商品而专设的销售机构的职工薪酬、业务费、折旧费等经营费用，应当设置“销售费用”科目进行核算。企业发生的与专设销售机构相关的固定资产维修费用等后续支出，也在该科目核算。

企业为组织和管理企业生产经营所发生的管理费用，包括企业在筹建期间内发生的开办费、董事会和行政管理部门在企业的经营管理中发生的或者应由企业统一负担的公司经费（包括行政管理部门的职工薪酬、物料消耗、低值易耗品摊销、办公费和差旅费等）、工会经费、董事会费（包括董事会成员津贴、会议费和差旅费等）、聘请中介机构费、咨询费（含顾问费）、诉讼费、业务招待费、技术转让费、矿产资源补偿费、研究费用、排污费、存货盘盈或盘亏（因管理不善造成的盘亏部分）等，应当设置“管理费用”科目进行核算。

企业为筹集生产经营所需资金等而发生的筹资费用，包括利息支出（减利息收入）、汇兑损益以及相关的手续费、企业发生的现金折扣或收到的现金折扣等，应当设置“财务费用”科目进行核算。

企业计提各项资产减值准备所形成的损失，还应当设置“资产减值损失”科目进行核算。

企业计提的各项金融工具减值准备所形成的预期信用损失，应设置“信用减值损失”科目进行核算。

企业计入其他收益的政府补助，应设置“其他收益”科目进行核算。

企业为了反映净敞口套期下被套期项目累计公允价值变动转入当期损益的金额或现金流量套期储备转入当期损益的金额，应设置“净敞口套期损益”科目进行核算。

企业为核算采用公允价值模式计量的资产、负债项目（如交易性金融资产、交易性金融负债、采用公允价值模式计量的投资性房地产、衍生工具等），公允价值变动形成的应计入当期损益的利得或损失，应当设置“公允价值变动损益”科目进行核算。

企业为了反映出售划分为持有待售的非流动资产（金融工具、长期股权投资和投资性房地产除外）或处置组（子公司和业务除外）时确认的处置利得或损失，以及处置未划分为持有待售的固定资产、在建工程、生产性生物资产及无形资产而产生的利得或损失，债务重组中因处置非流动资产（金融工具、长期股权投资和投资性房地产除外）产生的利得或损失和非货币性资产交换中换出非流动资产（金融工具、长期股权投资和投资性房地产除外）产生的利得或损失，应设置“资产处置损益”科目进行核算。企业对外投资取得的投资收益或投资损失，应设置“投资收益”科目进行核算。

企业除了正常生产经营业务以外，还有下列一些收入与支出，包括非流动资产毁损报废利得或损失、债务重组利得或损失、与企业日常活动无关的政府补助、盘盈利得、盘亏损失、捐赠利得、公益性捐赠支出、非常损失等。由于这些收入与支出事项与企业经营无直接关系，故设置“营业外收入”和“营业外支出”两个科目进行反映。

2. 利润结算会计科目的设置

企业在一定时期内实现的全部收入减去全部支出即为实现的利润，如为负数，则为亏损。各收入与支出要由各相关科目转入，并结出当期实现的利润或亏损。为反映这些情况应当设置“本年利润”科目。

3. 利润分配会计科目的设置

根据现行企业会计制度规定，利润分配的去向主要有：弥补以前年度的亏损，提取法定盈余公积，提取任意盈余公积，向投资者分配利润。为了反映利润分配情况，企业应当设置“利润分配”、“盈余公积”、“应付利润”或“应付股利”等科目。

其中，“利润分配”科目用以核算企业利润的分配或亏损的弥补情况。

“盈余公积”科目用以核算企业按规定提取的法定盈余公积和任意盈余公积的增减变动情况。

“应付利润”或“应付股利”科目用以核算企业应付给投资者的利润（或股利），包括应付给国家、其他单位和个人的投资利润（或股利）。

以上总分类会计科目的设计是以生产经营过程为主，结合经济业务内容而设置的，从中可以看出会计科目设置的要求和基本原理，并了解各科目特定的内容。

内容扩展

《企业会计准则》关于会计科目的规定

根据我国目前《企业会计准则》的规定，会计科目按经济内容分类，可分为资产类、负债类、共同类、所有者权益类、成本类和损益类六大类。具体分类情况如下：

（1）资产类会计科目。包括“库存现金”“银行存款”“其他货币资金”“交易性金融资产”“应收票据”“应收账款”“预付账款”“应收股利”“应收利息”“其他应收款”“坏账准备”“材料采购”“在途物资”“原材料”“材料成本差异”“库存商品”“发出商品”“商品进销差价”“委托加工物资”“周转材料”“存货跌价准备”“长期股权投资”“长期股权投资减值准备”“投资性房地产”“长期应收款”“固定资产”“累计折旧”“固定资产减值准备”“在建工程”“工程物资”“固定资产清理”“无形资产”“累计摊销”“无形资产减值准备”“长期待摊费用”“递延所得税资产”“待处理财产损溢”等科目。

（2）负债类会计科目。包括“短期借款”“应付票据”“应付账款”“预收账款”

"应付职工薪酬""应交税费""应付利息""应付股利""其他应付款""长期借款""应付债券""长期应付款""专项应付款""预计负债""递延所得税负债"等科目。

(3) 共同类会计科目。包括"清算资金往来""货币兑换""衍生工具""套期工具""被套期项目"五个科目。此类科目的特点是需要从其期末余额所在方向界定其性质。

(4) 所有者权益类会计科目。包括"股本""实收资本""资本公积""盈余公积""本年利润""利润分配""其他综合收益"等科目。

(5) 成本类会计科目。包括"生产成本""制造费用""劳务成本""研发支出""工程施工"等科目。

(6) 损益类会计科目。包括"主营业务收入""其他业务收入""汇兑损益""公允价值变动损益""投资收益""营业外收入""主营业务成本""其他业务成本""税金及附加""销售费用""管理费用""财务费用""资产减值损失""营业外支出""所得税费用""以前年度损益调整"等科目。

二、明细分类会计科目的设计

总分类会计科目只能总括地反映经济活动情况，经营管理还需要比较明细的核算资料，为此需要在总分类会计科目下设置明细科目。明细科目一般分设二、三级，如有特殊需要可以设置四级明细科目，形成一个完整的科目级别体系。由于在《企业会计准则》中对大部分会计科目的明细科目没有作详细规定，只提出一般要求，因此企业对明细科目的设计应当予以重视。明细科目是总分类科目核算内容的进一步分类，所以它的内容和使用方法应与总分类科目保持一致。企业经营管理上对各类会计科目反映的详细经济内容和用途的要求各不相同，对明细科目设置的要求也就不一样。

(一) 实物资产按种类和品名设置明细科目

企业的各种存货和固定资产科目的用途是划分类别的标准之一，还应具体反映各种资产的增减变动情况及其结存额，用以检查资产的实有数，揭示其盘盈和盘亏情况。因此必须按资产的种类、品名设置明细科目，以便为加强管理、明确经济责任提供会计信息。如企业存货中的"原材料""辅助材料""发出商品""库存商品""在途物资""固定资产"科目等。

此外，如果按品种核算盘亏，"主营业务收入"和"主营业务成本"等科目也应按品名设置明细账。

(二) 债权、债务类性质的资产、负债按单位名称或个人设置明细科目

企业的债权、债务类科目的用途是反映各种债权、债务事项的发生、收回或偿付以及结存情况，属于结算类科目，各种债权、债务需按户清结，因此，应当按照债权、债务单位或个人名称设置明细科目。如"应收账款""应付账款""预付账款""预收账款""其他应收款""应付职工薪酬"等科目应按单位户名或个人设置明细科目。

(三) 成本计算科目主要按对象设置明细科目

企业的产品成本是按成本计算对象归集和分配费用，因此，对"生产成本"科目

应按成本计算对象设置明细科目。如工业企业用这种方法计算各种产品和工程成本，考核成本计划的执行情况。除“生产成本”外，“在建工程”等科目也按此方法设置明细科目。

（四）费用类科目主要按项目设置明细科目

企业对费用进行核算，需要按管理与会计核算的需要，按项目设置明细科目。在大中型企业内部一般都设有多个部门和若干车间，为了加强管理，分清责任，考核业绩，还需要结合部门设置明细科目。如工业企业的“销售费用”“管理费用”“财务费用”科目需要按项目设置明细科目；“制造费用”科目可以按车间设置明细科目，项目用多栏式账户反映。商品流通企业的“销售费用”“管理费用”“财务费用”科目虽是按项目设置明细科目，但在实行分项目管理责任制时，也要结合部门设置明细科目。另外，实行售价金额核算的零售企业的“库存商品”科目，还应按实物负责人分设明细科目。

（五）收入和支出科目按业务种类和项目设置明细科目

企业的“其他业务收入”“其他业务支出”“营业外收入”“营业外支出”以及不实行分项目负责管理的企业的“管理费用”“财务费用”等科目都应按业务种类或费用项目设置明细科目，用以反映收入和支出的情况，扩大收入，控制支出。

案例4-1

吉诺公司的会计科目设计

2019年8月，李伟大学毕业，到立信会计师事务所工作。10月份，事务所接受吉诺有限责任公司（以下简称“吉诺公司”）的委托，为吉诺公司设计一套切实可行的会计制度。经初步了解，吉诺公司是由四位投资人共同投资150万元建立的有限责任公司，公司属于食品加工企业，主要生产巧克力。营业前的准备工作已办妥，准备开业。公司核定为一般纳税人。事务所项目负责人了解情况后，决定将一部分工作先由李伟负责。李伟应该怎么办？

下面提供了一套解决方法：

一、掌握公司的基本情况和设计要求

吉诺公司是由四位投资人共同投资150万元组建的有限责任公司，公司属于食品加工企业，营业前的准备工作已办妥，准备开业。公司核定为一般纳税人。现委托事务所设计一套会计制度。经调查研究，获得以下资料：

（1）公司已在银行开立账户。

（2）四位投资人分别以货币资金、固定资产、无形资产（专利权）投资，并向银行取得10万元贷款，贷款利息按月支付。

（3）公司生产两种巧克力，分别为牛奶巧克力和夹心巧克力；设立两个基本生产车间，分别为第一生产车间和第二生产车间。

（4）需购入办公桌椅、电脑等办公设备，还需购入生产设备和运输汽车。

（5）生产所需材料全部外购，采用实际成本计价核算，购销活动中，可以赊购赊销。

（6）雇用员工若干人，每月按时支付工资，奖金视经营情况而定。

（7）按规定缴纳增值税和所得税、城市维护建设税和教育费附加（其他税种从略)，税率按国家规定执行。

(8) 公司要求生产车间发生的共同费用应在两种产品之间进行分配。

(9) 税后利润按规定提取公积金和向投资者分配股利。

二、资料整理与分析

对上述资料进行分析，得到以下内容：

(1) 该公司属于工业企业，其组织形式为有限责任公司，因此，应按基本会计准则和具体会计准则的规定，结合企业经营的特点设计会计制度。

(2) 销售产品是该公司的主营业务。

(3) 公司行政管理部门发生的费用：管理人员工资、办公费、水电费、折旧费等。

(4) 两个基本生产车间共同发生的费用（发生在后勤部门）：水电费、修理费等，要在两种产品中分摊，在设计会计制度时应满足其要求，确定合理的分配标准。

(5) 列出固定资产目录，确定固定资产的折旧方法。电子设备可以采用快速折旧法，汽车采用工作量法，其余固定资产可以采用直线法。折旧年限按国家有关规定执行。

(6) 桌、椅等资产单位价值较低，但数量较多，并且都是在开业前一次购入，可列为周转材料（低值易耗品），低值易耗品采用按期分摊法。

(7) 全部会计科目体系可参照《企业会计准则——应用指南》的会计科目设计，会计科目编号以4位数为宜。

三、吉诺公司会计科目设计

(一) 会计科目总说明

本会计科目是应吉诺公司的委托，按照公司的设计要求，在企业提供资料的基础上，结合对企业现场调查获取的资料、分析资料等工作，最终设计出的会计制度（这里只包括会计科目），适用于该公司的现有生产规模和经营特点。

本会计科目采用4位数编号，在使用时，可同时填写科目编号和科目名称，或只填写科目名称，但不得只填写科目编号。

本会计科目体系按借贷记账法设计，并要求按权责发生制原则进行核算。

有关会计科目列出了总账科目而未列出明细科目的，公司可根据需要自行设计。

日后业务范围扩大时，可增设一些科目，如：开展对外投资时，可增设“债权投资”“债权投资减值准备”“长期股权投资”“长期股权投资减值准备”等科目。

(二) 会计科目表

本公司的会计科目表如表4-4所示。

表4-4　吉诺公司会计科目表

顺序号	编号	会计科目名称
		一、资产类
1	1001	库存现金
2	1002	银行存款
3	1101	交易性金融资产
4	1121	应收票据

续表

顺序号	编号	会计科目名称
5	1122	应收账款
6	1221	其他应收款
7	1231	坏账准备
8	1402	在途物资
9	1403	原材料
10	1405	库存商品
11	1411	周转材料
12	1471	存货跌价准备
13	1601	固定资产
14	1602	累计折旧
15	1603	固定资产减值准备
16	1606	固定资产清理
17	1701	无形资产
18	1702	累计摊销
19	1703	无形资产减值准备
20	1811	递延所得税资产
21	1901	待处理财产损溢
		二、负债类
22	2001	短期借款
23	2201	应付票据
24	2202	应付账款
25	2211	应付职工薪酬
26	2221	应交税费
27	2231	应付利息
28	2232	应付股利
29	2241	其他应付款
30	2501	长期借款
31	2901	递延所得税负债
		三、所有者权益
32	4001	实收资本
33	4002	资本公积
34	4101	盈余公积
35	4103	本年利润
36	4104	利润分配
		四、成本类
37	5001	生产成本
38	5101	制造费用
39	5301	研发支出

续表

顺序号	编号	会计科目名称
		五、损益类
40	6001	主营业务收入
41	6051	其他业务收入
42	6101	公允价值变动损益
43	6111	投资收益
44	6301	营业外收入
45	6401	主营业务成本
46	6402	其他业务成本
47	6403	税金及附加
48	6601	销售费用
49	6602	管理费用
50	6603	财务费用
51	6701	资产减值损失
52	6702	信用减值损失
53	6711	营业外支出
54	6801	所得税费用
55	6901	以前年度损益调整

（三）会计科目使用说明

列出会计科目表后，应编写使用说明，它是对会计科目的内容和使用方法作出的详细解释，内容包括以下方面。

1. 说明各科目所反映的经济内容及如何运用

经济内容是指各科目的含义，如何运用是指各科目借、贷方各登记什么内容，余额在何方，反映什么内容，主要的科目对应关系是什么。

2. 说明科目的适用条件

包括在何种情况下使用哪个科目，否则应使用哪个科目。例如，“库存现金”科目是核算公司库存的现金的科目，公司内部周转使用的备用金不在该科目核算。对那些容易混淆和产生误解的科目要特别加以说明。

3. 有关财产物资、费用等科目，要说明其分类、计价和摊提方法等问题

例如，吉诺公司固定资产单价金额起点为1 000元（含1 000元），电子设备采用年数总和法计提折旧，折旧年限定为5年；其他固定资产采用直线法计提折旧；低值易耗品摊销期限为1年等。

4. 说明各科目的明细科目如何设计

能在制度中作原则规定的要进行规定，不能在制度中规定的要说明由用户自行设计。如“制造费用”一般按车间（车间下面分项目）设置明细账，吉诺公司可以在“制造费用”下设两个明细科目，分别为第一生产车间和第二生产车间，也可根据需要增设辅助生产车间（虽然没有实际设置辅助生产车间，实际发生在后勤部门），使归集分配更清楚。

（四）主要经济业务分录举例（略）

问题：请你评述一下该套会计科目设计方案对吉诺公司的适用性。

思考题

1. 会计科目设计有什么意义?
2. 会计科目设计的原则是什么?
3. 会计科目编号的原则有哪些?
4. 会计科目编号的方法有哪些?
5. 会计科目使用说明设计包括哪几项内容?
6. 按经济内容分类，会计科目可以分为几大类?每一大类包括哪些科目?（每一大类至少列举出三个会计科目。）

练习题

1. 单项选择题

(1) 会计科目设计要考虑到企业经济业务特点和生产经营过程，这符合的原则是（　　）。

A. 合法性　　B. 全面性

C. 满足经济管理的需要　　D. 简明实用

(2) 我国现行的企业会计制度中的会计科目编号采用的方法是（　　）。

A. 顺序编号法　　B. 数字组编号法

C. 十进制编号法　　D. 数字定位编号法

(3) 在筹集资本金过程中，如果投资者缴付的出资额超出资本金，为保持资本金原貌，执行资本金保全制度，应设置的会计科目是（　　）。

A. “实收资本”　　B. “资本公积”

C. “盈余公积”　　D. “利润分配”

2. 多项选择题

(1) 会计科目设计的基本内容包括（　　）。

A. 会计科目总则设计　　B. 会计科目编号设计

C. 会计科目使用说明设计　　D. 会计科目名称设计

(2) 会计科目使用说明设计包括的主要内容有（　　）。

A. 阐明会计科目的核算内容与范围

B. 说明会计科目的主要账务处理方法

C. 说明所属明细科目的设置及核算内容

D. 撰写主要会计事项会计分录举例

(3) 进行筹资业务核算需要设计的会计科目有（　　）。

A. “实收资本”　　B. “资本公积”

C. “长期借款”　　D. “应付债券”

3. 判断题

(1) 会计科目设计是会计制度设计的一个重要环节，是确定会计对象经济内容的分类体系，为会计凭证、会计账簿、会计报表及会计业务处理程序等的设计奠定基础。（　　）

(2) 企业在设置会计科目时应严格按照会计准则的有关规定，不得自行增设、分拆、合并会计科目。（　　）

(3) 会计电算化中会计科目的编号可以采用字母、数字或字母、数字混合编号等不同的方法。一般采用字母编号作为会计科目编号方法。（　　）

实训题

1. 2019 年 9 月 10 日，小林开设了美奂装饰公司，在 9 月剩下的时间里，小林完成了以下业务：

(1) 9 月 10 日，将现金 15 000 元存入美奂装饰公司的银行账户；

(2) 9 月 10 日，以现金支付 9 月 10 日至月末的房屋租金 2 000 元；

(3) 9 月 11 日，购买价格为 50 000 元的二手卡车，支付 20 000 元现金，其余款项开出商业承兑汇票以后支付；

(4) 9 月 13 日，赊购办公用品 3 500 元；

(5) 9 月 14 日，以现金购买备用品，价格为 1 000 元；

(6) 9 月 14 日，支付本年度的财产保险和意外保险的保费 500 元；

(7) 9 月 15 日，完成装修服务，收取收入 3 000 元；

(8) 9 月 16 日，支付 9 月 13 日购买办公用品所欠账款 3 500 元；

(9) 9 月 20 日，对客户提供装修服务，开出发票，应向客户收取 5 000 元；

(10) 9 月 24 日，支付水电费 800 元；

(11) 9 月 27 日，支付各项杂费 300 元；

(12) 9 月 28 日，收回客户所欠账款 5 000 元；

(13) 9 月 29 日，支付员工工资 2 500 元；

(14) 9 月 30 日，从银行提取现金 1 000 元备用；

(15) 9 月 30 日，向银行贷款 50 000 元，期限为 2 年，存入公司账户。

问题：根据以上业务编制一个适合美奂装饰公司的会计科目表。

2. 宝洁公司的科目编号达 30 位数，反映公司不同的经营业务和经营地域。

问题：请解释宝洁公司为什么采用如此长的科目编号？这属于哪种科目编号方法？有何优缺点？

第5章

会计核算系统设计

内容导图

会计核算系统设计主要包括会计凭证的设计、会计账簿的设计、财务会计报告的设计和会计核算组织程序的设计。会计凭证的设计主要是原始凭证的设计和记账凭证的设计以及会计凭证传递程序和保管制度的设计。会计账簿的设计主要是会计账簿体系的设计以及不同会计账簿采用的外表形式与账页格式设计。财务会计报告按报送的对象可分为对外财务会计报告和对内财务会计报告，其设计的重点是各种会计报表的设计原理和结构要求以及对外报表和内部报表在设计方面的区别及设计方法。会计核算组织程序，又称会计核算形式，即在会计核算中，以账簿体系为核心，把会计凭证、会计账簿、会计报表、记账程序和记账方法有机结合起来的技术组织方式，其设计的重点是各种会计核算组织程序的特点及适用范围。

通过本章的学习，学生要了解会计凭证、会计账簿、财务会计报告和会计核算组织程序的概念、种类及设计的意义；理解会计凭证、会计账簿、财务会计报告和会计核算组织程序设计的原则和内容；掌握会计凭证、会计账簿、财务会计报告和会计核算组织程序的设计方法及各种会计凭证、会计账簿、财务会计报告和会计核算组织程序的适用范围。

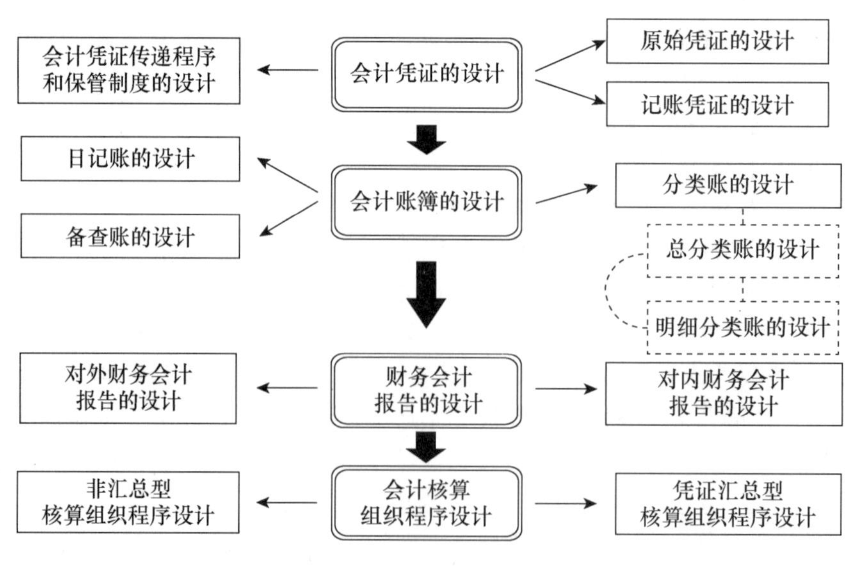

第 1 节　会计凭证的设计

会计凭证是记录经济业务、明确经济责任的书面证明，并作为登记账簿的依据。填制和审核会计凭证是会计核算的重要组成部分。会计核算程序的基本形式可以概括为“凭证—账簿—报表”，会计凭证是会计核算的起点和基础，离开会计凭证就无从进行会计核算。

会计凭证包括原始凭证和记账凭证两种。会计凭证的设计主要就是原始凭证的设计和记账凭证的设计以及会计凭证传递程序和保管制度的设计。

一、原始凭证的设计

原始凭证又称单据，是在经济业务发生时取得或填制，用以证明经济业务的发生和完成情况的书面证明。原始凭证包括自制原始凭证和外来原始凭证。自制原始凭证是由本单位人员在经济业务发生时所填制的凭证。自制原始凭证按反映业务的方法不同，又可分为一次凭证、累计凭证、汇总凭证。外来原始凭证是在经济业务完成时从其他单位取得的原始凭证，如发票、银行进账单。在设计原始凭证时，主要考虑自制原始凭证的设计。原始凭证设计的主要内容如图 5-1 所示。

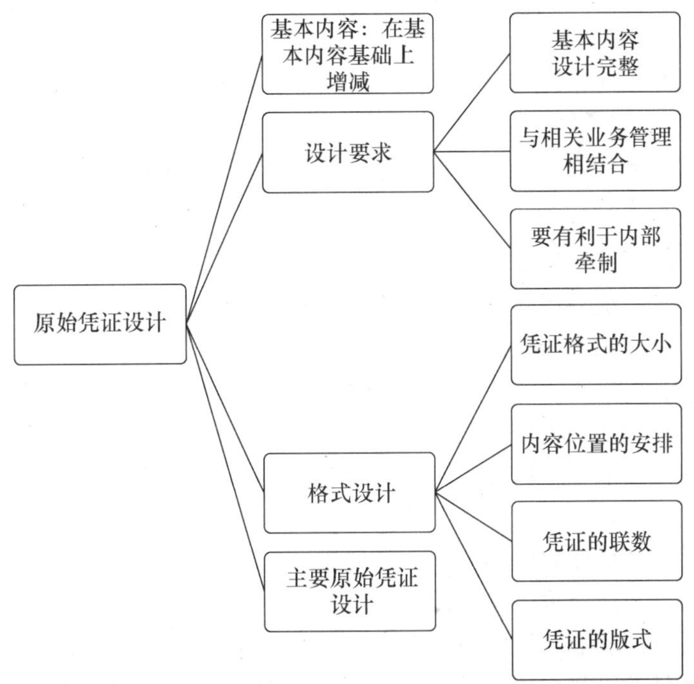

图 5-1　原始凭证设计的主要内容

(一) 原始凭证的基本内容

原始凭证所记载的经济业务是多种多样的，每一种原始凭证的具体内容都不相同，但每一种原始凭证都必须具有下列基本内容：

（1）原始凭证的名称；

（2）填制原始凭证的单位名称；

（3）原始凭证填制的日期和凭证编号；

（4）接受原始凭证的单位或部门；

（5）经济业务内容（摘要、计量单位、数量、单价和金额等）；

（6）经办人员的签名或盖章。

有些原始凭证不仅要满足会计核算工作的需要，而且要满足计划、统计以及其他业务管理方面工作的需要，因此，原始凭证可以根据具体情况增设一些补充性的内容，如有些凭证可以注明与该业务有关的生产计划、工作指令、合同和预算项目等。对于对外自制原始凭证来说，上述内容应该俱全。对于一些对内的自制凭证，如填制原始凭证的单位名称、接受原始凭证的单位或部门等内容则可做适当的省略。

（二）原始凭证的设计要求

原始凭证的设计要符合经济业务的客观要求。对于一般性的业务，在凭证设计时可以设置一些共性的基本内容；对于一些特殊性的业务，则应设置一些特殊的内容。原始凭证设计的要求主要体现在以下几个方面：

（1）基本内容设计完整。原始凭证能够证明经济业务确实发生以及发生的情况，是保证账簿记录如实反映经济业务的基础。因此，要求凭证各要素设计完整，避免出现法律纠纷以及影响账务处理。

（2）与相关业务管理相结合。在设计原始凭证时，要求广泛征求相关部门的意见，照顾其他部门核算和管理的需要，尽量做到一证或一单多用。

（3）要有利于内部牵制。在设计原始凭证时应特别注意存根、连续编号、复写联次和相关人员盖章，充分考虑内部牵制，以确保经济业务的真实性、合法性和有效性。

（三）原始凭证格式的设计

原始凭证一般采用固定的印制格式来反映经济业务的基本要素。为了使原始凭证简明实用，在绘制原始凭证时应考虑以下因素：

（1）凭证的大小。设计原始凭证的大小主要考虑两个因素：一是经济内容的多少。经济内容多，凭证可大一些，反之，则可小一些；二是与记账凭证的相互协调性，原始凭证的大小一般不应超过所使用的记账凭证，以便于装订成册和凭证的美观。

（2）内容位置的安排。凭证各项要素要合理地安排在一张原始凭证上，凭证要素排列要考虑凭证传递顺序的要求，应便于登记、突出重点，一般项目名称在左边，要填制的内容在右边，重要的项目设置在主要的位置上。

（3）凭证的联数。为了满足不同部门对会计信息的需求，一般设计一式多联的原始凭证。凭证的联数主要取决于企业的组织结构、管理要求以及与企业外部的关系。在设计一式多联的原始凭证时，应当注明每一联凭证的用途和传递顺序，各联凭证的名称应与该联凭证所起作用保持一致，注明不同用途的各联凭证不能互相代替。

（4）凭证的版式。凭证纸质的优劣应根据凭证使用的频率、复写联数和保存期限来确定；凭证的颜色应使用比较柔和的浅色，不同联次应使用不同颜色加以区别，如收款联用红色，付款联用绿色。在印刷字体上一般采用比较庄重的字体，如宋体或仿宋体。凭证的线条应醒目，粗细得当。

（四）主要原始凭证的设计

根据企业正常的生产经营活动，企业常用的原始凭证设计主要有如图5－2所示的八个部分。

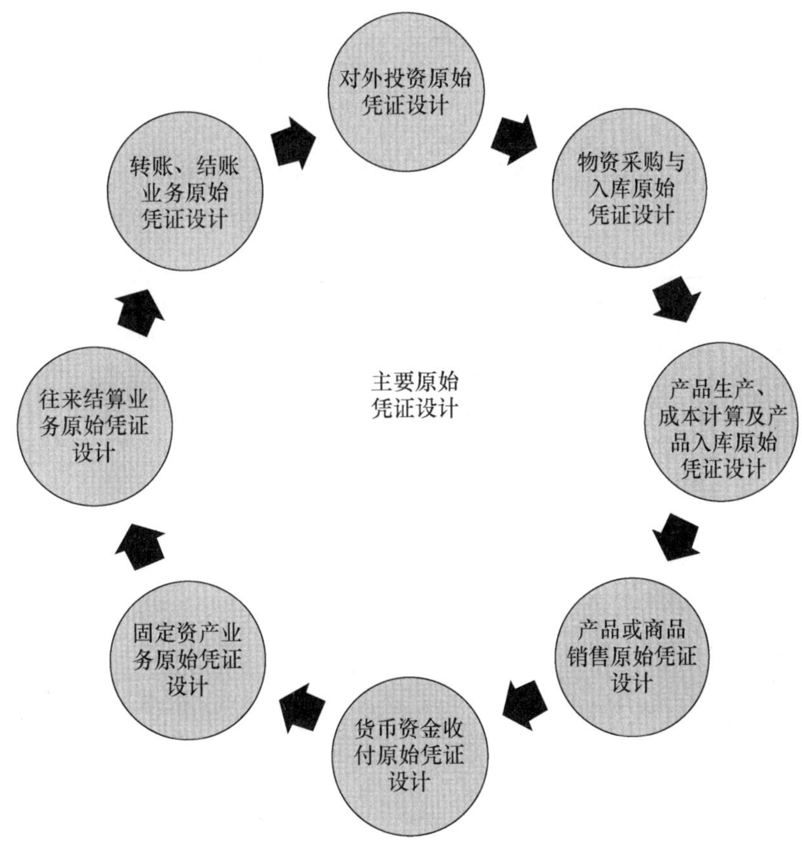

图5－2 主要原始凭证设计

为进一步掌握原始凭证设计的要求和设计技巧，下面对企业常用的重要原始凭证的设计进行介绍。

1. 对外投资原始凭证设计

对外投资业务主要涉及对外投资申请和投资确认两个过程的原始凭证，其设计要包括投资性质、投资申请人和审批人、投资的有关成本费用项目等内容。

从投资申请过程看，应当设计对外投资付款申请单（如表5－1所示），作为投资部门的投资依据和财务部门的付款依据。对外投资申请单是企业内部凭证，主要内容包括投资项目和性质、批准依据、投资额度、投资期限和投资回报等。为了明确投资责任，还应具有经办人、投资负责人、审批人以及财务负责人的签字。为加强内部控制，对外投资申请单还应采用复写凭证，即一式三联，投资部门、财务部门和总经办各留一份。企业办理付款手续后，应当取得收款人填制的收款收据，在设计该凭证时应当明确收款单位名称、投资方式、投资金额和经办人以及收款单位加盖的印章等，常见的收款收据如表5-2所示。此外，对发生的投资业务还必须有相应的交割单据，在单据中应标明投资性质、品种、金额以及成本费用和收益等，常见的投资交割单据如表5-3所示。

表5-1 ××公司对外投资付款申请单

年 月 日 单位：元

投资项目和性质			被投资人		
投资依据或文件		投资期限		投资回报	
投资金额	（大写）			（小写）	

审批人 投资负责人 财务负责人 经办人

表5-2 ××证券公司××营业部

资金流水凭证

年 月 日

资金账号		姓名		银行	
发生日期		流水		币种	
上次金额			本次金额		
发生金额			备注		
发生金额	（大写）				

操作柜员 审核 客户签章

表5-3 ××证券公司买卖成交报告书

××股东代码： 委托人： 资金账号： 成交日期：

资金栏目										
性质	证券名称	合同号	平均价	数量	金额	手续费	印花税	过户费	通信费	应收/付金额
当日发生金额										
性质	证券名称	合同号	平均价	数量	金额	手续费	印花税	过户费	通信费	应收/付金额
总计应收/应付（合计应收－合计应付）：										
当日存入金额： 上日金额：						当日取出金额： 当日金额：				

操作员 委托人

2. 物资采购与入库原始凭证设计

物资采购是生产经营活动的起点，从业务环节看主要有物资采购和验收入库两个环节。设计这类凭证要有商品的品名、规格、数量、价格等内容，便于购货单位检查和验收，在凭证上要注明与供货单位的联系方式；在订货单上，应设购货单位经手人的签章栏，便于查明责任，明确购销关系。

（1）采购环节业务原始凭证的设计。从采购环节业务看，为了防止重复采购和对所需采购物资资金进行估算，应设计材料请购单和询/报价单，当采购方案经批准后，应与供货方签订订货合同和订货单，传送给生产、销售、保管和财务部门。供货方根据订货单，填制发货单。因此，应设计订货单和发货单作为采购环节的重要凭证。①请购单的设计要明确申请人、请购物资名称、质量、规格、数量、用途、需用时间、预计价格等，如表 5－4 所示。②询/报价单的设计要明确商品的数量、名称、价格、结算方式和包装物的处理方式等，如表 5－5 所示。③在设计订货单时，除了询/报价单的基本要素外，还应设有合同号、交货方式、运输方式、运费承担方式、货款结算方式等，具体格式如表 5－6 所示。④在设计发货单时，除应具备订货单的内容外，还应设计发货单号、发货日期、发货仓库和发货人等栏目，具体格式如表 5－7 所示。

表 5－4 ××公司材料（商品）请购单

请购部门：　　　　　　　　　　年　　月　　日　　　　　　　　　　字第　　　号

材料种类		品名		规格		用途	
请购数量		最低储量			现存数量		
前次购价		可替代材料名称			可替代材料名称		
需用日期		预计到货日期			备注		

批准　　　　　　　　审核　　　　　　　　请购部门　　　　　　　　　　　制单

表 5－5 询/报价单

单号：　发出日期：　　有效期限：　　□询价　□报价　□询价回复/原询价单号：　页次：

供货方	需货方	
编　　码： 单位名称： 地　　址： 邮　　编： 联系部门：　　　　电话： 联 系 人：　　　　传真： 发货日期： 发货地址：	编　　码： 单位名称： 地　　址： 邮　　编： 联系部门：　　　　电话： 联 系 人：　　　　传真： 发货日期： 发货地址：	交货方式： 运输方式： 销售方式： 销售折扣： 付款方式： 付款折扣： 货款结算方式： 运费承担方式：

序号	商品代码	商品名称	规格型号	等级	产地	可保质期	包装单位	计量单位	数量	无税单价	税率	建议售价	最低订量	包装物处理方式

备注：

需方主管　　　　　　询价人　　　　　　　　　　　　　供方主管　　　　　　报价人

表 5－6 订货单

订货单号：　订货日期：　原订货单号：　原订货日期：　□新单　□修改　□取消　页次：

供货方	需货方	
编　　码： 单位名称： 地　　址： 邮　　编： 联系部门：　　　　电话： 联 系 人：　　　　传真：	编　　码： 单位名称： 地　　址： 邮　　编： 联系部门：　　　　电话： 联 系 人：　　　　传真：	合同号： 交货方式： 运输方式： 货款结算方式： 运费承担方式： 收货日期： 收货地址：

序号	商品代码	商品名称	规格型号	等级	产地	可保质期	包装单位	计量单位	数量	无税单价	无税金额	税率	税额	含税总金额
备注：														

主管　　　　　　　订货人

表5-7　发货单

发货单号：　填写日期：　发货日期：　订货单号：　订货日期：　页次：

发货方	需货方	
编　　码： 单位名称： 地　　址： 邮　　编： 联系部门：　　电话： 联 系 人：　　传真：	编　　码： 单位名称： 地　　址： 邮　　编： 联系部门：　　电话： 联 系 人：　　传真：	合同号： 订货单执行情况：□全部 □部分 交货方式： 运输方式： 运费承担方式： 发货地址： 预计收货日期： 收货地址：

序号	商品代码	商品名称	规格型号	等级	产地	可保质期	包装单位	计量单位	数量	无税单价	无税金额	税率	税额	含税总金额
销售方式：			付款方式：					合计						
销售折扣：			付款折扣：					总金额大写：						
备注：														

记账　　　　　审核　　　　　发货仓库　　　　　　　　发货人

（2）材料或商品入库环节原始凭证的设计。从材料或商品入库环节看，涉及的原始凭证主要为收货单或商品入库单两种。由于采购数量和质量与实际入库数量和质量的差异，还要设计商品验收报告单等。收货单主要应标明材料或商品的运输和检验情况、名称、规格、单位、数量和成本等内容。该凭证应设计为一式三联，一联由收货人留存，一联由收货仓库留存，一联为财务核算联。收货单的参考格式如表5-8所示。

表 5-8　公司收货单

年　　月　　日　　　　　　　　　　　　　　　　　　编号：

<table>
<tr><td>起运站</td><td colspan="2"></td><td colspan="2">车（船）号</td><td></td><td colspan="2">进货单号</td><td colspan="2"></td></tr>
<tr><td>供应单位</td><td colspan="2"></td><td colspan="2">发票号</td><td></td><td colspan="2">提货单号</td><td colspan="2"></td></tr>
<tr><td>仓库号数</td><td colspan="2"></td><td colspan="2">检验凭证号</td><td></td><td colspan="2">技术证明号</td><td colspan="2"></td></tr>
<tr><td>付款方式</td><td colspan="9"></td></tr>
<tr><td rowspan="2">材料类别</td><td rowspan="2">材料编号</td><td rowspan="2">材料名称及规格</td><td rowspan="2">单位</td><td colspan="2">数量</td><td colspan="2">计划成本</td><td colspan="2">实际成本</td></tr>
<tr><td>应收</td><td>实收</td><td>单价</td><td>金额</td><td>单价</td><td>金额</td></tr>
<tr><td></td><td></td><td></td><td></td><td></td><td></td><td></td><td></td><td></td><td></td></tr>
<tr><td colspan="10">备注</td></tr>
</table>

仓库主管　　　　　检验　　　　　收货　　　　　核算　　　　　制单

材料或商品验收报告单是对收货进行的补充说明，其主要内容为说明材料或商品的验收情况，该凭证一般为一式四联，第一联为仓库留底，第二联为公司业务部门留存，第三联为公司财务或结算部门留存，第四联交供货单位。参考格式如表 5－9 所示。

表 5-9　××公司商品验收报告单

供货单位：

发票或送货号：　　　　　制单日期：　　　　　　　　　　　　　　第　　号

收货单位：	仓库：	运输工具：	车（船）号：
原发件数：	重量：	实收件数：	实收重量：
溢余件数：	溢余重量：	短缺件数：	短缺重量：
质检情况：		负责人：	经办人：
公司　　　科处理意见：		负责人	经办人

验收　　　　　审核　　　　　制单

3．产品生产、成本计算及产品入库原始凭证设计

在工业企业中，产品生产主要涉及原材料的领用、工资及福利费分配、折旧费用及其他制造费用的分摊等。涉及的主要原始凭证通常为领料单、职工薪酬分配表、固定资产折旧费用分配表、长期待摊费用分配表等。在设计这类原始凭证时，必须与本企业的生产经营特点结合起来，对成本项目划分要正确、详细；应在各种费用分配凭证的明显位置注明费用的分配标准和分配比率，必须有制单人员和主管会计人员的签章。产品生产、成本计算及产品入库原始凭证的具体格式如表 5－10 至表 5－15 所示。

表 5-10　领料单

领用部门：　　　　　　　　　仓库：　　　　　　　　　编号：

用途：　　　　　　　　　　　年　　月　　日

材料编号	材料名称及规格	单位	数量		计划单价	金额
			请领	实发		

审核　　　　　仓库保管员　　　　　领用人　　　　　制单人

表 5-11　限额领料单

领用部门：　　　　　　　　　　　　　　　　　　编号：
用途：　　　　　　　　　　　　　　　　　　　　计划产量：
材料类别、编号：　　　　　名称、规格：　　　　单位消耗定额：
领用限额：　　　　　　　　计量单位：　　　　　单价：

日期	请领数量	实发数量	累计实发数量	领料人签章
累计实发金额：				

审核　　　　　　　　仓库保管员　　　　　　　　制单人

表 5-12　职工薪酬分配表

年　月　日　　　　　　　　金额单位：

应借项目	工资及福利费					合计
	分配标准	分配率	分配金额	工资	福利费	
生产成本—基本—明细 小计						
生产成本—辅助—明细 小计						
制造费用—基本						
管理费用						
销售费用						
合计						

审核　　　　　　　　制单

表 5-13　固定资产折旧费用分配表

年　月　日　　　　　　　　金额单位：

项目	基本生产车间	辅助生产车间			管理部门	销售部门	合计
折旧费							

审核　　　　　　　　制单

表 5-14　长期待摊费用分配表

年　月　日　　　　　　　　金额单位：

应借科目		长期待摊费用			合计
总分类科目	明细分类科目	保险费	报刊费	…	

审核　　　　　　　　制单

表 5-15　工资表

年　月　日　　　　　　　　部门

姓名	上月缺勤	本月应出勤	基本工资	辅助工资	扣上月	应发工资	代扣	实发工资	领款人签字

续表

姓名	上月缺勤	本月应出勤	基本工资	辅助工资	扣上月	应发工资	代扣	实发工资	领款人签字
合计									

审批人　　　　　劳资负责人　　　　　部门负责人　　　　　制表人

4. 产品或商品销售原始凭证设计

销售业务涉及的原始凭证主要有证明产品或商品转移的销售专用发票或增值税专用发票、发货单等。由于销售业务涉及销售、仓库、财务、统计等部门，因此，销售发票应采用数联复写方式，一般应设客户联、仓库联、财务联、统计联等，要有经手人、负责人签章和单位公章。销售发票一般由税务部门统一监制。在这里主要讨论零售商业企业内部有关销售凭证的设计。

在货款分管销售收款方式下，每日营业终了，应由收款员填制内部缴款单（见表 5－16），连同货款交出纳部门；由营业柜组负责人根据销货小票（见表 5－17）和进货发票有关凭证填制商品进销存报告单（见表 5－18），连同有关凭证交财务部门，作为会计核算的依据。

表 5－16　内部缴款单

缴款日期：　　　　年　　月　　日

缴款人	
摘要	
人民币（大写）	
缴款金额分析	1. 现金 ________元 2. 支票 ____张________元 3. 银行存款回单 ____张________元 合计

记账　　　　　审核　　　　　制单

表 5－17　销货小票

部门：　　　组别：　　　　年　　月　　日　　　　　　编号：

商品编号	品名规格	单位	单价	数量	金额
备注		金额（大写）			

记账　　　　　审核　　　　　制单

表 5-18 商品进销存报告单（日报表）

收入部分			支出部分		
项目	本日数	本月累计数	项目	本日数	本月累计数
上日结存 本日进货 本日拨入 提价增值 盘点长款			本日销货 本日拨出 降价减值 盘点短缺 本日结存		
合计			合计		
进销差价：	本日增加：		本日减少：	本日余额：	
包装押金：	本日付出：		本日收回：	本日余额：	
本月销售计划：			累计完成%：	附单据　　张	

负责人　　　　　　　　审核　　　　　　　　制单

5. 货币资金收付原始凭证设计

按照现行制度规定，货币资金收付绝大部分通过企业的开户银行办理。收付凭证主要有：通过银行办理结算的收付凭证；企业购销业务发生时发生的款项收付凭证；企业内部现金收付凭证。前两种均是银行或财税部门设计的专门凭证，如银行设计的收款通知单、进账单和支票；财税部门设计的专用发票、收款收据等。企业设计的主要是内部现金收付凭证，包括收款收据、借据、工资单、差旅费报销单和领款单等。反映货币资金业务的原始凭证在设计时必须有经济业务说明栏和摘要栏，金额要求大写，有关责任人签字必须齐全，向外单位付款的业务所取得的原始凭证必须加盖外单位的公章或财务章。以下主要就借据和收据的设计进行说明。

借据通常为一联，财务部门凭该单据付款和记账，借款人报销或还借款时，在报销单上或还款收据上注明借款数，结清借款。这种凭证设计存在的问题是，借款人没有任何还款证据，存在漏洞。这一问题可以通过设计三联式借据来解决。一联作为财务部门付款依据，一联作为财务部门结账依据，一联作为借款人结清借款的回单，具体如表 5-19 所示。

表 5-19

第一联：付款依据

借　　据

借款单位：　　　　　　　　　　　　　　　　借款日期：　　年　　月　　日

借款事由＿＿＿＿＿＿＿＿＿借款人＿＿＿＿ 借款金额（大写）＿＿＿＿＿＿＿＿＿＿小写＿＿＿＿ 领导批示	第一联付款依据

第二联：借款结账联

借　款　结　账　联

借款单位：　　　　　　　　　　　　　　　　　　　　　　借款日期：　　年　　月　　日

<table>
<tr><td colspan="2">借款事由______________借款人______
借款金额（大写）______________小写______
领导批示</td></tr>
<tr><td>结账记录</td><td>报销金额______________退（补）金额______________

上列借款已于　　　　年　　月　　日结清</td></tr>
</table>

第二联借款结账联

报销人　　　　　　　　　　　会计　　　　　　　　　　　出纳

注：第三联为借款回执联，格式与第二联相同。

收据是企业付款的证明。设计收款收据时，必须注明收款事由、收款人和交款人，具体格式如表 5－20 所示。

表 5－20　收据

年　　月　　日

<table>
<tr><td colspan="3">付款单位名称</td></tr>
<tr><td rowspan="2">收款事由</td><td>单价</td><td>金额</td></tr>
<tr><td></td><td></td></tr>
<tr><td>人民币（大写）：　　　　合计</td><td></td><td></td></tr>
</table>

收款单位　　　　　　　　经手人　　　　　　审核人　　　　　　出纳员

6. 固定资产业务原始凭证设计

固定资产业务涉及购建、更新改造、折旧、报废和盘点等。固定资产原始凭证一般没有固定格式，多采用书面报告或自行设计专用格式。这类原始凭证的特点是可以全面、详细记录固定资产情况，以便记账、提取折旧和日常管理。固定资产的交接使用凭证见表 5－21，折旧费用分配表见表 5－13，固定资产的报废单、盘点表和盘盈盘亏报告单等重要凭证的格式分别如表 5－22 至表 5－24 所示。

表5-21　固定资产交接单

年　　月　　日　　　　　　　　　　　　　　第　　号

移交单位____________ 接收单位____________
固定资产名称____________ 规格____________
技术特征________________________
附属物____________ 说明书或图纸号数____________
制造工厂或建筑部门____________ 出厂或建筑安装年月____________ 出厂号码____________
安装部门____________ 安装完成年月____________
原价____________ 其中安装费用____________ 已提折旧额____________
过去大修理次数____________ 重新安装费用____________
估计使用年限____________ 估计残余价值____________ 估计清理费用____________
估计大修理次数____________ 金额____________

验收意见：

验收人（签章）

移交单位负责人（签章）　　　　　　接收单位负责人（签章）

表5-22　固定资产报废单

年　　月　　日

报废固定资产的名称____________ 规格____________ 用途____________
报废固定资产的存放地点____________ 使用或保管部门____________
开始使用日期____________ 已进行再修理次数____________
现在的技术状况和报废原因________________________
申请报废部门____________ 负责人____________

技术鉴定结论________________________
鉴定部门____________ 负责人____________ 鉴定人____________

最后结论

企业负责人____________

表 5-23　固定资产盘点表

年　月　日

固定资产编号	名称	单位	保管单位	存放地点	盘点数量	备注

主管　　　　　　　盘点人　　　　　　　保管人

表 5-24　固定资产盘盈盘亏报告单

年　月　日

固定资产编号	名称	单位	数量	盘盈		盘亏		毁损		原因
				重置价值	估计折旧	原价	已提折旧	原价	已提折旧	

财务负责人　　　　　　　盘点负责人　　　　　　　制表人

7. 往来结算业务原始凭证设计

往来结算业务是指企业赊销、赊购业务和其他应收、应付款业务的结算。这类业务除使用正常销售发票外，还应有证明赊购、购销已经生效的结算凭证，如商业承兑汇票、银行承兑汇票、双方通过协议约定的结算时间和方式等。设计这类凭证时，应在凭证上设有付款人、付款条件、日期和违约责任等项目。

8. 转账、结账业务原始凭证设计

转账、结账业务是指会计期末，结平收入、支出等账户，计算并结转成本、利润的账务处理工作。由于转账和结账是由会计人员根据账簿记录进行的，一般不做固定格式的原始凭证，只需将会计人员填写各项结转业务的书面摘要作为自制的原始凭证。

二、记账凭证的设计

记账凭证是由会计人员根据审核无误的原始凭证或原始凭证汇总表加以归类而填制并作为账簿登记的直接依据。记账凭证的作用在于根据经济业务的性质确定应借、应贷的会计科目，分门别类地在不同的账户中进行记录，避免出现登账差错。由于一切业务的账簿登记主要根据记账凭证进行，因此，记账凭证的编制也有利于对业务的审核和制约，并能保护原始凭证的安全。记账凭证的编制也为日后的审计提供了方便。记账凭证主要有以下几种类型：①通用记账凭证；②专用记账凭证（收、付款凭证和转账凭证）；③单式记账凭证（借项凭证和贷项凭证）；④汇总记账凭证（汇总收款凭证、汇总付款凭证和汇总转账凭证）；⑤科目汇总表。在选用记账凭证时，应根据各种记账凭证的适用性及企业的实际情况加以选择。

（一）记账凭证的内容

记账凭证的基本内容是指记账凭证发挥作用所必需的基本要素、基本项目。无论记账凭证格式如何设计，都应具备以下基本内容：

（1）记账凭证填制单位的名称；

（2）记账凭证的名称；

（3）凭证的编号和填制日期；

（4）经济业务的摘要；

（5）应借应贷的科目和金额；

（6）记账的标记；

（7）所附原始凭证的张数；

（8）会计主管、审核、记账和编制人员的签章。

除基本内容外，记账凭证还包括其他内容，即根据具体情况和具体需要设计的内容。如外币凭证还要设有外币金额和折算汇率，套写凭证应有各联用途、去向的文字或标记。

（二）记账凭证格式设计要求

记账凭证格式设计是记账凭证设计的重要内容。在设计时应符合以下要求：

（1）基本内容要完整，重点内容要突出；

（2）会计科目、金额的栏数和各主要栏次的排列要合理，书写分录的行次要适当；

（3）各种不同的记账凭证要用不同的颜色印刷。

（三）主要记账凭证的设计

在设计记账凭证时，应根据各种记账凭证的适用性及企业的实际情况加以选择。企业主要的记账凭证如图5-3所示。

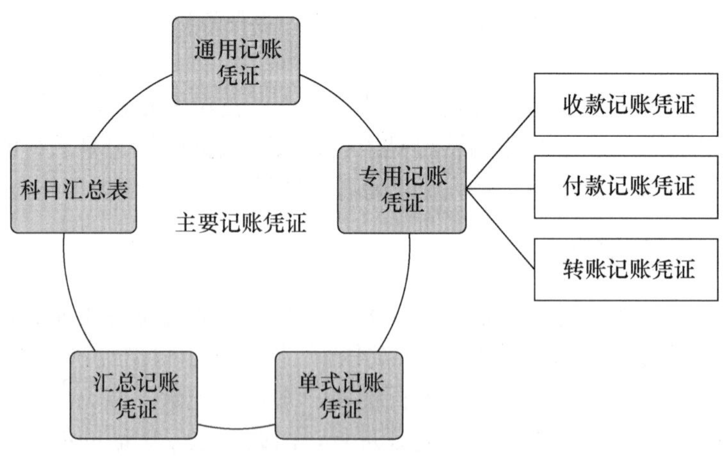

图5-3 主要记账凭证

下面对企业主要的记账凭证进行介绍。

1. 通用记账凭证

通用记账凭证可通用于反映收付款业务及转账业务。采用通用记账凭证，所有的业务均编制统一格式的记账凭证，一般而言，一笔业务编制一张，同类业务可适当地合并起来加以编制。通用记账凭证的格式如表5-25所示。

表5-25 通用记账凭证

年 月 日 第 号

摘要	借方科目		贷方科目		金额	记账符号
	一级科目	明细科目	一级科目	明细科目		
合计						

会计主管： 记账： 复核： 制单：

通用记账凭证编制比较简单，业务反映比较明确，对应关系比较清楚，但是在记账时每一张记账凭证需逐笔过账，登记总账的工作量比较大。对于业务比较简单，采用记账凭证核算组织程序的企业，可以采用通用记账凭证。业务繁多、会计核算实现电算化的企业，也适合使用通用记账凭证。

2. 专用记账凭证

专用记账凭证包括收款记账凭证（简称收款凭证）、付款记账凭证（简称付款凭证）和转账记账凭证（简称转账凭证）。专用记账凭证的特点是固定了凭证的适用范围，即对与货币资金收付有关的业务分别编制收款凭证和付款凭证，对与货币资金收付无关的业务编制转账凭证。收款凭证可分设库存现金收款凭证和银行存款收款凭证；付款凭证可分设库存现金付款凭证和银行存款付款凭证。

(1) 收款记账凭证的设计。收款记账凭证的格式如表5-26所示。

表5-26 收款凭证

借方科目： 年 月 日 第 号

摘要	贷方科目		金额	记账符号
	一级科目	明细科目		
合计				

会计主管： 记账： 复核： 制单：

如果收款凭证分别采用库存现金收款凭证和银行存款收款凭证，可直接以“库存现金收款凭证”和“银行存款收款凭证”作为收款凭证的名称，并在收款凭证上省略借方科目的内容。

(2) 付款记账凭证的设计。付款凭证的格式与收款凭证格式基本相同，只是调换借方科目和贷方科目的位置。如果付款凭证分别采用库存现金付款凭证和银行存款付款凭证，可直接以“库存现金付款凭证”和“银行存款付款凭证”作为付款凭证的名称，并在付款凭证上省略贷方科目的内容。付款记账凭证格式如表5-27所示。

表5-27 付款凭证

贷方科目：　　　　　　　　年　月　日　　　　　　　　第　号

摘要	借方科目		金额	记账符号
	一级科目	明细科目		
合计				

会计主管：　　　　记账：　　　　复核：　　　　制单：

(3) 转账记账凭证的设计。转账记账凭证是反映不涉及库存现金、银行存款收付的其他业务，其格式与通用记账凭证的格式基本相同。转账记账凭证格式见表5-28。

表5-28 转账凭证

年　月　日　　　　　　　　第　号

摘要	会计科目	借方金额		贷方金额		记账符号
		一级科目	明细科目	一级科目	明细科目	
合计						

会计主管：　　　　记账：　　　　复核：　　　　制单：

收款凭证和付款凭证在发生收付款业务时只需填制一栏金额，编制手续简单，业务对应关系清楚，也便于登记现金日记账和银行存款日记账，在进行科目汇总时比较方便。在收付款业务比较多的企业可以采用分别设置收款凭证、付款凭证和转账凭证等专用凭证的方法。这种方法适用于业务比较简单、采用记账凭证核算组织程序的企业，也适用于业务比较复杂，采用汇总记账凭证核算组织程序、科目汇总表核算组织程序和多栏式日记账核算组织程序的企业。

3. 单式记账凭证

单式记账凭证中每一笔经济业务的应借应贷科目分别在几张凭证上加以记录，每一张单式凭证只反映一个科目的情况。因此，单式记账凭证分为借项凭证和贷项凭证。一笔业务涉及几个科目时，就分别编制几张凭证。例如，生产部门计提工人工资，会计分录为：借记“生产成本”科目，贷记“应付职工薪酬”科目，则应编制一张借方凭证和一张贷方凭证。如果发生一借多贷和一贷多借的业务，则应分别编制多张单式凭证。设置收付款凭证的企业，可以对转账部分的业务采用单式凭证。单式记账凭证的格式如表5-29和表5-30所示。

表 5-29　转账借方凭证

年　　月　　日

借方科目：　　　　　　　　　　对方科目：　　　　　　　　　　第　　号

摘要	明细科目	金额
合计		

会计主管：　　　　记账：　　　　复核：　　　　制单：

表 5-30　转账贷方凭证

年　　月　　日

贷方科目：　　　　　　　　　　对方科目：　　　　　　　　　　第　　号

摘要	明细科目	金额
合计		

会计主管：　　　　记账：　　　　复核：　　　　制单：

采用单式记账凭证的优点是便于汇总，有利于分工和机器操作。例如在编制科目汇总表时，只要把同一科目的借、贷凭证归在一起，该科目的借、贷方发生数就很容易计算出来。其缺点在于编制工作量较大，且出现差错不易查找，因此必须严格控制凭证编号。编号方法可以采用如“20，3，1”的方法，其中“20”表示第20号业务，编号相同表示是同一笔业务，“3”表示该业务有三张凭证，“1”表明这是三张凭证中的第一张，以此类推。单式记账凭证适用于业务繁多，需要编制科目汇总表的企业。

4. 汇总记账凭证

汇总记账凭证是分别根据收付款凭证和转账凭证加以汇总而编制的记账凭证。根据汇总依据的不同分别有汇总收款凭证、汇总付款凭证和汇总转账凭证三种。汇总收款凭证按库存现金、银行存款分别设置汇总收款凭证，涉及库存现金、银行存款的业务分别以这些科目为主加以汇总。汇总收款凭证的格式如表5-31所示。

汇总付款凭证和汇总转账凭证的格式与汇总收款凭证的格式类似。汇总付款凭证以库存现金、银行存款科目为主汇总，涉及库存现金与银行存款相互结转的业务，以贷方为主汇总。汇总转账凭证以贷方科目为主加以汇总。在汇总凭证上应注明收款凭证、付款凭证和转账凭证的起讫编号及张数，并把它们作为附件附在汇总记账凭证后。汇总记账凭证的汇总期限根据业务量大小来决定，3天、5天、10天或1个月汇总一次都可以。采用汇总记账凭证，账户的对应关系仍较清晰，便于进行业务分析，简化登记总账的工作。但是汇总记账凭证的编制工作量较大，适用于业务比较繁多、采用汇总记账凭证核算组织程序的企业。汇总付款凭证和汇总转账凭证的格式分别如表5-32、表5-33所示。

表 5-31 汇总收款凭证

借方科目： 年 月 日至 月 日 第 号

贷方科目	金额	总账页数	
		借方	贷方

附注：收款凭证自 号至 号 共 张

会计主管： 记账： 复核： 制单：

表 5-32 汇总付款凭证

贷方科目： 年 月 日至 月 日 第 号

借方科目	金额	总账页数	
		借方	贷方

附注：付款凭证自 号至 号 共 张

会计主管： 记账： 复核： 制单：

表 5-33 汇总转账凭证

贷方科目： 年 月 日至 月 日 第 号

借方科目	金额	总账页数	
		借方	贷方

附注：转账凭证自 号至 号 共 张

会计主管： 记账： 复核： 制单：

5. 科目汇总表

科目汇总表可以根据通用记账凭证、收付款记账凭证和转账凭证或单式记账凭证编制而成。在采用科目汇总表核算组织程序时，科目汇总表要列示全部会计科目。在多栏式日记账核算组织程序下，科目汇总表只需列示转账部分的科目。科目汇总表的编制期限根据业务量大小来决定。在业务量繁多的企业，编制的间隔期可以短些，反之，编制的间隔期可以长些。科目汇总表的格式如表 5-34 所示。

表 5-34 科目汇总表

年 月 日至 月 日 第 号

会计科目	总账页数	本期发生额	
		借方	贷方

续表

会计科目	总账页数	本期发生额	
		借方	贷方
合计			
付款凭证	第　　号至第　　号共　　张		
收款凭证	第　　号至第　　号共　　张		
转账凭证	第　　号至第　　号共　　张		

会计主管：　　　　记账：　　　　复核：　　　　制单：

采用科目汇总表对业务汇总以后登账，可以大大减少登记总账的工作量，汇总记账凭证还可起到试算平衡的作用。但科目汇总表只反映借、贷的总数，不能反映账户的对应关系，这样就降低了总账的作用，无法很好地分析利用，仅仅满足了编制报表的要求。科目汇总表适用于规模较大、业务较多、采用科目汇总表核算组织程序以及多栏式日记账核算组织程序的企业。

三、会计凭证传递程序与保管制度的设计

为了保证会计工作有条不紊地进行和及时提供会计资料，防止会计凭证的失散和账户记录的遗落，对会计凭证的传递程序和保管制度也应在会计制度中加以规定。

（一）会计凭证传递程序的设计

会计凭证传递程序是指会计凭证从填制或取得起到归档止，在本单位内各有关部门和人员之间的传递过程和停留时间。制定合理的凭证传递程序有利于企业各部门明确分工，相互协调和配合；有利于督促经办业务的部门和人员及时正确地完成经济业务，完成凭证编制手续；有利于考核有关人员是否按规定的程序处理业务，从而加强岗位责任制。

（1）会计凭证传递程序应根据各项经济业务的特点，结合本单位各部门和人员的分工情况加以制定，以满足内部控制的要求。

（2）会计凭证传递程序应结合业务处理的程序绘制流程图，使有关人员能够按照流程图准确地传递凭证，便于分析、追踪和监督业务处理的过程。

（3）会计凭证在传递过程中既要有利于各有关部门充分利用会计凭证所提供的信息，满足经济管理的需要，又应避免不必要的传递环节，以免造成传递时间上的浪费。

（4）会计凭证在各个环节停留的时间应根据各部门和人员办理各项业务手续需要的时间来确定，既要防止停留时间过短，影响必要的业务手续的完成，又要防止停留时间过长，影响凭证的及时传递。

（5）会计凭证传递程序要根据业务情况的变动及时加以修订。

会计凭证的一般传递程序如下（见图 5－4）：

①财务部门收到原始凭证后，按其内容和会计人员的分工，交有关会计人员编制记账凭证；

②制证后，立即交给负责凭证审核的会计人员审核；

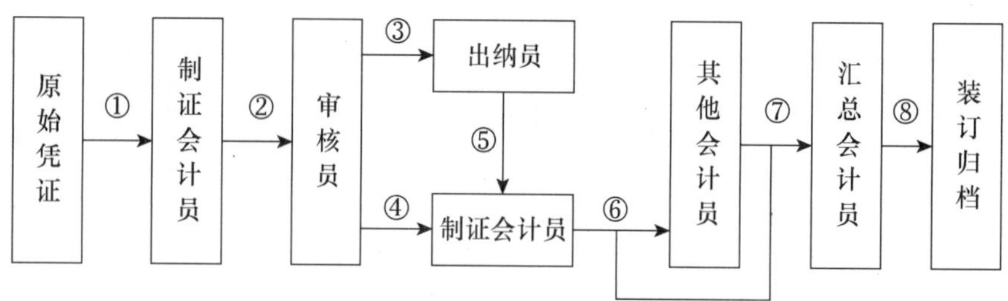

图5-4 会计凭证的一般传递程序图

③审核无误的收付款凭证立即转出纳收付款，并编号和登记库存现金、银行存款日记账；

④审核无误的转账凭证立即退还制证会计员进行编号，并登记其经管的账簿；

⑤出纳过账后的收付款凭证转原制证会计员登记明细账；

⑥记账凭证由制证会计员传给其他有关会计员过明细账；

⑦采用汇总记账凭证核算组织程序和科目汇总表核算组织程序的企业，月末将全部凭证集中到负责凭证汇总的会计人员，以编制汇总记账凭证或科目汇总表，并据以登记总账；

⑧次月初，全部凭证交给负责装订凭证的会计人员装订成册，暂存财务档案室保管。

（二）会计凭证保管制度的设计

会计凭证保管制度的设计主要考虑凭证的保管措施和办法，便于本单位随时检查和利用，也便于上级领导机关和审计机关检查与评价工作。

会计凭证保管制度的设计主要包括以下内容：

（1）会计凭证在登记入账以后，应将各种记账凭证连同所附凭证按照凭证编号顺序定期装订成册，以防散失。装订时间间隔的长短视业务量多少而定。

（2）装订成册的凭证应加贴封面和封底，载明单位名称、凭证名称、凭证张数、凭证起讫号数、凭证所属年度、月份或起讫时间等内容。

（3）装订成册的凭证应加贴封条，并由会计主管人员签章，以防抽换凭证。

（4）如原始凭证较多，可将原始凭证单独装订成册，但必须在记账凭证封面上注明原始凭证另存。

（5）如果原始凭证属于十分重要的业务单据，则应单独予以保管，但必须在有关记账凭证上加注说明，以便日后查考。

（6）确定会计凭证的保管期限，凭证保管期满才能销毁。

（7）确定会计凭证的保管人员，非保管人员不得私自接触归档的凭证等。

四、电子会计凭证①

单位利用电子会计凭证进行会计核算的，应当保证电子会计凭证的生成、传输、存储安全、可靠，对电子会计凭证的任何篡改能够被发现，且在会计核算系统中设置

① 参考财政部2019年10月23日发布的《中华人民共和国会计法修订草案（征求意见稿）》相关内容。

必要的程序，防止电子会计凭证重复入账。

单位利用纸质会计凭证的电子影像件等电子副本文件进行会计核算的，应当确保纸质会计凭证的电子副本文件及会计核算系统符合前款关于利用电子会计凭证进行核算的有关要求，并建立纸质会计凭证与其电子副本文件的检索关系。

第 2 节　会计账簿的设计

会计账簿是用来序时、分类地记录各项经济业务的簿籍。为了连续、系统地记录企业的经济活动情况，就有必要设置和登记账簿。在经济管理和会计核算中，账簿有着非常重要的作用，主要表现在：第一，通过账簿记录，既可提供总括核算资料，又可提供明细核算资料，反映企业的资产、负债和所有者权益的增减变动情况，以及各种收入、费用的发生和利润的实现、分配等情况。第二，账簿记录是编制会计报表的主要依据。会计报表的数字是否真实，编制报表是否及时，都同账簿登记有密切关系。第三，账簿是各企业、事业、机关、团体单位的重要经济档案。设置账簿有利于保存会计核算资料。

会计账簿按不同的标准有不同的分类方法，如图 5－5 所示。

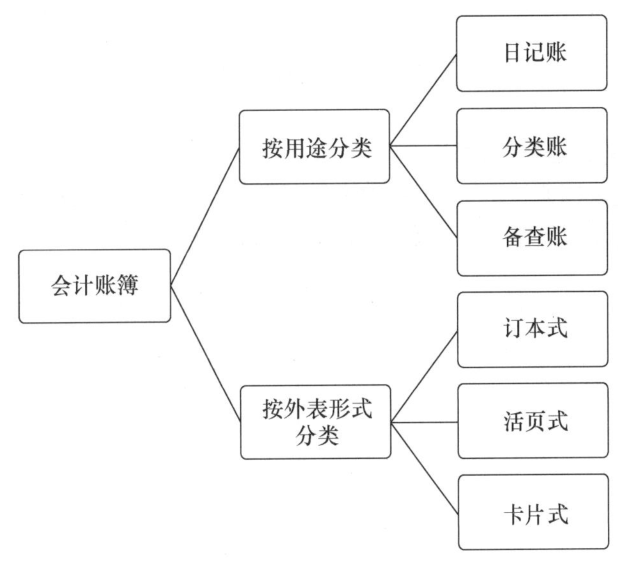

图 5－5　会计账簿分类

下面主要探讨日记账、分类账及备查账的设计。

一、日记账的设计

日记账是按经济业务发生的时间先后顺序逐日登记的账簿，又称为序时账。日记账按其记录的内容不同，又分为普通日记账和特种日记账。普通日记账是用来序时登记全部经济业务发生情况的日记账，如日记总账。特种日记账是用来序时登记某一类经济业务发生情况的日记账，如银行存款日记账。

日记账的作用主要有两个：一是对经济业务进行序时登记，完整地反映经济活动的情况，保护原始凭证的安全；二是编制会计分录，确定应借、应贷的会计科目和金额，据以过入分类账，故又称分录簿。随着经济业务的复杂化，登记分类账的工作需要简化，记账需要分工，管理上要求提供更多的信息，因此日记账也就不断加以改进和发展，从普通日记账发展为专栏日记账，进而发展为特种日记账和多栏式特种日记账。

企业日记账设计主要包括下面的内容，如图5-6所示。

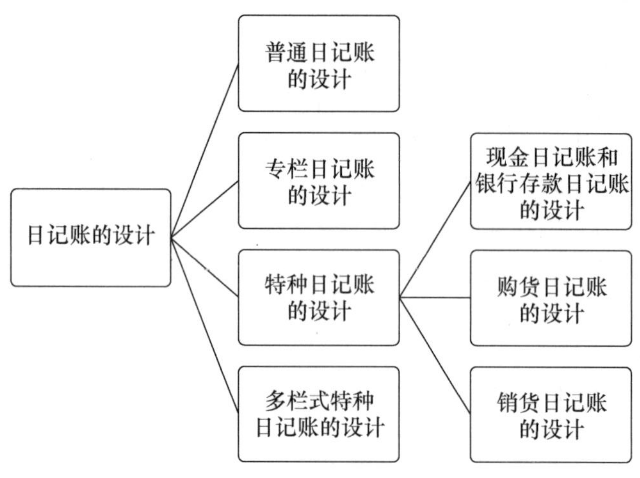

图5-6 日记账设计的主要内容

（一）普通日记账的设计

普通日记账用来序时、全面地登记一个单位的经济业务发生情况，它由原始的日记账簿和分录簿结合而成。其格式如表5-35所示。

表5-35 普通日记账

年		凭证号	摘要	账户名称	借方金额	贷方金额	过账
月	日						

普通日记账中的摘要栏，是扼要说明经济业务内容的，账户名称和金额栏则是记录会计的内容。普通日记账的优点是可以全面地反映一个单位的经济业务情况，对原始凭证起保护作用。其主要缺点是要根据会计分录逐笔过入分类账，过账工作量大，如果业务繁多，也不便于分工记账。

（二）专栏日记账的设计

专栏日记账又称为多栏式日记账，它是在普通日记账中设置一些专栏，将经常重复发生的经济业务所涉及的有关账户，根据专栏汇总数一次过入有关分类账户，以减少逐笔过账的工作。其格式如表 5－36 所示。

表 5－36　多栏式日记账

年		凭证号数	摘要	银行存款		物资采购借方	生产成本借方	制造费用借方	其他账户			
月	日			借方	贷方				账户名称	借方	贷方	过账

在专栏日记账中，企业可以根据自身情况，选择业务量发生多的账户设置专栏。至于业务量发生不多的账户，则在“其他账户”中登记。过入分类账时，凡设有专栏的账户，可在期末根据汇总数一次过入有关账户，无须逐笔过账；对其他账户栏的数字，则仍须逐笔过入有关分类账户。专栏日记账的作用主要是通过设置专栏减少过账工作量。其缺点是只能由一人登记，不便于会计分工。

（三）特种日记账的设计

特种日记账是专门用来序时地登记某一类经济业务的日记账。把大量重复发生的同类经济业务集中在一本日记账中登记，这就产生了特种日记账。

企业经常重复发生的经济业务，归纳起来主要是现金收支业务、银行存款收支业务、购货业务和销售业务等几类。各种费用支出和应收、应付款项结算等，多数与上述业务相联系，可以结合在上述业务中进行登记。因此，特种日记账的设计，主要设置现金日记账、银行存款日记账、购货日记账和销货日记账等几种。

1. 现金日记账和银行存款日记账的设计

现金日记账是专门用来登记现金或银行存款收支业务的，其格式如表 5－37 所示。银行存款日记账的格式与现金日记账基本相同，不同之处在于为了方便同银行对账，需增设“结算方式”栏，再将“凭证号数”栏中的现收、现付改为银收、银付即可。银行存款日记账格式如表 5－38 所示。

表 5－37　现金日记账

年		凭证号数		摘要	对应账户	过账	借方	贷方	余额
月	日	现收	现付						

表5-38 银行存款日记账

年		凭证号数		结算方式	摘要	对应账户	过账	借方	贷方	余额
月	日	银收	银付							

2. 购货日记账的设计

购货日记账是专门用来登记购货业务的，适用于购货业务较多的企业。企业购货业务按结算方式分为付现购入和赊购两种情况，因此，购货日记账的设计也有两种。一种是只登记赊购业务，在购货日记账中只设“应付账款”和“应付票据”科目，付现购入业务在现金和银行存款日记账中设“材料采购”专栏进行登记；另一种是登记全部购进业务，现金和银行存款日记账不设“材料采购”专栏。登记全部购进业务的购货日记账格式如表5-39所示。

表5-39 购货日记账

年		凭证号数	摘要	供货单位	过账	材料采购借方				库存现金贷方	银行存款贷方	应付账款贷方	应付票据贷方
月	日					买价	运费	其他	合计				

购货日记账如只登记赊购业务，无须设置库存现金和银行存款栏目，具体格式如表5-40所示。

表5-40 购货日记账

年		凭证号数	摘要	供货单位	过账	材料采购借方				应付账款贷方	应付票据贷方
月	日					买价	运费	其他	合计		

3. 销货日记账的设计

销货日记账是专门用来反映企业销售业务的一种日记账。销售业务按结算方式分为现销和赊销两种，因此设置销货日记账也有两种方法。一种是只登记赊销业务，现销业务在现金和银行存款日记账中设“主营业务收入”专栏进行登记；另一种是登记全部销售业务，在现金和银行存款日记账中没有设“主营业务收入”专栏。其格式分别如表 5-41、表 5-42 所示。

表 5-41　销货日记账

年		凭证号数	摘要	购货单位	过账	库存现金借方	银行存款借方	应收账款借方	主营业务收入贷方					
									××产品			××产品		
月	日								数量	单价	金额	数量	单价	金额

表 5-42　销货日记账

年		凭证号数	摘要	购货单位	过账	应收账款借方	主营业务收入贷方					
							××产品			××产品		
月	日						数量	单价	金额	数量	单价	金额

在设置特种日记账的情况下，还须设置一本普通日记账，用来登记特种日记账以外的经济业务，如领用原材料和低值易耗品、固定资产折旧、成本结转、期末结账等。

（四）多栏式特种日记账的设计

特种日记账的作用主要是解决会计分工问题，由一人专门登记某一类经济业务，可以提高工作效率。另外，不少总分类账户可以根据日记账的汇总数一次过入，从而减轻过账工作量。但是可以看出，在现金日记账和银行存款日记账中，其对应账户仍须逐笔过账，工作量大。在购货日记账和销货日记账中，仍不能给企业管理提供更多的信息，如考核每个采购小组的采购量、每个售货小组的销售额等。为了进一步减少过账工作量和提供更多的管理信息或编表资料，在特种日记账中还可以进一步设置一些专栏，这就产生了多栏式特种日记账。下面以多栏式银行存款日记账和多栏式销货日记账为例加以说明。

多栏式银行存款日记账的作用主要是进一步减少对应账户的过账工作，将经常重复出现的对应账户设置专栏登记，较少出现的账户则在其他栏中登记，其格式如表 5-43 所示。如果对应账户的专栏设置过多，账页过长，会给记账工作带来不便，也可将该日记账分割为银行存款收入日记账和银行存款支出日记账两本账簿，并在收入日记账中增设“支出合计”和“余额”两栏，定期将支出日记账的支出合计数转记到收入日记账中，并结出余额。

表5-43 多栏式银行存款日记账

<table>
<tr><th colspan="2" rowspan="2">年</th><th rowspan="3">凭证号数</th><th colspan="6">对应账户贷方</th><th rowspan="3">银行存款借方</th><th colspan="7">对应账户借方</th><th rowspan="3">银行存款贷方</th><th rowspan="3">余额</th></tr>
<tr><th rowspan="2">库存现金</th><th rowspan="2">产品销售收入</th><th rowspan="2">应收账款</th><th colspan="3">其他</th><th rowspan="2">库存现金</th><th rowspan="2">物资采购</th><th rowspan="2">应付账款</th><th rowspan="2">制造费用</th><th colspan="3">其他</th></tr>
<tr><th>月</th><th>日</th><th>账户名称</th><th>金额</th><th>过账</th><th>账户名称</th><th>金额</th><th>过账</th></tr>
<tr><td></td><td></td><td></td><td></td><td></td><td></td><td></td><td></td><td></td><td></td><td></td><td></td><td></td><td></td><td></td><td></td><td></td><td></td><td></td></tr>
</table>

多栏式现金日记账的格式设计，可比照多栏式银行存款日记账设计。

多栏式销货日记账的专栏设置，主要是提供管理所需的信息或编表的资料。例如，对于销售额，可以按照营业小组、产品种类、应税税率或销售地区等进行分类，并设置专栏，提供各种不同的数据作为管理上的参考。按营业小组分设专栏的格式如表5-44所示。

表5-44 多栏式销货日记账

<table>
<tr><th colspan="2">年</th><th rowspan="2">凭证号数</th><th rowspan="2">摘要</th><th rowspan="2">购货单位</th><th rowspan="2">过账</th><th rowspan="2">库存现金借方</th><th rowspan="2">银行存款借方</th><th rowspan="2">应收账款借方</th><th rowspan="2">产品销售收入贷方</th><th colspan="5" rowspan="2">其中</th></tr>
<tr><th>月</th><th>日</th></tr>
<tr><td></td><td></td><td></td><td></td><td></td><td></td><td></td><td></td><td></td><td></td><td>一组</td><td>二组</td><td>三组</td><td>四组</td><td>…</td></tr>
</table>

多栏式购货日记账可比照多栏式销货日记账的格式设置专栏。

二、分类账的设计

分类账是指对全部经济业务按照总分类账户和明细分类账户进行分类登记的账簿。分类账簿有总分类账和明细分类账两种。按照总分类账户进行登记的分类账，称为总分类账（简称总账）；按照明细分类账户登记的分类账，称为明细分类账（简称明细账）。

分类账的作用在于能够分门别类地提供各种经济信息，进而满足管理的需要。设计分类账的多少，取决于以下几个因素：一是企业的规模和业务特点。在企业中，经济业务越多，越复杂，涉及的账户越多；反之，涉及的账户则越少。因此，账户的多少直接涉及所需要设计的分类账的多少。二是管理的需要。设计分类账的目的之一是为管理提供信息。在设计分类账时，要考虑管理的要求。一般来说，管理越细，要求设计的账户越多，反之则越少。

(一) 总分类账的设计

1. 总分类账设计要点

在总分类账的设计中，主要考虑以下几个问题：

(1) 登记方法的设计。在业务繁多的情况下，怎样减少总账的登账工作，是总账设计中的一个关键问题。总账的登记方法和会计核算组织程序有关，主要有逐笔登记、汇总登记、汇总登记与逐笔登记相结合、以表代账等方法。

逐笔登记是根据记账凭证或普通日记账所编制的会计分录，逐笔记入总账。显然，这种登账方法工作量很大，比较适合业务简单的企业。

汇总登记是根据记账凭证编制科目汇总表或汇总记账凭证，然后根据每个账户的汇总数登记总账。这种方法可以大大减少总账的登记工作，适用于业务繁多的单位。

汇总登记与逐笔登记相结合是指对经常重复发生的业务采用汇总登记，对发生较少的业务采用逐笔登记。例如，上面所讲的专栏日记账、特种日记账和多栏式特种日记账，凡是设有专栏的账户按汇总数登记，不设专栏的账户则采取逐笔登记，这种方法可大大减少总账的登记工作，适用于业务繁多的单位。

汇总表代替总分类账主要适用于科目汇总表核算组织程序。采用这一方法时，应在科目汇总表中设置期初、期末余额栏，以反映每个账户的变动情况和结果。

(2) 保持账户对应关系。设计总账需要考虑的另一个问题是在总账中是否保持对应关系。在总账中保持对应关系，有助于分析经济业务内容，了解发生额的变动原因，但会增加登记总账的工作量；反之，在总账中不保持对应关系，可以减少总账的登记工作，总账格式设计选择余地也就较大。

2. 总分类账格式的设计

总分类账格式一般有以下几种，如图 5-7 所示。

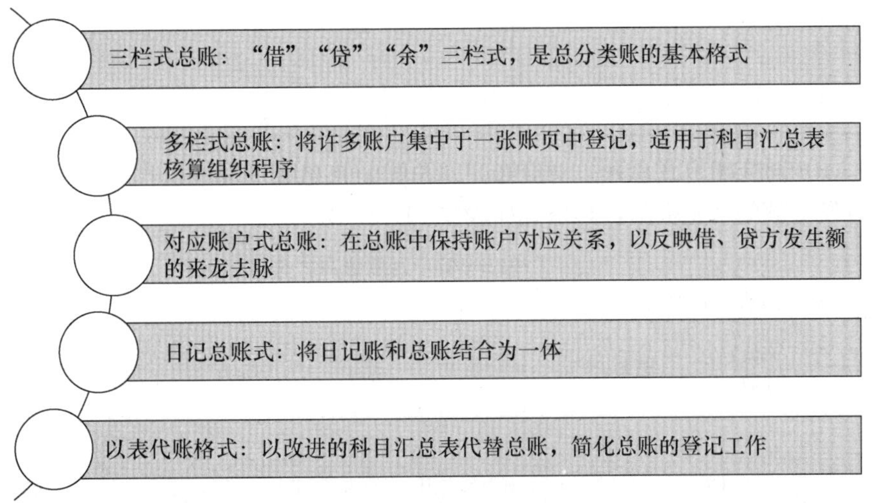

图 5-7　总分类账格式

(1) 三栏式总账。即"借""贷""余"三栏式，它是总账的基本格式，其特点是在账页上设置借方、贷方和余额三个金额栏，一般按照会计科目设置账页。三栏式总账在实际工作中是采用最多的一种格式，该格式记录简单，登账方便。其一般格式如表5-45所示。

表5-45 三栏式总账

账户名称（或会计科目）： 第 页

年		凭证号数	摘要	借方	贷方	借或贷	余额
月	日						

（2）多栏式总账。多栏式总账是将多个账户集中于一张账页中登记，适用于科目汇总表核算组织程序，其格式如表5-46所示。如果总账采用逐日汇总登记，则表中每10天汇总登记一次可改为第 X 天登记一张或数天登记一张。

表5-46 多栏式总账

年 月 第 页

账号	会计科目	上月余额	1—10日	汇总表号		11—20日	汇总表号		21—30日	汇总表号	
			借方	贷方	余额	借方	贷方	余额	借方	贷方	余额
	库存现金 银行存款										

（3）对应账户式总账。对应账户式总账是在总账中保持账户对应关系，以反映借、贷方发生额的来龙去脉，其格式如表5-47所示。

表5-47 对应账户式总账

账户名称（或会计科目）：

年		凭证号数	摘要	对应账户	借方	贷方	借或贷	余额
月	日							

（4）日记总账式。这种格式是将日记账和总账结合为一体，如表5-48所示。也

可按借方和贷方分设两个对应账户栏，该格式主要适用于汇总记账凭证核算组织程序。这种格式在登记时，先登记期初余额，后按经济业务的发生顺序登记借、贷方发生额，最后结出期末余额。其优点是可以简化账簿设置，缺点是科目不能太多，否则账页过长，记账不便，目前已很少采用。

表 5-48　日记总账

年		凭证号数	摘要	××科目		××科目		××科目		××科目	
月	日			借方	贷方	借方	贷方	借方	贷方	借方	贷方

(5) 以表代账格式。即以改进的科目汇总表代替总账，以简化总账的登记工作，其格式如表 5-49 所示。如采用逐日汇总，则只需将月份改为日期即可。增设“本年累计发生额”一栏，可便于编制季报、半年报或年报。

表 5-49　科目汇总表（代总账）

会计科目	凭证号数	月初余额		本期发生额		本年累计发生额		月末余额	
		借方	贷方	借方	贷方	借方	贷方	借方	贷方

（二）明细分类账的设计

1. 明细分类账设计要点

明细分类账是总分类账的具体化和补充，能够详细反映企业资产、负债、所有者权益等相关的增减变动情况。在设计明细账时主要应考虑以下几点：一是设置地点，即明细账应放在何处作用最大；二是账簿形式，即采用订本式、活页式还是卡片式，这主要根据登记的手段（手工、计算机等）和业务的性质（一般财物、贵重财物等）而定；三是登记方式，即采用分户登记还是分栏登记，这取决于明细账的多少，多则分户登记，少则分栏集中登记；四是简化实用，有些明细账可能重复，如会计部门的材料明细账与仓库的保管账等，在满足业务的前提下应简化实用。

2. 明细分类账格式的设计

明细分类账常用的格式主要有以下几种：

(1) 三栏式明细账。其格式如三栏式总账（如表 5-45 所示），一般适用于登记金额类的明细账，如应收账款、应付账款、其他应收款、其他应付款等债权、债务性质的账户。

(2) 数量金额式明细账。数量金额式明细账分别设有收入、发出、结存的数量栏和金额栏。这种格式适用于既要进行金额核算，又要进行实物数核算的各种资产科目，如“原材料”“库存商品”等科目的明细分类核算。因为这些实物性资产通常数量众多，进出业务频繁，而且价格或成本经常变动，在经营管理上既需要金额核算，又需要数量核算以加强实物资产的控制，所以这类经济业务的明细账要求既要有价值指标，又要有实物指标。具体格式如表5-50所示。

表5-50 原材料明细账

第　　页

编号＿＿＿＿＿名称＿＿＿＿＿规格＿＿＿＿＿计量单位＿＿＿＿＿

储存定额＿＿＿＿＿最高储存量＿＿＿＿＿最低储存量＿＿＿＿＿

年		凭证		摘要	收入			发出			结存		
月	日	种类	编号		数量	单价	金额	数量	单价	金额	数量	单价	金额

（3）多栏式明细账。又称分析式明细账，主要是在借、贷两栏或单栏增设专栏，以提供分析资料或编制明细账表的资料。多栏式明细账包括借贷式和合计式两种。借贷式明细账主要用于资产、负债和所有者权益账户，其格式是在借贷项下再设专栏，起到分析和控制的作用，如“应交税费——应交增值税”明细账（见表5-51）。合计式明细账主要用于成本类和损益类明细账，是对经济事项进一步分类，简化记账手续，如管理费用明细账（见表5-52）。

表5-51 应交税费——应交增值税明细账

年		凭证号数	摘要	借方			贷方				余额
月	日			进项税额	已交税金	…	销项税额	出口退税	进项税额转出	…	

表5-52 管理费用明细账

年		凭证号数	摘要	材料费	工资及福利费	办公费	差旅费	水电费	电话费	…	合计
月	日										

（4）特殊明细账格式的设计。在有些账户中，由于其业务特性以及管理上的需要，在设计明细分类账时，需要增加一些栏目，以反映完整的业务过程或提供完整的会计信息。如应收账款明细账（见表 5－53）需要提供每笔应收账款的回收情况，应收票据明细账需要提供票据到期、票款收回或贴现情况，固定资产明细账需要增设使用年限和折旧率，外币明细账（见表 5－54）需要提供汇率情况等。

表 5－53　应收账款明细账

年		凭证号数	摘要	户名	金额	年		凭证号数	摘要	金额	转销“√”
月	日					月	日				
4	6	11	销货应收	××公司	60 000	4	26	90	收回货款	20 000	√
						5	6	46	收回货款	40 000	

表 5－54　外币明细账

年		凭证号数	摘要	外币别	汇率	借方		贷方		余额	
月	日					外币	人民币	外币	人民币	外币	人民币

案例 5－1

记账凭证和账簿的设置

中北公司是一家小型私营企业，自创办以来一直请会计师事务所代理记账。2×20 年 7 月，公司打算聘请刚从财经学院毕业的李冬到单位做会计工作。为了解李冬的业务水平，公司老板把 6 月份发生的业务列出，让李冬为公司设计记账凭证和相关账簿格式，编制记账凭证并予以登账。

该公司 6 月份发生的业务如下：

（1）6 月 1 日，开出支票支付 5 月份的房屋租金 1 200 元；

（2）6 月 2 日，从 A 公司赊购办公用品，价格为 3 600 元；

（3）6 月 4 日，开出支票支付 6 月 2 日购买办公用品的运输费 320 元；

（4）6 月 8 日，给 B 公司提供服务，尚未收到款项，开具发票金额为 4 500 元；

（5）6 月 9 日，支票支付 450 元购买办公用品；

（6）6 月 11 日，从 C 公司赊购办公设备，价格为 15 000 元；

（7）6 月 12 日，开出支票支付 5 月 2 日从 A 公司赊购办公用品的账款 3 600 元；

（8）6 月 16 日，给 D 公司提供服务，尚未收到账款，开具发票金额为 8 000 元；

（9）6 月 18 日，收到 B 公司支付 6 月 8 日服务款项 4 500 元；

(10) 6月20日，追加现金投资10 000元；

(11) 6月25日，给E公司提供服务，收到现金15 900元；

(12) 6月30日，开出支票提取现金1 000元备用；

(13) 6月30日，开出支票支付水电费690元；

(14) 6月30日，开出支票支付6月份的工资15 800元，其中，办公人员5 800元，销售人员10 000元。

问题：如果你是李冬，你如何做？

案例提示：就以上业务，该企业可以选择通用记账凭证，最好是使用专用记账凭证，因为该公司的收付款业务较多。应设置的账簿有：现金日记账、银行存款日记账、应收账款明细账、应付账款明细账、主营业务收入明细账、销售费用明细账、实收资本明细账以及相应的总账。另外，还应设置采购日记账，登记企业采购及付款情况。

记账凭证和账簿的具体格式参见本章有关内容。

三、备查账的设计

备查账是对某些在日记账和分类账中未能登记的经济业务进行补充登记的账簿。有些会计事项在日记账和分类账中不予或无法记录，但管理上需要加以控制或掌握情况，通常用备查账来记录，以弥补日记账和分类账的不足。

备查账设计的主要特点是强调业务和管理的需要。备查账的数量和格式通常根据企业实际需要来设计，比较灵活。在企业中，常用的备查账有以下几种：

(1) 代管财产物资登记簿。对保管的不属于本单位的资产设置的账簿，如租入固定资产登记簿、受托加工材料登记簿等。

(2) 分类账或统计资料整理登记的备查账。如按销售地域设置的产品销售分类登记簿。

(3) 其他登记簿。不能用货币表现，但必须进行业务登记的账簿。如合同执行情况登记簿、固定资产使用情况、重要空白凭证领用簿等。

现以租入固定资产备查簿和重要空白凭证领用备查簿为例，其格式分别如表5-55、表5-56所示。

表5-55 租入固定资产备查簿

资产名称	规格	合同号	租出单位	租入日期	租期	租金	使用地点	备注

表5-56 空白凭证领用备查簿

购入日期	凭证类型	起止号码	领用日期	领用人	领用号	交回记录

 案例 5-2

神秘的“原材料”

王会计参加工作 5 年了，工作认真负责，从没出过差错，可是最近遇到了一件烦恼事。保管员是位刚毕业的大学生，上个月照例到仓库进行存货盘点，一件件、一批批地数过后，发现库里多了一批材料。“这是怎么回事？难道是入库时少记了？”他翻遍上届保管员留下的记录仍找不到该批材料的来源，遂反映给王会计，也未查到该批材料的来源，王会计只好将其记入“待处理财产损溢——待处理流动资产损溢”科目中，报经厂部负责人后冲减了管理费用。昨天，B 厂来电说要取走放在厂里的一批材料，经查对，被核销的那批材料正是 B 厂半年前寄存在厂里的物资。

问题：如何通过合理的账簿设计使王会计避免此类事件再发生？

案例提示：在实际工作中可以通过设置“备查账簿——代管材料”登记簿来避免此类事件的发生。

第 3 节　财务会计报告的设计

财务会计报告是一个单位依法向国家有关部门提供和向社会公开披露的反映该单位某一特定日期财务状况和某一会计期间经营成果、现金流量的文件。财务会计报告是企业所提供会计信息的最终载体。在进行财务会计报告设计时，应当在符合《企业会计准则》的前提下，从实际出发，结合各单位自身的生产特点和管理要求，力求财务会计报告的内容、格式、项目简明易懂，便于会计人员编制以及报告阅读者理解、分析。

一、对外财务会计报告的设计

对外财务会计报告按编报期间的不同，可以分为中期财务报告和年度财务报告。中期财务报告是以短于一个完整会计年度的报告期间为基础编制的财务报表，包括半年报、季报和月报。一套完整的财务报告至少应当包括“四表一注”，即资产负债表、利润表、现金流量表、所有者权益变动表以及附注。中期财务报告格式化内容应当与年度财务报告的相一致，中期财务报告中的附注披露可适当简略。

企业会计准则体系规定的报表体系如表 5-57 所示。

表 5-57　会计报表体系

编号	会计报表名称	编报期
会企 01 表	资产负债表	中期报告、年度报告
会企 02 表	利润表	中期报告、年度报告
会企 03 表	现金流量表	中期报告、年度报告
会企 04 表	所有者权益变动表	年度报告
	报表附注	中期报告、年度报告

内容扩展

企业会计准则体系的发展概况

2014年，企业会计准则体系由1项基本准则、41项具体准则和应用指南三个部分构成，该会计准则体系是在2006年会计准则的基础上，对《企业会计准则——基本准则》《企业会计准则第2号——长期股权投资》《企业会计准则第9号——职工薪酬》《企业会计准则第30号——财务报表列报》《企业会计准则第33号——合并财务报表》《企业会计准则第37号——金融工具列报》进行了修订，并发布了《企业会计准则第39号——公允价值计量》《企业会计准则第40号——合营安排》《企业会计准则第41号——在其他主体中权益的披露》三项具体准则。2017年，财政部又修订发布了《企业会计准则第14号——收入》《企业会计准则第16号——政府补助》《企业会计准则第22号——金融工具确认与计量》《企业会计准则第23号——金融资产转移》《企业会计准则第24号——套期会计》《企业会计准则第37号——金融工具列报》。

2017年新《企业会计准则》中规定：财务会计报告包括会计报表及其附注和其他应当在财务会计报告中披露的相关信息和资料。会计报表是对企业财务状况、经营成果和现金流量的结构性表述。会计报表至少应当包括如下组成部分：资产负债表、利润表、现金流量表、所有者权益变动表及附注。小企业编制的会计报表可以不包括现金流量表。中期财务报告至少应当包括资产负债表、利润表、现金流量表和附注。中期资产负债表、利润表和现金流量表应当是完整报表，其格式和内容应当与上年度报表一致。

2018年，财政部修订发布《企业会计准则第21号——租赁》。2019年，财政部修订发布《企业会计准则第7号——非货币性资产交换》《企业会计准则第12号——债务重组》。2020年，财政部修订发布了《企业会计准则第25号——保险合同》。

（一）资产负债表的设计

资产负债表是反映企业某一特定日期全部资产、负债和所有者权益及其构成情况的静态报表，也是企业主要的会计报表。资产负债表是根据“资产＝负债＋所有者权益”这一基本会计等式设计的。

会计报表通常由表头、表体和补充资料三大部分组成，每一部分的具体内容及反映形式有所不同，资产负债表也不例外。

1. 表头的设计

表头包括报表名称、编报单位、编制日期、金额单位等内容，这是任何会计报表都必备的。

报表名称即为资产负债表。资产负债表是静态报表，反映的是某一特定日期的财务状况，因此，资产负债表上的日期应是结账的日期，即表中所列金额为结账当日的资产、负债和所有者权益额。资产负债表各项目的金额均以人民币“元”为单位。如果企业是采用某一外币作为记账本位币的，为了便于阅读、比较，应将以外币反映的资产负债表折合为人民币反映的资产负债表。

2. 表体的设计

资产负债表表体的格式主要有两种：账户式和报告式。

(1) 账户式资产负债表。账户式资产负债表将报表分为左、右两方，左方列资产类项目，右方列负债和所有者权益类项目，资产负债表的左右双方金额必定相等。其具体结构如表 5－58 所示。

表 5－58　资产负债表①

会企 01 表

编制单位：东方集团股份有限公司　　2×19 年 12 月 31 日　　单位：元

资产	期末余额	上年年末余额	负债和所有者权益（或股东权益）	期末余额	上年年末余额
流动资产：			流动负债：		
货币资金			短期借款		
交易性金融资产			交易性金融负债		
衍生金融资产			应付票据		
应收票据			应付账款		
应收账款			预收款项		
应收款项融资			合同负债		
预付款项			应付职工薪酬		
其他应收款			应交税费		
存货			其他应付款		
合同资产			持有待售负债		
持有待售资产			一年内到期的非流动负债		
一年内到期的非流动资产			其他流动负债		
其他流动资产			流动负债合计		
流动资产合计			非流动负债：		
非流动资产：			长期借款		
债权投资			应付债券		
其他债权投资			其中：优先股		
长期应收款			永续债		
长期股权投资			租赁负债		
其他权益工具投资			长期应付款		
其他非流动金融资产			预计负债		
投资性房地产			递延收益		
固定资产			递延所得税负债		
在建工程			其他非流动负债		
生产性生物资产			非流动负债合计		
油气资产			负债合计		
使用权资产			所有者权益（或股东权益）：		
无形资产			实收资本（或股本）		
开发支出			其他权益工具		
商誉			其中：优先股		
长期待摊费用			永续债		
递延所得税资产			资本公积		
其他非流动资产			减：库存股		

① 此处假定企业已执行新金融准则、新收入准则和新租赁准则。若企业未执行新准则，请参考《财政部关于修订印发 2019 年度一般企业财务报表格式的通知》(财会〔2019〕6 号)。

续表

资产	期末余额	上年年末余额	负债和所有者权益（或股东权益）	期末余额	上年年末余额
非流动资产合计			其他综合收益 专项储备 盈余公积 未分配利润 所有者权益（或股东权益）合计		
资产总计			负债和所有者权益（或股东权益）总计		

从上表可以看到，资产负债表的资产项目按其流动性（变现能力）进行排列，流动性强的资产排列在前，流动性弱的资产排列在后。负债项目按偿还期限的长短进行排列，偿还期限短的排列在前，偿还期限长的排列在后。所有者权益类项目按在企业留存时间进行排列，留存时间长的排列在前，留存时间短的排列在后。资产负债表项目按此方法排列能够比较清楚地反映企业的偿债能力，便于分析企业的财务实力，以及企业清算能力的大小等，使得会计报表的阅读者能够从资产负债表中比较容易地取得所需的有关信息。

（2）报告式资产负债表。报告式资产负债表将资产、负债和所有者权益项目按此顺序排在一列，反映“资产－负债＝所有者权益”的关系。其基本结构如表5-59所示。

表5-59 资产负债表

编制单位：东方集团股份有限公司　　2×19年12月31日　　单位：元

项目	行次	年初数	期末数
资产 流动资产 非流动资产 资产合计			
减：负债 流动负债 非流动负债 负债合计			
所有者权益 实收资本 其他权益工具 资本公积 其他综合收益 盈余公积 未分配利润 所有者权益合计			

按我国现行《企业会计准则》规定，资产负债表采用账户式格式。

（二）利润表的设计

利润表又称损益表，是反映企业一定会计期间经营成果的报表。它是一张动态报表，通过把一定期间的营业收入与其一定期间相关的成本、费用进行配比，从而计算出企业一定时期的净利润（或净亏损）。

利润表的表头与资产负债表相同，一般应列明报表的名称、编制单位名称、会计期间、报表编号和货币单位等。

利润表内的项目，一般应列示出：营业收入、营业成本、税金及附加、销售费用、管理费用、研发费用、财务费用、资产减值损失、信用减值损失、其他收益、投资收益、净敞口套期收益、公允价值变动收益、资产处置收益、营业外收入、营业外支出、利润总额、所得税费用、净利润、其他综合收益、综合收益总额、基本每股收益和稀释每股收益等。如果是月报，则对于利润表内的每一个项目，应分别列出“本月数”及“本年累计数”；如果是年报，则应列出“上年累计数”及“本年累计数”，以便于比较分析。

设计利润表，就是将上述项目及其他资料以一定的方式和格式进行有规律的排列组合。利润表项目的排列方式和格式一般有两种：单步式和多步式。

1. 单步式

单步式利润表是将所有收益类项目列在前面，再列示所有费用支出类项目，不加以分段，最后计算出净利润。其基本格式如表 5-60 所示。

表 5-60　利润表

编制单位：　　　　年　　月　　　　单位：元

项目	行次	本月数	本年累计数
一、收入合计			
营业收入			
其他收益			
投资收益			
净敞口套期收益			
公允价值变动收益			
资产处置收益			
营业外收入			
二、支出合计			
营业成本			
税金及附加			
销售费用			
管理费用			
财务费用			
资产减值损失			
营业外支出			
所得税费用			
三、净利润			

这种格式的利润表结构简单，但缺点是不能反映利润的组成情况，不利于前后各期相应项目的比较。由于单步式利润表不利于掌握利润构成情况和分析利润升降原因，目前很少使用。

2. 多步式

多步式利润表的设计依据如下：

一是以营业收入为基础，扣除企业或其他经济组织日常主要经营活动中所发生的营业成本、税金及附加、期间费用、资产减值损失以及信用减值损失，加上其他收益、净敞口套期收益、公允价值变动收益（减去公允价值变动损失）、投资收益（减去投资损失）和资产处置收益（减去资产处置损失）等，计算出营业利润。

二是在营业利润的基础之上，加减营业外收支项目，从而计算出利润总额。

三是以利润总额扣除所得税后，得出净利润（或净亏损），利润表必须列示每股收益信息，包括基本每股收益和稀释每股收益。

四是在净利润的基础上，加上其他综合收益，得出综合收益总额。

其基本格式如表5-61所示。

表5-61 利润表①

会企02表

编制单位： 年 月 单位：元

项目	本期金额	上期金额
一、营业收入		
减：营业成本		
税金及附加		
销售费用		
管理费用		
研发费用		
财务费用		
其中：利息费用		
利息收入		
加：其他收益		
投资收益（损失以“一”号填列）		
其中：对联营企业和合营企业的投资收益		
以摊余成本计量的金融资产终止确认收益（损失以“一”号填列）		
净敞口套期收益（损失以“一”号填列）		
公允价值变动收益（损失以“一”号填列）		
信用减值损失（损失以“一”号填列）		
资产减值损失（损失以“一”号填列）		
资产处置收益（损失以“一”号填列）		
二、营业利润（损失以“一”号填列）		
加：营业外收入		
减：营业外支出		
三、利润总额（亏损总额以“一”号填列）		
减：所得税费用		
四、净利润（净亏损以“一”号填列）		
（一）持续经营净利润（净亏损以“一”号填列）		
（二）终止经营净利润（净亏损以“一”号填列）		
五、其他综合收益的税后净额		
（一）不能重分类进损益的其他综合收益		

① 此处假定企业已执行新金融准则、新收入准则和新租赁准则。若企业未执行新准则，请参考《财政部关于修订印发2019年度一般企业财务报表格式的通知》（财会〔2019〕6号）。

续表

项目	本期金额	上期金额
1. 重新计量设定受益计划变动额 2. 权益法下不能转损益的其他综合收益 3. 其他权益工具投资公允价值变动 4. 企业自身信用风险公允价值变动 …… （二）将重分类进损益的其他综合收益 1. 权益法下可转损益的其他综合收益 2. 其他债权投资公允价值变动 3. 金融资产重分类计入其他综合收益的金额 4. 其他债权投资信用减值准备 5. 现金流量套期储备 6. 外币财务报表折算差额 …… 六、综合收益总额 七、每股收益 （一）基本每股收益 （二）稀释每股收益		

这种格式的利润表有利于企业对不同业务采用不同的利润计算方法，采用不同的管理方式，加强对主要业务的管理，分析利润的构成及其升降原因，追求实现利润的主要途径。我国会计准则体系规定利润表采用多步式格式。利润表上的每个项目应设计两个金额栏：一个是“本期金额”，反映该项目的本期实际数，根据与该项目相对应的账户的本期发生额填列；另一个是“上期金额”，反映该项目上一期间的发生数。

（三）现金流量表的设计

现金流量表是反映企业一定会计期间内现金和现金等价物流入和流出的报表。现金流量表的作用主要在于：首先，它可以帮助投资者、债权人评估企业未来的现金流量；其次，它可以帮助投资者、债权人评估企业偿还债务、支付股利的能力以及对外筹资的能力；再次，它便于报表使用者分析本期净利润和经营活动现金流量之间存在差异的原因；最后，它便于报表使用者评价报告期内与现金有关和无关的投资及筹资活动。

1. 现金流量表的编制基础

现金流量表以现金及现金等价物为编制基础，这种编制基础目前广泛采用。现金是指企业的库存现金以及可以随时用于支付的存款，包括库存现金、银行存款、其他货币资金。不能随时用于支付的存款不属于现金。现金等价物是指企业持有的期限短、流动性强、易于转换为已知金额现金、价值变动风险很小的投资。现金流量表也可以以现金和流动资产作为编制基础，这种做法目前很少采用。

2. 现金流量的分类

现金流量是指现金和现金等价物的流入和流出。设计现金流量表，必须对现金流量的分类进行合理的设计。对现金流量可以有不同的分类方法，如英国的现金流量准则，把现金流量分为经营活动、投资收益和融资成本、纳税、资本性支出和金融投资、支付的权益性股利、流动资源管理、筹资活动等。目前，国际上最为流行的做法是将现金流量分为经营活动现金流量、投资活动现金流量和筹资活动现金流量。这种分类能够反映企业各种经济活动获取现金流量的能力。国际会计准则和澳大利亚等国均采用此种分类方法，我国《企业会计准则》也采用这种方法，以与国际惯例协调。

3. 现金流量表编制方法的设计

在一个企业中，一般来说，经营活动的业务比较多，投资活动和筹资活动的业务则较少，因此，对投资活动和筹资活动产生的现金流量可以直接从“库存现金”“银行存款”等有关账户的记录中找到，对经营活动产生的现金流量用这种方法查找则不太可能。企业在确定经营活动产生的现金流量时有两种方法：直接法和间接法。

（1）直接法。直接法是以本期营业收入为起点，通过调整与经济活动有关的项目的增减变动，计算出经营活动的现金流量。由于在直接法下列示了各项现金流入的来源及金额和各项现金流出的用途及金额，因此直接法更有助于预测企业未来的经营活动的现金流量，揭示企业用经营活动产生的现金来偿付其债务的能力，以及进行再投资和支付股利的能力。

（2）间接法。间接法是以本期净利润为起点，调整不涉及现金的收入、费用、营业外收支等项目的增减变动，据以计算出经营活动的现金流量。间接法有助于分析影响现金流量的原因以及从现金流量的角度分析企业净利润的质量。

我国《企业会计准则》规定，现金流量表以直接法编制，采用间接法在现金流量表附注中披露将净利润调节为经营活动现金流量的信息。

4. 现金流量表格式的设计

现金流量表的格式因行业特点的不同而有所区别，分别一般企业、商业企业、保险公司、证券公司等企业类型予以确定。企业应当根据其经营活动的性质，确定本企业适用的现金流量表格式。

政策性银行、信托投资公司、租赁公司、财务公司、典当公司应当执行商业银行现金流量表格式规定，如有特别需要，可结合本企业的实际情况，进行必要调整和补充。

资产管理公司、基金公司、期货公司应当执行证券公司现金流量表格式规定，如有特别需要，可结合本企业的实际情况，进行必要调整和补充。

在直接法下，现金流量表主要包括四部分，依次为经营活动产生的现金流量、投资活动产生的现金流量、筹资活动产生的现金流量、现金及现金等价物净增加额。根据需要还可以增加某些项目。企业现金流量表的一般格式如表5-62所示。

表5-62 现金流量表

会企03表

编制单位： ______年度 单位：元

项目	本期金额	上期金额
一、经营活动产生的现金流量：		
销售商品、提供劳务收到的现金		
收到的税费返还		
收到其他与经营活动有关的现金		
经营活动现金流入小计		
购买商品、接受劳务支付的现金		
支付给职工以及为职工支付的现金		

续表

项目	本期金额	上期金额
支付的各项税费		
支付其他与经营活动有关的现金		
经营活动现金流出小计		
经营活动产生的现金流量净额		
二、投资活动产生的现金流量：		
收回投资收到的现金		
取得投资收益收到的现金		
处置固定资产、无形资产和其他长期资产收回的现金净额		
处置子公司及其他营业单位收到的现金净额		
收到其他与投资活动有关的现金		
投资活动现金流入小计		
购建固定资产、无形资产和其他长期资产支付的现金		
投资支付的现金		
取得子公司及其他营业单位支付的现金净额		
支付其他与投资活动有关的现金		
投资活动现金流出小计		
投资活动产生的现金流量净额		
三、筹资活动产生的现金流量：		
吸收投资收到的现金		
取得借款收到的现金		
收到其他与筹资活动有关的现金		
筹资活动现金流入小计		
偿还债务支付的现金		
分配股利、利润或偿付利息支付的现金		
支付其他与筹资活动有关的现金		
筹资活动现金流出小计		
筹资活动产生的现金流量净额		
四、汇率变动对现金及现金等价物的影响		
五、现金及现金等价物净增加额		
加：期初现金及现金等价物余额		
六、期末现金及现金等价物余额		

5. 现金流量表附注的设计

一般企业、商业企业、保险公司、证券公司等各类企业都要求编报现金流量表附注。现金流量表附注具体包括：现金流量表补充资料；企业当前取得或处置子公司及其他营业单位；现金及现金等价物。以下列示的现金流量表附注披露格式适用于一般企业、商业银行、保险公司、证券公司等各类企业。

（1）现金流量表补充资料披露格式。企业应当采用间接法在现金流量表附注中披露将净利润调节为经营活动现金流量的信息，其格式如表 5-63 所示。

表 5-63　现金流量表补充资料

补充资料	本期金额	上期金额
1. 利润调节为经营活动的现金流量：		
净利润		
加：资产减值准备		
固定资产折旧、油气资产折耗、生产性生物资产折旧		

续表

补充资料	本期金额	上期金额
无形资产摊销 长期待摊费用摊销 处置固定资产、无形资产和其他长期资产的损失（收益以“一”号填列） 固定资产报废损失（收益以“一”号填列） 公允价值变动损失（收益以“一”号填列） 财务费用（收益以“一”号填列） 投资损失（收益以“一”号填列） 递延所得税资产减少（增加以“一”号填列） 递延所得税负债增加（减少以“一”号填列） 存货的减少（增加以“一”号填列） 经营性应收项目的减少（增加以“一”号填列） 2. 不涉及现金收支的重大投资和筹资活动 债务转为资本 一年内到期的可转换公司债券 融资租入固定资产 3. 现金及现金等价物净增加情况： 现金的期末余额 减：现金的期初余额 加：现金等价物的期末余额 减：现金等价物的期初余额 现金及现金等价物净增加额		

（2）企业当期取得或处置子公司及其他营业单位的有关信息的披露格式，见表5-64。

表5-64 取得或处置子公司及其他营业单位

项目	金额
一、取得子公司及其他营业单位的有关信息 1. 取得子公司及其他营业单位的价格 2. 取得子公司及其他营业单位支付的现金及现金等价物 减：子公司及其他营业单位持有的现金及现金等价物 3. 取得子公司及其他营业单位支付的现金净额 4. 取得子公司的净资产 流动资产 非流动资产 流动负债 非流动负债 二、处置子公司及其他营业单位的有关信息 1. 处置子公司及其他营业单位的价格 2. 处置子公司及其他营业单位收到的现金及现金等价物 减：子公司及其他营业单位持有的现金及现金等价物 3. 处置子公司及其他营业单位收到的现金净额 4. 处置子公司的净资产 流动资产 非流动资产 流动负债 非流动负债	

（3）现金和现金等价物披露格式，见表 5－65。

表 5－65　现金和现金等价物

项目	本期金额	上期金额
一、现金		
库存现金		
可随时用于支付的银行存款		
可随时用于支付的其他货币资金		
存放同业款项		
拆放同业款项		
二、现金等价物		
其中：三个月内到期的债券投资		
三、期末现金及现金等价物余额		
其中：母公司或集体内子公司使用受限制的现金和现金等价物		

（四）所有者权益变动表的设计

所有者权益变动表是反映企业年末所有者权益增减变动情况的报表。通过该报表可以了解企业某一会计年度所有者权益各项目的增加、减少及其余额的情况以及所有者权益增减变动的重要结构性信息，特别是要反映直接计入所有者权益的利得和损失，分析其变动原因及预测未来的变动趋势。

所有者权益变动表的表头与前述报表基本相同，一般应列明报表的名称、编制单位名称、会计期间、报表编号和货币单位等。

所有者权益变动表的具体列报格式有两种：

（1）按照所有者权益的各组成部分反映所有者权益变动情况。我国在 2006 年企业会计准则体系颁布前一直采用这种方法。

（2）以矩阵的形式列报。一方面，列示导致所有者权益变动的交易或事项，按所有者权益变动的来源对一定时期所有者权益变动情况进行全面反映；另一方面，按照所有者权益各组成部分（包括实收资本、其他权益工具、资本公积、其他综合收益、未分配利润和库存股）及其总额列示交易或事项对所有者权益的影响。为了清楚地表明构成所有者权益的各组成部分当期的增减变动情况，按照企业会计准则体系的规定，所有者权益变动表应当以矩阵的形式列示。同时，企业需要提供比较所有者权益变动表，所有者权益变动表中各项目分为“本年金额”和“上年金额”两栏分别填列。其具体格式如表 5－66 所示。

（五）一般企业报表附注的设计

附注是财务报表不可或缺的组成部分，是对在资产负债表、利润表、现金流量表和所有者权益变动表等报表中列示项目的文字描述或明细资料，以及对未能在这些报表中列示项目的说明等。

1．附注披露的基本要求

（1）附注披露的信息应是定量、定性信息的结合，能从量和质两个角度对企业经济事项完整地进行反映，满足信息使用者的决策需求。

（2）附注应当按照一定的结构进行系统合理的排列和分类，有顺序地披露信息。

表 5-66 所有者权益变动表

会企 04 表

编制单位：　　　　　　　　　　＿＿＿＿年度　　　　　　　　　　单位：元

项目	本年金额											上年金额										
	实收资本（或股本）	其他权益工具			资本公积	减：库存股	其他综合收益	专项储备	盈余公积	未分配利润	所有者权益合计	实收资本（或股本）	其他权益工具			资本公积	减：库存股	其他综合收益	专项储备	盈余公积	未分配利润	所有者权益合计
		优先股	永续债	其他									优先股	永续债	其他							
一、上年年末余额																						
加：会计政策变更																						
前期差错更正																						
其他																						
二、本年年初余额																						
三、本年增减变动金额（减少以“－”号填列）																						
（一）综合收益总额																						
（二）所有者投入和减少资本																						
1. 所有者投入的普通股																						
2. 其他权益工具持有者投入资本																						
3. 股份支付计入所有者权益的金额																						
4. 其他																						
（三）利润分配																						
1. 提取盈余公积																						
2. 对所有者（或股东）的分配																						
3. 其他																						
（四）所有者权益内部结转																						
1. 资本公积转增资本（或股本）																						
2. 盈余公积转增资本（或股本）																						
3. 盈余公积弥补亏损																						
4. 设定受益计划变动额结转留存收益																						
5. 其他综合收益结转留存收益																						
6. 其他																						
四、本年年末余额																						

因附注的内容繁多，更应按逻辑顺序排列，分类披露，条理清晰，具有一定的组织结构，便于使用者理解和掌握，也更好地实现财务报表的可比性。

(3) 附注相关信息应当与资产负债表、利润表、现金流量表和所有者权益变动表等报表中列示的项目相互参照，以有助于使用者联系相关联的信息，并由此从整体上更好地理解财务报表。

2. 附注披露的内容

根据会计准则体系的规定，附注应当按照如下顺序披露有关内容：

(1) 企业的基本情况。

①企业注册地、组织形式和总部地址。

②企业的业务性质和主要经营活动。

③母公司以及集团最终母公司的名称。

④财务报告的批准报出者和财务报告批准报出日，或者以签字人及其签字日期为准。

⑤营业期限有限的企业，还应当披露相关信息。

(2) 财务报表的编制基础。

(3) 遵循《企业会计准则》的声明。企业应当声明编制的财务报表符合《企业会计准则》的要求，真实完整地反映了企业的财务状况、经营成果和现金流量等有关信息，以此明确企业编制财务报表所依据的制度基础。如果企业编制的财务报表只是部分地遵循了《企业会计准则》，附注中不得做出这种表述。

(4) 重要会计政策和会计估计。根据财务报表列报准则的规定，企业应当披露采用的重要会计政策和会计估计，不重要的会计政策和会计估计可以不披露。

①重要会计政策的说明。由于企业经济业务的复杂性和多样化，某些经济业务可以有多种会计处理方法，即存在不止一种可供选择的会计政策。例如，存货的计价可以有先进先出法、加权平均法、个别计价法等；固定资产的折旧可以有年限平均法、工作量法、双倍余额递减法、年数总和法等。企业在发生某项经济业务时，必须从允许的会计处理方法中选择适合本企业特点的会计政策，企业选择不同的会计处理方法，可能极大地影响企业的财务状况和经营成果，进而编制出不同的财务报表。为了有助于报表使用者理解，有必要对这些会计政策加以披露。

需要特别指出的是，说明会计政策时还需要披露下列两项内容：

一是财务报表项目的计量基础。会计计量属性包括历史成本、重置成本、可变现净值、现值和公允价值，这直接显著影响报表使用者的分析，这项披露要求便于使用者了解企业财务报表中的项目是按何种计量基础予以计量的，如存货是按成本还是按可变现净值计量等。

二是会计政策的确定依据。主要是指企业在运用会计政策过程中所做的对报表中确认的项目金额最具影响力的判断。例如，对于拥有的持股不足50%的关联企业，企业如何判断对其拥有控制权并将其纳入合并范围；企业如何判断与租赁资产相关的所有风险和报酬已转移，从而符合融资租赁的标准；投资性房地产的判断标准是什么等，这些判断对在报表中确认的项目金额具有重要影响。这项披露要求有助于使用者理解企业选择和运用会计政策的背景，增加财务报表的可理解性。

②重要会计估计的说明。财务报表列报准则强调了对会计估计不确定因素的披露要求，企业应当披露会计估计中所采用的关键假设和不确定因素的确定依据，这些关键假设和不确定因素在下一会计期间内很可能导致对资产、负债账面价值进行重大调整。

在确定报表中确认的资产和负债的账面金额过程中，企业有时需要在资产负债表日对不确定的未来事项的影响加以估计。例如，固定资产可收回金额的计算需要根据其公允价值减去处置费用后的净额与预计未来现金流量的现值两者之间的较高者确定，在计算资产预计未来现金流量的现值时需要对未来现金流量进行预测，并选择适当的折现率，应当在附注中披露未来现金流量预测所采用的假设及其依据、所选择的折现率为什么是合理的等。又如，为正在进行中的诉讼提取诉讼准备时最佳估计数的确定依据等。这些假设的变动对这些资产和负债项目金额的确定影响很大，有可能会在下一个会计年度内做出重大调整。因此，强调这一披露要求，有助于提高财务报表的可理解性。

（5）会计政策和会计估计变更以及差错更正的说明。企业应当按照《企业会计准则第28号——会计政策、会计估计变更和差错更正》的规定，披露会计政策和会计估计变更以及差错更正的有关情况。

（6）报表重要项目的说明。企业应当以文字和数字描述相结合，尽可能以列表形式披露报表重要项目的构成或当期增减变动情况，并且报表重要项目的明细金额合计，应当与报表项目金额相衔接。在披露顺序上，一般按照资产负债表、利润表、现金流量表、所有者权益变动表的顺序及其项目列示的顺序。

（7）其他需要说明的重要事项。主要包括或有和承诺事项、资产负债表日后非调整事项、关联方关系及其交易等，具体的披露要求须遵循相关准则的规定。

（8）有助于财务报表使用者评价企业管理资本的目标、政策及程序信息。

二、对内财务会计报告的设计

为了满足企业内部管理的需要，企业除按规定编制统一的对外财务会计报告外，还需要编制一些内部财务报告。对内财务会计报告作为对外财务会计报告的补充，更能为企业经营管理提供内部管理所需的信息资料。内部报表是企业会计部门根据本单位的需要编制的，其指标体系、格式和编制方法均可自行确定。在进行内部报表设计时，一定要注意指标体系的完整性和可比性，要符合本单位管理的要求，使得企业内部管理所需要的资料在内部报表中都能得到。

内部报表的种类很多，按时间分类有：日报、旬报、半月报、月报、季报、年报等。按经济内容分主要有：成本费用报表、资金报表和经营业绩报表。

（一）成本费用报表的设计

成本费用报表是根据日常成本核算资料定期编制，用以反映企业生产费用与产品成本水平及构成情况，以考核和分析企业在一定时期内各项费用与生产成本计划执行情况及结果的报告等文件。成本报表主要有商品产品成本表、主要产品单位成本表；费用报表主要有生产费用表、管理费用表、制造费用表和销售费用表等。成本费用报表一般由企业单位自行设计。

1. 商品产品成本表

商品产品成本表的设计是为了反映企业在月份、年度内生产的全部商品产品的总成本和各种主要商品产品的单位成本和总成本，同时考核全部商品产品和主要商品产品成本计划的执行结果，分析各种可比产品成本降低任务的完成情况。其格式见表 5－67。

表 5－67　商品产品成本表

编制单位：　　　　　　　　　　　年　　月　　　　　　　　　　　单位：

产品名称	计量单位	实际产量		单位成本				本月总成本			本年累计总成本		
		本月	本年	上年实际平均	本年计划	本月实际	本年实际平均	按上年实际平均单位成本计算	按本年计划单位成本计算	本月实际	按上年实际平均单位成本计算	按本年计划单位成本计算	本年实际
可比产品合计													
甲	件												
乙	件												
不可比产品合计													
丙	台												
产品生产成本合计													

2. 主要产品单位成本表

主要产品单位成本表的设计是为了反映企业在月份、年度内生产的各种主要产品单位成本构成情况，考核各种主要产品单位成本计划的执行结果，分析各成本项目和消耗定额的变化及其原因，便于在生产同种产品的企业之间进行成本对比。其格式见表 5－68。

表 5－68　主要产品单位成本表

编制单位：　　　　　　　　　　　年　　月　　　　　　　　　产品名称：

成本项目	历史先进水平	上年实际平均	本年计划	本月实际	本年实际平均
直接材料					
直接工资					
其他直接支出					
制造费用					
合计					
主要技术经济指标					
1. 主要材料					
2.					
3.					

3. 费用报表

费用报表的设计是为了反映企业在年度内发生的各种费用，分析各项费用的构成及增减变动情况，考核各项费用计划的执行结果，以便进一步采取措施、压缩开支、降低费用。其中制造费用明细表的格式见表 5－69。生产费用表、管理费用表与销售费用表的基本格式同制造费用表，在费用项目设计上有所差异。

表5-69 制造费用明细表

编制单位： 年 月 日 单位：

费用项目	本年计划数	上年同期实际数	本月实际数	本年累计实际数
工资及福利费 办公费 水电费 折旧费 修理费 租赁费 劳动保护费 机物料消耗 其他				
合计				

案例5-3

内部成本费用报表

某电冰箱公司连续两年亏损，总经理召集相关部门负责人研究扭亏为盈的方法。财务经理提供的数据如下：每台冰箱的变动成本是1 050元，全厂固定制造费用总额为1 600万元，销售和管理费用总额是1 250万元。财务经理建议生产部门满负荷生产，通过扩大产量来降低单位产品的固定制造费用。

问题：该企业财务经理所提供的数据是通过什么内部报表得到的？

案例提示：在实际工作中，可以通过内部成本报表的设计来为财务经理提供所需的数据。

（二）资金报表的设计

资金报表的设计可根据企业资金管理需要灵活进行。其设计要点是：首先，确定分析对象；其次，明确分析目的；最后，简化表格设计。主要包括资金结构分析表、资金定额分析表、资金结构变化分析表、资金使用效益分析表四类。

1．资金结构分析表

资金结构分析表如表5-70所示。

表5-70 资金结构分析表

编制单位： 年 月 日 金额单位：

资产项目	金额		百分比	负债及所有者权益项目	金额		百分比
	小计	合计			小计	合计	

2．资金定额分析表

如储备不正常材料报告单，其基本格式见表5-71。

表 5-71　储备不正常材料报告单

材料名称	规格	计量单位	结存数量	最高储备量	最低储备量	与最高或最低储备量的差额	建议措施	备注

3. 资金结构变化分析表

如主要流动资产结构变化分析表，其基本格式如表 5-72 所示。

表 5-72　主要流动资产结构变化分析表

年　月　日　　金额单位：

流动资产项目	期末		期初		增减变动	
	金额	比重	金额	比重	金额	比重
1. 货币资金 2. 应收款项 3. 原材料 4. 在产品 5. 产成品						
合计						

4. 资金使用效益分析表

如流动资金周转率分析表，其基本格式见表 5-73。

表 5-73　流动资金周转率分析表

年度　　金额单位：

项目		上年数	计划数	本年实际数	差异		差异分析
					与上年比	与计划比	
基本数据	1. 销售额 2. 全部流动资金平均余额 3. 商品资金平均余额						
周转率	4. 全部流动资金周转次数 5. 全部流动资金周转天数						
	6. 商品资金周转次数 7. 商品资金周转天数						

以上各类资金报表可用来反映企业的资金结构、各种资金定额占用、资金结构变化以及资金的使用效益情况，以此评价企业的资金使用效率和效果。

(三) 经营业绩报表的设计

经营业绩报表（内部利润报表）的设计，主要满足利润预测和利润分析检查的需要。因各单位具体需要不同，内部经营业绩报表的种类和格式设计也不同。常用的内部利润报表有：利润计划完成情况分析表、利润预测报告、主营业务利润分析表等。

1. 利润计划完成情况分析表

利润计划完成情况分析表是反映一个企业经济效益好坏的综合性报告。此表可反映利润实际数比计划数或上期数等的增减变化情况及各个环节的影响程度。此表可以利润表为基础进行编制，一般格式如表5-74所示。

表5-74 利润计划完成情况分析表

报送单位： 年 月 金额单位：

项目	本期				累计金额			
	计划数	实际数	增或减	百分比	计划数	实际数	增或减	百分比

2. 利润预测报告

利润预测报告集中反映利润预测结果，为企业领导确定企业管理目标提供数据，同时为企业财会部门编制财务计划，进行利润管理提供科学依据。其一般格式如表5-75所示。

表5-75 利润预测报告

报送单位： 年 月 金额单位：

项目	金额	甲产品		乙产品		丙产品	
		金额	%	金额	%	金额	%
单价 预计销售量 预计销售收入 变动费用 边际贡献 固定费用 利润							

3. 主营业务利润分析表

主营业务利润分析表主要反映影响产品销售利润的因素、各个因素对利润的影响方向及金额、各个因素影响的主次程度，以便于采取改善措施，提高企业的经济效益。其一般格式如表5-76所示。

表 5-76　主营业务利润分析表　　金额单位：

影响主营业务利润变动的因素	行次	影响利润变动金额	各影响因素占总变动额的百分比
产品销售价格变动影响	1		
产品销售数量变动影响	2		
主营业务税金变动影响	3		
主营业务成本变动影响	4		
产品销售结构变动影响	5		
合计			

第 4 节　会计核算组织程序设计

会计核算组织程序也称账务处理程序或会计核算形式，即在会计核算中，以账簿体系为核心，把会计凭证、会计账簿、会计报表、记账程序和记账方法有机结合起来的技术组织方式。账簿体系是指账簿的种类、格式和各种账簿之间的相互关系。记账程序是指凭证的填制、账簿的登记以及根据账簿编制会计报表的顺序。记账方法是指用手工登记还是用机器登记。会计核算组织程序设计与会计凭证、会计账簿的设计有着直接的关系，需要指出在会计制度中选用哪些账簿；这些账簿如何构成记录企业全部经济业务的体系，各种账簿之间怎样进行联系；确定原始凭证和记账凭证的种类格式，它们与账簿记录怎样进行联系；确定在哪些环节上编出何种会计报告；确定如何整理、传递会计凭证，如何登记各种账簿，根据账簿记录如何编制会计报表等项工作的顺序。会计核算组织程序设计具有较大的灵活性，设计是否得当，对会计工作的组织与管理意义极大。常用的会计核算组织程序的设计方法主要有两种：非汇总型和凭证汇总型。

一、非汇总型核算组织程序设计

非汇总型核算组织程序是指记账凭证不需要经过汇总直接据以登记总账的核算组织程序。这种模式主要有记账凭证核算组织程序（见图 5-8）和日记总账核算组织程序（见图 5-9）两种类型。

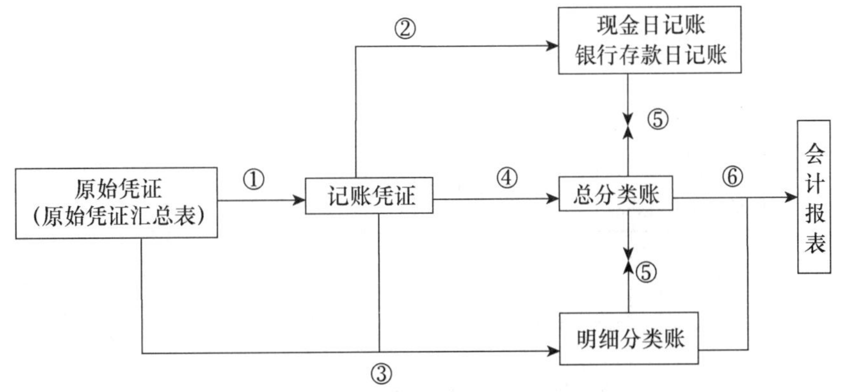

图 5-8　记账凭证核算组织程序图

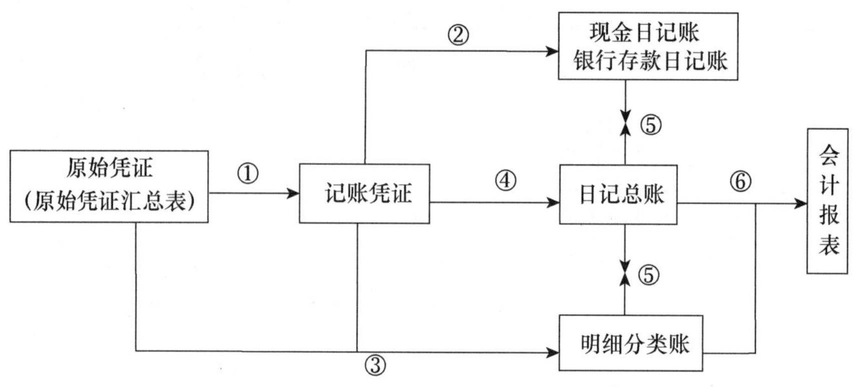

图5-9 日记总账核算组织程序图

记账凭证核算组织程序和日记总账核算组织程序的不同点在于总账的设置与登记方法。日记总账核算组织程序对总账设置有特殊要求，需设置一本既序时又分类的联合账簿——日记总账（格式参见表5-48）。共同点在于：记账凭证都不需要汇总，直接据以登记总账；记账凭证的设置相同；账务处理程序都是六步，即填制记账凭证、登记日记账、登记明细账、登记总账、对账和编表。

非汇总型核算组织程序方法简明，凭证不汇总可以减少汇总工作量，但如果业务较多，将会增加登记总账的工作量。因此，一般适用于经营规模不大、业务较少的小型企业。

二、凭证汇总型核算组织程序设计

凭证汇总型核算组织程序是指记账凭证需要经过汇总编制汇总凭证，然后根据汇总凭证登记总账的核算组织程序。这种方法包括科目汇总表核算组织程序（见图5-10）和汇总记账凭证核算组织程序（见图5-11）两种类型。

科目汇总表核算组织程序和汇总记账凭证核算组织程序的相同点在于：记账凭证都是汇总之后再登记总分类账。不同之处在于：(1) 前者记账凭证既可统一设计一种，又可分别设计收、付、转三种，后者必须分别设计收、付、转三种记账凭证；(2) 前者只设计一种汇总凭证——科目汇总表，后者必须分别设计汇总收款凭证、汇总付款

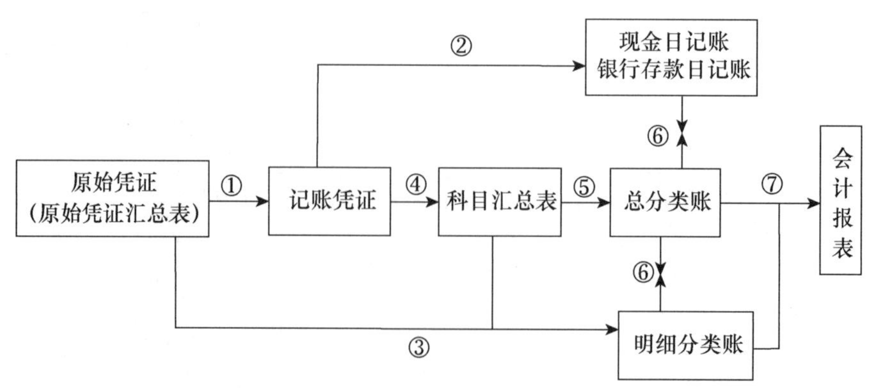

图5-10 科目汇总表核算组织程序图

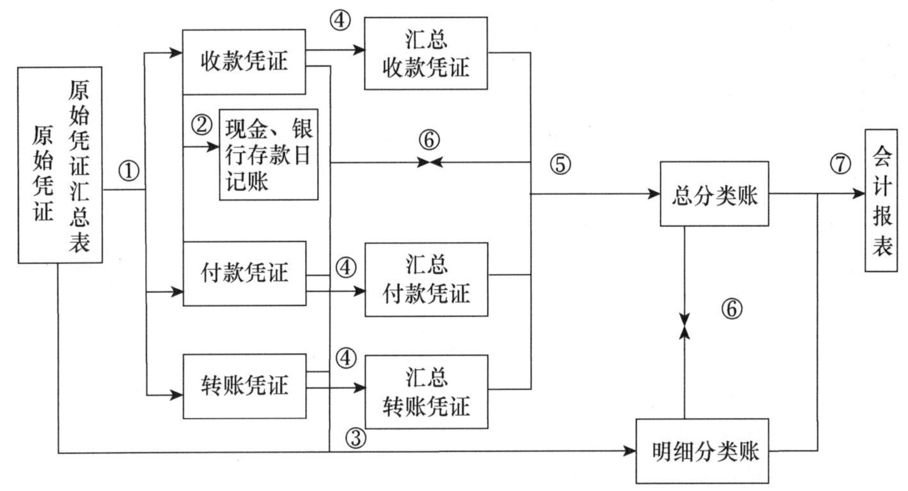

图 5-11　汇总记账凭证核算组织程序图

凭证和汇总转账凭证三种；(3) 两者汇总凭证的汇总方法不同，前者是大汇总，汇总后不反映账户之间的对应关系，后者是分类汇总，汇总后的账户对应关系清晰；(4) 相比较而言，前者汇总起来简便容易，后者汇总时较为复杂，难度大。

凭证汇总型核算组织程序简化了登记总账的手续，但凭证汇总比较复杂，一般适用于经济业务较多的大中型企业。科目汇总表核算组织程序在我国手工记账条件下应用较为广泛。

思考题

1. 原始凭证的设计有哪些要求?
2. 记账凭证设计的基本内容有哪些?
3. 我国现行企业会计制度规定资产负债表采用什么格式? 有何特点?
4. 单步式利润表和多步式利润表各有何优缺点?
5. 现金流量表项目有哪些?
6. 对现金流量表的设计可使信息使用者获得哪些信息?
7. 什么是非汇总型核算组织程序和凭证汇总型核算组织程序? 各自的适用性如何?
8. 凭证汇总型核算组织程序的优缺点及适用范围如何?

练习题

1. 单项选择题

(1) 企业自行设计的关于固定资产业务的原始凭证不包括（　　）。

A. 固定资产交接使用凭证

B. 固定资产折旧费用分配表

C. 固定资产报废单、盘点表和盘盈盘亏报告单

D. 固定资产购置时的发票

(2) 企业的原材料、产成品等实物性资产应设计的明细账的格式为（　　）。

A. 三栏式　　B. 数量金额式　　C. 多栏式　　D. 特殊形式

(3) 我国现行的利润表的格式为（　　）。

A. 单步式　　B. 多步式　　C. 账户式　　D. 报告式

2. 多项选择题

(1) 原始凭证都必须具备的基本内容有（　　）。

A. 原始凭证的名称

B. 填制原始凭证的单位名称

C. 原始凭证填制的日期和凭证编号

D. 接受原始凭证单位的名称

E. 会计分录内容

(2) 在设计会计账簿时应遵循的基本要求包括（　　）。

A. 合法性　　B. 适应会计报表编制的要求

C. 简明实用　　D. 考虑到账务处理程序

E. 适应企业规模和特点

(3) 下列报表中属于资产负债表附表的有（　　）。

A. 资产减值准备明细表　　B. 股东权益增减变动表

C. 应交增值税明细表　　D. 利润表

E. 分部报表

3. 判断题

(1) 在设计原始凭证时要充分考虑内部牵制的问题。（　　）

(2) 备查账的数量和格式通常根据企业实际需要来设计，比较灵活。（　　）

(3) 对内财务会计报告的指标体系、格式、编制方法等都由国家统一规定。（　　）

实训题

华兴医疗公司于2005年成立，是一家以经营医疗器械为主的公司。公司成立之初，经营规模较小，业务量少，会计核算采用记账凭证核算组织程序。经过几年的发展，公司经营规模不断扩大，业务量逐年增加。最近一年来会计人员发现每月登记总账的业务量非常大。公司会计负责人决定修改会计核算组织程序，采用汇总记账凭证核算组织程序，组织日常会计核算。

要求：结合该公司的情况，分析记账凭证核算组织程序和汇总记账凭证核算组织程序的特点和适用范围。

第6章

货币资金的内部控制与核算方法设计

内 容 导 图

货币资金是企业流动资金中最活跃的部分，是流动性最强的资产，容易招致非法挪用、侵吞等违法犯罪行为，极易发生错误和舞弊。

通过本章的学习，学生要理解货币资金内部控制的原则；了解货币资金内部控制的要求；掌握货币资金控制的目标、关键控制点及控制措施；理解货币资金核算方法的设计以及主要业务核算程序中控制内容的设计。

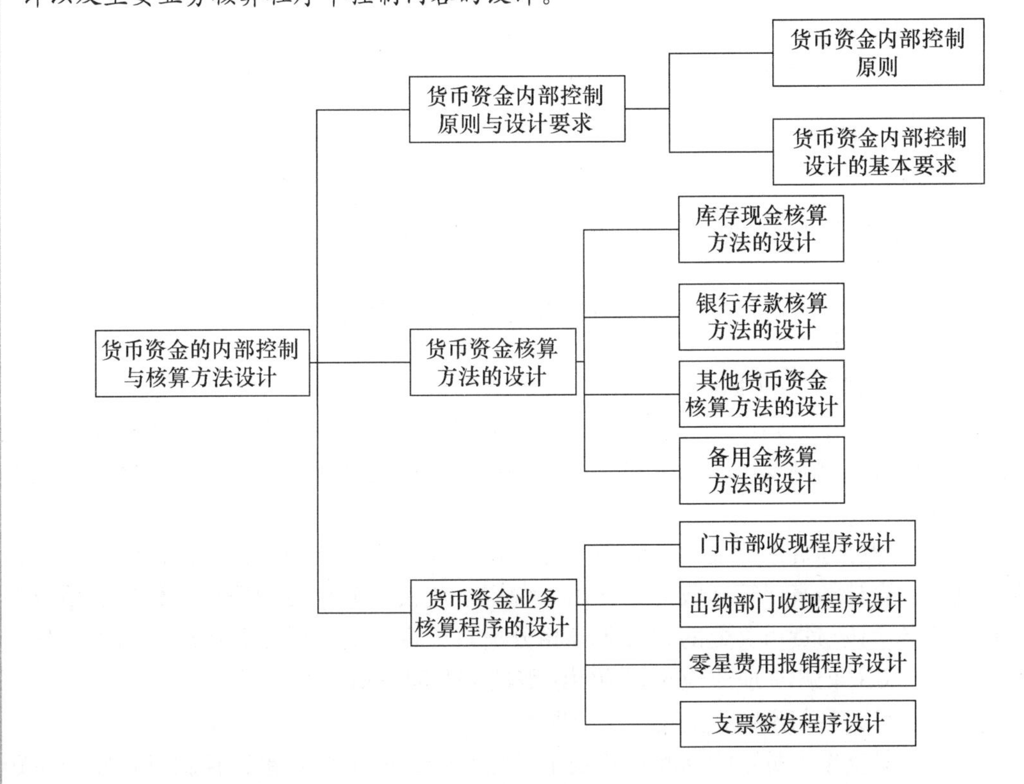

第1节 货币资金内部控制原则与设计要求

货币资金是企业流动资金中最活跃的部分，无论是投资者、债权人，还是企业管理当局都非常关心、重视货币资金的管理。因此，货币资金内部会计控制制度的设计成为企业内部控制设计的关键环节之一。根据企业自身的经营管理特点进行货币资金监控与核算办法的设计，加强货币资金的管理、核算与监控，对保证货币资金安全和正常有效使用，促进生产经营活动的正常进行，进而实现企业的经营目标具有重要意义。

一、货币资金内部控制的原则

在管理和控制货币资金过程中应遵循六项原则，如图6-1所示。

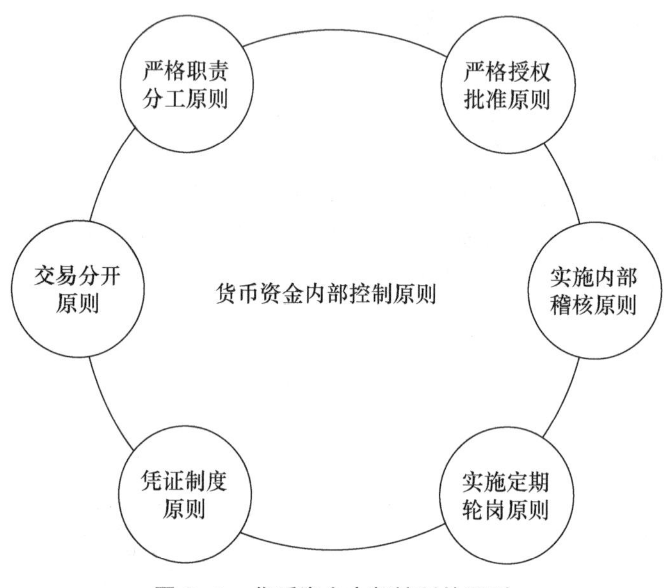

图6-1 货币资金内部控制的原则

（一）严格职责分工原则

严格职责分工原则，即将涉及货币资金不相容的职责分工由不同的人员担任，形成严密的内部牵制制度，以减少和降低货币资金管理上舞弊的可能性。具体要求主要有以下四点：

（1）确保办理货币资金业务的不相容岗位相互分离、制约和监督。出纳人员不得兼任稽核、会计档案保管和收入、支出、费用、债权债务账目的登记工作；货币资金的保管职务应该与货币资金的记录职务相分离；银行存款的对账职务应该与现金日记账、银行存款日记账、应收应付款项明细账的记账职务相分离。

（2）会计人员与出纳人员的分工要明确。

（3）保管支票人员不能同时负责现金日记账的登账工作和银行存款日记账的对账

工作。

(4) 货币资金支出的审批人员的职责应同出纳人员、支票保管人员和记账人员的职责相分离。

(二) 严格授权批准原则

授权包括一般授权和特殊授权两种：一般授权是指授予相关人员处理正常范围内经济业务的权限；特殊授权是指授予相关人员处理超出一般授权范围特殊业务的权限。该原则主要有以下五项要求：

(1) 未经授权的机构和人员，不得直接接触货币资金。

(2) 严禁一人保管支付款项所需的票据和印章等。

(3) 审批人应当在授权范围内审批，不得超越审批权限。

(4) 经办人应当在职责范围内按照审批人的批准意见办理货币资金业务。对于审批人超越授权范围审批的货币资金业务，经办人有权拒绝办理，并及时向审批人的上级授权部门报告。

(5) 对于重要的货币资金支付业务，应当实行集体决策和审批，并建立责任追究制度，防范贪污、侵占、挪用货币资金行为。

(三) 交易分开原则

交易分开原则强调不得由一人办理货币资金业务的全过程。该原则有以下两项要求：

(1) 应按照规定的程序办理货币资金的支付业务，包括支付申请、支付审批、支付复核、办理支付。

(2) 将现金支出业务和现金收入业务分开进行处理，防止将现金收入直接用于现金支出的坐支行为。

(四) 实施内部稽核原则

该原则要求企业设置内部稽核单位和人员，建立内部稽核制度，以加强对货币资金管理的监督，及时发现货币资金管理中存在的问题，及时改进对货币资金的管理控制。

(五) 凭证制度原则

凭证制度原则是指利用发票、收据编号的连续性，核对收到的货币资金是否与发票、收据金额一致，并确保收到的货币资金全部入账。对发票、收据必须加强其印制和收、发、存的日常管理，而且必须事先连续编号。

(六) 实施定期轮岗原则

对涉及货币资金管理和控制的业务人员实行定期轮换岗位。通过轮换岗位，减少货币资金管理和控制中产生舞弊的可能性，并及时发现有关人员的舞弊行为。

二、货币资金内部控制设计的基本要求

货币资金内部控制可以具体划分为现金内部控制和银行存款内部控制。在对货币资金进行内部控制设计时，必须要首先明确控制目标和控制要点。

（一）货币资金内部控制的目标

（1）保证货币资金业务的合规性和合法性。

（2）保证货币资金的安全性和完整性。

（3）保证货币资金结算的及时性和准确性。

内容扩展

《现金管理暂行条例》

国务院于1988年9月发布了《现金管理暂行条例》，后来该条例根据2011年中华人民共和国国务院令第588号发布的《国务院关于废止和修改部分行政法规的决定》进行修订。1988年中国人民银行发布了《现金管理暂行条例实施细则》，一直沿用、执行至今。《现金管理暂行条例》共四章二十二条，包括总则、现金管理和监督、法律责任及附则。主要规定了现金收支的范围、结算起点、库存限额及相关具体情况的处理、违反规定的法律责任等。[①]《现金管理暂行条例》发挥了重要作用，在治理通货膨胀、规范市场秩序、完善当时开征收入所得税、限制专控商品以控制社会集团购买力的过度膨胀等方面取得了显著成效。

《人民币银行结算账户管理办法》

为了规范人民币银行结算账户的开立和使用，维护经济金融秩序的稳定，中国人民银行于2003年发布了《人民币银行结算账户管理办法》，并自2003年9月1日起正式实施。该办法共七章七十一条，主要对银行结算账户的开立、使用、变更与撤销、管理和违反规定的惩罚措施作出了规定。

《支付结算办法》

为了规范支付结算行为，保障支付结算活动中当事人的合法权益，加速资金周转和商品流通，促进社会主义市场经济的发展，中国人民银行于1997年发布了《支付结算办法》。该办法共六章二百六十条，主要对票据、信用卡、结算方式、结算纪律与责任等方面的内容作出了具体规定。

（二）货币资金内部控制的控制要点及控制措施

1. 现金内部控制的控制要点及控制措施

在现金内部控制中，主要应设置下列控制环节和控制措施，如图6-2所示。

（1）授权批准。业务经办人员办理现金收支业务，须得到一般授权或特殊授权。经办人员须在反映经济业务的原始凭证上签章；经办部门负责人审核原始凭证，并签字盖章。

① 参考国务院于2011年1月17日发布的中华人民共和国国务院令第588号《国务院关于废止和修改部分行政法规的决定》相关内容。

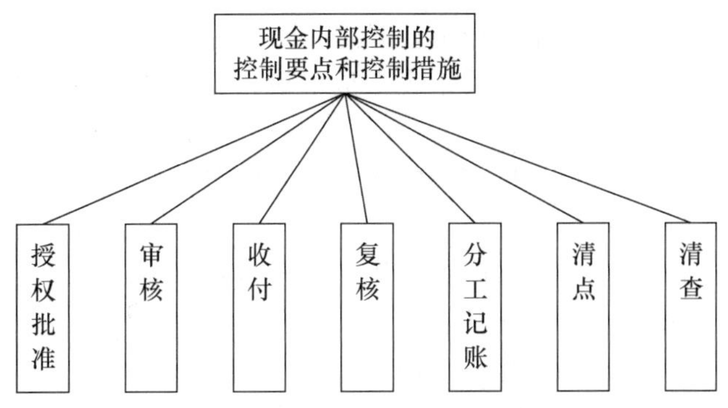

图6-2 现金内部控制的控制要点及控制措施

(2) 审核。会计主管人员或其指定人员审查现金收支原始凭证。主要审核原始凭证反映的现金收支业务是否真实合法，原始凭证的填制是否符合规定要求；审核无误后，签章批准方可办理现金收付记账凭证。

(3) 收付。出纳员复核现金收支记账凭证及所附原始凭证；按照凭证所列数额，收付现金，并在凭证上加盖“收讫”或“付讫”戳记及私章；为了加强现金收付控制，必须建立严格的出纳责任制，对不相容职务进行分离。

(4) 复核。稽核员复核现金收支记账凭证及所附原始凭证，并签字盖章。

(5) 分工记账。出纳员根据现金收付记账凭证登记现金日记账；分管会计人员根据收付凭证登记现金对应科目相关明细账；总账会计登记总分类账。

(6) 清点。出纳员每日清点库存现金，并与日记账余额进行核对，若发现现金短缺或溢余，应及时查明原因，报经审批后予以处理。

(7) 清查。由财务部门主管、审计人员和稽核人员组成清查小组，定期或不定期清查库存现金，核对现金日记账。清查时，需有出纳人员在场，核对账实；根据清查结果编制现金盘点报告单；账实不符须报批准后予以调整处理。

在现金内部控制系统各控制点中，“授权批准”“审核”“清查”最为重要，是现金控制系统中的关键控制点。

2. 银行存款内部控制的控制要点及控制措施

在银行存款内部控制中，主要应设置如下控制环节和控制措施，如图6-3所示。

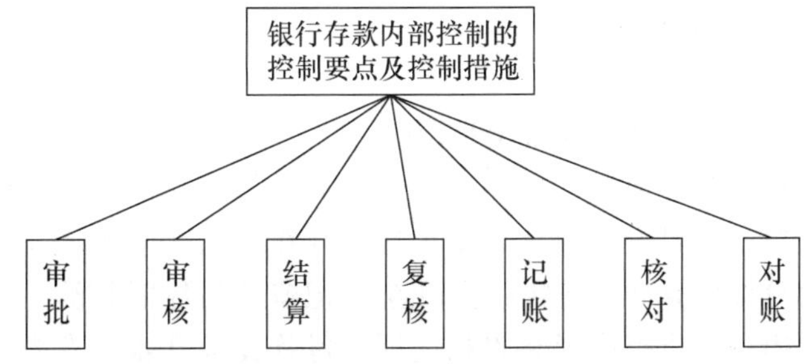

图6-3 银行存款内部控制的控制要点及控制措施

(1) 审批。业务部门批准的业务人员办理有关银行存款事项或经办有关业务，需要核实原始凭证内容并签章，交业务部门负责人审核并签章；超出业务部门权限规定的银行存款收支业务，须报上级主管部门审批并签字盖章。

(2) 审核。会计主管人员或指定人员审核原始凭证和结算凭证，签章同意办理银行存款结算。

(3) 结算。出纳人员根据审签的凭证，或按照授权办理银行存款收付业务；出纳员办理结算前，复核原始凭证及有关合同文本；按不同的结算方式填制结算凭证或取得结算凭证；结算凭证应加盖财务专用章和出纳员私章；财务专用章、签发支票印鉴和财务负责人印鉴应由主管会计和出纳人员分别保管；转账支票和结算凭证必须按编号顺序连续使用；作废的转账支票应加盖“作废”戳记；收付款项后应在凭证上加盖“收讫”或“付讫”戳记；非出纳人员不得经管银行存款业务。

(4) 复核。稽核员审核银行存款收付记账凭证是否附有原始凭证及结算凭证，结算金额是否一致，记账科目是否正确，有关人员是否签章等，审核无误后签字盖章。

(5) 记账。出纳员根据银行存款收付记账凭证登记银行存款日记账；会计人员根据收付凭证登记相关明细账；总账会计登记总分类账银行存款科目；各记账人员在记账凭证上签章。

(6) 核对。稽核员或其他非记账人员核对银行存款日记账和有关明细账、总分类账；如有误差报经批准后予以处理；核对人员签字盖章。

(7) 对账。由非出纳人员逐笔核对银行存款日记账和银行对账单，并编制银行存款余额调节表，调整未达账项。

在以上控制点中，“审批”“审核”“对账”至关重要，是银行存款控制系统中的关键控制点。

第2节 货币资金核算方法的设计

货币资金主要包括库存现金、银行存款和其他货币资金。其中，其他货币资金包括：外埠存款、银行汇票存款、银行本票存款、信用卡存款、存出投资款和信用证保证金存款等。如果企业有涉外购销业务，还可能有外币存款，如图6-4所示。

一、库存现金核算方法的设计

（一）“库存现金”账户与现金日记账

企业的库存现金是通过“库存现金”账户进行核算的。为了详细了解库存现金的收支和结存情况，及时发现现金收支工作中存在的问题和可能出现的差错，企业除了对现金进行总分类核算外，还需设置现金日记账进行序时核算。现金日记账应采用订本式账簿，由出纳人员根据现金收款凭证、付款凭证和银行存款付款凭证，按照业务发生的先后顺序逐笔登记。每日终了，应计算当日的现金收入合计数、现金支出合计数，账面余额，并与实际库存核对相符。有外币现金的企业，应分别人民币和各种外币设置现金日记账进行明细核算。外币现金日记账的一般格式如表6-1所示。

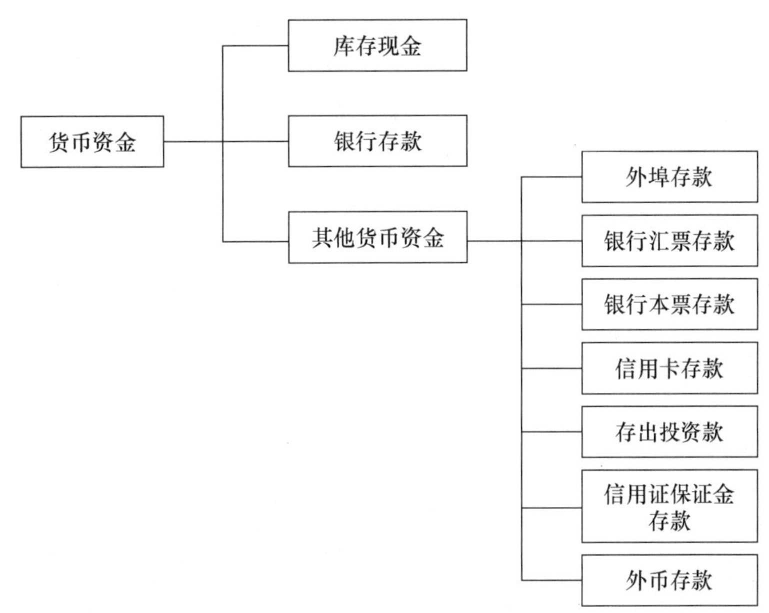

图 6-4　货币资金的种类

表 6-1　外币现金日记账

年		凭证		摘要	对应科目	借方			贷方			余额		
月	日	字	号			外币	汇率	人民币	外币	汇率	人民币	外币	汇率	人民币

（二）库存现金的清查盘点

库存现金盘点后如果账款不符，应及时查明原因，并将短款或长款记入“待处理财产损溢——待处理流动资产损溢”账户。查明原因后，应分情况处理：属于记账差错的应及时予以更正；对无法查明原因的长款记入“营业外收入”；无法查明原因的短款记入“管理费用”；由于出纳人员失职造成的短款应由出纳人员赔偿，记入“其他应收款”。在盘点现金时，企业应该编制库存现金盘点报告表，其格式如表 6-2 所示。

表 6-2　库存现金盘点报告表

年　　月　　日

<table>
<tr><td>面值</td><td>数量</td><td colspan="2">金额</td><td>盘点异常及建议事项</td></tr>
<tr><td rowspan="2"></td><td rowspan="2"></td><td colspan="2" rowspan="2"></td><td></td></tr>
<tr><td>盘点结果及要点报告</td></tr>
<tr><td colspan="2">小计</td><td></td><td></td><td rowspan="4"></td></tr>
<tr><td colspan="2">其他项目：未核销费用</td><td></td><td></td></tr>
<tr><td colspan="2">员工借支</td><td></td><td></td></tr>
<tr><td colspan="2">总计</td><td></td><td></td></tr>
</table>

<table>
<tr><td colspan="3">账面数</td><td></td><td></td><td rowspan="7">上列款项及票据于　年　月　日　时盘点时本人在场，并如数归还无误。
保管人：
盘点人：</td></tr>
<tr><td colspan="3">盘盈（盘亏）</td><td></td><td></td></tr>
<tr><td>项目</td><td>张数</td><td>盘点数</td><td>盘盈（亏）</td><td></td></tr>
<tr><td>应收票据：代收</td><td></td><td></td><td></td><td></td></tr>
<tr><td>库存</td><td></td><td></td><td></td><td></td></tr>
<tr><td>应收保证票据</td><td></td><td></td><td></td><td></td></tr>
<tr><td>合计</td><td></td><td></td><td></td><td></td></tr>
</table>

核准：　　　　　　　　复核：　　　　　　　　盘点人：

二、银行存款核算方法的设计

（一）银行存款的入账时间

理论上，银行存款的入账时间应以实际收付时间为标准，即在实际收到银行存款时记增加，实际付出银行存款时记减少。在实际工作中，由于银行存在多种转账结算方式，企业无法确认银行何时实际收入和付出，因此，企业必须按照会计制度的规定，根据不同的转账结算方式下收到的不同原始凭证来分别确认银行存款的入账时间。不同结算方式下的银行存款入账时间及处理如表6-3所示。

表6-3　不同结算方式下银行存款的入账时间及处理

结算方式	银行存款的入账时间及处理
银行汇票	1. 在这种结算方式下，收款单位应当将汇票、解讫通知和进账单送交银行，根据银行退回的进账单和有关的原始凭证编制收款凭证。 2. 付款单位应在收到银行签发的银行汇票后，根据“银行汇票申请书（存根）”联编制付款凭证。如有多余款项或因汇票超过付款期限等原因而退款时，应根据银行的多余款收账通知或退票通知编制收款凭证。 银行汇票是目前异地结算中采用较为广泛的一种结算方式。
商业汇票（商业承兑汇票或银行承兑汇票）	1. 收款单位将要到期的商业汇票（商业承兑汇票或银行承兑汇票）连同填制的邮划或电划委托收款凭证，一并送交银行办理转账，根据银行的收账通知，编制收款凭证；付款单位在收到银行的付款通知时，据以编制付款凭证。 2. 收款单位将未到期的商业汇票向银行申请贴现时，应按规定填制贴现凭证，连同汇票一并送交银行，根据银行的收账通知，编制收款凭证。
银行本票	1. 在这种结算方式下，收款单位按规定受理银行本票后，应将本票连同进账单送交银行办理转账，根据银行盖章退回的进账单第一联和有关原始凭证编制收款凭证。 2. 付款单位在填送“银行本票申请书”并将款项交存银行，收到银行签发的银行本票后，根据申请书存根联编制付款凭证。 3. 企业因银行本票超过付款期限或其他原因要求退款时，在交回本票和填制的进账单经银行审核盖章后，根据进账单第一联编制收款凭证。
支票	1. 在这种结算方式下，收款单位对于收到的支票，应在收到支票的当日填制进账单连同支票送交银行，根据银行盖章退回的进账单第一联和有关的原始凭证编制收款凭证，或根据银行转来由签发人送交银行支票后，经银行审查盖章的进账单第一联和有关的原始凭证编制收款凭证。 2. 付款单位对于付出的支票，应根据支票存根和有关原始凭证编制付款凭证。 3. 以现金存入银行的，应根据银行盖章退回的存款单联编制现金付款凭证；以现金支票向银行提取现金的，根据取款存根编制银行付款凭证。

续表

结算方式	银行存款的入账时间及处理
汇兑	1. 在这种结算方式下，收款单位对于汇入的款项，应在收到银行的收账通知时，据以编制收款凭证。 2. 付款单位对于汇出的款项，应在向银行办理汇款后，根据汇款回单编制付款凭证。
委托收款	1. 在这种结算方式下，收款单位对托收款项，根据银行的收账通知，编制收款凭证；付款单位在收到银行转来的委托收款凭证后，根据委托收款凭证的付款通知和有关的原始凭证编制付款凭证。 2. 如在付款期满前提前付款，应于通知银行付款之日，编制付款凭证。如拒绝付款的，不作账务处理。
托收承付	1. 在这种结算方式下，收款单位对于托收款项，根据银行的收账通知和有关的原始凭证编制收款凭证；付款单位对于承付的款项，应于承付时根据托收承付结算凭证的承付支款通知和有关发票账单等原始凭证，编制付款凭证。 2. 如拒绝付款，属于全部拒付的，不作账务处理；属于部分拒付的，付款部分按上述规定处理，拒付部分不作账务处理。

内容扩展

不同结算方式的特点

1. 银行汇票结算方式的特点

(1) 适用范围广。凡是单位需要在异地进行商品交易、劳务供应和其他经济活动及债权债务的结算，都可以使用银行汇票，银行汇票既可以用于转账结算，又可以支取现金。

(2) 票随人走，钱货两清。实行银行汇票结算，购货单位交款，银行开票，票随人走；购货单位购货给票，销售单位验票发货，一手交票，一手交钱；银行见票付款，这样可以减少结算环节，缩短结算资金在途时间，方便购销活动。

(3) 信用度高，安全可靠。银行汇票是银行在收到汇款人款项后签发的支付凭证，因而具有较高的信誉，银行保证支付，收款人持有票据，可以安全及时地到银行支取款项。

(4) 使用灵活，适应性强。使用银行汇票结算，持票人可以将汇票背书转让给销货单位，也可以通过银行办理分次支取或转让，还可以使用信汇、电汇或重新办理汇票转汇款项，使用灵活方便。

(5) 结算准确，余款自动退回。一般情况下，交易之前，购货单位很难确定准确的购货金额，使用银行汇票方式结算，凡在汇票的汇款金额之内的，可按实际金额支付，多余款项由银行自动退回。这样可以有效地防止交易尾欠的发生，降低多余款项因长时间得不到清算而给购货单位带来不便和损失。

银行汇票的签发和解付，只能由中国人民银行和商业银行参加“全国联行往来”的银行机构办理。银行汇票结算金额有起点限制，500 元以下款项银行不予办理银行汇票结算。另外，银行汇票的付款期为 1 个月，逾期的汇票，兑付银行将不予办理。

2. 商业汇票结算方式的特点

(1) 商业汇票的适用范围相对较窄，各单位之间只有根据购销合同进行合法的商品交易才能签发商业汇票。除商品交易以外，其他方面的结算，如劳务报酬、债务清偿、资金借贷等不可采用商业汇票结算方式。

(2) 商业汇票的使用对象也相对较少。使用商业汇票的收款人、付款人以及背书人、被背书人等必须同时具备两个条件：一是在银行开立账户；二是具有法人资格。

(3) 商业汇票既可以由付款人签发，又可以由收款人签发，但都必须经过承兑。只有经过承兑的商业汇票才具有法律效力，承兑人负有到期无条件付款的责任。商业汇票的承兑期限由交易双方商定，一般为3个月至6个月，最长不得超过9个月，属于分期付款的应一次签发若干张不同期限的商业汇票。

(4) 未到期的商业汇票可以到银行办理贴现，从而使结算和银行资金融通相结合，有利于企业及时地补充流动资金，维持生产经营的正常进行。

(5) 商业汇票在同城、异地都可以使用，而且没有结算起点的限制。

(6) 商业汇票一律记名并允许背书转让。商业汇票到期后，一律通过银行办理转账结算，银行不支付现金。商业汇票的提示付款期限自汇票到期日起10日内。

3. 银行本票结算方式的特点

(1) 使用灵活、方便。企事业单位在同城范围内的所有商品交易、劳务供应以及其他款项的结算都可以使用银行本票。收款单位和个人带银行本票可以办理转账结算，也可以支取现金，同样也可以背书转让。银行本票见票即付，结算迅速。

(2) 信誉度高，支付能力强。银行本票是由银行签发，并于指定的到期日由签发银行无条件支付的，因而信誉度很高，一般不存在得不到正常支付的问题。

(3) 银行本票一律记名，允许背书转让。银行本票只能在指定城市的同城范围内使用；有结算起点、金额限制，不定额银行本票结算的金额起点为100元，定额银行本票面额为1 000元、5 000元、10 000元、50 000元；银行本票的付款期自出票日起最长不超过2个月，逾期的银行本票，兑付银行不予受理，需在签发银行办理退款。另外，银行本票见票即付，不予挂失，遗失的不定额银行本票在付款期满后1个月确未被冒领的，方可办理退款手续。

4. 支票结算方式的特点

(1) 使用支票办理结算手续简便。只要付款人在银行有足够的存款，就可以签发支票给收款人，银行凭支票就可以办理款项的划拨或现金的支付。

(2) 灵活。支票既可以由付款人向收款人签发以直接办理结算，又可以由付款人出票委托银行主动付款给收款人。另外，转账支票在指定的城市中还可以背书转让。

(3) 迅速。使用支票办理结算，收款人将转账支票和进账单送交银行，一般当天或次日即可入账，使用现金支票当时即可取得现金。

(4) 安全可靠。因为银行严禁签发空头支票，各单位必须在银行存款余额内才能签发支票，所以收款人凭支票就能取得款项，一般不存在无法兑付的情况。

(5) 适用范围较广泛。凡是在银行开立账户的单位在同一城市或票据交换地区的商品交易、劳务供应、债务清偿和其他款项结算等均可使用支票。

支票在使用过程中也受到一些限制。例如，支票结算的金额起点为100元；支票的付款有效期一般为5天，过期银行不予受理，支票即作废；签发支票书写严格，如不符合规定银行即拒付。

5. 汇兑结算方式的特点

(1) 适用范围广。单位之间、单位和个人之间的各种款项支付都可以采用汇兑方式。

(2) 汇兑结算没有金额起点的限制，不管款多款少都可使用。

(3) 汇兑结算属于汇款人向异地主动付款的一种结算方式。它对于异地上下级单位之间的资金调剂、清理旧欠以及往来款项的结算等都十分方便。汇兑结算方式还广泛地用于先汇款后发货的交易结算方式。如果销货单位对购货单位的资信情况缺乏了解或者商品较为紧俏，可以让购货单位先汇款，等收到货款后再发货以免收不回货款。

(4) 汇兑结算手续简便易行，容易办理。

6. 委托收款结算方式的特点

(1) 适用范围广泛。凡是在银行和其他金融机构开立账户的单位和个体经济户的商品交易、劳务款项以及其他应收款项的结算都可以使用委托收款结算方式。

(2) 委托收款结算没有金额起点的限制。凡是收款单位发生的各种应收款项，不论金额大小，只要委托银行就给办理。

(3) 委托收款不受地点的限制，在同城、异地都可以办理。

(4) 委托收款有邮寄和电报划回两种方式，收款单位可以根据需要灵活选择。

7. 托收承付结算方式的特点

(1) 适应范围较窄。托收承付结算方式只适用于异地订有经济合同的商品交易及相关劳务款项的结算。代销、寄销、赊销商品的款项，不得办理异地托收承付结算。

(2) 收付双方使用托收承付结算必须签有符合合同法的购销合同，并在合同上订明使用异地托收承付结算方式。

(3) 收付双方办理托收承付结算，必须重合同、守信用。

托收承付结算款项的划回方法分为邮寄和电报两种，由收款人选用。托收承付结算每笔的金额起点为10 000元，新华书店系统每笔的金额起点为1 000元。

(二)“银行存款”账户与银行存款日记账

企业在银行和其他金融机构的存款业务是通过“银行存款”账户进行核算的。为了及时掌握银行存款的收支和结存情况，便于与银行核对账目，及时发现银行存款收支工作中存在的问题和可能出现的差错，企业除了对银行存款进行总分类核算以外，还必须按各开户银行开设的不同银行账号进行明细核算，分别设置银行存款日记账。银行存款日记账应采用订本式账簿，由出纳人员根据银行收款凭证、付款凭证及所附的有关原始凭证，按照业务发生的先后顺序逐笔登记。每日终了，应计算银行存款收入合计、银行存款支出合计，并结出账面余额。有外币银行存款的企业，应分别人民币和各种外币设置银行存款日记账进行明细核算。

(三) 外币银行存款

在企业的生产经营活动中，既有人民币银行存款的收付业务，也可能发生外币银行存款的结算。有外币银行存款的企业必须按外币种类单独设置外币银行存款明细账（格式如表6-4所示），同时登记外币金额、汇率和折合为人民币的金额。按照现行制度，外币货币资金、外币债权债务发生时，应采用业务发生时的汇率或发生当期期初的汇率折合为人民币记账。期末，各种外币账户的期末余额，应按期末汇率折合为人民币。按照期末汇率折合的人民币金额与原账面人民币金额之间的差额，作为汇兑损益，分别情况处理：筹建期间发生的汇兑损益，计入长期待摊费用；与购建固定资产有关的外币专门借款产生的汇兑损益，按借款费用的处理原则处理；除上述情况外，汇兑损益均计入当期财务费用。

表6-4　外币银行存款明细账

年		凭证号数	摘要	借方			贷方			余额		
月	日			外币	汇率	人民币	外币	汇率	人民币	外币	汇率	人民币

三、其他货币资金核算方法的设计

（一）设置“其他货币资金”科目

“其他货币资金”科目核算企业的外埠存款、银行汇票存款、银行本票存款、信用卡存款、信用证保证金存款、存出投资款等各种其他货币资金。本科目应设置“外埠存款”“银行汇票存款”“银行本票存款”“信用卡存款”“信用证保证金存款”“存出投资款”等明细科目，并按外埠存款的开户银行，银行汇票或本票、信用证的收款单位等设置明细账。有信用卡业务的企业应当在“信用卡存款”明细科目中按开出信用卡的银行和信用卡种类设置明细账。

（二）其他货币资金核算方法的设计

1. 外埠存款

它是指企业到外地进行临时或零星采购时，汇往采购地银行开立的采购专户的款项。企业将款项委托当地银行汇往采购地专户时，根据银行盖章退回的汇款委托书回单联和有关凭证，记：

借：其他货币资金——外埠存款

　贷：银行存款

收到采购员交来的购货发票等报销凭证时，记：

借：材料采购（或原材料、库存商品）

　　应交税费——应交增值税（进项税额）

　贷：其他货币资金——外埠存款

采购业务完成后清户，将多余的外埠存款转回当地银行时，凭银行的收账通知，记：

借：银行存款

　贷：其他货币资金——外埠存款

2. 银行汇票存款

它是指企业为了取得银行汇票按规定存入银行的款项。企业在填送银行汇票申请书并将款项交存银行，取得银行汇票后，根据银行盖章退回的申请书存根联，记：

借：其他货币资金——银行汇票

　贷：银行存款

企业使用银行汇票后，根据发票账单等有关凭证，记：

借：材料采购（或原材料、库存商品）

　　应交税费——应交增值税（进项税额）

　贷：其他货币资金——银行汇票

如有多余款或因汇票超过付款期等原因而退回款项，根据开户行转来的银行汇票第四联（余额收账通知），记：

借：银行存款

　贷：其他货币资金——银行汇票

3. 银行本票存款

它是指企业为了取得银行本票按规定存入银行的款项。企业向银行提交银行本票申请书并将款项交存银行，取得银行本票后，根据银行盖章退回的申请书存根联，记：

借：其他货币资金——银行本票

　贷：银行存款

企业使用银行本票后，根据发票账单等有关凭证，记：

借：材料采购（或原材料、库存商品）

　　应交税费——应交增值税（进项税额）

　贷：其他货币资金——银行本票

因银行本票超过付款期等原因而要求退款时，应当填制进账单一式两联，连同本票一并送交银行，根据银行盖章退回的进账单第一联，记：

借：银行存款

　贷：其他货币资金——银行本票

4. 信用卡存款

它是指企业为了取得信用卡按规定存入银行的款项。企业应按规定填制信用卡申请表，连同支票和有关资料一并送交发卡银行，根据银行盖章退回的进账单第一联，记：

借：其他货币资金——信用卡

　贷：银行存款

企业用信用卡购物或支付有关费用时，记：

借：管理费用（或材料采购等）

　　贷：其他货币资金——信用卡

企业信用卡在使用过程中，需要向其账户续存资金的，记：

借：其他货币资金——信用卡

　　贷：银行存款

5. 信用证保证金存款

它是指企业在对境外采购时，为取得信用证按规定存入银行的保证金。企业向银行申请开立信用证，应按规定向银行提交开证申请书、信用证申请人承诺书和购销合同。企业向银行交纳保证金，根据银行退回的进账单第一联，记：

借：其他货币资金——信用证保证金

　　贷：银行存款

根据开证行交来的信用证来单通知书及有关单据列明的金额，记：

借：材料采购（或原材料、库存商品）

　　应交税费——应交增值税（进项税额）

　　贷：其他货币资金——信用证保证金

收到银行转来的信用证余额收账通知时，记：

借：银行存款

　　贷：其他货币资金——信用证保证金

6. 存出投资款

它是指企业已存入证券公司但尚未进行短期投资的现金。企业向证券公司划出资金时，应按实际划出的金额，记：

借：其他货币资金——存出投资款

　　贷：银行存款

购买股票、债券等时，按实际发生的金额，记：

借：交易性金融资产（或债权投资等）

　　贷：其他货币资金——存出投资款

四、备用金核算方法的设计

（一）会计部门的“备用金”账户

备用金项目是通过“其他应收款——××部门备用金”账户，或单独设置“备用金”账户进行核算的。备用金使用部门领用时记入借方，收回时记入贷方。尚未收回时，本账户的余额表示核定的备用金定额。平时备用金使用部门报账时不通过本账户核算。

（二）使用部门的收支登记办法

备用金使用部门必须对支付现金的所有原始凭证顺序编号，与库存现金一起妥善保管，并设立现金日记账，按原始凭证号码顺序逐笔反映备用金的收支情况。

第 3 节　货币资金业务核算程序的设计

一、门市部收现程序设计

门市部销售商品、集中收款的业务处理流程如图 6－5 所示。

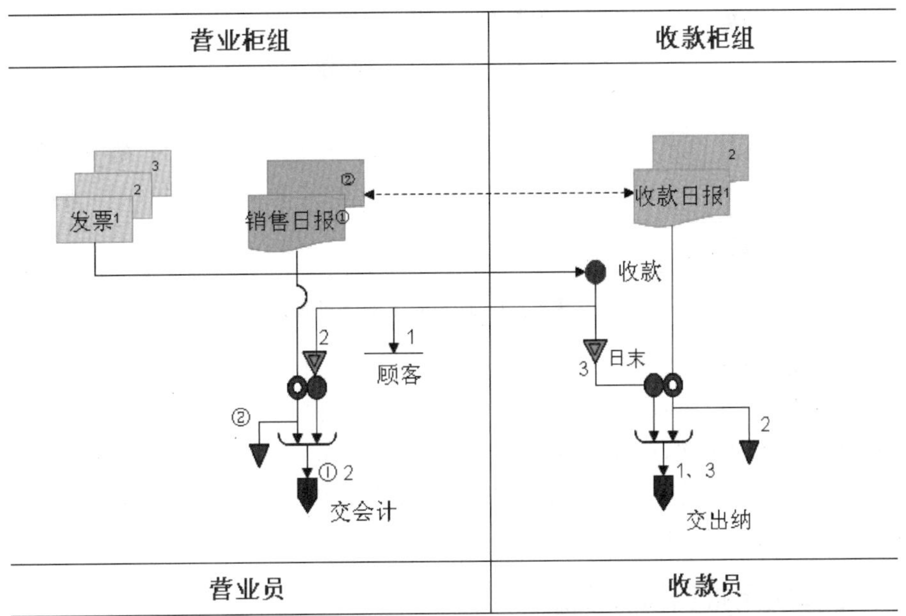

图 6－5　门市部收现程序设计

该流程反映企业自设门市部销售商品、集中收款的业务处理过程。先由营业员将一式三联发票随收取的货款送交收款员；收款员收款并加盖戳记后，将第三联留下，其余二联送回营业员；营业员将发票第一联随商品送交顾客，第二联暂存。每日营业结束时，营业员根据发票第二联编制销售日报一式二份，并将发票第二联和销售日报一份送交会计进行销售收入核算，收款员根据发票第三联和货款编制收款日报一式二份，并将发票第三联、货款和收款日报送交部门，最后会计和出纳将销售日报和收款日报进行核对。

该流程的关键控制点有：开票人和收款人相分离；根据不同的发票联分别编制销售日报和收款日报，并进行核对，以保证销售和收款金额的正确。

二、出纳部门收现程序设计

出纳部门零星项目的现金收入业务处理流程如图 6－6 所示。

该流程反映企业因收取租金、押金、罚金、赔款等在出纳部门直接收取现金的业务处理过程。首先由业务部门开出一式二联收款通知，经本部门负责人审核后交出纳部门。然后出纳员根据收款通知收取现金，编制收据一式三联，其中一联给客户，一联留存，

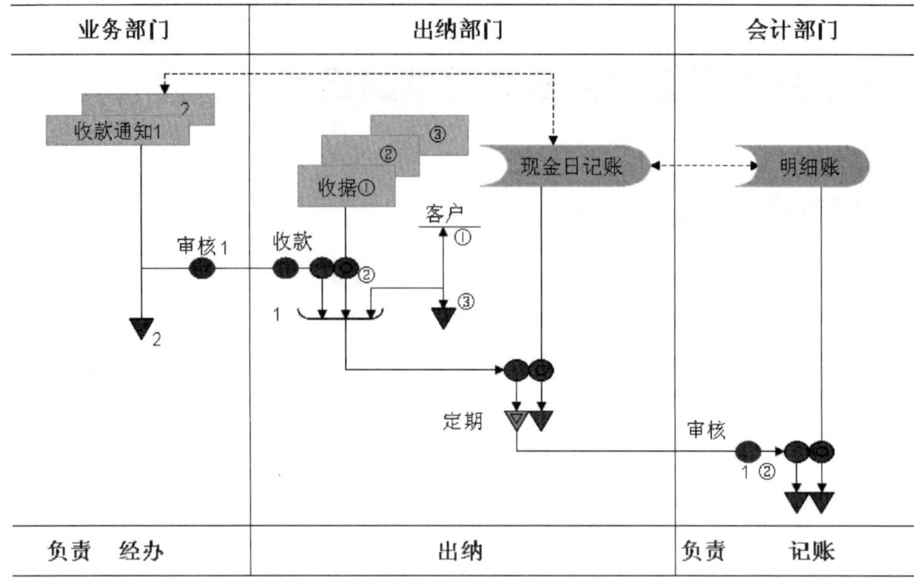

图6-6 现金收入业务处理流程

另一联随同收款通知在登记现金日记账后送交会计部门记账，定期进行账账核对。

该流程的关键控制点有：其一，开票和收款部门分离，出纳员只有凭审核过的收款通知才可办理收款，并出具收款收据；其二，库存现金总账和明细账分别由出纳员和会计员登记和保管；其三，定期进行收款通知单、现金日记账和总账的核对，以便发现是否多收、少收以及登账错误等。

三、零星费用报销程序设计

零星费用报销现金支出业务处理流程如图6-7所示。

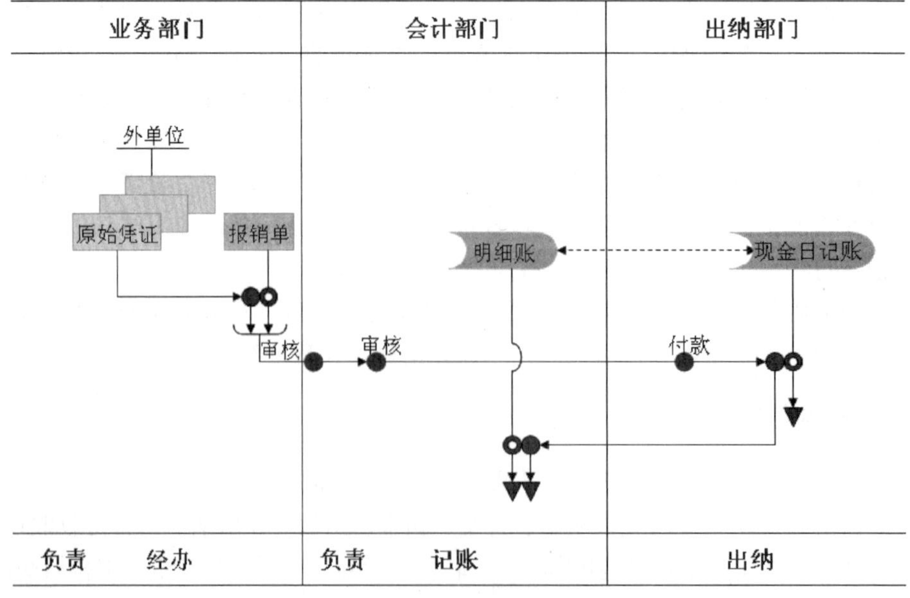

图6-7 零星费用报销程序设计

该流程反映企业因出差报销而支付现金的业务处理过程。一般先由支出费用的业务部门有关人员根据原始凭证编制报销凭证；经本部门主管审核后，送交会计部门；经会计主管审核同意后交出纳员付款，随后将报销单送会计部门据此登账。

该流程的关键控制点有：其一，费用报销必须要有原始凭证，以保证报销费用数额的真实和正确。其二，费用报销前，必须由业务部门主管和会计部门主管审核批准，才授权出纳支付费用。如果由于报销业务频繁或其他特殊原因使会计主管不能对每笔报销业务都进行事前审核，那么必须进行事后审核，保证费用报销合规、合法。其三，定期进行账账核对。

四、支票签发程序设计

支票签发业务处理流程如图 6－8 所示。

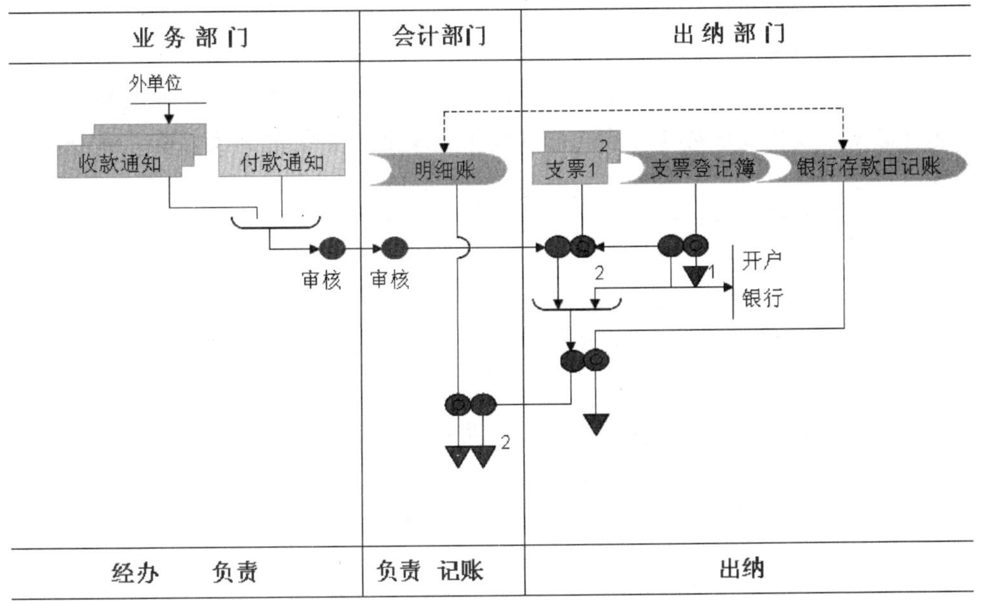

图 6－8　支票签发业务处理流程

该流程反映企业采用支票付款结算的业务处理过程。业务部门取得外单位收款通知或自制付款原始凭证经业务主管部门审批后，送交会计部门；会计部门经审核后交出纳部门支付；出纳员签发支票并在支票登记簿做好记录；出纳部门和会计部门根据支票回执登记银行存款日记账和其他有关账簿。

该流程的关键控制点有：付款前由业务部门和会计部门主管审核；签发的支票作备查记录；签发支票的印鉴由会计主管保管。

案例 6－1

“小金库”资金“来之不易”

一、案例简介

王某于 2×06 年起当上了局长，2×18 年起局长、党委书记“一肩挑”。2×06 年 4 月，单位财务部门“小金库”开始形成，12 年间，陆续形成了 6 个“小金库”。

（1）虚设经费支出690多万元。财务部门“生财有道”：虚列工资、奖金、补贴，套取现金100多万元；以发放上下班交通补贴名义购入公交预售票，然后交该局下属企业出售，套现49万多元；子虚乌有列项目，如虚列洗理费、通信费、材料费、设备购置费、修理费等。他们不折不扣贯彻王局长“想办法将行政经费节余款弄出来”的要求，多管齐下，套出现金，充实“小金库”。

（2）截留预算外收入1 360多万元。12年来，经王局长批示，将报废车辆变价款、设备折旧款、旧办公用品等物资处理款和其他调拨款直接存入“小金库”；将消防、交通违章罚款，码头、房屋、车辆等的出租收入，三产企业上交承包金和利润，机动车辆、保险代理费等收入，以及“小金库”资金的利息，一并揽进“小金库”。

（3）截留所谓“补助费”等收入930多万元。前后八九年，该单位将收到的案件主办单位拨付的“补助费”800多万元一声不响地装入“小金库”；罚没款130多万元也统统流进“小金库”。

二、案例点评

本案例涉及的是“小金库”问题，与其他案例不同的是本案涉及的货币资金控制环节较多。首先应该明确的是，该单位几乎没有内部控制制度，并且账务完全依照局长的意愿记载，因此，需要上级委派会计人员，并且局长没有对这些人员的任免权，以保证财务人员能公允客观地做账。货币资金流动性大，容易产生很多弊端，结合本案例具体分析如下。

1. 截留各种货币资金收入

这主要表现在企业相关人员利用工作便利，同时趁制度设计或执行松懈之际，将各种货币资金收入据为己有或挪作他用。经常采用的方法有：（1）收款不入账，进行贪污；（2）涂改发票进行截留；（3）采用编制虚假收款凭证小于原始单据、所列金额不一致等手段，隐瞒截留收入；（4）上下勾结，截留不属于正常业务的收入，私设“小金库”或进行贪污；（5）收付银行存款时在账户上收付两方均不入账，这种情况若不将银行存款日记账与银行对账单逐笔核对，是难以发现的。需要加强的内部控制环节是现金收入和支付由出纳掌管，记账由会计人员负责，这些职责应由相互独立的职务负责，由内部审计人员定期复核账务和银行账户是否相符。

2. 挪用资金

这主要是指企业相关人员上下勾结，不按照国家法律法规规定和企业制度约束，将有特定用途的资金挪作他用。原因首先是谋私利，其次是有的单位财务政策混乱，经常改变资金用途。无论何种原因，都会使企业的财务风险加大，导致财务违纪的发生。内部控制在单位员工串通舞弊时会失效，这时需要内部审计人员加强监督，定期或不定期地对内部控制进行测试，检查内部控制是否失效，以防范此类事件的发生。

3. 虚报冒领

虚报这种情况常发生在企业费用列支过程中，相关人员通过虚开发票和假发票等手法虚报费用，为自己和本部门谋取私利，这不但导致企业货币资金预算和管理上的混乱，而且会使费用和成本相关账户数字不实，还会引发舞弊和腐败。冒领常常是有关人员虚开或更改相关凭证，冒充他人领取款项。比如职工的医药费报销，经常出现张冠李戴，冒充他人报销。这种情况的危害与虚报颇为相似。具体手法归纳如下：（1）涂改发票进行报销贪污；(2) 用假发票、假收据及假报销单据进行报销贪污；(3) 利用外单位和本单位发票管理上的漏洞，将旧收据、旧发票、发票副联重复报销或抵账进行贪污；(4) 通过编制付款凭证大于原始凭证单据所列金额的方法，扩支进行贪污。为防范虚报冒领，应定期编制有关货币资金的预算计划，以便对一定期间单位货币资金收入和支出进行统筹安排。因为预算、计划编制是否准确，直接影响到单位的货币资金流转是否畅通，影响到货币资金的利用效益，所以要加强货币资金预算的可靠性控制，避免或降低预算的主观性和随意性。另外，还需加强发票管理，对已经报销的发票写明已报销，并收回作为做账凭证，防止重复报销。加强识别假发票、假收据的能力，把假票拒于门外。

资料来源：朱荣恩. 内部控制案例. 上海：复旦大学出版社，2005.

问题：谈谈你对企业内部资金管理要点的认识。

案例6-2

上海某汽车销售公司的财务经理王某在短短9个月内，利用负责保管公司财务专用章、支票和收取现金的职务便利，采取将收取客户的汽车销售发票记账联隐匿、销售款及预收款不入账的手法，先后14次侵吞单位资金共83万余元。这些资金绝大部分被王某买了彩票，结果都血本无归。法院对此案做出判决：被告人王某犯职务侵占罪，判处有期徒刑10年，并处罚金10万元。

问题：本案例反映出该汽车销售公司的货币资金内部会计控制制度存在哪些不足之处？

思考题

1. 货币资金内部控制的原则有哪些？
2. 货币资金内部控制设计的基本要求有哪些？
3. 货币资金内部控制的目标是什么？
4. 现金内部控制的控制要点有哪些？其中关键控制点有哪些？
5. 设计出纳部门收现程序时，关键控制点主要有哪些？
6. 在不同的结算方式下，如何确定银行存款的入账时间？
7. 简述签发支票支付款项的核算程序。

练习题

1. 单项选择题

(1) 现金日记账应采用的格式为（　　）。

A. 订本式　　B. 活页式　　C. 卡片式　　D. 以上均可

(2) 采用汇兑方式结算，收款记账的时间是（　　）。

A. 收到汇款单位已经汇出款项的通知
B. 付款单位同意汇款时
C. 收到银行的收账通知时
D. 该笔款项实际兑出现金时

（3）按照内部控制要求，应由（　　）核对银行存款日记账和银行对账单，编制银行存款余额调节表。

A. 记账人员　　B. 非出纳人员
C. 会计人员　　D. 审核人员

（4）为保证货币资金业务的合理合法而设计的银行存款业务流程步骤主要是（　　）。

A. 审核原始凭证　　B. 审核结算凭证
C. 审核记账凭证　　D. 核对对账单

2. 多项选择题

（1）企业的下列款项中，不应在“银行存款”账户中核算的内容有（　　）。

A. 现金支票　　B. 银行汇票
C. 银行本票　　D. 信用卡存款

（2）建立货币资金会计处理复核与对账制度，包括（　　）。

A. 货币资金收支凭证与原始凭证核对
B. 现金与银行存款日记账与其总账核对
C. 企业银行存款与银行定期核对
D. 现金日记账的每天余额与实存现金核对等

（3）按照货币资金不相容岗位相分离的要求，出纳人员不得兼任的工作包括（　　）。

A. 总账登记和收入、支出、费用、债权债务账目的登记工作
B. 货币资金的稽核工作
C. 会计档案保管人员相分离
D. 现金的清查盘点

（4）企业进行异地结算时，可以采用的结算方式有（　　）。

A. 支票　　B. 银行汇票
C. 银行本票　　D. 托收承付结算
E. 汇兑

3. 判断题

（1）出纳员不能兼任稽核、会计档案保管和收入、支出、费用、债权债务等账目登记工作。（　　）

（2）有外币银行存款的企业可不必按外币种类单独设置银行存款日记账，与人民币合记在一本账中即可。（　　）

（3）出纳人员应该在每日营业结束后，结出现金日记账的收支和结余额，清点库存现金实有数，相互核对。（　　）

实训题

请你联系一家企业，以了解其货币资金内部控制为目的，实地调查和了解企业以下基本信息，并根据所掌握的信息判断该企业的货币资金内部控制是否有效。如果有问题，指出问题所在，并提出自己的建议。所要了解的信息包括：

（1）企业财务部门财务人员的岗位分工情况；

（2）出纳人员与会计人员的职责分工情况；

（3）是否设有有效的监督机制和有关监督部门，监督情况如何；

（4）财务专用章是否由专门的人员保管；

（5）是否有财务主管与管理层串通的情况；

（6）观察企业货币资金处理业务是否规范。

第 7 章

采购与付款的内部控制与核算方法设计

内 容 导 图

采购与付款业务是指企业取得外购材料、商品或劳务并支付价款的过程，是生产经营中的重要环节。做好采购与付款的控制与核算程序设计，对于加强企业采购计划管理、规范采购工作等具有重要意义。

通过本章的学习，学生要了解采购与付款内部控制与核算规程设计的意义；领会采购与付款的内部控制要求；理解采购与付款内部控制的原则；掌握采购与付款核算的实际成本法与计划成本法的设计内容；掌握采购与付款业务核算程序的具体设计要点。

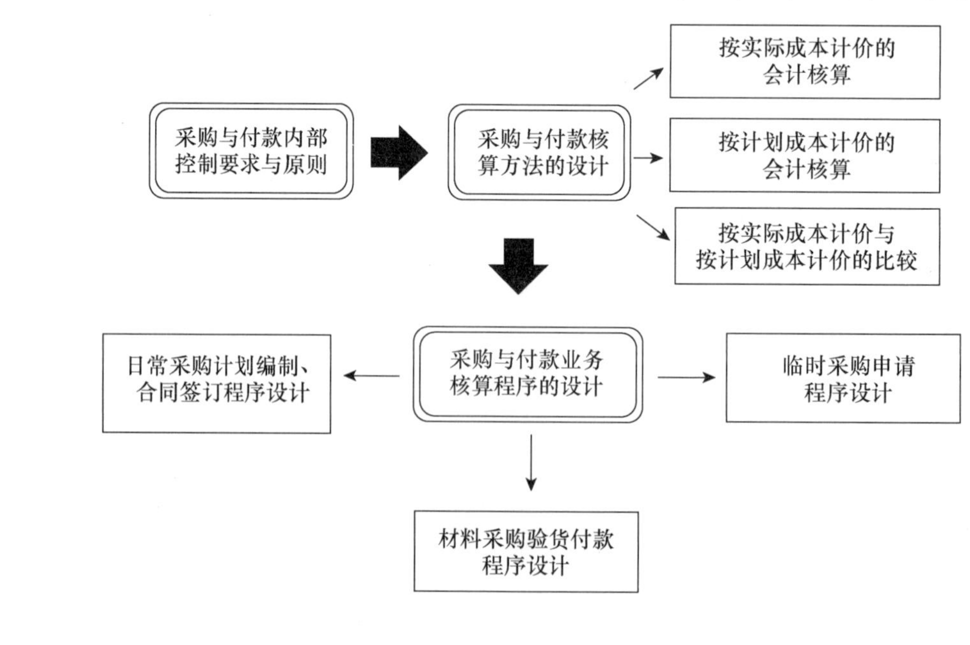

第 1 节　采购与付款内部控制要求与原则

采购与付款业务是指企业的商品、材料以及事务用品等物资的请购、编制采购计划、订货或采购、验收入库、货款结算等工作。采购与付款业务是企业整个生产经营活动的一个基本环节，也是第一个环节。因此，做好采购与付款内部控制与核算规程设计，对于加强采购与付款的内部控制，规范采购与付款业务核算，防范采购与付款过程中的差错和舞弊都具有重要意义。

一、采购与付款内部控制的要求

（一）采购与付款内部控制设计的目标

采购与付款内部控制设计的目标如图 7－1 所示。

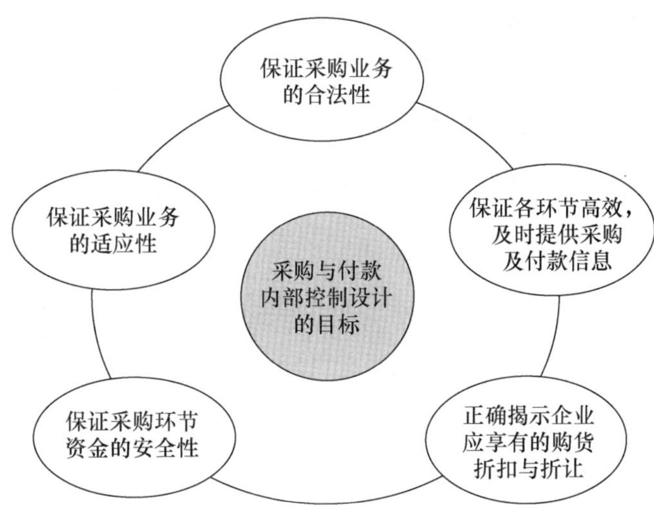

图 7－1　采购与付款内部控制设计的目标

（1）保证采购业务的合法性。防止违法乱纪、侵吞企业资产等不法行为的发生。

（2）保证采购业务的适应性。采购业务必须适应生产、销售和管理的需要，防止采购不及时等问题妨碍生产经营活动的正常进行。保证采购业务与单位生产、销售管理要求相一致。

（3）保证采购环节资金的安全性。保证企业付出货款的同时取得相应的货物；保证应付款项的真实性、合理性及货款支付的严密性。

（4）正确揭示企业应享有的购货折扣与折让。

（5）保证采购与付款业务在各个环节运行通畅和高效率，并及时准确地提供采购与付款业务相关的会计信息。

特别提示

商业折扣是指企业为促进销售而在商品标价上给予的价格扣除。现金折扣是指债权人为鼓励债务人在规定的期限内付款而向债务人提供的债务扣除。销售折让是指企业因售出商品的质量不合格等原因而在售价上给予的减让。三者的区别详见第9章第2节。

（二）采购与付款内部控制的要求

采购与付款业务是企业资金周转的第一个重要环节，采购与付款内部控制设计的基本原则是将采购工作与验收记录及付款结算分开。具体要求主要体现在：

（1）各单位应当合理设置采购与付款业务的机构和岗位，实行钱、账、物分管，以互相牵制、强化监督。

（2）建立和完善采购与付款的内部控制程序，加强请购、审批、合同订立、采购、验收、付款等环节的会计控制。

（3）保证采购合同的严格执行。

（4）堵塞采购与付款环节的漏洞，减少风险，维护采购物资的安全与完整。

二、采购与付款内部控制的原则

完善、科学、系统的采购与付款内部控制的基本原则包括以下五项，如图7-2所示。

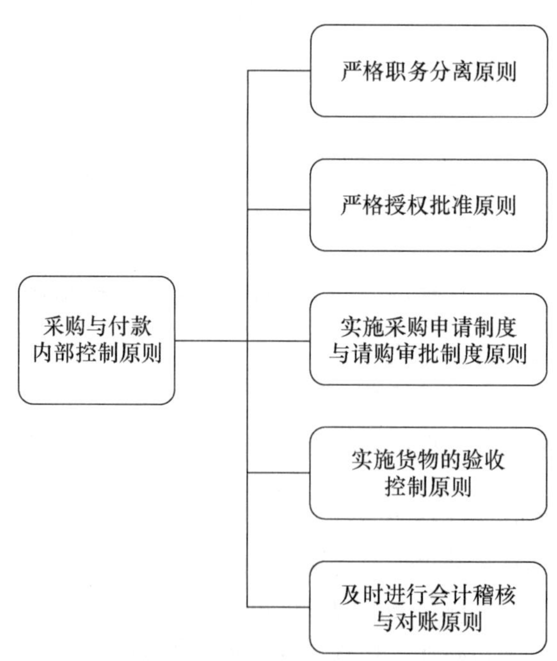

图7-2　采购与付款内部控制的原则

（一）严格职务分离原则

企业应当建立采购与付款业务的岗位责任制，明确相关部门和岗位的职责、权限，确保办理采购与付款业务的不相容岗位相互分离、制约和监督。按照规范要求，不得由同一部门或个人办理采购与付款业务的全过程，具体要求如图 7-3 所示。

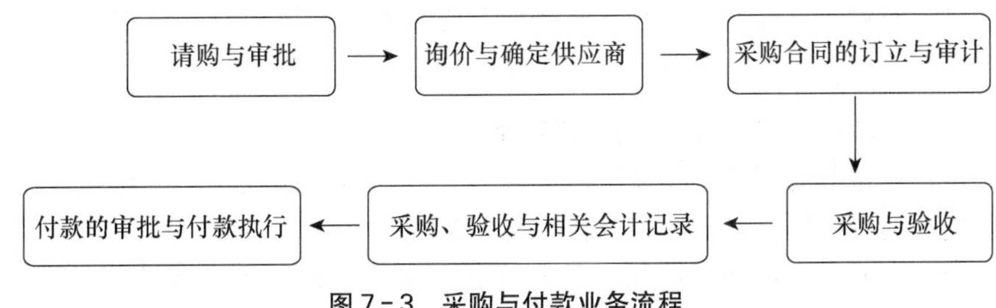

图 7-3　采购与付款业务流程

（1）请购与审批。企业物品采购应由使用部门根据需要提出申请，并经分管采购工作的负责人审批。

（2）询价与确定供应商。企业应由采购部门和相关部门共同参与询价程序并确定供应商。

（3）采购合同的订立与审计。企业应由采购部门下订单或起草购货合同并经授权部门或人员审核、审批或适当审计。

（4）采购与验收。企业采购人员不能同时担任物品的验收工作。

（5）采购、验收与相关会计记录。企业采购、验收与会计记录工作职务应当分离，以保证采购数量的真实性，采购价格、质量的合规性，采购记录和会计核算的正确性。

（6）付款的审批与付款执行。企业付款的审批人与付款的执行人职务应当分离。

（二）严格授权批准原则

企业应当对采购与付款业务建立严格的授权批准制度，明确审批人对采购与付款业务的授权批准方式、权限、程序、责任和相关控制措施，规定经办人办理采购与付款业务的职责范围和工作要求。具体要求如下：

（1）审批人应当根据采购与付款业务授权批准制度的规定，在授权范围内进行审批，不得超越审批权限。经办人应当在职责范围内，按照审批人的批准意见办理采购与付款业务。

（2）对于审批人超越授权范围审批的采购与付款业务，经办人员有权拒绝办理，并及时向审批人的上级授权部门报告。

（3）对于重要和技术性较强的采购业务，应当组织专家进行论证，实行集体决策和审批，防止出现决策失误而造成严重损失。

（4）严禁未经授权的机构或人员办理采购与付款业务。

（三）实施采购申请制度与请购审批制度原则

（1）企业应当建立采购申请制度。依据购置物品或劳务等类型，确定归口管理部门，授予相应的请购权，并明确相关部门或人员的职责权限及相应的请购程序。

（2）企业应当建立严格的请购审批制度。对于超预算和预算外采购项目，应当明确审批权限，由审批人根据其职责、权限以及单位实际需要等对请购申请进行审批。

（四）实施货物的验收控制原则

（1）企业应当根据规定的验收制度和经批准的订单、合同等采购文件，由独立的验收部门或指定专人对所购物品或劳务等的品种、规格、数量、质量和其他相关内容进行验收，出具验收证明。

（2）对验收过程中发现的异常情况，负责验收的部门或人员应当立即向有关部门报告，有关部门应查明原因，及时处理。

（五）及时进行会计稽核与对账原则

（1）企业财会部门在办理付款业务时，应当对采购发票、结算凭证、验收证明等相关凭证的真实性、完整性、合法性及合规性进行严格审核。

（2）企业应当加强对应付账款和应付票据的管理，由专人按照约定的付款日期、折扣条件等管理应付款项。已到期的应付款项须经有关授权人员审批后方可办理结算与支付。

（3）对进货业务发生的应付账款必须及时定期地与客户对账，防止债务虚列及由此造成业务人员舞弊行为。

内容扩展

我国内部控制相关规章制度

为了促进各单位内部会计控制建设，加强内部会计监督，维护社会主义市场经济秩序，财政部根据《会计法》制定了《内部会计控制规范——基本规范（试行）》，于2001年6月22日颁布。该规范共六章三十一条，主要规定了内部会计控制的目标和原则、内部会计控制的内容、内部会计控制的方法和内部会计控制的检查。该规范的发布，对于促进企业建立健全内部控制，改变我国企业内部控制乏力、会计信息失真严重、企业内部管理散乱的现状，具有积极的意义。①

2008年财政部会同证监会、审计署、银监会、保监会制定了《企业内部控制基本规范》，自2009年7月1日起在上市公司范围内施行，鼓励非上市的大中型企业执行。执行基本规范的上市公司，应当对本公司内部控制的有效性进行自我评价，披露年度自我评价报告，并可聘请具有证券、期货业务资格的中介机构对内部控制的有效性进行审计。

2010年4月26日，财政部、证监会、审计署、银监会、保监会联合发布了《企业内部控制配套指引》。该配套指引包括18项《企业内部控制应用指引》《企业内部控制评价指引》《企业内部控制审计指引》，连同此前发布的《企业内部控制基本规范》，标志着适应我国企业实际情况、融合国际先进经验的中国企业内部控制规范体系基本建成。

2017年6月29日，财政部根据《会计法》《公司法》等法律法规及《企业内部控制基本规范》，制定了《小企业内部控制规范（试行）》，自2018年1月1日起施行。该规范

① 根据财政部2016年9月发布的《财政部关于公布废止和失效的财政规章和规范性文件目录（第十二批）的决定》，该规范已于2016年9月失效。

主要定位于符合工业和信息化部等四部委印发的《中小企业划型标准规定》（工信部联企业〔2011〕300 号）的非上市小企业，是广大非上市小企业开展内部控制建设的指南和参考性标准，由小企业自愿选择采用，不要求强制执行。《小企业内部控制规范（试行）》包括总则、内部控制建立与实施、内部控制监督、附则等四章，共四十条。该规范的发布可以引导和帮助小企业加强内部控制建设，提高经营管理水平，降低经营风险，减少各类经济损失，对于促进我国小企业健康成长，进而推动我国经济健康可持续发展具有重要意义。

经国务院同意，2021 年 2 月 5 日，证监会正式批复深圳证券交易所（简称深交所）合并主板与中小板。为稳步推进资本市场有效实施企业内部控制规范体系，原中小板上市公司应当于 2022 年 1 月 1 日起全面实施企业内部控制规范体系，并在披露 2022 年公司年报时，披露公司内部控制评价报告以及财务报告内部控制审计报告。原中小板上市公司应高度重视内部控制体系建设工作，全面按照企业内部控制规范体系的要求，梳理业务流程，准确识别、评估公司面临的各类内外部风险，完善内部控制措施，优化信息系统，加强内部监督，定期开展内部控制自我评价，健全内部控制制度，切实做好实施前的各项准备工作。

内容扩展

《企业内部控制应用指引第 7 号——采购业务》

为了促进企业合理采购，满足生产经营需要，规范采购行为，防范采购风险，根据有关法律法规和《企业内部控制基本规范》，财政部会同证监会等部门联合制定了《企业内部控制应用指引第 7 号——采购业务》，并于 2010 年 4 月发布。该指引共三章十六条，就购买业务与付款流程管理等进行了阐述。

第 2 节　采购与付款核算方法的设计

本节以原材料的核算为例介绍采购业务的具体核算方法。对于商品流通企业以及其他行业企业的采购业务核算方法，可以参照本节介绍的方法进行设计。

一、按实际成本计价的会计核算

（一）总分类核算

由于材料采购地点和结算方式的不同，材料入库时间和货款支付时间不一定相同，存在以下几种可能。

1. 结算凭证和发票等单据与材料同时到达（单、货同时到）

企业应根据结算凭证、发票账单等凭证在支付货款后，记：

借：在途物资

　　应交税费——应交增值税（进项税额）

贷：银行存款（或应付账款、应付票据）

材料验收入库后，根据收料单等凭证，记：

借：原材料

贷：在途物资

2. 已支付货款或已开出、承兑商业汇票，但材料尚未到达或尚未验收入库（单到货未到）

企业应根据结算凭证、发票账单等单据，记：

借：在途物资

应交税费——应交增值税（进项税额）

贷：银行存款（或应付账款、应付票据）

待收到材料后，再根据收料单，记：

借：原材料

贷：在途物资

3. 材料已到，结算凭证未到，货款尚未支付（货到单未到）

由于一般在短时间内发票账单就可到达，为了简化核算手续，在月份之中发生的，可以暂不进行总分类核算而只将收到的材料登入明细分类账，待收到发票账单时再按实付货款登记总账，进行总分类核算。

月末，对于那些结算凭证和发票账单尚未到达的入库材料，可以按材料的合同价格或计划成本计价，暂估入账，记：

借：原材料

贷：应付账款

下月初，用红字作同样的记账凭证，予以冲回，记：

借：原材料

贷：应付账款

下月付款或开出、承兑商业汇票时，再按正常程序进行记录，记：

借：在途物资

应交税费——应交增值税（进项税额）

贷：银行存款（或应付账款、应付票据）

4. 采用预付货款的方式采购材料

根据有关规定预付材料价款时，按照实际预付金额，记：

借：预付账款

贷：银行存款

已经预付货款的材料到达时，根据发票账单等所列的金额，记：

借：在途物资

应交税费——应交增值税（进项税额）

贷：预付账款

预付货款不足而补付时，按补付金额，记：

借：预付账款

贷：银行存款

退回多付的货款时，记：

借：银行存款

　贷：预付账款

根据收料单等凭证，记：

借：原材料

　贷：在途物资

企业在组织材料采购的总分类核算时，可以根据自己的具体情况，分别采用不同的核算方式。如果材料采购业务较少，则总分类核算可以根据收料凭证（收料单见表 7－1）逐日编制记账凭证，并据以登记总分类账；如果材料采购业务较多，也可以根据收料凭证整理汇总，定期编制收料凭证汇总表（见表 7－2），并于月度终了一次登记总分类账。

表 7－1　收料单

供货单位：　　　　　　　　　　　　　　　　　　　　　凭证编号：

发票编号：　　　　　　　　　　年　　月　　日　　　　材料仓库：

类别	编号	名称	规格	单位	数量		实际成本			
					应收	实发	单价	金额	运费	合计

主管：　　　　　　记账：　　　　　　仓库保管：　　　　　　经办人：

（二）明细分类核算

材料的明细分类核算包括数量核算和价值核算两个部分。

1．明细分类账的种类

按实际成本计价的明细分类核算，所使用的明细账包括材料卡片和材料明细分类账（数量金额式）。

材料卡片是登记材料收发结存数量的明细记录，应按材料的品种、规格设置，根据收发料凭证，按日逐笔登记，序时地反映各种材料收发结存的实物数量。

表 7－2　收料凭证汇总表

年　　月

应借科目 / 应贷科目	原材料						
	原料及主要材料		辅助材料		合计		
	实际成本	计划成本	实际成本	计划成本	实际成本	计划成本	成本差异
合计							

会计主管：　　　　　　复核人：　　　　　　制表人：

材料明细分类账应按材料的品种和规格设置，采用收、发、余三栏式账页，根据收发料凭证序时登记。从该明细账中，既可取得各种材料的数量资料，又可取得各种材料占用资金及其增减变化的资料。

2. 明细分类账的设置方法

根据材料卡片和材料明细账的登记部门，明细分类核算的方法分为两种：一是两套账方式；二是一套账方式。

两套账方式是指由仓库设置和登记材料卡片，由财会部门设置和登记材料明细分类账。该方式的优点是，两套账可以起到互相牵制的作用，并且仓储部门可随时掌握库存材料的可供应数量，会计部门可随时掌握库存材料所占用的资金数量；缺点是重复记账，工作量大。两套账方式适用于仓储和会计部门距离较远的企业。

一套账方式是指将材料卡片和材料明细分类账合并为一套账，实行账卡合一。账册平时放在仓库，由保管人员负责登记材料的数量，财会人员定期到仓库稽核收发料凭单，并在收发料凭单上标价，登记材料的金额。该方式的优点是节约记账的人力和物力；缺点是经常稽核，工作量大，尤其是如果保管人员的记录出现差错，查找起来有困难。一套账方式适用于仓储和会计部门距离较近，能够经常检查的企业。

二、按计划成本计价的会计核算

（一）总分类核算

（1）按计划成本计价与按实际成本计价一样，购进材料的入库时间和货款支付时间不一定一样，存在以下几种可能：结算凭证和发票等单据与材料同时到达；已支付货款或已开出承兑商业汇票，但材料尚未到达；采用预付货款方式采购材料；材料已到，结算凭证未到，货款尚未支付。这三种情况的账务处理与实际成本计价法下的账务处理方法大致相同，只不过计划成本计价法不再使用“在途物资”这个科目，而是需要设置“材料采购”科目，该科目的借方登记购入材料的实际成本，贷方登记购入材料的计划成本。只是在月份终了，对于这三种情况验收入库的材料，要根据其收料凭证，按计划成本计价汇总入账，记：

借：原材料

　贷：材料采购

同时，计算并结转材料成本差异，当实际成本小于计划成本时，应按节约额，记：

借：材料采购

　贷：材料成本差异

当实际成本大于计划成本时，应按超支额，记：

借：材料成本差异

　贷：材料采购

（2）在材料已到、结算凭证未到、货款尚未支付的情况下，与按实际成本计价一样，为简化核算手续，在月份内发生的，可以暂不进行总分类核算，待收到发票账单时，再进行总分类核算。

月末，对于那些结算凭证和发票账单尚未到达的入库材料，可以按材料的计划成本暂估入账，记：

借：原材料

　贷：应付账款

下月初，用红字作同样的记账凭证，予以冲回，记：

借：原材料

　贷：应付账款

下月付款或开出、承兑商业汇票时，再按正常程序，记：

借：材料采购

　贷：银行存款（或应付票据）

然后，根据验收入库凭证，按计划价格，记：

借：原材料

　　材料成本差异

　贷：材料采购

　　　材料成本差异

（二）明细分类核算

1. 原材料明细分类账

仓库和财会部门应分别设置原材料明细分类账。仓库按材料的品种和规格设置一套数量金额式的原材料明细分类账（或材料卡片），它的收入和发出栏只记数量，不记金额，结存栏分别记数量和金额，但金额栏不必逐笔计算登记，可以在月末，根据材料的结存量和计划单价计算登记。财会部门按仓库和材料的种类设置，根据仓库转来的材料收发凭证及其计划成本，只登记金额的原材料明细账，按期归类汇总登记。两个明细分类账可以互相核对和互相控制。

2. 材料采购明细分类账

财会部门应设置材料采购明细分类账。对于每一笔材料采购业务，其借方金额根据付款凭证等有关单据按实际采购成本登记，其贷方金额根据计划成本计价的收料单登记。月终，对于既有借方金额又有贷方金额的业务，将借方合计数与贷方合计数相比的差异，一次性结转到材料成本差异明细分类账中去。对于只有借方金额而无贷方金额，即已付款但尚未验收入库的在途材料，应逐笔转入下月的材料采购明细分类账，以便材料验收入库时进行账务处理。该明细账提供了外购材料实际成本与计划成本的详细核算资料。

3. 材料成本差异明细分类账

财会部门应设置材料成本差异明细分类账。该明细分类账的设置口径应与材料采购明细分类账的设置口径一致。其账页格式一般采用三栏式。它用来反映各类或各种材料的实际成本与计划成本之间的差异额和差异率，为调整发出材料计划成本提供依据。

内容扩展

“材料成本差异”科目

“材料成本差异”科目用来登记存货的实际成本与计划成本的差异，并按照存货的类别或品种进行明细核算。取得存货形成差异时，实际成本高于计划成本的超支差异，在该科目的借方登记，实际成本低于计划成本的节约差异，在其贷方登记；发出存货并分摊差异时，超支差从贷方用蓝字转出，节约差从贷方用红字转出。具体可表示如下：

材料成本差异

超支差	节约差 结转分摊的超支差（蓝字） 结转分摊的节约差（红字）

三、按实际成本计价与按计划成本计价的比较

按实际成本计价时，所计算的材料成本相对来说较准确，而且对于中小型企业来说核算工作较为简单。但是在这种计价方式下，难以看出采购材料的实际成本与计划成本相比的节约或超支，难以从账簿中反映材料采购业务的经营成果；由于材料价格变动对产品成本产生的影响得不到反映，不利于考核生产车间的经营成果；同时，对于材料收发业务频繁的企业，材料计价的工作量非常大，因此，这种计价方法一般只适用于材料收发业务较少的中小型企业。

与按实际成本计价相比，按计划成本计价的方法具有以下优点：第一，便于考核各类或各种材料采购业务的经营成果，分析材料成本发生节约或超支变动的原因，有利于改进材料采购环节的经营管理工作。第二，可以剔除材料价格变动对产品成本的影响，有利于分析生产环节材料消耗发生节约或超支的原因，有利于考核车间的经营成果。第三，可以加速和简化材料收发凭证的计价和材料明细分类账的登记工作。其缺点是材料成本计算的准确性相对较差。因此，这种计价方法适用于材料收发业务频繁，且具备材料计划成本资料的大型企业。

第3节　采购与付款业务核算程序的设计

采购与付款业务核算程序设计主要包括日常采购计划编制、合同签订程序设计、临时采购申请程序的设计和材料采购验货付款程序的设计。

一、日常采购计划编制、合同签订程序设计

如图7-4所示，日常采购计划编制与合同签订程序设计的要点是：

(1) 供应部门根据生产计划部门的各种生产计划编制采购计划；

(2) 采购计划经审核批准后供应部门与供货单位签订采购合同；

(3) 会计部门根据采购计划、采购合同编制财务收支计划。

该流程的关键控制点有：采购计划须经审核批准后供应部门才能签订采购合同；会计部门参加采购合同的会签。

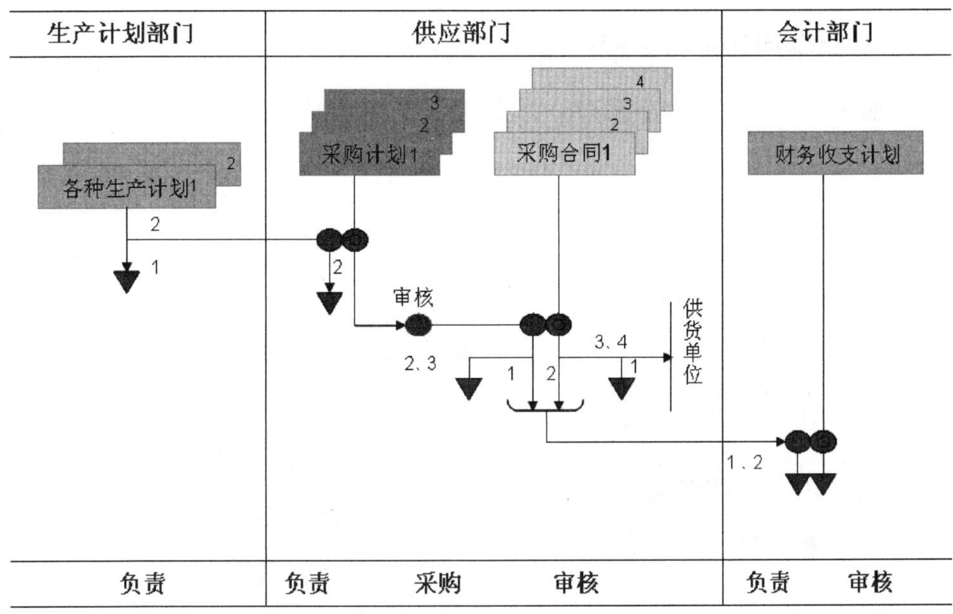

图 7-4　日常采购计划编制与合同签订程序

二、临时采购申请程序设计

该程序反映企业因临时需要进行采购时申请业务的处理过程。如图 7-5 所示，临时采购申请程序设计的要点是：

（1）请购部门编制请购单交供应部门；

（2）供应部门编制临时采购计划，经审核同意后通知采购员进行采购；

（3）与此同时，通知会计部门准备货款结算。

该流程的关键控制点有：临时采购必须经过授权批准才能办理；会计部门监督临时采购计划的实施。

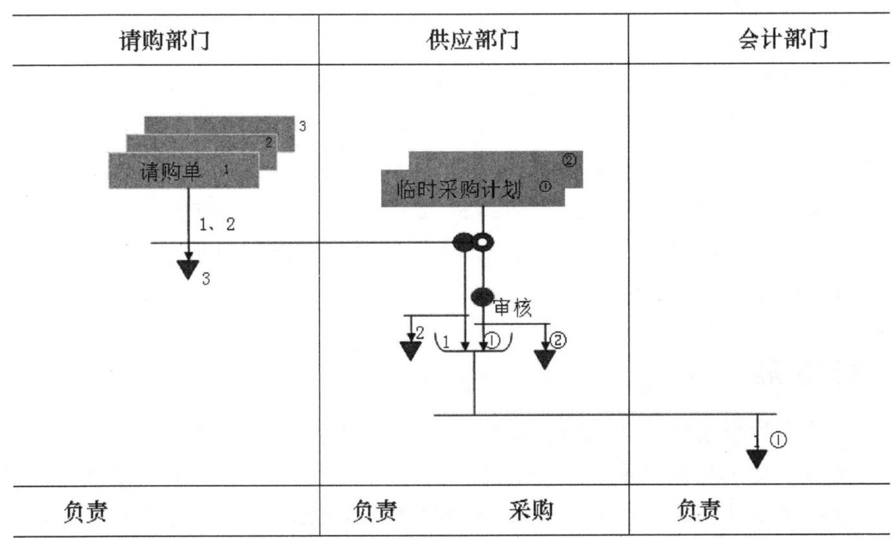

图 7-5　临时采购申请程序

三、材料采购验货付款程序设计

如图7－6所示，材料采购验货付款程序设计的要点是：

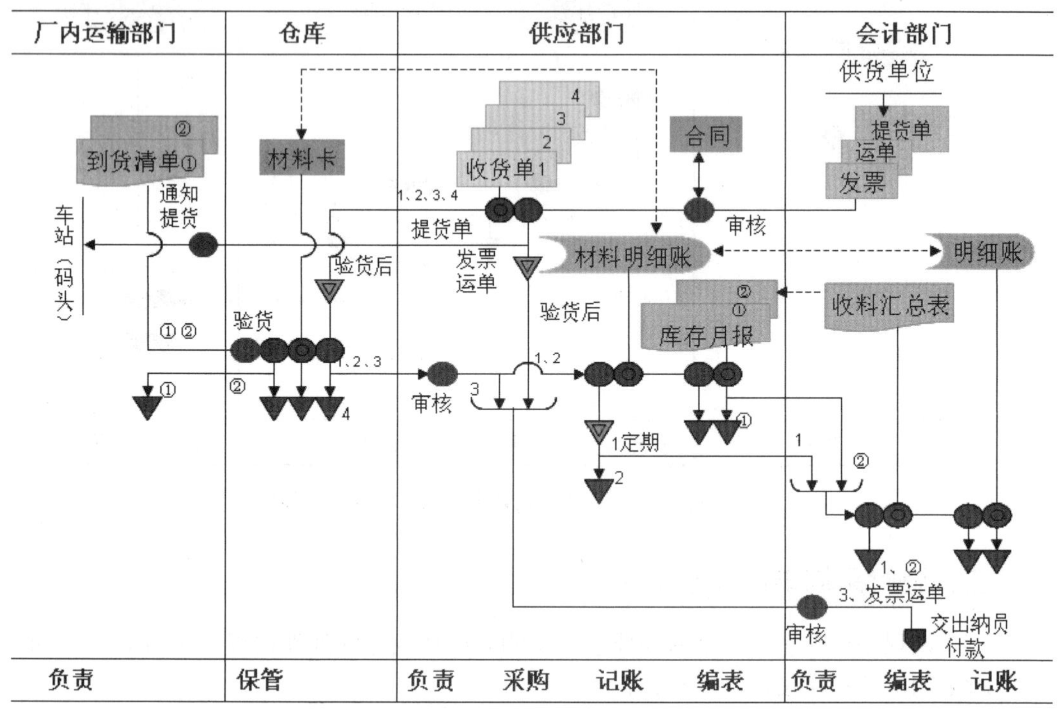

图7－6 材料采购验货付款程序

（1）供货单位在材料发运后，将材料发票、运单和提货单经银行寄往购货单位；

（2）购货单位会计部门收到寄来的单据，将其送交供应部门，供应部门审核合同后据此编制收货单，通知仓库准备收货，另将提货单交企业运输部门提货；

（3）仓库验收后登记保管卡，并将签收的收货单交送供应部门；

（4）供应部门将收货单与合同再次审核无误后，将供货单位的发票、代垫运单以及收货单一并送会计部门；

（5）会计部门对照合同副本进行审核无误后，授权出纳办理货款结算，出纳付款后在发票上加盖“付讫”及日期戳记，与订购单副本一并归档。

该流程的关键控制点有：采购材料入库验收、记账与付款分管；加强收货单与合同的核对，保证材料名称、规格、数量和金额的正确；材料验收入库后才支付货款；定期进行账账、账卡和账实核对。

内容扩展

购进货物如发现不合规格、质量不符，或其他不符合订购条件的，应及时与对方商量退回、更换或折让等事宜。退货及折让程序是：由仓库填制请购单；由供应部门填制订购单或其他契约；由验收部门验收并编制验收报告；仓库对照验收报告收料入库，如有差异应报告给会计部门；会计部门比较购货订单、验收报告及卖方发票，如果发票经核准付，凭证移送出纳处付款。

退货及折让发生时，应由双方协商解决，同意后应由采购部门编制退回及折让通知单，分送有关部门，作为处理依据；送交会计部门的通知单，可作为冲减应付账款的凭证。

案例 7－1

工程经理沦为“铁窗囚”

一、案例介绍

50 岁的宋某原是上海某技术工程公司轻纺工程部经理。2×14 年 11 月，山东某公司向该公司求购精梳机一套，但当时公司没有购买此类机械的配额，头脑活络的宋某想出一个好办法，利用其他公司的配额到上海纺机总厂订购。随后，宋某将本公司的 45 万余元划入上海纺机总厂。然而，2×15 年初，他代表公司到上海纺机总厂核账时发现，上海纺机总厂财务出错，把已提走的设备当作其他公司购买，他划入的 45 万余元却变为公司的预付款。于是，一场偷梁换柱的把戏开始上演。

2×15 年 3—4 月，宋某派人到上海纺机总厂，以公司的名义购买混条机等价值 60 余万元的设备。因为有了 45 万余元的“预付款”，宋某仅向上海纺机总厂支付了 15 万元。随后，他找到了亲戚经营的大发纺织器材公司，开出了公司以 67 万元的价格购得这批设备的发票。公司不知内情，向大发公司支付了全部购货款，宋某从中得到 52 万元。同年 7—10 月，宋某又以相同的手段骗得公司 11 万余元，占为己有。

2×17 年上半年，上海纺机总厂发现 45 万元被骗，向公安机关报案，宋某随后被捕。法院认定宋某贪污公款 64 万余元，构成贪污罪，判处宋某有期徒刑 15 年。

问题：结合案例，谈谈企业采购与付款业务内部控制中应关注哪些问题。

二、案例分析

1. 公司采购业务的相关职务未分离

一般而言，健全的采购业务中，采购员、审批人和执行人、记录人应分离。如果其中关键的职务没有分离，就极有可能发生舞弊。宋某利用手中的职权，未经审批程序就私下决定向上海纺机总厂购买价值 60 万元的设备，这暴露了授权审批控制的弱点。按照规定，应该由第三方执行付款，并与上海纺机总厂核账，但案例中核账也是宋某一人亲手所为。采购、审批、执行和记录的职务分离漏洞给了宋某可乘之机，使其掩盖了同上海纺机总厂的交易问题，进而上演了后来偷梁换柱的把戏。

2. 公司的验收和付款存在漏洞

付款员明明将 67 万元款项划给了大发公司，这纯粹是宋某利用其亲戚关系虚构的交易。如果验收员按照大发公司签订的购货合同上写明的条款以及发货发票来仔细验货，是不难发现宋某的把戏的。一般而言，会计部门应该在按购货协议划出款项后，将购货单和购货发票转到验收部门，验收部门应该在收到会计部门转来的购货单和购货发票副联仔细查验其发货单位、收到货物的数量和质量后验收。但是公司的验收部门根本没有仔细查验发货单位，以至于宋某蒙混过关，使公司支付了 67 万元买进了价值 60 万元的设备，白白损失的 7 万元落入了宋某的腰包。

资料来源：朱荣恩. 内部控制案例. 上海：复旦大学出版社，2005.

思考题

1. 采购与付款的内部控制设计的目标是什么？
2. 采购与付款的内部控制原则有哪些？
3. 采购业务核算的实际成本法与计划成本法各自的优缺点体现在哪些方面？
4. 日常采购计划编制、合同签订程序设计要点有哪些？
5. 临时采购申请程序设计要点有哪些？
6. 材料采购验货付款程序设计要点有哪些？

练习题

1. 单项选择题

(1) 企业资金周转的第一个重要环节是（　　）。

A. 采购业务　　B. 存货业务　　C. 生产业务　　D. 销售业务

(2) 实际成本核算方法适用于（　　）。

A. 材料收发业务频繁的大型企业　　B. 材料收发业务频繁的小型企业

C. 材料收发业务较少的大型企业　　D. 材料收发业务较少的中小型企业

(3) 仓储和会计部门距离较远的企业适合采用的货物明细分类核算方法是（　　）。

A. 一套账　　B. 两套账　　C. 三套账　　D. 四套账

2. 多项选择题

(1) 采购与付款业务的内部控制制度设计的目标应保证（　　）。

A. 采购业务的合法性

B. 采购业务的适应性

C. 采购环节资产的安全性

D. 正确揭示企业应享有的购货折扣与折让

E. 准确提供采购与付款的会计信息

(2) 计划成本核算方法的缺点不包括（　　）。

A. 难以看出采购材料的实际成本与计划成本相比是节约或是超支

B. 难以从账簿中反映材料采购业务的经营成果

C. 不利于考核生产车间的经营成果

D. 对于材料收发业务频繁的企业，材料计价的工作量非常大

E. 材料成本计算的准确性相对差一些

(3) 采购业务处理程序设计包括（　　）。

A. 日常采购计划编制　　B. 采购合同签订程序

C. 材料发料程序　　D. 临时采购申请程序

E. 材料验货付款程序

3. 判断题

(1) 货物的请购、验收、记账等工作可由同一人担任。（　）

(2) 实际成本核算方法可以剔除材料价格变动对产品成本的影响，有利于考核车间的经营成果。（　）

(3) 计划成本核算方法适用于材料收发业务频繁，且具备材料计划成本资料的大型企业。（　）

实训题

1. 华光公司是一家大型制造企业，与各地供应商建立了频繁的钢材采购业务关系。假定你是该公司会计制度设计小组的骨干成员，请为该公司设计合适的钢材购进核算方法体系，并对钢材采购验货付款程序进行科学设计。

2. 甲公司2020年1月5日购入A材料一批，货款为500 000元，增值税为65 000元，另由对方代垫包装费1 000元，全部款项已用转账支票付讫，材料验收入库。甲公司2020年1月8日购入B材料一批，已采用汇兑结算方式支付货款。发票及账单已收到，增值税专用发票上记载的货款为20 000元，增值税为2 600元。支付保险费2 000元，材料尚未到达。上述甲公司购入的B材料于1月10日到达，并已验收入库。

问题：甲公司应如何进行账务处理？

第 8 章

生产制造的内部控制与核算方法设计

内容导图

生产制造是企业的核心业务之一，其业务质量与耗费水平直接影响企业产品质量与成本，因此，加强生产制造业务的内部控制制度设计、成本核算方法与业务程序的设计是企业实施成本领先战略，增强竞争能力的关键环节。

通过本章的学习，学生要了解生产制造的内部控制要求；理解与掌握生产制造内部控制制度设计的原则；掌握生产制造核算方法（实际成本核算基础工作、标准成本核算体系）设计的基本内容；掌握生产制造业务核算程序的具体设计要点。

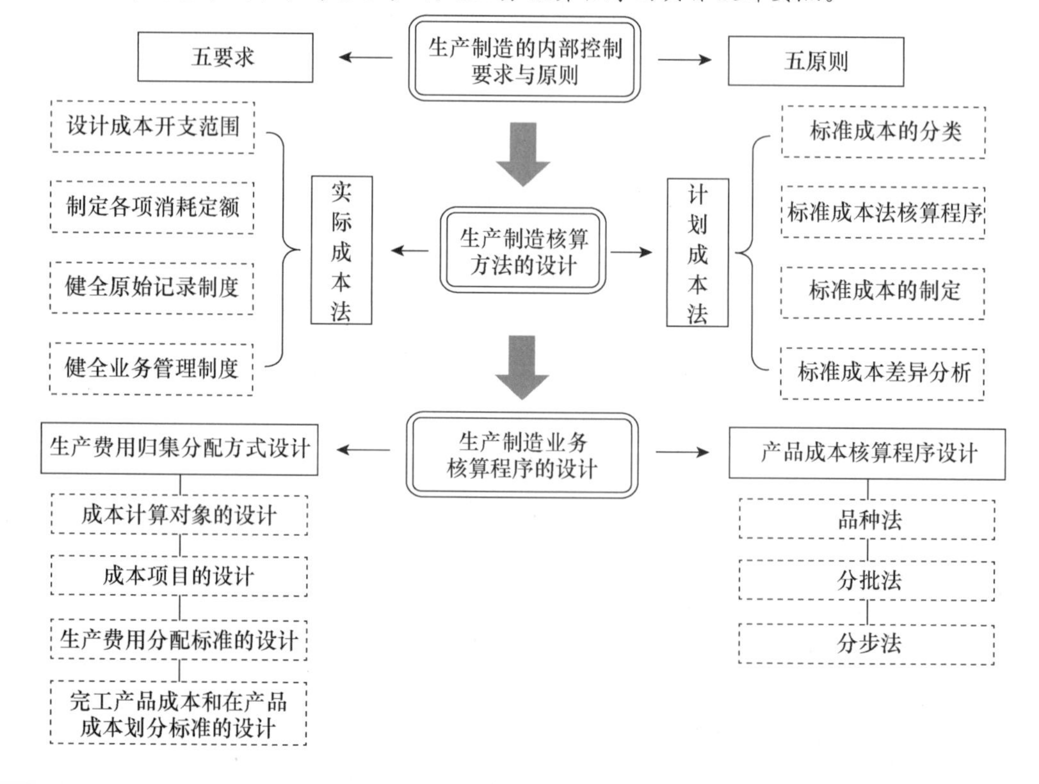

第1节　生产制造内部控制要求与原则

生产制造业务内部控制设计的实质是设计出一个将产品成本核算与产品生产耗费控制相结合，并将其落实在产品成本核算过程中（即各项生产费用数据的收集、加工、账务处理和报告之中）的一个核算制度。

一、生产制造的内部控制要求

生产制造业务在实质上是一种从货币资金到原材料、生产设备，再到在产品，最后形成库存商品的资金循环过程。这一过程的起点是制定生产计划，终点是完工产品经检验合格后验收入库或直接发给购货商。在生产制造业务过程中，产品生产数量的多少、质量是否符合设计要求、单位产品成本高低等直接影响企业存货价值、产品销售收入及产品销售成本，并最终影响企业的市场竞争力。因此，为了生产出符合用户需要的产品，减少商品库存，降低产品生产成本，实现良好的财务状况和经营成果，企业必须建立一套行之有效的生产制造业务内部控制制度。

生产制造的内部控制要求包括：

（1）正确及时反映生产费用，厉行节约；

（2）正确计算产品实际总成本和单位成本，揭示其构成内容；

（3）划清各种费用界限，控制成本开支，提供降低成本的途径；

（4）正确反映在产品增减变动和结存情况，保护财产安全完整，强化成本管理；

（5）建立成本责任制，考核成本责任。

二、生产制造的内部控制原则

生产制造核算制度一般由企业在国家统一规定的原则基础上，结合自身的具体情况和要求进行设计。为了加强成本管理，使设计的生产制造核算制度科学、严密、合理，能够正确及时地计算产品成本，设计生产制造核算制度应符合以下五项基本原则。

（一）以国家有关会计法规制度的规定为依据

财政部颁布的《企业会计准则》对生产制造的各项业务作出了明确的规定。设计生产制造控制制度时，必须遵守《企业会计准则》及国家其他有关规定，将其原则精神贯彻于生产制造核算制度设计工作的始终。

（二）与企业的生产经营特点相适应

设计生产制造核算制度时，必须从企业的实际出发，与企业的生产组织、生产工艺特点相适应。如设计产品成本计算方法，必须考虑企业的生产特点，即生产组织方式和生产工艺特点，大量大批单步骤生产的可以考虑采用品种法，大量大批多步骤生产的可以考虑采用分步法等，因为产品成本是在生产过程中形成的，生产组织和生产工艺不同的产品所采取的成本计算方法也不应相同。只有这样，才能正确计算产品成本，及时准确地反映生产耗费情况。

（三）与成本管理要求相结合

成本管理包括成本预测、成本决策、成本计划、成本控制、成本核算、成本分析和成本考核七个环节，这些环节相互联系、相互补充，贯穿于生产经营活动的全过程，其中，成本核算是基础。设计生产制造控制制度，要做到提供的成本核算资料能够适应成本管理各个环节的要求，尽可能提供管理者所需要的信息。

（四）切实贯彻内部控制制度

为了降低生产耗费、降低产品成本，保证成本计算的正确、成本核算的准确和及时，应建立相应的内部控制制度。主要包括建立健全定额管理制度，原始记录制度，财产物资保管、盘点、收发制度及成本分析、考核制度，制定厂内计划价格等。

（五）妥善处理正确计算成本和简化核算手续的关系

正确核算各项费用、计算产品成本是成本核算的主要任务。因此，设计成本核算必须有利于正确计算费用成本。为了保证成本计算的正确性，设计成本核算制度时必须做到办理业务的手续严密、责任明确、程序清楚、方法科学、计算准确。同时，在满足上述设计要求的前提下，还应考虑成本核算工作本身的成本以及核算的及时性，避免增加不必要的核算程序、方法的层次和难度。

第2节 生产制造核算方法的设计

一、实际成本核算方法的设计

从会计核算的角度看，生产制造业务的重要内容是对构成产品成本的各项费用发生情况进行数据的收集、加工和整理，确定产品成本，这就需要健全的成本核算基础工作。因此，实际成本核算方法设计的一个基本前提就是做好各项基础工作的设计，这些基础工作设计主要包括设计成本开支范围、制定各项消耗定额、建立健全有关成本核算的原始记录制度以及健全与成本有关的各项业务管理制度。

（一）设计成本开支范围

在成本开支范围中必须明确规定哪些费用应计入产品生产成本，哪些费用不能计入产品生产成本，这既是正确反映企业产品生产消耗水平的需要，又是企业保持成本计算口径一致的需要。企业成本的开支范围和标准在《企业财务通则》《企业会计准则》《企业会计制度》中都作了原则性的规定，企业必须遵守这些规定并结合企业自身的特点，按照以下几个方面的原则制定具体细则：一是正确划分资本性支出和收益性支出的界限；二是正确划分应计入产品成本费用和不应计入产品成本费用的界限；三是正确划分各个会计期间费用的界限；四是正确划分各种产品应负担费用的界限；五是正确划分完工产品和在产品成本的界限。

成本开支范围一经确定，要保持相对稳定，以保证成本计算口径的一致。

内容扩展

《企业财务通则》

《企业财务通则》最初于1993年7月1日起施行，以适应我国社会主义市场经济发展的需要，规范企业财务行为，有利于企业公平竞争，加强财务管理和经济核算为立法宗旨。设立在中华人民共和国境内的各类企业的财务活动必须遵循该规范。

随着我国经济的发展，2006年12月4日，财政部颁发了新的《企业财务通则》，该通则于2007年1月1日起施行。修订的《企业财务通则》对企业财务的管理方式、政府投资等财政性资金的财务处理政策、企业职工福利费的财务制度、规范职工激励制度、强化企业财务风险管理等方面进行了改革。中华人民共和国境内依法设立的具备法人资格的国有及国有控股企业适用该通则，金融企业除外，其他企业参照执行。

内容扩展

资本性支出与收益性支出

会计核算应严格区分资本性支出与收益性支出的界限，以正确计算各期损益。正确划分资本性支出与收益性支出的界限在会计工作中有着十分重要的意义，它影响着会计信息的质量，关系到会计主体财务状况以及财务成果的核算是否真实、可靠。

资本性支出是指企业发生的受益期限超过一年或一个营业周期的支出。如购置房屋、机器设备、工具器具等固定资产的支出，购入专利权、非专利技术、商标、商誉等无形资产的支出。资本性支出通过折旧或摊销的形式，逐步转由各期收益负担。

收益性支出是指企业在生产经营过程中发生的，其受益期限不超过一年或一个营业周期的支出，因而必须由本期收益负担。收益性支出有的在发生时直接以货币资金支付，如以现金支付职工工资、差旅费、邮电费等；有的在发生时以耗用各种物资的形式出现，如领用各种包装材料。收益性支出必须由发生该支出的会计期间的收益负担。

划分资本性支出与收益性支出的原则要求在会计核算中首先将资本性支出与收益性支出加以区分，然后将收益性支出记入费用账户，作为当期损益列入利润表；将资本性支出记入资产账户，作为资产列入资产负债表。前者称为支出费用化，后者称作支出资本化。资本化的支出随着每期对资产的耗费，按照受益原则和耗费比例通过转移、折旧和摊销等方法，逐渐转化为费用。

资本性支出和收益性支出的主要区别在于受益期。前者为一年以上，后者为一年以内。企业取得的与本期收益有关的支出，即本期的成本和费用，一是直接计入费用账户的收益性支出；二是本期从资产账户转入费用账户的资本性支出。可见区分资本性支出与收益性支出的目的是按照权责发生制和配比原则的要求，合理确定现金支出性质，正确计算当期利润。

在正确划分资本性支出和收益性支出时要注意以下问题：

（1）受益期问题。如前所述，凡支出的费用仅限于本会计年度受益的为收益性支出；可使未来的多个会计年度受益的，则属于资本性支出。

（2）资产价值问题。主要是指长期资产价值构成内容、范围问题。长期资产是指企业的固定资产和无形资产。凡支出的结果能获得长期资产或能增加长期资产的价值，该项支出应为资本性支出；凡支出的结果不能获得长期资产或不能增加长期资产的价值，该项支出即为收益性支出。

（3）价值量问题。为了简化会计核算工作，提高会计核算效益，会计制度中对资本性支出和收益性支出的划分规定了一个价值限度。如对于使用年限在一年以上，单位价值在规定限额以上的资产，作为固定资产，其支出为资本性支出；对于使用年限在一年以上，但价值不到规定限额的小型工具、器具、办公用品等，其支出则可列为收益性支出。

（二）制定各项消耗定额

制定各项消耗定额是企业实施定额管理的前提，也是企业编制责任成本预算，进行责任成本控制的基础。合理制定各项消耗定额，就是在正常的生产条件下，多数部门或职工经过努力能够达到、少数部门或职工能够接近、个别部门或职工可以超过的定额水平。

制定各项消耗定额是一项复杂而细致的工作，它需要根据消耗定额的不同种类、不同的生产技术和组织条件，结合企业现实的管理水平，采用不同的方法，综合考虑相关因素计算确定。具体说来，常用的方法有经验估计法、统计分析法、技术测定法、类推比较法这四种，如图8-1所示。

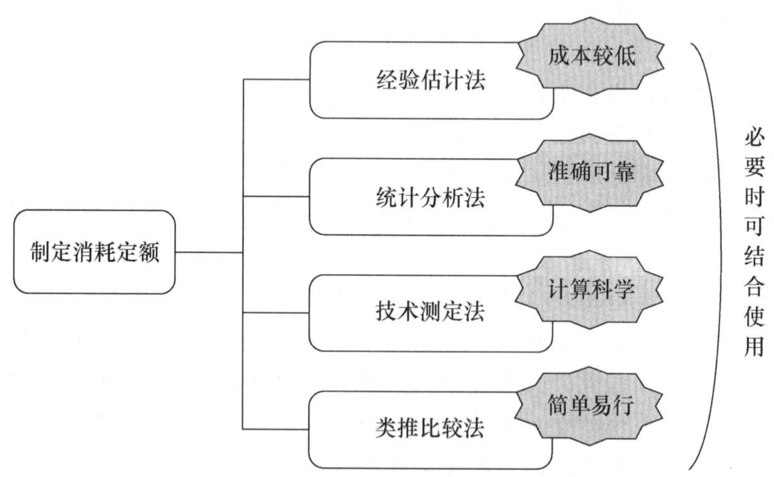

图8-1　制定消耗定额的方法

（1）经验估计法，是根据熟练工人、技术人员和定额管理人员的经验数据，直接估算定额水平的一种方法。这种方法的优点是简单易行、制定过程短、工作量小、成本较低；缺点是容易受到估计人员的主观因素影响，技术依据不足，准确性较差。

（2）统计分析法，是根据历史统计资料，经过加工整理，结合企业未来的生产、技术、组织条件和管理方法的变化等因素，进行分析对比，从而确定定额水平的一种方法。这种方法的优点是以大量的统计资料为依据，而且考虑了未来因素的变化，确定的定额比较准确可靠；缺点是容易受历史资料平均数的影响，确定的定额水平比较保守。

（3）技术测定法，是以利用技术测定所得到的实际资料为基础，充分考虑未来可能发生的各种变化情况，计算确定定额水平的一种方法。这种方法的优点是比较科学；缺点是制定过程比较复杂、工作量大、成本较高。

（4）类推比较法，是通过与同类型产品或工序的典型定额标准进行对比分析，估算定额水平的一种方法。这种方法的优点是简单易行、工作量小、成本较低；缺点是准确性在很大程度上受限于选出的典型定额标准的先进性和合理性。

企业究竟采用何种方法制定各项消耗定额，应综合考虑企业的生产特点、管理水平、定额制定人员的业务能力等方面的实际情况，必要时也可以将几种方法结合使用。

（三）建立健全有关成本核算的原始记录制度

原始记录是按一定格式用数字和文字记录企业生产经营活动的第一手资料。建立健全有关成本核算的原始记录制度是正确进行成本核算、计算产品成本的基础。

企业的生产经营特点和管理要求不同，使用的原始记录也不一样。由于记录的经济业务内容不同，各种原始记录的设计格式也有区别。在设计时要标明以下内容：原始记录的名称、使用或接受原始记录的单位名称、经济业务内容、经济业务发生的数量或金额、填写记录的日期、填写人或填写单位的签名或盖章、原始记录的编号和联次。

企业原始记录一般由业务经办人员或专职人员填写，填写时要做到全面、真实、正确、及时。设计人员、成本会计人员要汇同业务经办部门或经办人制定原始记录的传递程序，确保原始记录的及时传递，加强企业的内部控制。

（四）健全与成本有关的各项业务管理制度

产品生产成本是企业的一项非常重要的综合经济指标，建立健全与成本有关的各项业务管理制度是高质量成本管理工作的基础。这些业务管理制度包括：财产物资的计价方法的确定；原材料、在产品、产成品等各项财产物资的收发、领退、转移、报废和盘点制度；固定资产使用、维修、折旧制度；职工考勤制度；费用报销制度等。

二、计划成本核算方法的设计

计划成本会计制度是指事前根据产品生产所需料、工、费的数量、金额与计划计算出计划成本，并将其与会计核算相结合形成的一种产品成本核算制度。计划成本会计制度的特点是在计划成本的基础上计算实际成本，并利用计划作为标准与实际相比较，从而确定成本差异、分析差异形成原因。实质上它是一种将成本计算和成本控制相结合的会计管理制度，其主要任务是为企业的成本管理提供信息。在会计核算上，它最终还是要计算出完工产品的实际成本。计划成本会计制度包括标准成本会计制度和定额成本会计制度两种具体产品成本核算会计制度，本处以标准成本会计制度的设计方法为例。

内容扩展

计划成本法的优点

（1）计划成本法有利于企业进行内部控制管理，对于生产过程的事前、事中和事后都可以实施监督。计划成本法能及时提示实际成本偏离预定标准的差异，及时反馈各成本项目不同性质的差异，增强企业对成本的敏感性，为迅速采取措施、消除不利因素提供了线索。

（2）可作为计量业绩的尺度，能起到对员工的激励和考核作用，提高其责任感和积极性。

（3）计划成本法排除了许多偶然因素，代表成本要素的合理近似值，因而可以作为定价依据，并可作为本量利分析的原始数据资料以及估算产品未来成本的依据，便于作出正确的经营决策。

（4）使用计划成本来记录材料、在产品和销售账户，减少了费用的分配计算，可以简化日常的账务处理和报表的编制工作。

（5）在运用计划成本法进行成本核算时，能与品种法、分批法、分步法等方法结合使用，更具灵活性。

（一）标准成本的分类

标准成本是指经过仔细调查分析和运用技术测定等科学方法制定的在有效经营条件下应该实现的成本，是根据产品的耗费标准定额和耗费的标准价格预先计算的一种目标成本。企业采用的标准成本有多种，按照制定标准成本所依据的生产技术和经营水平分类，分为理想标准成本、正常标准成本和现实标准成本。

1．理想标准成本

理想标准成本是现有生产条件所能达到的最优水平的成本，根据最少的耗费量、最低的耗费价格和可能实现的最高生产能力利用程度等条件制定。也就是说，它是根据资源无浪费、设备无故障、产出无废品、工时全有效的假设前提而制定出的最低标准成本。显然，由于其前提的苛刻，在现实经济生活中几乎无法实现，从而使得理想标准成本难以实际运用。

2．正常标准成本

正常标准成本是根据正常的工作效率、正常的生产能力利用程度和正常价格等条件制定的标准成本。这里所谓“正常”，一般是指过去较长时期的实际数据的统计平均值，是指过去较长时期内所达到的平均水平。因此，用它来评价各个时期的业绩，往往不符合实际，用它来控制成本也不够积极。正常标准成本一般只用来估计未来的成本变动趋势。

3．现实标准成本

现实标准成本是根据适用期合理的耗费量、合理的耗费价格和生产能力可能利用的程度等条件制定的切合适用期实际情况的一种标准成本。它是企业通过有效的经营管理措施和努力应该达到的标准成本。这种标准成本包容了一部分理论上不应存在而现实中尚不能避免的设备故障、人工闲置等，是一种切实可行的标准成本。现实标准成本相当于定额成本法中的定额成本。它的用量标准相当于消耗定额，标准用量相当于定额消耗量，标准价格相当于计划价格。标准成本计算法一般采用这种标准成本概念。

（二）标准成本法核算程序

标准成本核算法，也称标准成本会计，是成本会计的重要组成部分。它是指以预先制定的标准成本为基础，用标准成本与实际成本进行比较，核算和分析成本差异的一种产品成本计算方法，也是加强成本控制、评价经济业绩的一种成本控制方法。标准成本法的核心是按标准成本记录和反映产品成本的形成过程和结果，并利用成本差异分析实现对成本的控制。标准成本核算的基本程序如图 8－2 所示。

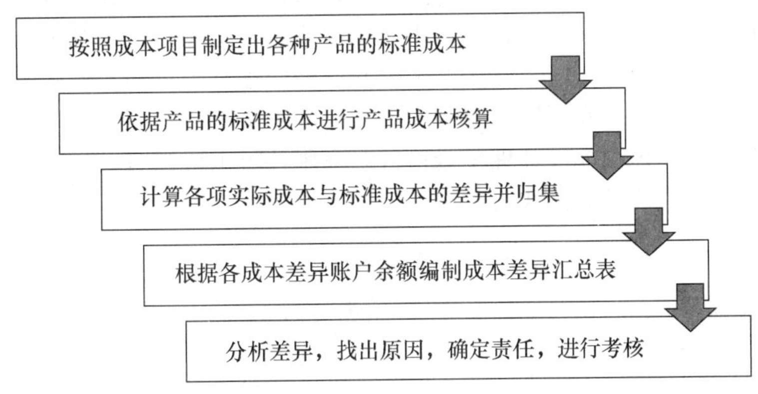

图 8－2　标准成本核算程序

第一步，按照成本项目制定出各种产品的标准成本。

第二步，依据产品的标准成本进行产品成本核算，其中“在制品”（“生产成本”）、“库存商品”和“半成品”账户的借贷方，都按标准成本登录。

第三步，分成本项目计算产品实际成本与标准成本的各种成本差异，并设立对应的成本差异账户进行归集，用来控制和考核产品成本。在各个成本差异账户中，借方记录超支差异，贷方记录节约差异。

第四步，每月末根据各成本差异账户的借贷方余额编制成本差异汇总表，将各种成本差异余额转入“主营业务成本”或“本年利润”账户，计入当月损益。

第五步，分析各种成本差异，找出产生差异的原因，确定成本责任，进行成本考核。

由此可见，标准成本法的主要内容包括：标准成本的制定、成本差异的计算、成本差异的账务处理和成本差异的分析。其中，标准成本的制定是采用标准成本法的前提和关键，据此可以达到成本事前控制的目的；成本差异计算和分析是标准成本法的重点，借此可以促成成本控制目标的实现，并据以进行经济责任的考评。

（三）标准成本的制定

1. 直接材料标准成本的制定

直接材料标准成本需按两项标准确定：直接材料用量标准和直接材料标准价格。

直接材料用量标准亦即材料消耗定额，是指单位产品必须耗用的各种直接材料的数额。直接材料用量标准通常应根据企业的产品设计、生产工艺状况，并结合企业的经营管理水平，考虑降低材料消耗的可能等条件制定，该标准的制定最好由产品设计部门及相关管理人员负责。材料价格因受诸多因素的影响，其标准的确定相对较难。通常直接材料标准价格应能反映目前市价及未来市场的变动情况，考虑最有利的采购条件，如经济采购批量、最经济的运输方式等，而且应在征询采购部门的意见后制定。在此基础上，直接材料标准成本可确定如下：

直接材料标准成本＝直接材料用量标准×直接材料标准价格

2. 直接人工标准成本的制定

直接人工标准成本由两项标准确定：直接人工用量标准和直接人工标准价格。直接人工用量标准即工时用量标准、工时标准或工时定额。工时既可以指直接人工生产工时，也可以指机器工时。直接人工标准价格即标准工资率，通常可由劳动工资部门根据用工情况制定。在不同工资制度下，标准工资率有不同表现形式：采用计件工资时，标准工资率就是标准计件工资单价。采用计时工资制时，标准工资率就是单位工时标准工资率，其计算公式为：

单位工时标准工资率＝标准工资总额÷标准总工时

在此基础上，直接人工标准成本可确定如下：

直接人工标准成本＝工时标准×标准工资率

3. 制造费用标准成本的制定

制造费用标准成本由制造费用用量标准和制造费用标准价格两个因素决定。制造费用用量标准即工时用量标准，其含义与直接人工用量标准相同。制造费用标准价格即标准费用分配率。其计算公式为：

标准费用分配率＝标准制造费用总额÷标准总工时

在此基础上，制造费用标准成本可确定如下：

制造费用标准成本＝工时标准×标准费用分配率

成本按其性态可以分为变动成本和固定成本。前者随产量变动而变动；后者相对固定，不随产量变动而变动。因此，制造费用也可分为变动制造费用和固定制造费用两类，其标准成本的制定应在此基础上进行。

4. 标准成本卡

为了便于计算和列示产品的标准成本，通常应为每一种产品设立一张标准成本卡。按成本项目、用量标准和标准价格，计算汇总每种产品的单位标准成本。

（四）标准成本差异分析

成本差异是指实际成本与标准成本之间的差额。计算和分析成本差异的目的在于明确差异的程度，找出差异发生的原因，并决定采取纠正差异的措施，及时改进，提高效率，确定差异责任的归属。

1. 成本差异的种类

在标准成本计算法下，发生的成本差异是指实际成本偏离标准成本的差额。成本差异按照成本项目分类，可以分为直接材料成本差异、直接人工成本差异和制造费用成本差异等。这些差异还可以按照差异发生的原因，例如用量差异（量差）和价格差异（价差）等进行划分。

2. 成本差异分析的内容和方法

进行成本差异分析是采用标准成本制度的关键，下面具体说明直接材料成本差异、直接人工成本差异、变动制造费用成本差异和固定制造费用成本差异的分析方法。

（1）直接材料成本差异的分析。直接材料成本差异是指直接材料实际成本与其标准成本的差异，它由直接材料用量差异和直接材料价格差异两部分组成。

直接材料用量差异是指由于直接材料实际用量与其标准用量的差异而导致的直接材料成本差异。直接材料价格差异是指由于直接材料实际价格与其标准价格的差异而导致的直接材料成本差异。其分析公式为：

直接材料成本差异＝直接材料实际成本－直接材料标准成本
直接材料用量差异＝(材料实际用量－材料标准用量)×材料标准价格
直接材料价格差异＝(材料实际价格－材料标准价格)×材料实际用量

直接材料用量差异的形成原因是多方面的，有生产部门的原因，也有非生产部门的原因。总的来说，产生用量差异的原因主要有：产品设计变更，用料标准未作相应调整；制造方法或程序变更，用料标准未作相应调整；所用机器或工具变更；材料品质低劣或规格不合；材料本身产量的变动；溢领材料未予退库；操作工人的责任心强弱、技术状况；废品废料率的高低；设备工艺状况等。此外，材料质量状况、材料规格的适应程度等，也会导致材料用量差异。正因如此，材料用量差异的责任需要通过具体分析方能明确，但其主要责任部门往往是生产部门。

直接材料价格差异是直接材料成本差异中不应由生产部门负责的成本差异。计算和分析材料价格差异，可以区分部门责任。材料价格差异的形成原因较为复杂，有主观原因，也有客观原因。如材料数量，未按标准采购量办理；达到最低存货量时，没有及时购补，导致以紧急方式采购，人为失去讨价还价的机会；采购时舍近求远，运费较贵，运输途中损耗增加；使用不必要的快速运输，增加运费；折扣期限内，延误付款，丧失优惠；市场价格的变动；供货厂商的变动；运输方式及其路线的变动；采购批量的变动等。由于这些导致材料价格差异的原因与采购部门的工作关系更密切，因此主要责任部门是采购部门。

（2）直接人工成本差异的分析。直接人工成本差异包括直接人工效率差异和直接人工工资率差异。直接人工效率差异即直接人工的用量差异，因为在既定产量下人工用量的多少反映了效率的高低；直接人工工资率差异即直接人工的价格差异，人工的价格表现为小时工资率。其计算公式为：

直接人工成本差异＝直接人工实际成本－直接人工标准成本
直接人工效率差异＝(实际人工工时－标准人工工时)×标准工资率
直接人工工资率差异＝(实际工资率－标准工资率)×实际人工工时

直接人工效率差异的形成原因是多方面的，如：任用工人不当，工人工作调动频繁，工人对公司政策或措施不满，材料品质低劣，工人经验不足，工人技术状况、工作环境和设备条件的好坏等，都会影响效率的高低，但其主要责任部门还是生产部门。

直接人工工资率差异的形成原因亦较复杂：工资计算方法变更；工人类别或工资率与所做工作不相配；季节性或紧急性生产；工资制度的变动、工人的升降级、加班或临时工的增减等。一般而言，这种差异的责任不在生产部门，劳动人事部门更应对其承担责任。

（3）变动制造费用成本差异的分析。变动制造费用成本差异由效率差异和耗费差异两部分组成。变动制造费用效率差异即变动制造费用的用量差异，是因实际耗用工时脱离标准而导致的成本差异；变动制造费用耗费差异即变动制造费用的价格差异，是因变动制造费用或工时的实际耗费脱离标准而导致的成本差异，也称变动制造费用分配率差异。其计算公式为：

$$\text{变动制造费用成本差异}=\text{变动制造费用实际发生额}-\text{变动制造费用标准成本}$$

$$\text{变动制造费用效率差异}=(\text{实际工时}-\text{标准工时})\times\text{变动制造费用标准分配率}$$

$$\text{变动制造费用分配率差异}=\left(\frac{\text{变动制造费用}}{\text{实际分配率}}-\frac{\text{变动制造费用}}{\text{标准分配率}}\right)\times\text{实际工时}$$

上述公式中的工时既可以是人工工时，也可以是机器工时，这取决于变动制造费用的分配方法。公式中的标准工时是指实际产量下的标准总工时。

变动制造费用效率差异的形成原因与直接人工效率差异的形成原因基本相同。

变动制造费用耗费差异则是变动制造费用开支额或工时耗费发生变动情况下出现的成本差异，其责任往往在于发生费用的部门。

（4）固定制造费用成本差异的分析。固定制造费用成本差异是实际固定制造费用与实际产量标准固定制造费用的差异。其计算公式为：

$$\text{固定制造费用成本差异}=\text{固定制造费用实际发生额}-\text{固定制造费用标准成本}$$

从上述公式可以看出，固定制造费用成本差异是在实际产量的基础上算出的。由于固定制造费用相对固定，一般不受产量影响，因此，产量变动会对单位产品成本中的固定制造费用产生影响。产量增加时，单位产品应负担的固定制造费用会减少；产量减少时，单位产品应负担的固定制造费用会增加。也就是说，实际产量与设计生产能力规定的产量或计划产量的差异会对产品应负担的固定制造费用产生影响。正因如此，固定制造费用成本差异的分析方法与其他费用成本差异的分析方法才有所不同。固定制造费用成本差异的分析方法通常有两差异分析法和三差异分析法，如图8-3所示。

两差异分析法将固定制造费用成本差异分为耗费差异和能量差异。固定制造费用耗费差异是指实际固定制造费用与计划（也称预算）固定制造费用之间的差异。计划固定制造费用是按计划产量和工时标准、标准费用分配率预先确定的固定制造费用。固定制造费用能量差异是指由于设计或计划的生产能力利用程度的差异而导致的成本差异，也就是实际产量标准工时脱离设计或计划产量标准工时而产生的成本差异。其计算公式为：

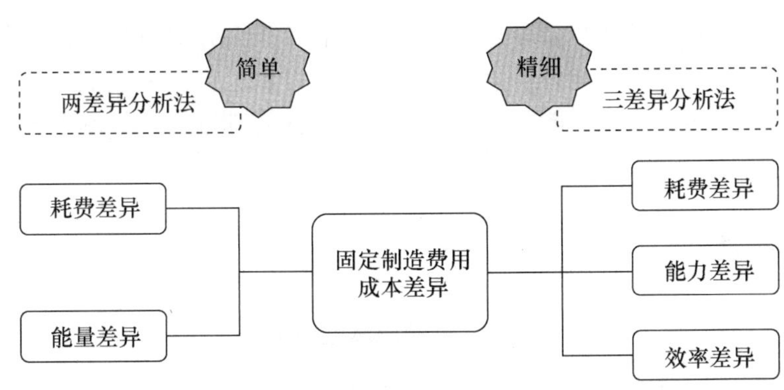

图 8-3　固定制造费用成本差异分析方法

$$\text{固定制造费用耗费差异}=\text{实际固定制造费用}-\text{计划固定制造费用}$$

$$=\text{实际固定制造费用}-\text{计划产量}\times\text{工时标准}\times\text{标准费用分配率}$$

$$\text{固定制造费用能量差异}=\left(\text{计划产量标准工时}-\text{实际产量标准工时}\right)\times\text{标准费用分配率}$$

产生固定制造费用能量差异的原因有：订货减少；生产能力过剩；停工待料或修理机器；工人不足等。固定制造费用耗费差异的原因与直接人工效率差异的原因基本相同。

两差异分析法比较简单。从上述计算公式可见，两差异分析法没有反映和分析生产效率对固定制造费用成本差异的影响。计算能量差异时，使用的都是标准工时，它说明的是按标准工时反映的生产能力利用情况。如果实际产量标准工时和计划产量标准工时一致，则能量差异为零。但是，实际产量的实际工时可能与其标准工时存在差异，生产能力的实际利用情况更取决于实际工时而非标准工时。实际工时与标准工时之间的差异，属于效率高低的问题。因此，固定制造费用成本差异分析更多地采用三差异分析法。

三差异分析法将固定制造费用成本差异区分为耗费差异、能力差异和效率差异。其中耗费差异与两差异分析法相同，其计算公式仍为：

$$\text{固定制造费用耗费差异}=\text{实际固定制造费用}-\text{计划产量}\times\text{工时标准}\times\text{标准费用分配率}$$

能力差异是指实际产量实际工时脱离计划产量标准工时引起的生产能力利用程度差异而导致的成本差异。其计算公式为：

$$\text{固定制造费用能力差异}=\left(\text{计划产量标准工时}-\text{实际产量实际工时}\right)\times\text{标准费用分配率}$$

效率差异是指因生产效率差异导致的实际产量实际工时脱离实际产量标准工时而产生的成本差异。其计算公式如下：

$$\text{固定制造费用效率差异}=\left(\text{实际产量实际工时}-\text{实际产量标准工时}\right)\times\text{标准费用分配率}$$

三差异分析法的能力差异与效率差异之和等于两差异分析法的能量差异。采用三差异分析法，能够更好地说明生产能力利用程度和生产效率高低所导致的成本差异情况，并且便于分清责任。能力差异的责任一般在管理部门，效率差异的责任则往往在生产部门。

内容扩展

定额成本会计制度

定额成本法是企业为了及时反映和监督生产费用、产品成本脱离定额的差异，加强定额管理和成本控制而采用的一种成本计算方法。它在生产费用发生的当时，就将符合定额的费用和发生的差异分别核算，月末在定额成本的基础上加减各种成本差异，从而计算出产品的实际成本。

采用定额成本法必须先制定产品的定额成本。定额成本与计划成本既有相同之处，又有不同之处。相同之处在于两者都是以产品生产的消耗定额和计划价格为依据而确定的目标成本。不同之处在于：计算计划成本的消耗定额是计划期内平均的消耗定额，计算定额成本的消耗定额则是现行定额；在主管企业的上级机构（或公司）对企业下达成本指标的情况下，计划成本是上级机构对企业进行成本考核的依据，定额成本则是企业自行制定、自我控制和考核的依据。

定额成本法主要有以下特点：

（1）事前制定产品的消耗定额、费用定额和定额成本作为降低成本的目标；

（2）在生产费用发生的当时将符合定额的费用和发生的差异分别核算，加强对成本差异的日常核算、分析和控制；

（3）月末在定额成本的基础上加减各种成本差异，计算产品的实际成本，为成本的定期分析和考核提供数据。

定额成本法适用于企业定额管理工作的基础比较好，产品的各项消耗定额都比较准确、稳定的情况。能够加强成本的日常控制，便于进行产品成本的定期分析，有利于提高成本的定额管理水平，能够比较合理和简便地分配完工产品和月末在产品的费用，但是工作量比较大。

特别提示

定额成本法和标准成本法的区别

定额成本法与标准成本法都属于成本计算方法，两者有基本相同的功能和实施环节，都要事先制定产品的目标成本（即定额成本和标准成本）作为产品应该发生的成本，并以此作为成本控制的依据。在此基础上，将实际消耗水平与定额成本或标准成本进行比较，计算脱离目标成本的差异，分析产生差异的原因，采取措施，挖掘潜力，降低成本。两种方法又有许多不同之处，如表 8－1 所示。

表8-1　定额成本法与标准成本法的区别

项目	定额成本法	标准成本法
目标成本制定依据	现行定额和计划单位成本	标准用量和标准分配率等
定额的稳定性	定额是可能变化的	定额具有较强的稳定性和约束性
差异的揭示方法	通过每一笔领料或加工零件来揭示并通过差异凭证来反映	实际产量的实际消耗量和实际价格与标准消耗量和标准价格的差异
差异的设置程度	三大类五项，设置口径较粗	四大项九种，设置口径较细
差异的账务处理	只核算各成本项目的差异	为各种成本差异设置总账科目核算
差异的分配方法	将成本差异在各种产品之间、完工产品与在产品之间分配	对各种差异分别设差异账户单独归集，年终予以处理
提供产品成本资料	以实际成本列示	以标准成本列示

一、制定目标成本的依据不同

定额成本法是按现行定额以及计划单位成本、分成本项目（即原材料费用、生产工资费用和制造费用）来制定的。与定额成本法不同的是，标准成本法中，直接材料成本包括标准用量和标准单位成本两方面；直接人工成本包括标准用量和工资率两方面（计时工资制）；制造费用分为变动制造费用和固定制造费用两部分，都是按标准用量和标准分配率来计算。

二、制定目标成本所依据的定额的稳定性不同

随着企业生产技术的变化，现行定额都应予以修订。也就是说，定额成本法下的定额是变化的，应设计一套定额变动计算方法，以计算定额变动的趋势和金额。标准成本是有效经营条件下发生的一种目标成本，也叫应该成本。它具有较强的稳定性和约束性，一般在一个会计年度内是固定不变的，也不用设计相应方法来计算其变动差异。

三、实际成本与目标成本差异的揭示方法不同

脱离定额的差异是指生产过程中各项生产费用的实际支出脱离现行定额或预算的数额。定额成本法下的差异是通过每一笔领料或加工零件来揭示并通过差异凭证来反映。

标准成本法往往根据一定时期实际产量的实际消耗量和实际价格与实际产量的标准消耗量和标准价格的计算比较来揭示差异，没有专用的差异凭证。

四、实际成本与目标成本差异的设置程度不同

定额成本法下的差异主要有：脱离定额的差异（即材料、生产工资、制造费用脱离定额的差异）、原材料或半成品成本差异、定额变动差异等三大类五项，设置口径较粗。

标准成本法下的差异主要有脱离标准成本的差异这一类，具体包括直接材料成本差异（直接材料用量差异、直接材料价格差异）、直接人工成本差异（直接人工工资率差异、直接人工效率差异）、变动制造费用成本差异（变动制造费用开支差异、变动制造费用效率差异），固定制造费用成本差异（固定制造费用开支差异、固定制造费用能力差异、固定制造费用效率差异）等四大项九种，设置口径较细。

五、实际成本与目标成本差异的账务处理不同

定额成本法下，对成本差异的核算较为简单，只核算各成本项目的差异，且不是为各种成本差异单独设置会计科目，而是与定额成本在同一个成本明细账中进行核算。

标准成本法下，要为各种成本差异专门设置总账科目进行核算。

六、实际成本与目标成本差异的分配方法不同

定额成本法下，要将成本差异在各种产品之间、完工产品与在产品之间进行分配。

标准成本法下，对各种差异分别设差异账户单独归集，在年终予以处理，或转为销售产品成本，或直接计入损益。

七、提供产品成本资料不同

定额成本法下，定额变动差异要分摊到产品成本中，将定额成本调整为实际成本。也就是说，定额成本法下提供的产品成本是实际成本资料，产成品、在产品在资产负债表中以实际成本列示。

标准成本法下，产品的实际成本是按标准成本列示的。实际成本与标准成本之间的差异只对改进管理有作用。

第3节　生产制造业务核算程序的设计

一、生产费用归集分配方式设计

产品成本核算的目的是正确计算出产品成本，其核心问题是生产费用按设定的成本计算对象进行归集和分配。生产费用归集分配方式的设计主要包括以下几个方面的内容。

（一）成本计算对象的设计

计算产品成本必须首先确定成本核算对象。成本核算对象是为计算产品成本而确定的归集分配生产费用的各个对象，即成本的承担者。确定成本核算对象是设置产品成本明细账、分配生产费用和计算产品成本的前提。一般情况下，成本核算对象都是产品，但因为不同企业产品的生产特点不同，管理要求不同，因而具体的成本核算对象也就不同。例如，在单步骤生产条件下，生产工艺过程不可能或者不需要划分为几个生产步骤，因此只要求按照产品品种计算产品成本。在多步骤生产条件下，由于生产工艺过程是由几个间断的、分散在不同地点进行的生产步骤所组成，为了加强各生产步骤的成本管理，往往不仅要求按照产品品种计算产品成本，而且要求按照生产步骤计算产品成本，以便为考核和分析各种产品及各生产步骤的成本计划完成情况提供资料。如果管理上不要求按生产步骤考核生产耗费计算产品成本，也可以只按产品的品种计算成本。总之，企业生产的特点和管理要求对成本核算对象的确定有较大的影响，成本计算对象的设计既要适应生产组织与生产工艺的特点，又要满足企业加强成本管理的要求。

企业的生产组织、生产工艺特点与成本计算对象的一般关系如表8-2所示。

表 8-2　企业生产组织、生产工艺特点与成本计算对象

生产组织	生产工艺特点	成本计算对象
大量生产	连续加工	产品加工步骤（需计算自制半成品）或产品品种（不需计算自制半成品）
	平行加工	产品品种
成批生产	连续加工	产品批别或产品加工步骤
	平行加工	产品批别
单件生产	平行加工	产品品种

（二）成本项目的设计

1. 成本项目的设计方法

为了控制、考核与分析构成产品成本的各项生产费用的详细情况，在确定成本计算对象以后，还须对构成产品成本的各项生产费用进行具体的分类，设计出各种成本项目。成本项目的设计有两种方法。

（1）按其经济内容分类设置。设置外购材料、外购燃料、外购动力、工资、福利费、折旧费、利息、税金等项目。这种分类便于核算企业各个时期各种费用的实际支出水平，可以为核定企业流动资金定额和编制材料采购资金计划提供资料，但由于它不能提供构成产品生产费用的用途等资料，不便于分析各种费用的支出是否合理、节约，在实际工作中大多不采用这种分类方法。

（2）按其经济用途分类设置。设置直接材料、直接工资和制造费用等项目。在采用这种分类方法时，直接材料包括生产经营过程中直接用于产品生产或有助于产品形成的原材料、辅助材料、备用配件、外购半成品、燃料、动力、包装物、低值易耗品以及其他直接材料；直接工资包括直接从事产品生产人员的工资、奖金、津贴、补贴等；制造费用包括生产车间和辅助车间为组织和管理生产所发生的各项费用，如车间管理人员工资、车间房屋建筑物和机器设备的折旧费、租赁费、修理费、机物料消耗、水电费和办公费等。

2. 成本项目设计的原则

无论采用哪种分类方法设计成本项目，在设计时均须遵循以下四个原则：

（1）成本项目的内容与采用的成本计算方法要保持一致。比如，采用完全成本法时就要包括一些期间费用。

（2）将尽可能多的成本项目归入直接成本，从而减少间接费用分配造成的误差。

（3）重要性与恰当性相结合。一方面要求凡是在制造成本中占有较大比重的直接成本费用应以相应的成本项目单独列示，如企业发生的废品损失较多，应增设“废品损失”项目；另一方面要求成本项目的多少要恰当，分类不能过粗或过细。

（4）根据各种间接费用的不同属性确定不同的间接费用归集方式，从而保持所有成本项目与成本分配基础之间具有相同或相似的因果关系。在确定了成本计算对象以后，还应该对产品生产过程中发生的各种耗费进一步分类，设计出产品成本项目，有助于间接费用分配，详细记录产品生产所发生的各项生产费用，控制、分析和考核构成产品成本的各项生产费用发生的合理性。

（三）生产费用分配标准的设计

1. 确定生产费用分配标准的原则

生产制造业务过程发生的生产费用，有的可以直接计入产品成本计算对象，有的则需要按照一定的分配标准间接计入产品成本计算对象。如何确定科学、合理的生产费用分配标准来分配间接费用，是生产费用分配标准设计应解决的问题，也是正确计算产品成本的必要条件。

为了使设计出来的生产费用分配标准科学、合理，在设计生产费用分配标准时应遵循以下原则：第一，相关性原则，要求待分配生产费用与分配标准之间要具有客观直接的相互依存关系；第二，易操作性原则，作为分配标准的因素必须是数据资料易于取得、易于计量的；第三，适当性原则，分配标准的选择要有利于成本控制和成本考核，有利于企业加强成本责任管理；第四，稳定性原则，生产费用分配标准一经确定，应保持一定时期的相对稳定。

2. 生产费用分配方法与分配标准

生产费用分配的基本方法是比率法，即先用待分配的生产费用除以各分配对象的分配标准之和，计算出分配率，再用各分配对象的分配标准乘以分配率，就可计算确定各分配对象应分配的间接计入费用。其基本的计算公式是：

分配率＝分配对象÷各种产品分配标准总数

某种产品应分配数额＝该种产品分配标准数×分配率

常用的几种生产分配标准如下：

（1）材料费用的分配。间接计入产品成本的各项材料费用，可以按产品的产量、定额消耗量、定额费用、重量、体积比例等确定分配标准。

（2）燃料费用的分配。可以根据产品的重量、体积、所耗原材料的数量、所耗原材料费用、燃料定额消耗量或费用比例等确定分配标准。

（3）动力费用的分配。一般按照产品的生产工时、机器工时或定额工时比例等确定分配标准。

（4）工资及职工福利费的分配。一般按照产品的生产工时或定额工时比例等确定分配标准。

（5）其他制造费用的分配。一般按照产品的生产工时、机器工时、定额工时、生产工人工资比例或年度计划分配率等确定分配标准。

（6）辅助生产费用的分配。一般按直接分配法、交互分配法、顺序分配法、代数分配法或计划价格分配法等确定分配标准。

（四）完工产品成本和在产品成本划分标准的设计

生产费用经过归集分配后，成本计算单就集中反映了某种产品的全部成本。如果某种产品在计算期内已完工，它反映的就是完工产品成本；如果该产品在计算期内尚未全部完工（有在产品），则反映的该产品成本还需在完工产品和在产品之间进行划分。其划分方法是：

1. 不计算在产品成本

适用于以下两种情况：（1）期末在产品数量较少；（2）期末在产品数量虽然较多，

但前后各期比较稳定，视同其可以相互抵消。

2. 计算在产品成本的方法

当以上条件不具备时，就需要计算在产品成本，用某种产品的全部成本剔除在产品成本后的余额即为完工产品成本。计算在产品成本的常用方法如下：

（1）约当产量比例法。其计算公式为：

在产品约当产量＝在产品数量×完工百分比

$$分配率=\frac{期初在产品成本+本期发生费用}{完工产品数量+在产品约当产量}$$

在产品负担的成本＝在产品约当产量×分配率

（2）定额比例法。其计算公式为：

$$分配率=\frac{期初在产品实际消耗量+本期实际消耗量}{完工产品定额消耗量+期末在产品定额消耗量}$$

在产品实际消耗量＝期末在产品定额消耗量×分配率

在产品实际成本＝在产品实际消耗量×材料单价(或工资率或费用率)

（3）定额成本法。其计算公式为：

各项定额材料成本＝在产品数量×单位消耗定额×计划单价

定额工资成本＝在产品数量×工时定额×每小时平均工资

各项定额费用成本＝在产品数量×工时定额×每小时计划费用

在产品定额成本＝各项定额材料成本＋定额工资成本＋各项定额费用成本

二、产品成本核算程序设计

根据各种类型生产的特点和管理要求，产品成本计算的基本方法主要有三种：品种法、分批法和分步法。

（一）品种法

品种法是以产品的品种为成本计算对象，归集生产费用、计算产品成本的一种方法。它主要适用于大量大批的单步骤生产，如发电、采掘等企业。在这类企业中，产品的生产工艺过程只有一个加工步骤，并且只能在同一地点加工完成，因而不需要按照生产步骤计算产品成本。在大量大批多步骤生产中，如果企业或车间规模较小，或者车间是封闭式的，即从原材料投入到产品加工完成的全过程都是在一个车间内进行的，或者生产是按流水线组织的，尽管属于复杂生产，但在成本管理工作中不要求提供各步骤的成本资料时，也可以用品种法计算成本，如小型水泥厂、制砖厂、织布厂以及辅助生产的蒸汽车间等。品种法的成本核算程序如图 8－4 所示。

（二）分批法

分批法又称订单法，是按照产品批别或订单作为成本计算对象来归集产品费用并计算产品成本的一种方法。这种方法一般适用于小批单件的多步骤生产，例如重型机械、船舶、精密仪器、专用工具模具和专用设备的制造。在某些单步骤生产下，无论是企业还是车间，如果生产按小批单件组织，例如某些特殊或精密铸件的熔铸，也可

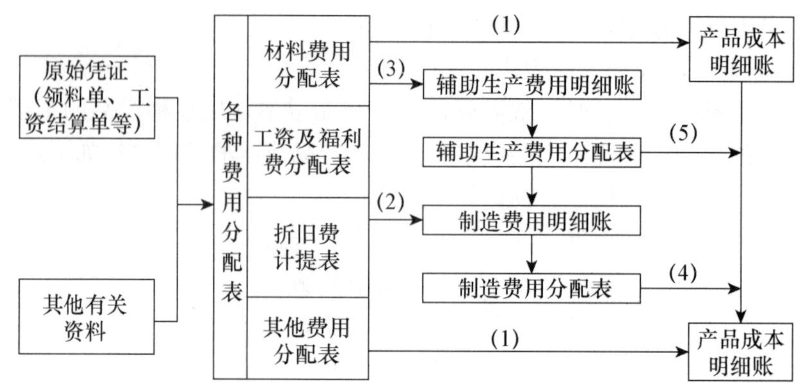

图8-4　品种法成本核算程序

以采用分批法单独计算这些铸件的成本。

分批法成本核算程序流程说明如下：

（1）在开始生产时，财务部门应根据每一份订单或每一批产品生产通知单（内部订单），开设一张成本明细单（产品成本计算单）。

（2）分批法十分强调按单位或批别归集成本，因此各张订单、各批产品所直接耗用的各种材料、费用，都要在有关原始凭证上填明订单及生产通知单号，间接费用要填明其用途和费用发生地点。

（3）期末根据费用的原始凭证编制材料、工资等分配表。

（4）结算各辅助生产费用，编制辅助生产费用分配表。

（5）结算各车间的制造费用明细账，编制制造费用分配表，按照规定的分配标准，分配记入各有关成本明细账。

（6）当某订单、生产通知单或某批产品完工、检验合格后，应由车间填制完工通知单，一份送财务部门，以便结算成本。

（7）财务部门收到车间送来的完工通知单后，根据产品成本明细账和有关原始凭证资料，编制产品成本计算表。

（8）期末未完工订单的成本明细账所归集的成本费用就是在产品成本。

分批法的成本核算程序如图8-5所示。

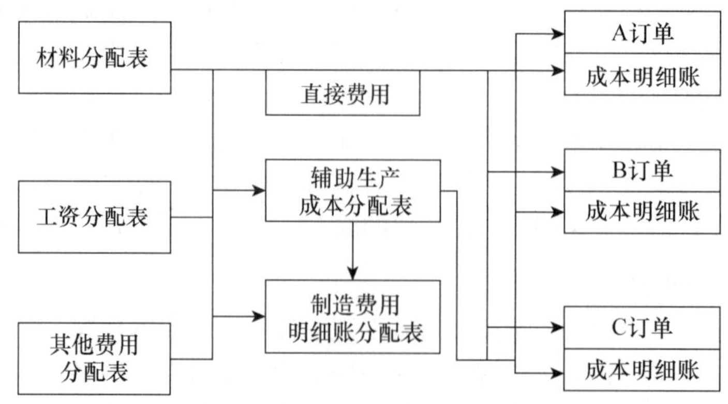

图8-5　分批法成本核算程序

(三) 分步法

分步法是按照产品的生产步骤和产品品种汇集生产费用、计算产品成本的一种方法，它适用于大量大批多步骤生产，例如冶金、纺织、造纸以及大量大批生产的机械制造等。在这些企业里，生产工艺过程是由若干在技术上可以间断的生产步骤组成，即从原材料投入生产到产成品完成，要经过若干连续的加工步骤。原材料经过一个加工步骤，便生产出形状和性能不同的半成品，上一步骤的半成品是下一步骤的加工对象，直到最后一个步骤加工或装配完毕，才生产出产成品。在这样的企业里，为了加强各生产步骤的成本管理，特别是实行分级管理、分级核算的企业，不仅要求按照产品品种计算产品成本，而且要求按照生产步骤计算半成品成本，以便为考核和分析各种产品及各生产步骤半成品成本计划的完成情况提供基础数据资料。由于在不同的企业，管理者对每一生产步骤的成本信息的需求不同，为了方便成本计算，分步法又可以分为逐步结转分步法和平行结转分步法两种。

1. 逐步结转分步法（计算半成品成本法）

该方法是按照产品的加工顺序，首先计算第一个加工步骤的半成品成本，然后结转给第二个加工步骤；第二个加工步骤把第一个步骤转来的半成品成本加上本步骤发生的费用，计算求得第二个加工步骤的半成品成本，再结转给第三个加工步骤，依此顺序结转累计，一直到最后一个加工步骤才能计算出产成品的成本。这种方法广泛适用于大量大批多步骤生产企业，各步骤生产出的半成品主要是转给下一步骤继续加工，最后加工成企业产成品。例如玻璃仪器的生产，配料熔化成玻璃液，经过拉管机拉成玻璃管，再经过烧制制成各种玻璃仪器。为了分别计算各种产成品的成本，需要计算半成品的成本。半成品成本的计算是产成品成本计算的需要。有的企业各步骤生产出来的半成品可以对外销售，例如纺织厂的棉纱、钢铁厂的生铁等都经常外售。为了计算对外销售半成品成本，也要求计算生产制造过程中这些半成品的成本。其成本核算程序如图 8－6 所示。

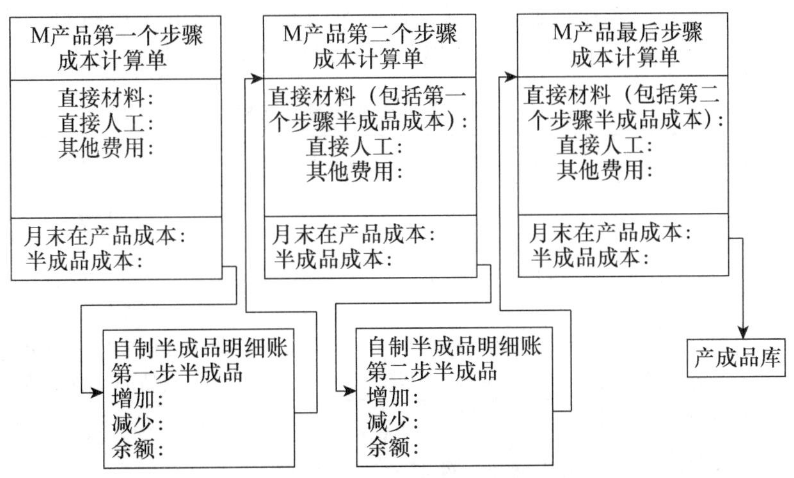

图 8－6　逐步结转分步法成本核算程序

2. 平行结转分步法（不计算半成品成本法）

该方法主要适用于大量多步骤装配式生产的企业。在这样的企业里，各步骤半成品的种类很多，又很少对外销售，不需要计算半成品成本。如果采用逐步结转分步法，核算工作量会很大，也没有必要。为了简化和加速成本计算工作，便采用了平行结转分步法。

平行结转分步法在计算各步骤成本时，不计算各步骤所产半成品的成本，也不计算各步骤所耗上一步骤的半成品成本，只计算本步骤发生的各项费用以及这些费用中有多少应计入产成品成本中。把各步骤计入产成品成本中的费用称为“份额”。将相同产品的各步骤的份额平行结转、汇总，即可计算出该种产品的产成品成本。这种结转成本的方法就称为平行结转法。其成本核算过程如图 8-7 所示。

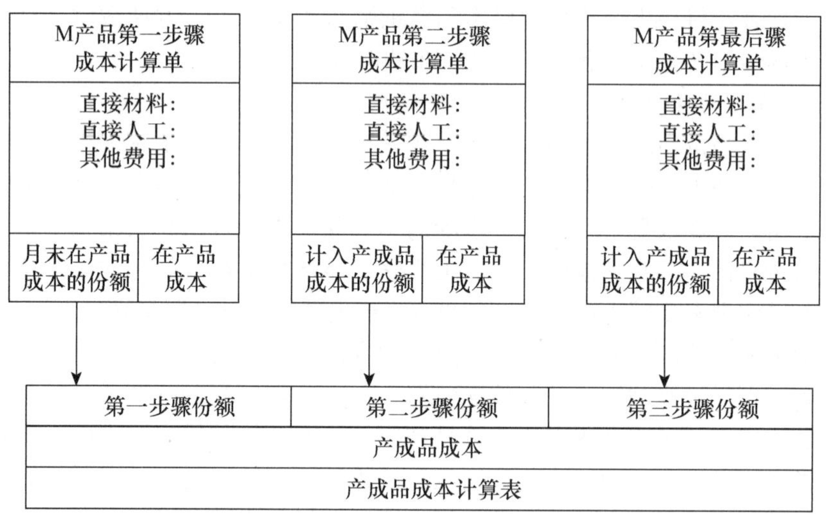

图 8-7　逐步结转分步法成本核算程序

以上各种方法的比较见表 8-3。企业可以根据自己的生产特点和生产工艺，以及企业成本管理的需要科学合理地选用，有时需要多种成本核算方法交叉运用。

表 8-3　各种成本核算方法特点的比较

成本核算方法		成本核算对象	成本核算期	成本结转	在产品计算
品种法		产品品种	定期、每月月末	不结转	单一品种不核算多品种核算
分步法	逐步结转分步法	各步骤半成品、产成品	定期、每月月末	各步骤半成品成本结转	核算在产品成本
	平行结转分步法	各步骤份额、最终产品		各步骤份额结转或单位半成品加工费结转	
分批法	全厂范围或一个封闭车间	产品批别、件别	不定期	不结转	通常不核算在产品成本
	各步骤连续加工			逐步结转或平行汇总	

案例 8－1

作业成本法设计

广西柳工机械股份有限公司是以生产销售装载机为主的大型机械制造企业，是广西第一家上市公司。自 1997 年，广西柳工开始采用以内部转移价格为中心、标准成本与作业成本相结合的模式，按照产品设计、工艺路线以及分厂各年的责任，制定直接材料、直接人工、制造费用等的标准成本，并以独立的作业中心为单位加以核算。划分作业中心的标准同时满足下列五项条件：不同的责任主体；不同的加工手段；不同的加工对象；不同的加工工艺；加工工艺可以间断。

为了便于成本的核算和控制，广西柳工采用“树型”结构自下而上地汇总零部件、整机的成本，形成事前的标准作业成本，然后将生产产品实际发生的直接材料与辅助材料的成本，记入各项产品单独的基本生产明细账、总括的直接材料用量差异和辅助材料用量差异账，对燃料动力、直接人工、制造费用按实际发生额记入基本生产账户，月末将差异按产出法加以分配。

在这种分权控制的基础上，又形成了相对独立的内部财务控制，设计了一条“分厂与分厂间、分厂与公司外部单位间存在物流，但不存在资金流和信息流”的机制，提高了企业内部成本核算与成本管理水平。

问题：作业成本法设计的核心内容是什么？

思考题

1. 生产制造业务内部控制的具体要求有哪些？
2. 生产制造业务内部控制制度的设计原则有哪些？
3. 实际成本核算方法设计的基础工作包括哪些要点？
4. 标准成本法的核算程序包括哪几个步骤？
5. 定额成本法与标准成本法的区别是什么？
6. 如何进行生产费用归集分配方式设计？
7. 成本项目的设计方法及原则包括哪几个方面？
8. 成本核算方法的特点体现在哪些方面？

练习题

1. 单项选择题

(1) 原始记录制度属于（　　）。

A. 定额管理制度　　B. 生产计划控制制度

C. 成本责任控制制度　　D. 成本核算的基础工作控制制度

(2) 生产费用分配的基本方法是分配率法，下列公式正确的是（　　）。

A. 分配率＝各种产品分配标准总数÷分配对象

B. 分配率＝分配对象÷各种产品分配标准总数

C. 分配率＝某种产品分配标准数÷某种产品应分配数额

D. 分配率＝分配对象÷某种产品分配标准数

(3) 下列不属于计算在产品成本的常用方法的是（　　）。

A. 约当产量比例法　　B. 定额比例法

C. 计划成本分配法　　D. 定额成本法

(4) 适用于大量大批多步骤生产的成本计算方法是（　　）。

A. 品种法　　B. 种类法　　C. 分批法　　D. 分步法

(5) 标准成本会计制度的一个重要特征是（　　）。

A. 组织标准成本差异的核算

B. 把定额成本引入了成本核算系统

C. “库存商品”账户的余额按照实际成本反映

D. “生产成本”账户的余额按照实际成本反映

2. 多项选择题

(1) 品种法是按产品品种归集产品费用、计算产品成本的方法，它的适用范围包括（　　）。

A. 小批单件多步骤生产

B. 大量大批单步骤生产

C. 不要求提供各步骤的成本资料时的大量大批多步骤生产

D. 要求提供各步骤的成本资料时的大量大批多步骤生产

E. 多批单件多步骤生产

(2) 下列差异中，属于制造费用的差异的有（　　）。

A. 变动制造费用效率差异

B. 变动制造费用分配率差异

C. 变动制造费用差异和固定制造费用差异

D. 固定制造费用预算差异

E. 固定制造费用能量差异

(3) 实际成本会计制度基础工作设计包括的内容有（　　）。

A. 制定各项消耗定额

B. 建立健全有关成本核算的原始记录制度

C. 健全与成本有关的各项业务管理制度

D. 分析实际成本与标准成本差异的原因

E. 界定成本的开支范围

3. 判断题

(1) 成本开支范围一经确定，要保持相对稳定，以保证成本计算口径的一致。（　　）

(2) 平行结转分步法适用于大量多步骤装配式生产企业。（　　）

(3) 生产费用分配的基本方法是比率法。（　　）

(4) 固定制造费用采用两差异分析法，能更好地说明生产能力利用程度和生产效率高低所导致的成本差异情况，并且便于分清责任。（　　）

实训题

1. 新华实业公司在成本核算过程中采用分批法，下面是分批法的核算程序流程，请你根据理解，将不完整的部分补充完整。

(1) 在开始生产时，财会部门……

(2) 各张订单、各批产品所直接耗用的各种材料、费用，都要在有关原始凭证上填制订单号及生产通知单号，间接费用要填明其用途和费用发生地点。

(3) 期末根据费用的原始凭证编制……

(4) 编制辅助生产费用分配表。

(5) 编制……并按分配标准记入有关成本明细账。

(6) 当产品完工、检验合格后，由车间填制……

(7) 财会部门收到完工通知单后……

(8) 期末未完工订单的成本明细账所归集的成本费用就是在产品成本。

2. 东方实业有限公司是一家生产型企业，新的财务经理上任后，决定放弃使用实际成本会计制度而采用标准成本会计制度。

(1) 请你分析财务经理为什么这么做。

(2) 代他设计一套标准成本会计制度的实施步骤。

第9章

销售与收款的内部控制与核算方法设计

内容导图

销售是指企业出售商品或提供劳务的业务，它是企业生产经营过程的必要环节。销售商品是工商企业的主要销售业务活动，其他销售业务活动包括外购商品、材料以及提供非工业性劳务、固定资产出租、无形资产转让等。销售与收款的内部控制与核算方法的设计意在规范销售与收款业务活动，全面系统地记录与核算销售过程，监督与控制商品的发出与货款的收回。

通过本章的学习，学生要了解销售与收款内部控制与核算规程设计的意义；领会销售与收款内部控制设计的要求；理解销售与收款内部控制的原则；掌握销售与收款业务核算方法的具体设计内容；掌握销售与收款业务核算程序的具体设计内容和要点。

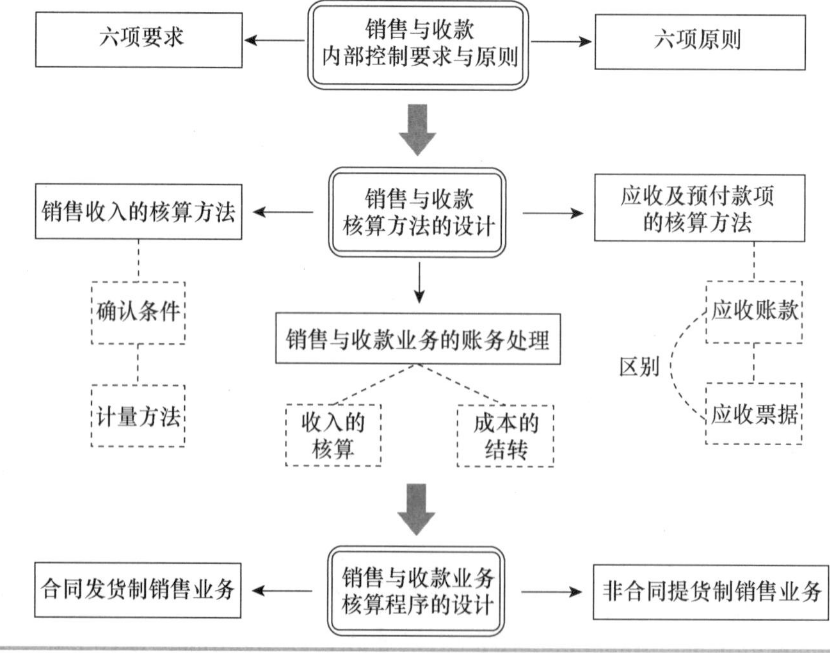

第 1 节　销售与收款内部控制要求与原则

在企业的经济活动中，由于销售业务涉及商品的进与出，其交易十分频繁，销售与收款业务又直接与钱物发生关系，极易产生各类舞弊行为，使企业遭受经济损失，直接影响企业的经济效益，因此，加强企业销售与收款的内部控制，是企业的一项重要的内部管理工作。

一、销售与收款内部控制的要求

针对销售与收款业务的特点，销售与收款业务内部控制制度设计的要求主要有以下六项：

（1）严格发货手续，保证财产安全。

（2）保证营业收入的真实性、完整性、合理性。

（3）保证商业折扣和现金折扣的真实性与适度性。

（4）保证销售折让与销售退回的合理处理与揭示。

（5）保证应收账款记录的真实性和可收回性。

（6）杜绝销售与收款业务中可能出现的一切违法乱纪和侵吞企业利益的行为。

二、销售与收款内部控制的原则

在设计销售与收款内部控制制度时应遵循的原则主要有以下六项，如图 9－1 所示。

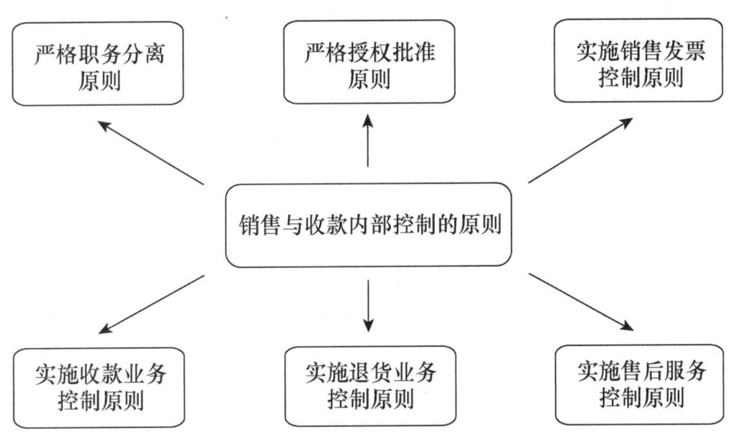

图 9－1　销售与收款内部控制的原则

（一）严格职务分离原则

企业应当建立销售与收款业务的岗位责任制，明确相关部门和岗位的职责、权限，确保办理销售与收款业务的不相容岗位相互分离、制约和监督。在销售与收款业务中需要进行职务分离的有：

（1）接受客户订单的人员不能同时负责核准付款条件和客户信用调查工作。

（2）填制销货通知的人员不能同时负责发出商品工作。

（3）开具发票的人员不能同时负责发票的审核工作。

（4）办理各项业务的人员不能同时负责该项业务的审核批准工作。

（5）记录应收账款的人员不能同时负责货款的收取和退款工作。

（6）会计人员不能同时负责销售业务各环节的工作。

（二）严格授权批准原则

企业应当对销售与收款业务建立严格的授权批准制度，明确审批人员对销售与收款业务的授权批准方式、权限、程序、责任和相关控制措施，规定经办人的职责范围和工作要求。具体要求如下：

（1）审批人应当根据销售与收款授权批准制度的规定，在授权范围内进行审批，不得超越审批权限。

（2）经办人应当在职责范围内，按照审批人的批准意见办理销售与收款业务。对于审批人超越授权范围审批的销售与收款业务，经办人员有权拒绝办理，并及时向审批人的上级授权部门报告。

（3）对于超过单位既定销售政策和信用政策规定范围的特殊销售业务，单位应当进行集体决策，防止决策失误而造成严重损失。

（4）严禁未经授权的机构和人员经办销售与收款业务。

（三）实施销售发票控制原则

销售发票控制原则的要求主要包括：

（1）指定专人负责发票的保管和使用，明确发票管理制度。

（2）发票使用人领用发票时应签字注明所领用发票的起讫号。

（3）发票使用人所开具的发票必须以发货通知单等有关凭证上载明的客户名称、日期、数量、单价、金额等为依据如实填列各项内容。

（4）会计部门必须指定独立于发票使用人的专人，定期或不定期地对所有使用过的发票与会计记录和有关手续凭证进行核对检查。

（四）实施收款业务控制原则

收款业务控制原则的要求主要包括：

（1）客户信用审查。收到客户订单后，首先应由负责客户信用调查的部门进行客户的信用审查，然后才能决定是否接受订单，将信用差的客户排除在赊销范围之外。

（2）现金折扣政策。确定切实可行的现金折扣政策，鼓励客户及早付款。

（3）应收账款记录。会计部门的应收账款记录必须严格地以销售部门销售业务的原始凭证为依据，防止应收账款的虚计；应收账款的总分类账记录和明细分类账记录应由不同的会计人员负责。

（4）商业票据管理。明确商业票据的受理范围，严格审查商业票据的真实性和合法性，防止票据欺诈。企业应当关注商业票据的取得、贴现和背书，对已贴现但仍承担收款风险的票据以及逾期票据，应当进行追索监控和跟踪管理。

（5）对账制度。会计部门应建立定期或不定期与客户对账的制度，指定专人通过函证等方式，及时了解客户的财务状况，并将对账结果和对客户财务状况的了解通报给销售部门、客户信用部门，以便及时采取有效措施，减少坏账损失。

(6) 账龄分析。客户信用部门应定期编制应收账款账龄分析表，对账龄较长的客户重点采取措施。

(7) 坏账管理。应收款项全部或部分无法收回的，应当查明原因，明确责任，并严格履行审批程序，按照国家统一的会计制度进行处理。

(五) 实施退货业务控制原则

该原则主要有以下六个方面的要求：

(1) 建立退货损失惩罚制度。在整个销售控制制度中明确每一个环节的责任人，当发生退货业务时能够找到承担损失的责任人，并给予相应的处罚，以加强生产、销售等各环节业务人员的责任意识，减少不必要的退货损失。

(2) 设立独立于销售部门的销货争议处理机构。当客户验收商品发现问题并通知企业时，销货争议处理机构能够立即展开调查，积极与客户协调，确认责任方。对由于本企业责任而造成客户争议的，应拿出双方都能够接受的解决方案。

(3) 建立销售折让优先制度。对确认为本企业的责任的，第一解决方案应是给予客户销售折让，以减少可能发生的退货损失。

(4) 理顺销售折让和销售退回的凭证流转程序。它可使会计记录所使用的原始凭证真实可靠，从而保证相应会计记录的客观性。

(5) 建立退货、索赔、销售折让审批制度。任何退货、索赔及销售折让的执行，必须有授权领导的批准。

(6) 建立退货验收制度和退款审查制度。这个制度的具体内容与进货验收制度和付款制度基本相同。

(六) 实施售后服务控制原则

在激烈的市场竞争中，企业为树立信誉、扩大销路，必须对售出商品进行质量担保。既在规定的质量担保范围内为客户提供良好服务，又必须将保修费用降到最低标准，这是售后服务控制制度的核心。为此，企业必须根据自身商品的特点，对服务对象、服务的时间范围、服务标准、服务单位、服务业务的手续等建立相应的内部控制制度。

案例 9－1

A 公司为一服装生产企业，服装以出口为主。某年其他应付款——外协加工费余额 1 000 万元，占公司当年利润的 65%。外协加工费当年累计发生额占销售成本的 22%。A 公司内部控制现状如下：由生产部经理负责是否委托、对外委托和验收；对外委托的外协加工情况财务部一无所知，财务部对委托过程失去控制；发生退货时，直接报生产部经理备案，生产部未设置备查账簿，全凭生产部经理一人控制，财务部同样失去监督。

本案例中生产部经理一人控制委托加工交易的全部过程，很可能存在以下舞弊风险：生产部经理可能会利用委托价格、委托数量、退货索赔等环节的内部控制漏洞，获取不正当利益，甚至在有些情况下为获取不当利益，在本公司生产能力允许的情况下，将生产订单对外委托，从而浪费本公司生产能力。通过控制外协加工的数量、价格，甚至通过虚假的委托操纵公司利润。

在本案例中，A公司应在以下环节进行改进：所有委托外协事项应由独立于生产部的部门和人员决定；委托事项应报财务部备案；收回委托加工商品应经过独立的检验部门检验；总经理审批前应将发票、检验单、入库单一同报财务部审核，财务部应将上述资料与备案的委托资料进行核对；发生退货时应及时报财务部和委托部门备案，以便及时向外协加工单位索赔。

内容扩展

《企业内部控制应用指引第9号——销售业务》

为了促进企业销售稳定增长，扩大市场份额，规范销售行为，防范销售风险，根据有关法律法规和《企业内部控制基本规范》，财政部会同证监会等部门制定了《企业内部控制应用指引第9号——销售业务》，并于2010年6月颁布。该指引自2011年1月1日起在境内外同时上市的公司施行，自2012年1月1日起在上海证券交易所、深圳证券交易所主板上市公司施行；在此基础上，择机在中小板和创业板上市公司施行。鼓励非上市大中型企业提前执行。该指引共三章十二条，主要从销售、收款等方面对企业内部控制提供了相关指引。

第2节　销售与收款核算方法的设计

销售与收款核算方法的设计包括销售收入的核算方法设计、应收及预付款项的核算方法设计、销售与收款业务的账务处理设计。

一、销售收入的核算方法

（一）销售收入的确认条件

依照《企业会计准则第14号——收入》，当企业与客户之间的合同同时满足下列条件时，企业应当在客户取得相关商品控制权时确认收入。

（1）合同各方已批准该合同并承诺将履行各自义务；

（2）该合同明确了合同各方与所转让商品或提供劳务（以下简称“转让商品”）相关的权利和义务；

（3）该合同有明确的与所转让商品相关的支付条款；

（4）该合同具有商业实质，即履行该合同将改变企业未来现金流量的风险、时间分布或金额；

（5）企业因向客户转让商品而有权取得的对价很可能收回。

在进行上述判断时需要注意以下三点：

第一，合同约定的权利和义务是否具有法律约束力，需要根据企业所处的法律环境和实务操作进行判断，包括合同订立的方式和流程，具有法律约束力的权利和义务的时间等。对于合同各方均有权单方面终止完全未执行的合同，且无须对合同其他方作出补偿的，企业应当视为该合同不存在。其中完全未执行的合同，是指企业尚未向客户转让任何合同中承诺的商品，也尚未收取且尚未有权收取已承诺商品的任何对价的合同。

第二，合同具有商业实质，是指履行该合同将改变企业未来现金流量的风险、时间分布和金额。关于商业实质，应按照非货币性资产交换中有关商业实质说明进行判断。

第三，企业在评估其因向客户转让商品而有权取得的对价是否可能收回时，仅应考虑客户到期时支付对价的能力和意图（即客户的信用风险）。在企业进行判断时，应当考虑是否存在价格折让。存在价格折让的，应当在估计交易价格时进行考虑。企业预期很可能无法收回全部合同对价时，应当判断其原因是客户的信用风险还是企业向客户提供了价格折让所致。

案例 9-2

T 企业的“收入”

T 企业 1996 年由国有企业改制上市，主营房地产。上市之初，公司上下士气高涨，投资兴建了一批高档房屋。然而，市场反应冷淡，全年销售情况极不乐观，房屋积压严重。

年终的高层会议上，总裁说，“必须想个办法。如果年末报表每股收益达不到10%，明年配股就很难，现在公司可是急需现金呐！”与会人员都默不作声，谁都清楚公司的现状，死马如何能够“医活”？总裁巡视了一圈，最后目光落到公司新任首席财务官（CFO）的脸上，该 CFO 在业内以精通“资本运营”而闻名。

“办法倒是有一个，”CFO 说，“老总，你不是有个好朋友 S 吗，我们和他的公司倒签一份销售合同，将房屋卖给他，但不需要他付款，我们做应收款；然后，我们和他签一份明年以相同价格回购的协议，明年两项交易一冲销，我们互不相欠，但今年底收入不就留在我们企业了吗？”众皆愕然，想不到收入的确认会如此容易。当年，在那样的会计制度规定下，T 企业就那样“死里逃生”了。

资料来源：张建军. 审计学案例. 北京：高等教育出版社，2000.

问题：T 企业能确认“收入”吗？该项“收入”从性质上看属于什么事项？

（二）销售收入的计量方法

在对销售商品收入进行计量时，应注意区别商业折扣、现金折扣和销售折让三个概念。

（1）商业折扣，是指企业为促进商品销售而在商品标价上给予的价格扣除。销售商品涉及商业折扣的，应当按照扣除商业折扣后的金额确定销售商品收入金额。

（2）现金折扣，是指债权人为鼓励债务人在规定的期限内付款而向债务人提供的债务扣除。

（3）销售折让，是指企业因售出商品的质量不合格等原因而在售价上给予的减让。企业已经确认销售商品收入的售出商品发生销售折让的，应当在发生时冲减当期销售商品收入，属于资产负债表日后事项的除外（冲减上年度销售收入）。

内容扩展

商业折扣、现金折扣和销售折让的区别

（1）商业折扣的目的是鼓励购货方多购买商品，通常根据购货方不同的购货数量而给予不同的折扣比例。发票上的价格为商品标价扣除商业折扣后的金额。在这种方式下，销售方的收入为发票上商品标价扣除商业折扣后的金额。若购货方获得商业折扣，也应该以发票上的金额作为实际购货成本。因此，商业折扣对企业的会计记录没有影响。

（2）现金折扣的目的是鼓励债务人在规定的期限内尽快付款，折扣条件通常以一个简单的分式表示。例如，一笔赊销期限为30天的商品交易，销售方规定的现金折扣条件为10天内付款可得2%的现金折扣，超过10天但在20天内付款可得到1%的现金折扣，超过20天付款需按发票金额付款。那么，该现金折扣条件就可表示为“2/10，1/20，n/30”。若购货方能够取得现金折扣，则发票金额扣除现金折扣后的余额，为购货方的实际付款额。

（3）销售折让可能发生在销货方确认收入之前，也可能发生在销货方确认收入之后。如果发生在销货方确认收入之前，销货方应该直接从原定的价格中扣除给予购货方的销售折让作为实际销售价格，确认收入，购货方也应以该金额作为实际购货成本；如果发生在销货方确认收入之后，销货方应按实际给予购货方的销售折让，冲减销售收入，购货方应以该金额冲减购货成本。销售折让属于资产负债表日后事项的，应当根据不同的情况分别作为资产负债表日后调整事项或非调整事项进行会计处理。

根据现行企业会计准则的要求，企业在销售商品时给予客户的现金折扣，应当按照《企业会计准则第14号——收入》（财会〔2017〕22号）中关于可变对价的相关规定进行会计处理。对于可变对价，企业应当按照期望值或最可能发生金额确定可变对价的最佳估计数，但包含可变对价的交易价格，应当不超过在相关不确定性消除时累计已确认收入极可能不会发生重大转回的金额。企业在评估累计已确认收入是否极可能不会发生重大转回时，应当同时考虑收入转回的可能性及其比重。

二、应收及预付款项的核算方法

应收与预付款项是指企业在日常生产经营过程中发生的各项债权，包括应收账款、应收票据、其他应收款和预付账款。其他应收款和预付账款的核算比较简单，本章主要讲述应收账款和应收票据核算的设计。

（一）应收账款

应收账款是企业在生产经营活动中，由于销售商品、产品或提供劳务，应向购货单位或接受劳务单位收取的款项，包括代垫的运杂费。应收账款的设计主要涉及入账金额的确定和坏账准备的计提方法设计。

（1）应收账款入账金额的确定。一般情况下，应收账款应按照历史成本入账，包括销售商品或提供劳务从购货方或接受劳务方应收的合同或协议价款、增值税销项税额，以及代购货单位垫付的包装费、运杂费、保险费等。

（2）应收账款坏账的计提方法。主要包括直接转销法和备抵法两种。直接转销法在日常核算中对可能发生的坏账不予考虑，只在发生时计入发生当期的损益。备抵法是采用一定的方法按期估计坏账损失，计入当期费用，并建立坏账准备，待坏账发生时，再冲销已计提的坏账准备金。

（3）备抵法的计算。目前，我国企业采用备抵法核算坏账准备，坏账准备的计算具体有三种方法可以选择：余额百分比法、销货百分比法和账龄分析法。

余额百分比法是按照应收账款余额的一定比例计提坏账准备金。销货百分比法是以赊销金额的一定百分比作为估计的坏账损失。这两种方法计算比较简单，但由于其不区分应收账款的时间长短与坏账发生可能性之间的关系，统一按照相同的比例计提坏账准备金，不够合理。

账龄分析法是根据应收账款账龄的长短来估计坏账金额的方法。应收账款的账龄越长，计提坏账的比例越大。这种方法的优点是考虑了坏账与应收账款账龄之间的联系，缺点是计算工作量比其他两种方法大。

（二）应收票据

应收票据是指企业持有的、尚未到期兑现的商业汇票，其会计核算设计主要包括两个方面：

（1）入账价值的确定。应收票据可以按照账面价值入账，也可以按照资产的定义，采用应收票据未来能够收到的现金流量（包括票面价值和利息）的现值折现入账。从理论上说，后者更科学一些，但计算烦琐，而且不够谨慎（将利息提前确认）。目前，我国的应收票据采用账面价值入账。

（2）贴现的会计核算。在应收票据到期前，企业可以将其持有的商业汇票到银行加以贴现。贴现时，如果银行要求企业背书承担连带责任，企业反映这种责任的会计核算就存在两种方法：第一种方法，单独设立“应收票据贴现”科目，贴现时先贷记该科目，待连带责任解除时，借记该科目，贷记“应收票据”科目。第二种方法，不设立“应收票据贴现”科目，贴现时直接冲销“应收票据”科目。为反映连带责任，在当期会计报表附注中应说明因贴现产生的或有负债数额。目前，我国采用后一种方法。

内容扩展

应收账款和应收票据的区别

应收账款是企业因为销售产品而应当在一年内向客户收取的销货款，也就是其他企业欠的货款。企业因为采用赊销的办法促销商品，出售后不立即收取货款就形成了应收账款，是公司已有资产。应收账款的收回存在一定的风险，故要做“坏账准备”科目，坏账准备是应收账款的备抵账户，年底一般按应收账款的千分之三至千分之五计提。

应收票据是指企业因销售商品、产品、提供劳务等而收到的商业汇票，包括银行承兑汇票和商业承兑汇票。

应收票据和应收账款的区别就在于债务人有没有向债权人签发经银行承兑后可以保证付款的票据，并且企业可以选择在票据到期前将其转让给银行，这在会计上叫办理贴现。因此，同应收账款相比，应收票据更加可靠，也更加灵活。

三、销售与收款业务的账务处理

（一）商品销售收入的核算

在不同的销售方式下，商品销售收入确认的方法不同，主要有以下几种情况。

1. 一般销售

对符合收入确认条件、本期实现的主营业务收入，应按实际收到或应收的价款，进行如下的账务处理：

借：银行存款（或应收账款、应收票据）

　贷：主营业务收入

　　　应交税费——应交增值税（销项税额）

本期发生的销售退回，应冲减当期的主营业务收入，作相反处理；但若在年度财务会计报告批准报出日前发生的，属于报告年度和以前年度的销售退回，应当调整报告年度拟对外提供的财务会计报告有关项目的数据。

2. 分期收款销售

分期收款销售是指销售商品已经交付，但货款分期收回的一种销售方式。在这种销售方式下，销售方在将商品交付给购买方时，应当按照应收的合同或协议价款确认收入，但是应收的合同或协议价款不公允的除外。

如果应收的合同或协议价款不公允、实质上具有融资性质的，销售方应当在交付商品时，按照应收的合同或协议价款的公允价值确认收入。应收的合同或协议价款与其公允价值之间的差额，应当在合同或协议期间内，按照应收款项的摊余成本和实际利率计算确定的金额进行摊销，冲减财务费用。应收的合同或协议价款的公允价值，应当按照其未来现金流量的现值或商品现销价格确定。

3. 委托代销

（1）视同买断方式。它是指由委托方和受托方签订协议，委托方按协议价收取所代销商品的货款，实际售价可由受托方自定，实际售价与协议价之间的差额归受托方所有的销售方式。在这种代销方式下，委托方在交付商品时不确认收入，受托方也不作为购进商品处理。受托方将商品销售后，应按实际售价确认为销售收入，并向委托方开具代销清单。委托方收到代销清单时，再确认收入。

（2）收取手续费方式。它是指受托方根据所代销的商品数量向委托方收取手续费的销售方式。在这种代销方式下，委托方应在受托方将商品销售后并向委托方开具代销清单时确认收入；受托方在商品销售后，按应收取的手续费确认收入。

4. 需要安装和检验的商品销售

需要安装和检验的商品销售是指售出的商品需要经过安装和检验等过程的销售方式。在这种销售方式下，在购买方接受交货以及安装和检验完毕前一般不应确认收入，但如果安装程序比较简单，或检验是为最终确定合同价格而必须进行的程序，则可在发出商品时，或在商品销售装运时确认收入。不符合收入确认条件的已发出商品，应单独设置“发出商品”账户。

5. 附有销售退回条件的商品销售

对于附有销售退回条件的销售，企业应当在客户取得相关商品控制权时，按照因向客户转让商品而预期有权收取的对价金额（即不包含预期因销售退回将退还的金额）确认收入，按照预期因销售退回将退还的金额确认负债；同时，按照预期将退回商品转让时的账面价值，扣除收回该商品预计发生的成本（包括退回商品的价值减损）后的余额，确认为一项资产，按照所转让商品转让时的账面价值，扣除上述资产成本的净额结转成本。每一资产负债表日，企业应当重新估计未来销售退回情况，如有变化，应当作为会计估计变更进行会计处理。

6. 分期预收款商品销售

分期预收款商品销售是指购买方在商品尚未收到前按合同约定分期付款，销售方在收到最后一次付款时才交货的销售方式。在该销售方式下，预收的货款作为一项负债，记入“合同负债”账户，不能确认收入，待交付商品时再确认营业收入。

7. 订货销售

该销售方式是指已收到全部或部分货款而库存没有现货，需要通过制造等程序才能将商品交付购买方的销售方式。在这种销售方式下，应在商品交付给购买方时确认营业收入的实现，预收的货款作为一项负债，记入“合同负债”账户。

8. 以旧换新商品销售

该销售方式是指销售方在销售商品的同时回收与所售商品相同的旧商品。在这种销售方式下，销售的商品按照商品销售的方法确认收入，回收的商品作为购进商品处理。

9. 售后回购

售后回购，是指企业销售商品的同时承诺或有权选择日后再将该商品（包括相同或几乎相同的商品，或以该商品作为组成部分的商品）购回的销售方式。

企业因存在与客户的远期安排而负有回购义务或企业享有回购权利的，表明客户在销售时点并未取得相关商品控制权，企业应当作为租赁交易或融资交易进行相应的会计处理。其中，回购价格低于原售价的，应当视为租赁交易，按照《企业会计准则第21号——租赁》的相关规定进行会计处理；回购价格不低于原售价的，应当视为融资交易，在收到客户款项时确认金融负债，并将该款项和回购价格的差额在回购期间内确认为利息费用等。企业到期未行使回购权利的，应当在该回购权利到期时终止确认金融负债，同时确认收入。

企业负有应客户要求回购商品义务的，应当在合同开始日评估客户是否具有行使该要求权的重大经济动因。客户具有行使该要求权重大经济动因的，企业应当将售后回购作为租赁交易或融资交易；否则，企业应当将其作为附有销售退回条款的销售交易进行会计处理。

10. 售后租回

该销售方式是指在销售商品的同时，销售方同意日后再租回所售出的商品。以这种方式销售商品的，售价与资产账面价值之间的差额应当予以递延。在经营租赁方式下，该差额应当在租赁期内按照与确认租金费用相一致的方法进行分摊，作为租金费用的调整；在融资租赁方式下，该差额应当按照资产的折旧进度进行分摊，作为折旧的调整。但是，如果有确凿证据表明经营租赁的售后租回交易是按照公允价值达成的，则销售的商品按售价确认收入，并按账面价值结转成本。

内容扩展

融资租赁和经营租赁①

《企业会计准则》规定，在租赁期开始日，承租人应当对租赁确认使用权资产和租赁负债，出租人应当在租赁开始日将租赁分为融资租赁和经营租赁。

使用权资产，是指承租人可在租赁期内使用租赁资产的权利，使用权资产应当按照成本进行初始计量。该成本包括：（1）租赁负债的初始计量金额；（2）在租赁期开始日或之前支付的租赁付款额，存在租赁激励的，扣除已享受的租赁激励相关金额；（3）承租人发生的初始直接费用；（4）承租人为拆卸及移除租赁资产、复原租赁资产所在场地或将租赁资产恢复至租赁条款约定状态预计将发生的成本。

租赁负债应当按照租赁期开始日尚未支付的租赁付款额的现值进行初始计量。在计算租赁付款额的现值时，承租人应当采用租赁内含利率作为折现率；无法确定租赁内含利率的，应当采用承租人增量借款利率作为折现率。

融资租赁是指实质上转移了与资产所有权有关的全部风险和报酬的租赁。其所有权最终可能转移，也可能不转移。符合下列一项或数项标准的，应当认定为融资租赁：其一，在租赁期届满时，租赁资产的所有权转移给承租人。其二，承租人有购买租赁资产的选择权，所订立的购买价款预计将远低于行使选择权时租赁资产的公允价值，因而在租赁开始日就可以合理确定承租人将会行使这种选择权。其三，即使资产的所有权不转移，但租赁期占租赁资产使用寿命的大部分。其四，承租人在租赁开始日的最低租赁付款额现值，几乎相当于租赁开始日租赁资产公允价值；出租人在租赁开始日的最低租赁收款额现值，几乎相当于租赁开始日租赁资产公允价值。其五，租赁资产性质特殊，如果不作较大改造，只有承租人才能使用。一项租赁存在下列一项或多项迹象的，也可能分类为融资租赁：其一，若承租人撤销租赁，撤销租赁对出租人造成的损失由承租人承担。其二，资产余值的公允价值波动所产生的利得或损失归属于承租人。其三，承租人有能力以远低于市场水平的租金继续租赁至下一期间。

经营租赁是指除融资租赁以外的其他租赁。

---

① 参考财政部于2019年10月28日修订发布的《企业会计准则第21号——租赁》（财会〔2018〕35号）相关内容。

11. 商品销售退回

该销售方式是指企业售出的商品，由于质量、品种不符合要求等原因而发生的退货。销售退回应当分别情况处理。

(1) 未确认收入的已发出商品的退回，按照记入“发出商品”等账户的金额：

借：库存商品

　　贷：发出商品

采用计划成本或售价核算的，应按计划成本或售价记入“库存商品”账户，并计算成本差异或商品进销差价。

(2) 已确认收入的销售商品退回，一般情况下直接冲减退回当月的销售收入、销售成本等。如果该项销售已发生现金折扣，应在退回当月一并处理。

(3) 资产负债表日及之前售出的商品在资产负债表日至财务会计报告批准报出日之间发生退回的，应当作为资产负债表日后事项的调整事项处理，调整报告年度的收入、成本等。如果该项销售在资产负债表日及之前已经发生现金折扣的，还应同时冲减报告年度的现金折扣。

12. 现金折扣

现金折扣是指企业为了尽快回笼资金而给予客户的优惠。现金折扣属于可变对价，企业应当对现金折扣进行估计，按照最佳估计数冲减收入。

13. 销售折让

该销售方式是指在商品销售时直接给予购买方的折让。销售折让应在实际发生时直接从当期实现的销售收入中抵减。

(二) 商品销售成本的结转

1. 数量进价金额核算法下商品销售成本的结转

工业企业和商品流通的批发企业一般对库存商品实行数量进价金额核算法。在数量进价金额核算法下，商品销售成本的计算和结转，按其计算和结转时间的不同分为两种：一是逐日或逐笔计算和结转；二是定期计算和结转。前者于每日反映商品销售收入时，计算和结转商品销售成本，后者于月末计算和结转商品销售成本。月末计算商品销售成本时，可采用先进先出法、加权平均法、移动加权平均法等方法。无论何时计算和结转商品销售成本，均是借记“主营业务成本”科目，贷记“库存商品”科目。

如果是分期收款销售商品，在这种销售方式下，每期销售实现时按本期应结转的销售成本，借记“主营业务成本”科目，贷记“分期收款发出商品”科目。

内容扩展

存货发出的计价方法

(1) 先进先出法，是指以先入库的存货先发出去这一存货实物流转假设为前提，对先发出的存货按先入库的存货单位成本计价，后发出的存货按后入库的存货单位成本计价，据以确定本期发出存货和期末结存存货成本的一种方法。

这种计价方法的优点是，可以随时确定发出存货的成本，保证产品成本和销售成本计算的及时性。期末存货成本是按最近购货成本确定的，比较接近现行的市场价值。其缺点是，采用该种方法，有时对同一批发出存货要采用两个或两个以上的单位成本计价，对存货进出频繁的企业来说计算极为烦琐。采用这种计价方法，在物价上涨期间，会高估当期利润和存货价值；反之，会低估当期利润和存货价值。

（2）加权平均法（又称月末一次加权平均法），是指以月初结存存货数量和本月各批购进存货数量作为权数，计算本月存货的加权平均单位成本，据以确定本期发出存货成本和期末结存存货成本的一种方法。加权平均单位成本的计算公式如下：

$$加权平均单位成本=\frac{月初结存存货成本+本月购进存货成本}{月初结存存货数量+本月购进存货数量}$$

如果加权平均单位成本不能除尽，则先按加权平均单位成本计算期末结存存货成本，然后倒减出本月发出存货成本，将计算尾差计入发出存货成本。

采用这种计价方法的优点是，只在月末一次计算加权平均单位成本并结转发出存货成本，平时不对发出存货计价，因而日常核算工作量小，简便易行。其缺点是，平时无法提供发出存货和结存存货的单价及金额，不利于存货的管理。

（3）移动加权平均法，是指平时每入库一批存货，就以原有存货数量和本批入库存货数量为权数，计算一个加权平均单位成本，据以对其后发出存货计价的一种方法。移动加权平均单位成本的计算公式如下：

$$移动加权平均单位成本=\frac{原有存货成本+本批入库存货成本}{原有存货数量+本批入库存货数量}$$

采用这种计价方法，可以将存货的计价和明细账的登记分散在平时进行，可以随时掌握发出存货的成本和结存存货的成本，为存货的管理提供所需的信息。但是，这种方法下，每次收货都要计算一次加权平均成本，计算工作量大，收发业务比较频繁的企业不适用。

---

2. 售价金额核算法下商品销售成本的结转

在售价金额核算法下，除了每日按商品售价反映主营业务收入和销货款的收取情况，还要按已销商品的售价结转主营业务成本并注销库存商品。零售商品销售的核算，之所以平时按售价结转主营业务成本，是为了正确反映实物负责人的经济责任，商品销售后，必须按售价及时注销库存商品，因而也就相应地按售价结转主营业务成本。待月末再采用一定方法计算已销商品的进销差价，把按售价结转的主营业务成本调整为进价成本。计算本月已销商品进销差价的公式如下：

$$进销差价率=\frac{月末调整前商品进销差价余额}{月末库存商品余额+本月主营业务成本总额}\times 100\%$$

$$本月销售商品应分摊的进销差价=本月主营业务成本总额\times 差价率$$

其会计分录为：

借：商品进销差价

贷：主营业务成本

3. 进价金额核算法下商品销售成本的结转

在进价金额核算法下，商品销售后，会计部门根据实际销售收入登记“主营业务收入”和“银行存款”等账户，平时不结转主营业务成本，不注销库存商品。月末根据实际盘存商品进价金额倒挤已销商品成本，借记“主营业务成本”科目，贷记“库存商品”科目。

主营业务成本的计算公式是：

本期商品销售成本＝期初库存商品金额＋本期购进商品金额－期末商品盘存金额

第 3 节　销售与收款业务核算程序的设计

销售与收款业务包括发出商品、收回货款两个基本环节。由于销售业务类型不同，其业务核算程序会有所区别。销售业务主要有采用合同发货制销售和采用非合同提货制销售两种类型。

一、合同发货制销售业务核算程序

如图 9－3 所示，采用合同发货制的销售业务核算程序设计的要点体现在以下方面：

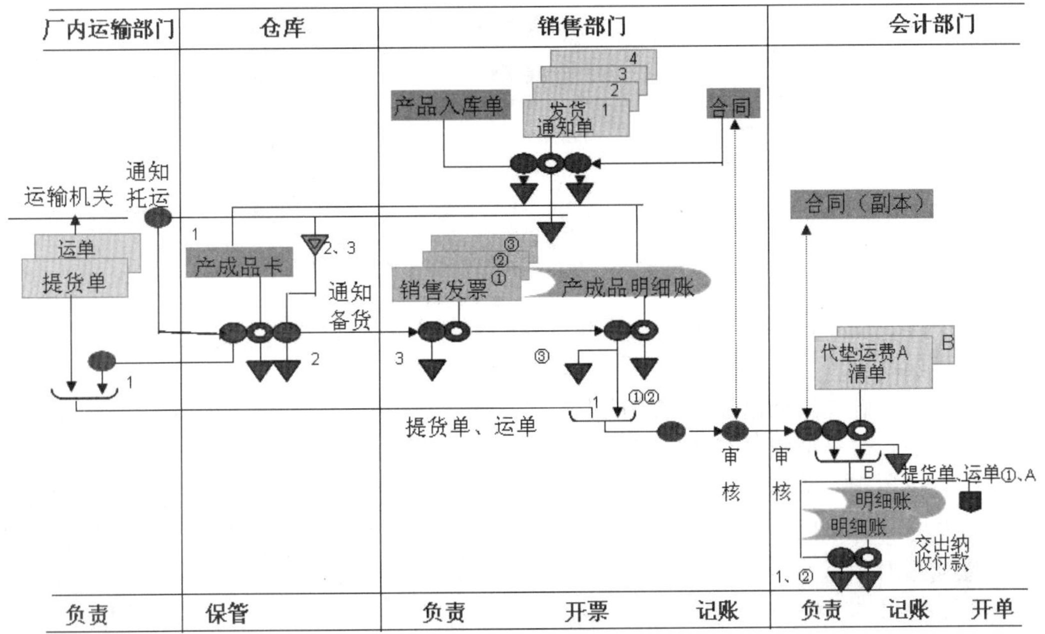

图 9－3　合同发货制销售业务核算程序

（1）销售部门根据销售合同编制发货通知单，分别通知仓库备货和企业内部运输部门办理发货。

（2）货物发出后，销售部门根据仓库签收的发货通知单开具销售发票，登记产成品明细账。

（3）运输部门在办理托运手续后，将提货单和运单送交销售部门，销售部门将其与销售发票一并送交会计部门。

（4）会计部门审核无误后，开具代垫运费清单，并通知出纳员办理货款结算，同时进行销售账务处理。

该流程的关键控制点有：销售开票、发货、收款和记账分管；严格按合同发运商品，结算货款；定期进行账账、账实核对。

二、非合同提货制销售业务核算程序

如图9-4所示，采用非合同提货制销售业务核算程序设计的要点体现在以下方面：

（1）销售部门根据客户要求和产品价格目录编制销货发票。

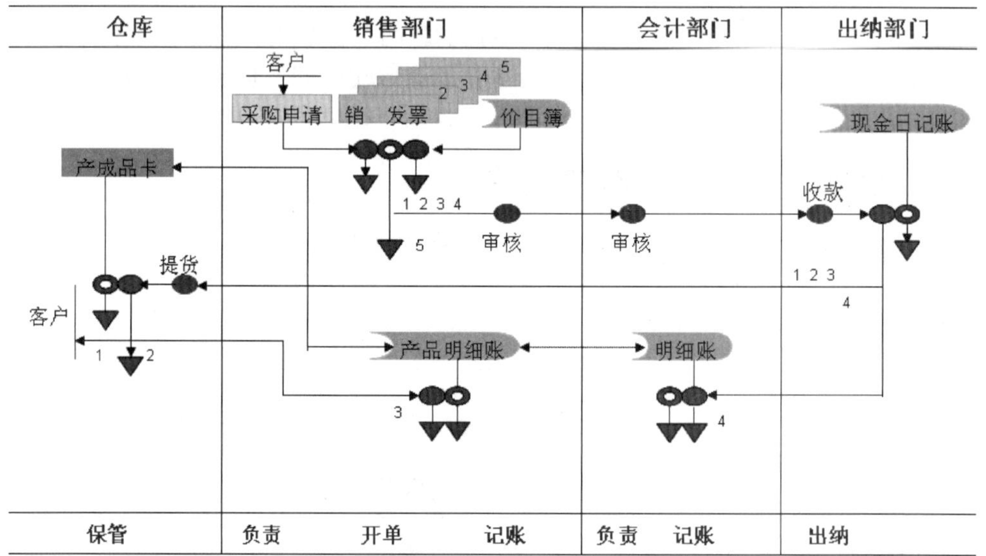

图9-4 非合同提货制销售业务核算程序

（2）经销售部门主管（或被其授权的销售人员）和会计部门主管审核后，授权出纳部门收款。

（3）仓库根据已经付款的销售发票发货，并登记产成品保管账（卡）。

（4）会计部门进行销售账务处理。

该流程的关键控制点有：销售开票、发货、收款和记账分管；销售标准按有关标准执行，并予以审核；一般情况下先收款后提货，减少销售坏账损失；定期进行账账、账实核对。

思考题

1. 销售与收款业务内部控制要求包括哪些内容？

2. 销售与收款业务内部控制原则有哪些?
3. 销售与收款业务核算方法设计的主要内容有哪些?
4. 销售收入的确认条件有哪些?
5. 不同的销售方式下，商品销售收入的核算有哪些方法?
6. 合同发货制销售业务核算程序设计要点有哪些?
7. 非合同提货制销售业务核算程序设计要点有哪些?

练习题

1. 单项选择题

(1) 下列不属于商品销售成本结转方法的是（　　）。

A. 数量进价金额核算法　　B. 进价金额核算法

C. 售价金额核算法　　D. 数量售价金额核算法

(2) 按股份有限公司会计制度的规定，本期发生的销货退回，应冲减本期的销售收入，记（　　）。

A. 借：主营业务收入
　　　应交税费——应交增值税（销项税额）
　　贷：银行存款

B. 借：主营业务成本
　　　应交税费——应交增值税（销项税额）
　　贷：银行存款

C. 借：主营业务收入
　　　应交税费——应交增值税（进项税额）
　　贷：银行存款

D. 借：主营业务成本
　　　应交税费——应交增值税（进项税额）
　　贷：银行存款

(3) 坏账准备的计算方法不包括（　　）。

A. 余额百分比法　　B. 购货百分比法

C. 销货百分比法　　D. 账龄分析法

2. 多项选择题

(1) 销售与收款业务的内部控制制度的设计应（　　）。

A. 保证营业收入的真实性、合理性、完整性

B. 保证商业折扣和现金折扣的真实性与适度性

C. 保证销售折让和销售退回的合理处理与揭示

D. 保证应收账款记录的真实性和可收回性

E. 杜绝销售与收款业务中可能出现的一切违法乱纪和侵吞企业利益行为

(2) 下列事项中需要进行职务分离的有（　　）。

A. 填制销货通知的人，不能同时负责发出商品的工作

B. 接受客户订单的人，不能同时负责发出商品的工作

C. 记录应收账款的人员，不能同时负责该货款的收取和退款工作

D. 会计人员不能同时负责销售业务各环节的工作

E. 会计人员不能同时负责核准付款条件和客户信用调查工作

3. 判断题

（1）工商企业销售业务活动仅指销售商品。（ ）

（2）合同发货制销售业务核算中，销售部门根据客户要求和产品价格目录编制销货发票。（ ）

实训题

1. 联系一家公司，调查其收支控制程序，并为公司设计代销商品销售收入的核算方法。找出其与另一家公司的非合同提货制销售业务，并就该非合同提货制销售业务设计具体程序（用文字说明）。

2. A公司为商品批发企业，与销售业务相关的有营销、财务和仓库三个部门，商品销售业务使用一式五联的发货单。某日B商店持转账支票用提货制方式前来购货。

要求：请设计A公司五联发货单在该笔销售业务中的流转程序（用文字说明）。

第 10 章

存货的内部控制与核算方法设计

内 容 导 图

存货是指企业在日常活动中持有以备出售的产成品或商品、处在生产过程中的在产品、在生产过程或提供劳务过程中耗用的材料和物料等。存货具有极大的流动性，是企业流动资产的重要组成部分，也是企业利润的源泉。存货核算不仅是计算和确定企业生产成本和销售成本、确定期末结存存货成本的重要内容，而且是恰当反映企业财务状况、正确计算企业经营成果的主要依据。

通过本章的学习，学生要了解存货的内部控制要求，理解存货内部控制制度设计的原则；掌握存货跌价和存货盘点会计核算的设计内容；掌握材料存货业务核算程序的具体设计要点。

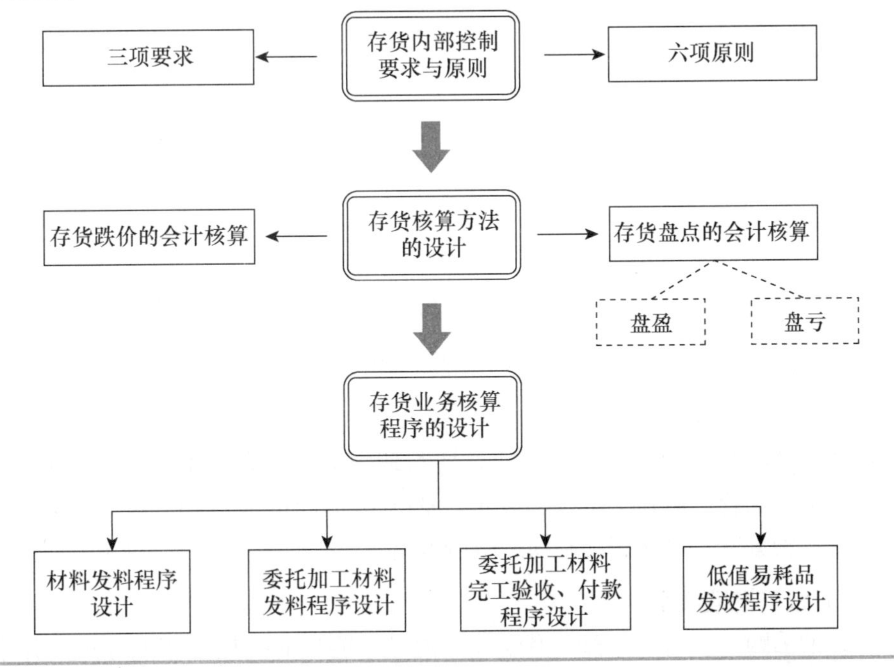

第1节 存货内部控制要求与原则

存货是企业重要的流动资产，为保全存货的安全和完整，合理确定存货价值，防止并及时发现、纠正存货业务中的各种错误和舞弊行为，企业须结合本企业的生产经营特点，合理设计存货的业务流程，并针对业务流程中主要风险点和关键环节，制定有效的控制措施。同时，充分利用计算机信息管理系统，强化会计、出入库等相关记录，确保存货管理全过程的风险得到有效控制。

一、存货内部控制的要求

存货业务包括材料、物资等的收入、保管和发放等环节。存货内部控制设计的要求是：

（1）通过其内部控制设计，严格各种存货收发手续的规定，保护实物财产的安全。

（2）通过其内部控制设计，能够正确反映各种存货增减变动和结存情况，保证企业生产活动的正常进行。

（3）通过其内部控制设计，利于正确计算物化劳动，考核存货资金以及防止存货超储积压。

二、存货内部控制的原则

设计存货内部控制制度时，应遵循下列六项基本原则，如图10-1所示。

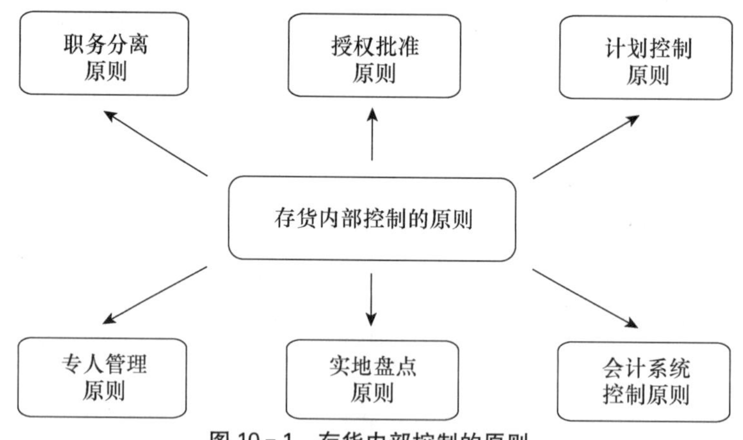

图10-1 存货内部控制的原则

（一）职务分离原则

应明确各项存货业务的职责分工，实行职务分离控制。对于存货的请购、采购、验收、记账、保管、请领、审批、发放，必须由不同的人员担任，不能由一人包办，要钱、账、物分管，以便相互制约，减少差错。

（二）授权批准原则

存货的采购、领用、保管、报废等必须经过适当的授权后才能办理，并必须办理相关的手续；只有经过授权批准的人员，才能进入存货仓库，非授权人员不得进入，使存货的保管责任与使用责任分开。

（三）计划控制原则

企业应根据其销售计划、生产计划等制定物资采购计划，并由财会部门、供应部门和仓储部门在年初拟定生产销售计划时规定合理的储存定额，在本年经营过程中，由仓库保管员随时对照年初拟定的储存定额，掌握存货的最高与最低储备量。同时，根据市场状况、行业特征和企业实际情况等因素，采用科学、合理的方法确定各项存货的最优采购点和经济采购批量等。

（四）专人管理原则

对存货的存放和保管，应指定专人负责。存货入库时，必须办理验收手续，发出存货应由领用人员和仓库保管人员双方签字。仓储部门应定期对存货进行稽核，及时了解各项存货质量和使用情况；应建立最低库存量的预警系统，及时反映各项存货的增减变化及结存情况，确保再订购的及时性，防止存货的超储积压或存量不足。

（五）实地盘点原则

企业应对资产定期或不定期实施盘点清查，并将盘点结果与会计记录进行比较以确定其是否相符，以保证资产的安全与完整，防止并及时揭示出现的差错或舞弊行为。盘点程序应该经常化、规范化、制度化。盘点工作应由专人负责，成立专门的盘点小组，不得由实物保管人员独自进行，以保证盘点结果的客观公正性。

（六）会计系统控制原则

会计部门应科学设计存货会计核算方法和岗位职责，明确有关凭证的传递程序、入库存货和发出存货的计价方法、存货清查方法和要求、相关会计事项的处理程序和要求等。期末，应按规定对存货的可变现净值进行全面、合理估算。如果可变现净值低于账面成本，应当报请有关部门批准，提取存货跌价准备。

案例 10-1

一群蛀虫“吃工程”

国有企业基建环节中的职务犯罪案发数一直居各环节之首。据上海市检察院统计，2005 年查处的国有企业贪污贿赂犯罪案件中，涉及基建环节的案件有 36 件，约占总数的 10%，大部分发生在实力雄厚的国有骨干建筑企业中。宝山区检察院在某工程公司连续侦破九起重大贪污贿赂案，涉案 9 人，总案值高达 80 余万元。其中，受贿人员从供销科科员到公司副经理，全部是对工程（劳务）分包、结算工程款和材料采购有决定权的人。

2006 年 3 月初，宝山检察院接到举报：某工程公司供销科科长张某在外购买高档房，与其收入明显不符。调查后发现张某权力很大，每年公司的供应材料几乎由他一手操办。按内部规定，一次性采购款超过 30 万元的应由上级领导审批，但只要把好尺度不“上线”，所有业务都由科长一人说了算。2000 年 4 月至案发，张某当科长近 10 个月，就受贿 17 余万元。追根溯源，拉张某下水的是供销科采购员李某。张某上任之初，李某就授意某商行经理，为了多接业务，在张某的办公室里给张 1 万元“见面礼”。同样，经李某介绍，张某收了某私营物资公司1万元，以购买450万元的供应材料。在此前后，李某本人还利用采购权，受贿9.21万元。随着案件调查的深入，与工程分包、材料采购有关的高层领导纷纷落马。熊某，加工科科长，主管钢结构外发加工业务。身居要职的他透露想买家具后，客户立刻开车送其夫妇到外地家具城挑选。1998年起，熊某先后收受数家加工单位6.6万元。俞某，金属结构厂副厂长，利用负责外发加工项目的职务便利，收受承包人“感谢费”4万元。朱某，金属结构厂厂长，在购买设备等方面做手脚，捞进不义之财6.4万元。徐某，副经理，主管公司所有工程项目的施工，在麻将桌上，业务单位的5万元借款不明不白成了“礼金”。同案牵扯出来的还有公司下属原压力容器厂副厂长陈某和公司机械部部长祝某，二人在2000年7月至2001年3月初，通过截留、套现等方式，贪污数万元。

国企基建环节的职务犯罪案件从建设方的工程发包环节，到承建方的工程分包和材料采购环节，有以下特点：

其一，基本上发生在具有相当资质、实力雄厚的国有骨干建筑企业中。这些企业能承接到大型的建筑工程项目，都有数目可观的工程（劳务）分包量和材料采购量。据了解，劳务分包金额一般要占承包金额的20％～30％。

其二，劳务和工程分包商一般都为个人承包、挂靠或规模较小的施工队伍。为了承接到分包项目，在工程结算时得到优惠，个别分包商不惜采用贿赂手段，贿赂数额一般是利润的10％～50％。

其三，行贿目标明确，受贿人员集中在对工程（劳务）分包、结算工程款和材料采购有决定权的人员身上。相当部分建筑公司的这部分权力直接掌握在分公司、工程部、项目经理手中。

在发生案件的国有建筑企业中，分包和采购环节都没有建立起有效的监督制约机制，或者建立了也未认真执行。为了保证施工进度，监督被认为是束缚手脚，管理被认为是自找麻烦。据此，浦东新区检察院从机制上预防国有建筑企业干部职务犯罪，率先提出招投标制度不仅要在工程（劳务）发包环节实行，而且要向分包和材料采购领域渗透。目前，浦东新区建设集团及各子公司作为全市试点单位正在推行这一做法。

据统计，实行招投标采购材料后，平均价格下降了2～3个百分点，劳务人工费用一般节约了工程造价的2％～4％。同时，分包方和材料供应商也认为，实行招投标后，公关及各项应酬费用明显下降，工期一般缩短10％左右。

上述案例说明，固定资产购建和工程项目环节发生的贪污舞弊，不仅在工程（劳务）发包环节上会发生，而且向分包和材料采购领域渗透。案件的发生促使我们反思内部控制制度的设计和执行，究竟是哪些环节、哪些部门出了问题，我们认为至少应当从以下几个方面入手，加强相关内部控制，以杜绝此类案件的再次发生。

（1）材料采购业务的职务分离。工程承建企业在接到项目以后，即要着手进行材料的采购。由于工程项目标的额一般都比较大，材料采购这个环节的控制尤为重要。本案中，某工程公司供销科科长张某，每年公司的供应材料几乎由他一手操办，采购的申请和批准没有进行分离，以致张某利用这个控制漏洞大肆收受贿赂，损害了企业的利益。一般而言，在采购业务中须进行关键职务的分离，职务分离主要包括：材料采购申请必须由生产部门提出，具体的采购业务则由采购部门完成；付款审批人和付款执行人不能同时办理寻求供应商和索价业务；付款的审核人应同付款执行人在职务上相分离。案例表明，如果采购、审批和付款三者分离，就能有效地防止该类损失的再度发生。实际上很多企业在采购业务方面的职务分离还是没有完全做到。

（2）材料采购业务采取招投标方式。材料采购批准后，应由专门的采购部门进行采购。采购时，应货比三家。违法犯罪分子就是利用手中的采购权，和供应商串通一气，以损害企业利益为代价，行贿受贿。

（3）对材料采购业务审批者的授权和复核。材料请购的提出、审批、执行和付款分离了但不一定能保证完全得到执行，案例中发生的就属于审批这个环节出现漏洞。一般而言，采购业务按照金额大小分级审批，金额较小的采购由部门经理或项目经理审批，金额较大的采购需要总经理甚至董事会审批。这种刚性的分级审批，很容易被绕过而钻空子。就案例而言，按企业的内部规定，一次性采购款超过 30 万元的应由上级领导审批，但只要不“上线”，所有业务都由科长一人说了算。因此，除了授权以外，还必须设置独立的第三者对审批进行复核，对审批的业务进行再监督，防止在审批环节出漏洞造成损失。

（4）工程分包、材料采购业务实行招投标方式。如果采用招投标方式，可以在选择供应商方面公开公平公正，保证材料成本和质量。案例中的“掌权者”在选择供应商和接包方上没有监督，以至于在价格、质量等方面不能完全最大化企业价值，甚至收取回扣、贿赂。浦东新区的试点效果也证明了招投标方式在防止采购、分包、发包方面贪污舞弊的有效性。招投标制度不仅要在工程（劳务）发包环节上实行，而且要向分包和材料采购领域渗透。

工程分包、发包和材料采购环节在国有企业里是一个事故高发的“地段”，相关内部控制漏洞给不法分子提供了舞弊贪污的机会。案例中揭露的事实不能不引起我们的深思，反省内部控制的设计和执行是不是真正有效。事实证明，只有在发生一些漏洞之后及时弥补堵塞，才能有效地防止类似案件的再次发生。

资料来源：朱荣恩. 内部控制案例. 上海：复旦大学出版社，2005.

第 2 节　存货核算方法的设计

存货除了购进、销售（或领用）环节的核算外，在储存过程中还有以下两个方面的核算需要说明。

一、存货跌价的会计核算

由于技术更新和市场供求变化，企业存货价值会发生贬值，这部分损失主要通过设置“资产减值损失——存货减值损失”“存货跌价准备”账户来核算。这些账户一般按照存货的种类设置明细账。实施全面预算管理的企业，存货的跌价损失账户为储存业务部门的业绩考核提供了依据。

按《企业会计制度》规定，存货跌价可采用成本与可变现净值孰低法计算。当存货可变现净值低于成本时，其核算在理论上既可采用直接转销法，又可采用备抵法。在实务中一般采用备抵法，即对于存货可变现净值低于成本的损失，不直接冲减有关存货账户，而是另设“存货跌价准备”账户核算。具体做法是：在每一会计期末，比较成本与可变现净值，计算出应计提的存货跌价准备，然后与“存货跌价准备”账户的余额进行比较。

若应提数大于已提数，应予补提：

借：资产减值损失——存货减值损失

贷：存货跌价准备

若应提数小于已提数，则应转销：

借：存货跌价准备

贷：资产减值损失——存货减值损失

当已计提存货跌价准备的存货销售出去或者低价处理，企业应将“资产减值损失——存货减值损失”在利润表中抵减营业利润；在资产负债表中，“存货跌价准备”以存货项目的减项列示。

企业通常应当按照单个存货项目计提存货跌价准备。对于数量繁多、单价较低的存货，可以按照存货类别计提存货跌价准备。与在同一地区生产和销售的产品系列相关、具有相同或类似最终用途或目的，且难以与其他项目分开计量的存货，可以合并计提存货跌价准备。

存货跌价属于市场变动和主观判断，关系到企业资产的减少和利润的减少，在会计政策中属于重要的会计管理，必须建立严格的审批处理制度。

内容扩展

《企业会计准则》中资产减值的迹象

存在下列迹象的，表明资产可能发生了减值：

(1) 资产的市价当期大幅度下跌，其跌幅明显高于因时间的推移或者正常使用而预计的下跌。

(2) 企业经营所处的经济、技术或者法律等环境以及资产所处的市场在当期或者将在近期发生重大变化，从而对企业产生不利影响。

(3) 市场利率或者其他市场投资报酬率在当期已经提高，从而影响企业计算资产预计未来现金流量现值的折现率，导致资产可收回金额大幅度降低。

(4) 有证据表明资产已经陈旧过时或者其实体已经损坏。

(5) 资产已经或者将被闲置、终止使用或者计划提前处置。

(6) 企业内部报告的证据表明资产的经济绩效已经低于或者将低于预期，如资产所创造的净现金流量或者实现的营业利润（或者亏损）远远低于（或者高于）预计金额等。

(7) 其他表明资产可能已经发生减值的迹象。

二、存货盘点的会计核算

由于保管技术和保管人员责任心的不同，企业存货在清查盘点时会发生账实不符的现象，即存货的盘盈、盘亏，主要通过设置“待处理财产损溢——待处理流动资产损溢”账户来反映存货的实物价值与账面价值的差额。这一账户反映了仓储部门对存货的保管情况，为储存业务部门的业绩考核提供了依据。

为保证账实相符，企业对存货进行定期或不定期清查盘点。财产清查后，财务部门须对存货盘点报告单中的盘盈、盘亏及时进行账务处理。

（一）盘盈的存货

对于盘盈的存货，企业应按照其重置成本作为入账价值，借记“原材料”“周转材料”“库存商品”等存货科目，贷记“待处理财产损溢——待处理流动资产损溢”科目。

盘点结果与账面不符程度反映了企业的存货管理质量好坏，好的内部控制制度可以减少企业存货管理发生的差错。因此，一旦发生盘盈、盘亏，应于期末前查明原因，并根据企业的管理权限设定，经股东大会或董事会，或经理（厂长）会议或类似机构批准后，在期末结账前处理完毕。盘盈的存货通常是由企业的日常收发计量或计算上的差错造成的，盘盈的存货可冲减管理费用：

借：待处理财产损溢——待处理流动资产损溢

　贷：管理费用

（二）盘亏的存货

对于盘亏的存货，企业应将其账面成本及时转销，借记“待处理财产损溢——待处理流动资产损溢”科目，贷记“原材料”“周转材料”“库存商品”等存货科目。涉及增值税的，还应进行相应的处理。

期末，按管理权限报经批准后，根据造成存货盘亏或毁损的原因，分别以下情况处理：

（1）属于计量收发差错和管理不善等原因造成的存货短缺，应先扣除残料价值、可以收回的保险赔偿和过失人赔偿，将净损失计入管理费用。

（2）属于自然灾害等非常原因造成的存货毁损，应先扣除处置收入（如残料价值）、可以收回的保险赔偿和过失人赔偿，将净损失计入营业外支出。

借：其他应收款——××保管员

　贷：待处理财产损溢——待处理流动资产损溢

或者，

借：营业外支出——非常损失

　贷：待处理财产损溢——待处理流动资产损溢

内容扩展

存货盘点方法

企业确定存货的实物数量有两种方法：一种是实地盘存制；另一种是永续盘存制。

1. 实地盘存制

实地盘存制又称定期盘存制，是指企业平时只在账簿中登记存货的增加数，不记减少数，期末根据清点所得的实存数，计算本期存货的减少数。

2. 永续盘存制

永续盘存制又称账面盘存制，是指企业设置各种数量金额的存货明细账，根据有关凭证，逐日逐笔登记材料、产品、商品等的收发领退的数量和金额，随时结出账面结存数量和金额。采用永续盘存制，可随时掌握各种存货的收发、结存情况，有利于存货管理。

为了核对存货账面记录，永续盘存制同时要求进行存货的实物盘点。会计年度终了，应进行一次全面的盘点清查，并编制盘点表，保证账实相符，如有不符应查明原因及时处理。

实地盘存制与永续盘存制的优缺点比较如表10-1所示。

表10-1 实地盘存制和永续盘存制比较

	优点	缺点
实地盘存制	简化存货的日常核算工作	不能随时反映物资的收发结存情况，不能随时结转成本；由于缺乏经常性资料，不便于对存货进行计划和控制，实用性较差
永续盘存制	可以随时反映每一种存货收入、发出和结存的动态，以便及时合理地组织货源，加速资金周转	存货明细记录的工作量较大

在我国会计实际工作中，采用较多的是永续盘存制。不论采用何种方法，前后各期应保持一致。

第3节 存货业务核算程序的设计

材料存货业务处理程序包括收料程序和发料程序。收料程序可参阅第7章第3节采购与付款业务核算程序的设计。本节仅介绍材料发料程序，委托加工材料发料程序，委托加工材料完工验收、付款程序，以及低值易耗品发放程序。

一、材料发料程序设计

材料发料程序是指企业一般性领料的业务过程。如图10-2所示，材料发料程序设计的要点是：

（1）领用部门开出一式四联领料单，经审核后到仓库领料。

（2）仓库发料后登记材料保管卡，并将领料单相应联次交领用部门和供应部门。

（3）供应部门根据领料单登记材料明细账，月底根据明细账编制材料库存月报。

（4）会计部门根据领用部门和供应部门送来的领料单进行核对无误后，编制材料发出汇总表，据此登记有关费用账和材料总账。

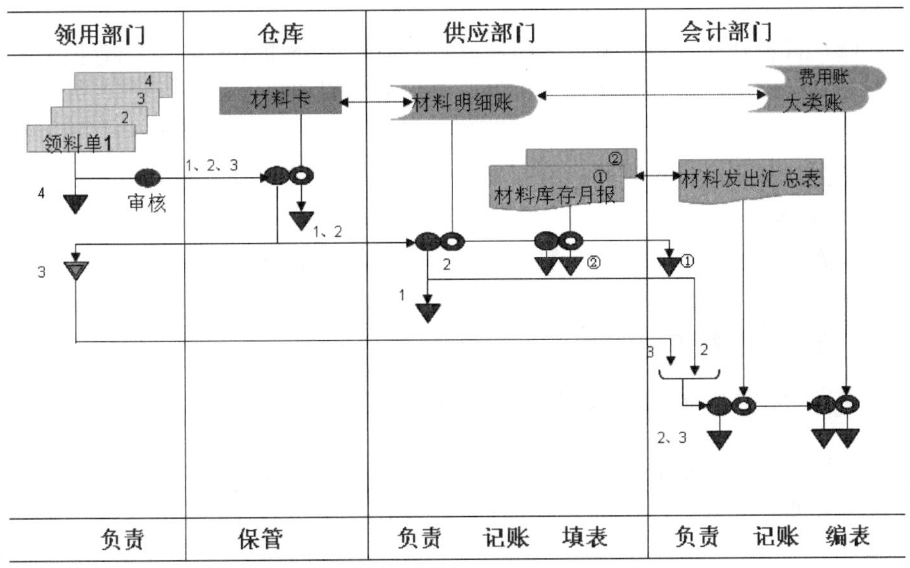

图 10-2　材料发料程序

该流程的关键控制点有：材料领用审核、发放和记账分管；会计部门对来自领用部门和供应部门不同来源的领料单进行核对，从而保证领料的真实性和正确性；定期进行账账、账卡、账实和表表核对。

二、委托加工材料发料程序设计

委托加工材料发料程序反映企业委托外单位加工材料的业务处理过程。如图 10-3 所示，委托加工材料发料程序设计的要点是：

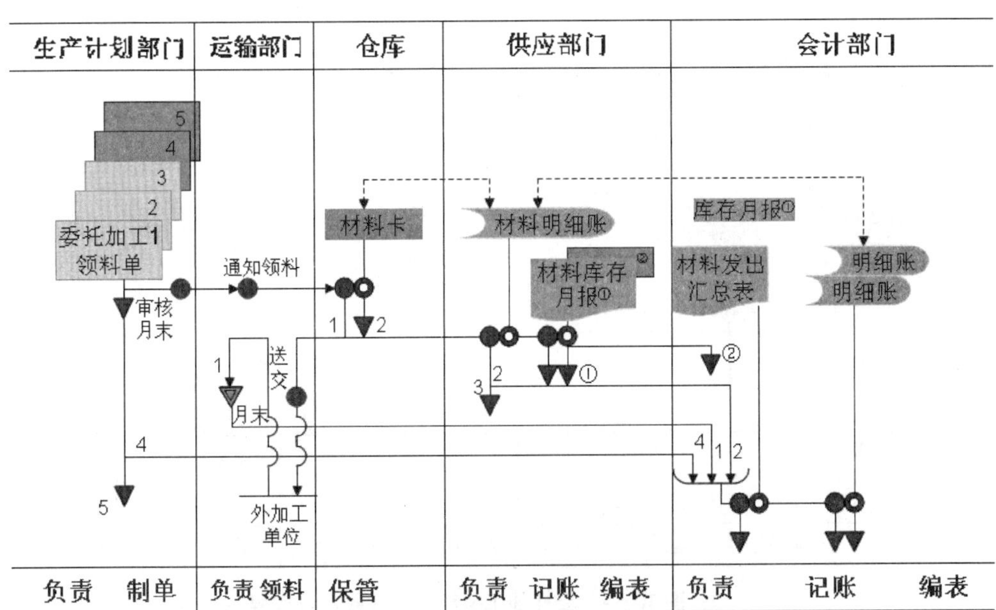

图 10-3　委托加工材料发料程序

（1）企业生产计划部门编制委托加工领料单，通知本企业运输部门办理领料及运输。

（2）材料仓库发料、运输部门领取材料后送往外加工单位并取得外单位签收证明。

（3）供应部门根据委托加工领料单登记材料明细账。

（4）月末，生产计划部门、运输部门和供应部门分别将委托加工领料单送至会计部门，会计部门经核对后登记材料发出汇总表上的委托加工材料发出数，并登记有关总账和明细账。

该流程的关键控制点有：委托加工材料领用、运输、发放和记账分管；会计部门分别从不同部门核实委托加工材料请领、实领和实发数量的一致性；定期进行账账、账卡、账实和表表核对。

三、委托加工材料完工验收、付款程序设计

委托加工材料完工验收、付款程序设计反映企业委托加工材料完工验收和加工费结算业务的处理过程。如图10-4所示，委托加工材料完工验收、付款程序设计的要点是：

（1）委托加工材料加工完毕，由加工单位寄（转）来加工费发票，供应部门将其与原留存的委托加工领料单合在一起，并编制委托加工收料单。

（2）材料仓库收料后，登记材料卡，并将收料单交供应部门。

（3）供应部门核对无误后，通知会计部门付款，登记材料明细账。

（4）会计部门审核付款凭证无误后，授权出纳员办理付款结算。

（5）供应部门向会计部门定期分别编制库存月报和收料汇总表，并进行账卡、账账、卡实核对。

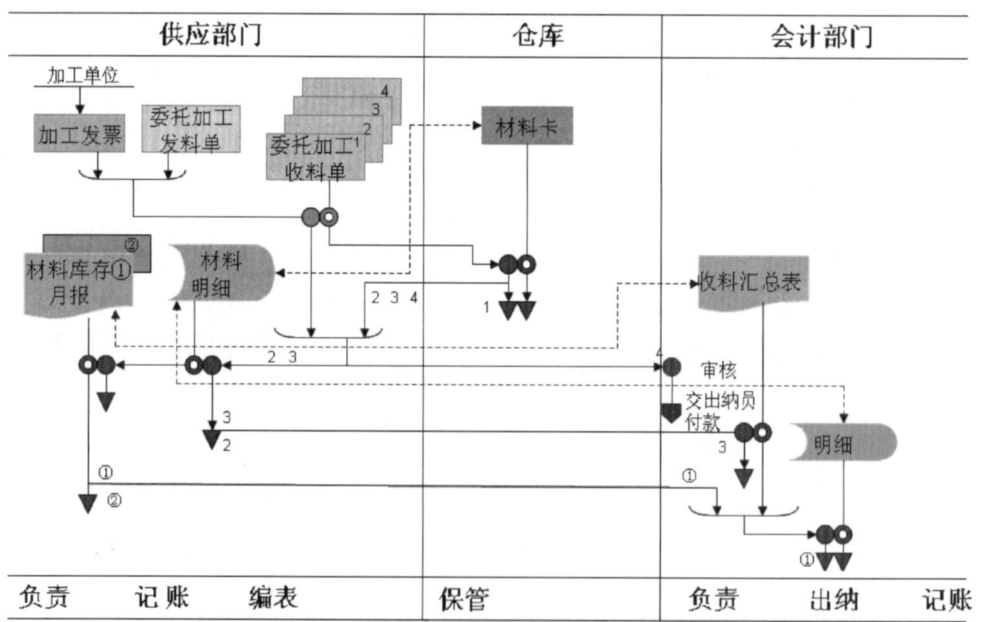

图10-4 委托加工材料完工验收、付款程序

该流程的关键控制点有：核对委托加工发料单和收料单，保证加工材料品种、规格和数量的正确性；对委托加工材料进行入库检验，并核对加工发票和发料单；对加工费用进行审核；定期进行账账、账卡和账实核对。

四、低值易耗品发放程序设计

低值易耗品发放程序设计反映企业低值易耗品发放业务的处理过程。如图 10－5 所示，低值易耗品发放程序设计的要点是：

（1）领用部门提出领用低值易耗品申请单，经本部门的主管审核后交供应部门。

（2）供应部门根据低值易耗品登记簿审核其领用是否合理，如批准，则开具领料单授权仓库发放低值易耗品。

（3）仓库发放低值易耗品后及时登记卡片。

（4）通知供应部门和会计部门入账。

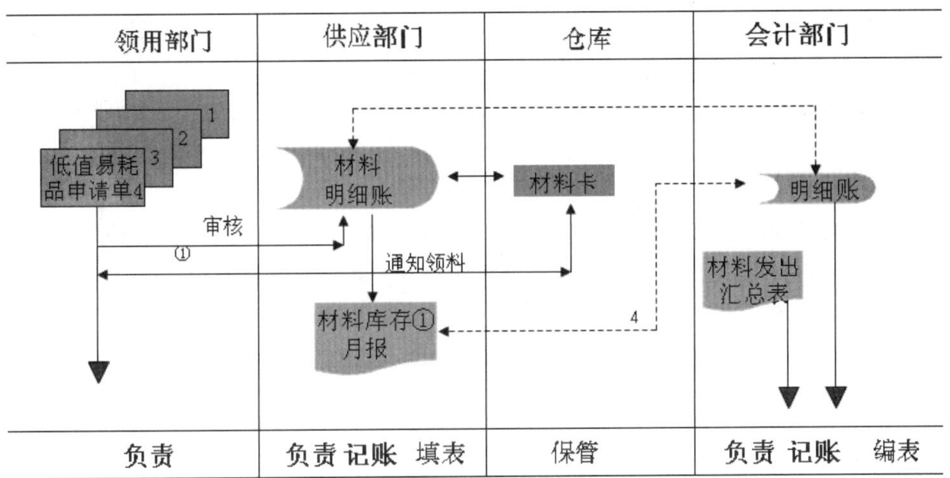

图 10－5　低值易耗品发放程序

该流程的关键控制点有：低值易耗品领用必须经过审批；设置低值易耗品登记簿，加强对在用低值易耗品的管理；定期进行账账、账卡、账实核对。

案例 10－2

上海市华生化工有限公司是一家大型化工企业。其存货的种类包括：原材料（化工用剂、燃料等）；在产品（未出炉混合剂等）；产成品（涂料等）；低值易耗品（包装物、涂料容器）。存货计价方式为加权平均法，存货多属化工品，保质期多在半年，积压情况很少。

1. 领料业务

由于是化工业，领料的主要依据是化学反应成分比，因此，不设限额领料制度，首先根据生产计划提出领料申请，经主管厂长签字认可，仓库出具领料单，设四联，生产部门与仓库各保留一联存档记录，财务部门两联，由成本会计设台账入账，按期累计汇总，并对生产部门、仓库进行核对。

2. 盘存与保管

根据存货种类分仓库进行保管，设置存货卡片，采用永续盘存制。仓库保管员与供应部门负责人至少每月一次进行具体盘点，财务部门定期派人抽查，要求做到账账、账卡、账实相符。发生盘盈、盘亏后，由仓库保管人员出具盘盈盘亏表，向上级部门说明原因，审核后交财务部门进行账务处理，盘亏作报废处理并转出进项增值税，盘盈则冲减管理费用。

华生公司的存货内部控制总体较为薄弱，财务部门在各环节中的主要功能还仅限于记录、汇报，只在核对账目时起一些监督作用。如果财务部门仅能依据仓库的原始凭证做记录，就无从着手内部控制，极可能在存货收发过程中出现纰漏。

问题：针对华生公司存货内部控制与核算现状，应从哪些方面作出改进？

案例 10-3

长城有限公司设有两个业务部门：饮食机械销售部和机械零件加工部。两部门对发出的存货均采用后进先出法计价。因销售业务不景气，拟将计价方法改为先进先出法，以改善公司经营业绩。

机械零件加工部所面临的问题是，钢、铁、铜等原材料价格大幅上涨，现已停工两个月。所幸零部件存货较充足，短期内可满足销售之需。

饮食机械销售部的主要问题是，销售额大幅下降，若按后进先出法计价，其年底存货余额为 620 000 元；若按先进先出法计价，年底存货余额为 690 000 元。

问题：

1. 机械零件加工部已停工两个月，存货越来越少。对存货计价采用后进先出法，其销售成本是否仍然偏低？为什么？对今后存货的重置能力有何影响？

2. 若公司所得税税率为 25%，将饮食机械销售部的存货计价改为先进先出法，对其纳税有何影响？对税后利润有何影响？

思考题

1. 存货业务内部控制的要求有哪些？
2. 存货业务内部控制的原则有哪些？
3. 如何设计存货跌价的会计核算方法？
4. 如何设计存货盘点的会计核算方法？
5. 材料发料程序设计要点有哪些？
6. 委托加工材料发料程序设计要点有哪些？
7. 委托加工材料完工验收、付款程序设计要点有哪些？

练习题

1. 单项选择题

(1) 下列选项不属于存货业务内部控制设计的要求的是（　　）。

A. 对存货正确计价并保持账实相符，合理揭示存货方面的财务状况

B. 保证恰当的存货储备量，促进企业的资源优化配置
C. 保证存货的安全
D. 落实保管责任制度
(2) 委托加工材料发料程序设计的要点不包括（　　）。
A. 企业生产计划部门编制委托加工领料单
B. 供应部门根据委托加工领料单登记材料明细账
C. 材料仓库发料、运输部门领取材料后送往外加工单位并取得外单位签收证明
D. 供应部门登记材料发出汇总表上的委托加工材料发出数，并登记有关总账和明细账

2. 多项选择题

(1) 存货内部控制与核算方法设计的目的主要有（　　）。
A. 提供存货的各种真实、完整、有用的信息
B. 保证存货的安全
C. 控制存货的流动
D. 监督、落实存货的经营责任
E. 加速存货资金周转，考核存货的经济效益

(2) 应根据造成存货盘亏的原因，分不同情况进行转账，贷记“待处理财产损溢——待处理流动资产损溢”科目，借方科目可能有（　　）。
A.“管理费用”　　B.“销售费用”
C.“其他应收款”　　D.“其他应付款”
E.“营业外支出”

(3) 委托加工材料完工、验收、付款程序设计包括（　　）。
A. 由加工单位转来加工费发票，供应部门编制委托加工收料单
B. 仓库收料后登记收料卡，并将收料单交供应部门
C. 供应部门核对收料单，无误后通知会计部门付款
D. 会计部门审核付款凭证，无误后授权出纳员办理付款结算
E. 供应部门与会计部门定期分别编制库存月报和收料汇总表

3. 判断题

(1) 存货的请领、审批、发放、保管与记账不能由一人包办。（　　）
(2) 对于委托外单位加工的存货，仓库保管员应根据计划部门填写的委托外加工发料通知单进行发料，财会部门据以记账。（　　）
(3) 当存货可变现净值低于成本时，在实务中一般采用备抵法。（　　）
(4) 材料发料程序设计中，由领用部门编制材料发出汇总表。（　　）

实训题

1. 华能公司是一家机械制造企业，业务活动很多，并且建立了规范的业务机构和业务流程。请为该公司设计完整的钢材等委托加工材料发料、完工、验收和付款程序。

2. 星海公司为增值税一般纳税人，适用的增值税税率为13%，材料采用实际成本进行日常核算。该公司2019年5月31日“应交税费——应交增值税”科目借方余额为4万元，该借方余额均可用下月的销项税额抵扣。6月份发生如下涉及增值税的经济业务：

(1) 购买原材料一批，增值税专用发票上注明价款为60万元，增值税额为7.8万元，公司已开出承兑的商业汇票。该原材料已验收入库。

(2) 用原材料对外投资，双方协议按成本作价。该批原材料的成本和计税价格均为41万元，应交增值税额为5.33万元。

(3) 销售产品一批，销售价格为20万元（不含增值税额），实际成本为16万元，提货单和增值税专用发票已交购货方，货款尚未收到。该销售符合收入确认条件。

(4) 在建工程领用原材料一批，该批原材料实际成本为30万元，应由该批原材料负担的增值税额为3.9万元。

(5) 月末盘亏原材料一批，该批原材料的实际成本为10万元，增值税额为1.3万元。

(6) 用银行存款缴纳本月增值税2.5万元。

(7) 月末将本月应交未交增值税转入未交增值税明细科目。

要求：

(1) 编制上述经济业务相关的会计分录（“应交税费”科目要求写出明细科目及专栏名称）。

(2) 计算星海公司6月份发生的销项税额、应交增值税额和应交未交的增值税额（答案中的金额单位用万元表示）。

第11章

投资、筹资的内部控制与核算方法设计

投资是指企业为通过分配来增加财富，或为谋求其他利益而将资产让渡给其他单位所获得的另一项资产。筹资业务即筹措资金的业务活动。筹资是企业经营活动的开始，企业在日常经营活动中，也将不断地筹资和运用资金，筹资是现代企业重要的理财活动。

通过本章的学习，学生要了解投资与筹资控制与核算方法设计的相关要求；掌握投资与筹资控制与核算方法设计的基本原则；掌握投资与筹资核算的具体方法；掌握投资与筹资业务核算程序的设计内容与要点。

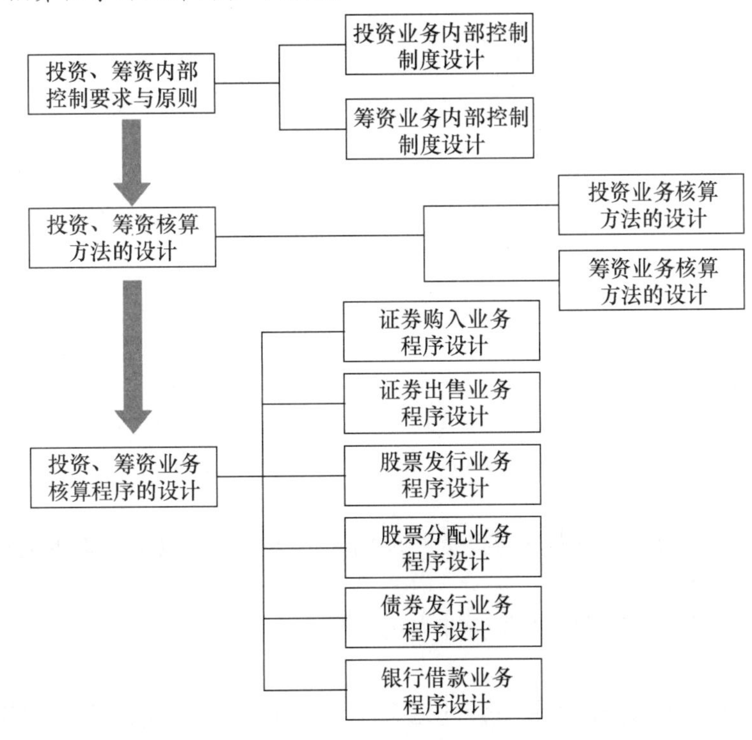

第1节 投资、筹资内部控制要求与原则

一、投资业务内部控制制度设计

企业建立科学合理的投资内部控制体系，对于保护投资资产的安全与完整，正确计量投资价值，反映和监督各类投资的形成、权益及收益的取得、投资收回与投资风险控制的情况，以及对投资效益进行分析等都具有重要意义。

（一）投资业务内部控制的要求

投资业务的内部控制制度应能够有效地防范投资过程中可能出现的错误和舞弊，控制投资风险，提高投资效益。

具体来说，企业投资业务内部控制的要求包括：保证投资业务合法合规；保证投资的发生和收回经过适当的审核程序；保证投资业务账务处理的真实、恰当；保证投资资产的安全、完整；保证投资信息披露的充分、合理。

（二）投资业务内部控制的原则

一般来说，在设计企业投资业务内部控制制度时，应遵循的基本原则如图11－1所示。

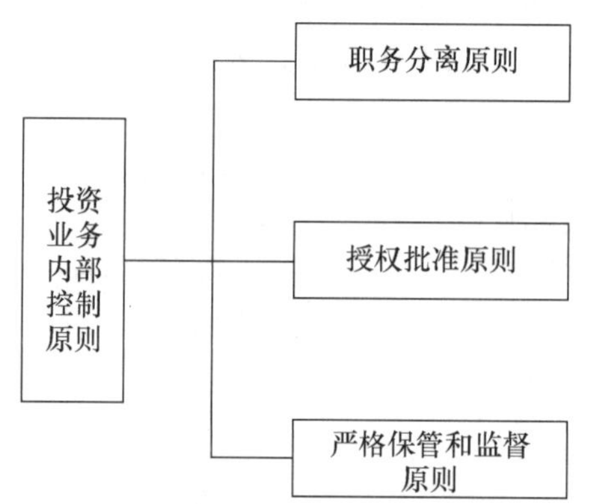

图11－1 投资业务内部控制原则

1．职务分离原则

企业必须建立投资业务的岗位责任制，明确相关部门和岗位的职责权限，确保办理投资业务的不相容岗位相互分离、相互制约和相互监督。具体要求包括以下几个方面：

（1）投资计划的编制人员与投资的审批人员相分离，以保证审批人员客观地分析投资的可行性和合理性。

（2）投资业务的操作人员与会计人员相分离，以保证业务运行和会计记录的相互核对与控制关系。

（3）有价证券的保管人员与会计记账人员相分离，以保证会计账簿对有价证券的

安全进行有效控制。

（4）参与投资交易活动的职员不能同时负责有价证券的盘点工作。

（5）投资红利和利息的经办人员与会计核算人员相分离，以保证红利、利息所获现金的全款入账。

2. 授权批准原则

岗位分工和授权批准是投资业务内部控制的前提。授权批准原则不仅应贯穿投资的提出、立项、调查、审批、跟踪、处理过程，而且应该运用于企业的一切投资活动。企业投资的审批权限，通常应归属于企业有关高级管理人员，并应建立严格的授权审批制度。

（1）应明确规定投资业务的授权批准方式、权限、责任和相关控制措施。

（2）规定经办人办理投资业务的职责权限和工作要求。经办人应当在职责范围内按照规定办理投资业务。严禁未经授权的机构或人员经办投资业务。对未经授权私自投资或越权投资的行为，无论该行为是否给企业造成损失，都必须进行调查和严肃处理。

（3）企业投资决策的作出、投资计划的编制、投资合同的签订、投资资产的处置等都必须履行严格的审批手续。重大的对外投资决策，必须经过企业有关权力机构（如董事会、股东大会或其他类似权力机构）审批，任何人都无权单独作出重大的投资决策。

（4）正式执行投资计划前，还必须经过授权的管理层审批。一般情况下，企业要根据投资的性质和金额建立一套授权审批制度。

（5）企业的各项投资活动都必须符合国家的投资政策和证券交易政策，禁止从事各种非法投资活动。

3. 严格保管和监督原则

企业的对外投资资产，具有价值高、流动性强、易被盗窃等特点，必须完善企业的投资业务内部管理和责任制度，加强投资业务的会计核算、投资资产的保管和监督。应该将每一项投资项目的决策和实施责任，明确落实到部门或个人，并进行定期或不定期的检查和考核。对于重大的投资项目，应实行项目责任制度。

二、筹资业务内部控制制度设计

科学合理的筹资业务内部控制制度，有利于全面、系统、正确地核算筹资业务，有效监督、控制筹资活动；有利于在满足生产经营活动对资金需求的同时，降低资金成本，提高资金使用效果。

（一）筹资业务内部控制的要求

企业筹资业务内部控制的要求包括：保证筹资业务合法合规；合理确定筹资规模和筹资结构；合理选择筹资渠道和筹资方式，降低筹资成本；防范和控制财务风险；保证筹资信息披露的充分、合理。

（二）筹资业务内部控制的原则

设计企业筹资业务内部控制制度时，应遵循的四项基本原则如图 11－2 所示。

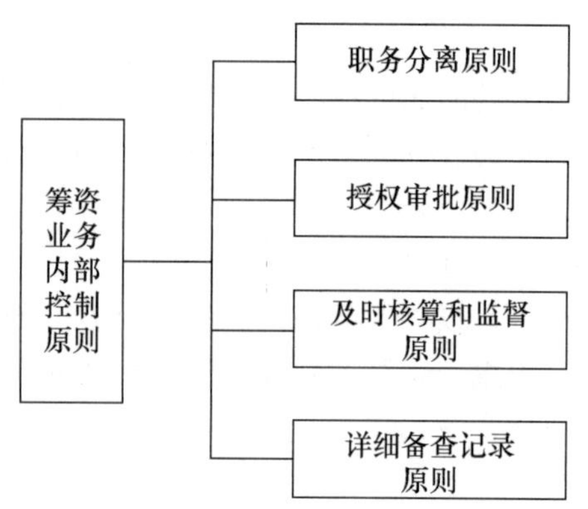

图 11-2 筹资业务内部控制原则

1. 职务分离原则

企业应明确筹资业务各环节的职责分工，实行职务分离控制。筹资业务及其相关业务环节有：分析确定公司在短期和长期内所需要的资金数量；编制各种筹资计划，审批确定筹资方式；办理债券或股票发行登记和注册手续，签订各种借款合同；委托证券发行代理机构发行债券或股票；保管未发行的债券、股票及重新收回的股票；定期计算和支付利息；确定和支付股利；会计记录等。在上述各业务中需在职务上进行分离的有：

（1）筹资计划的编制人应与审批人适当分离，以便审批人能以独立的立场来衡量计划的优劣。

（2）办理债券、借款或股票发行的职员不能接触会计记录，通常要求由独立的机构来代理发行债券或股票。

（3）保管未发行债券或股票的职员应同负责债券或股票会计记录的职员分离。

（4）负责利息或股利计算及会计记录的职员应同支付利息或股利的职员分离，并应尽可能地让独立的机构来支付利息和股利。

2. 授权审批原则

通常由董事会或总会计师授权财务经理负责编制筹资计划，并交由董事会或其他类似权力机构审批。通过适当授权及审批，可以提高筹资活动效率，降低筹资风险，防止由于缺乏授权、审批而出现的一系列舞弊现象。

3. 及时核算和监督原则

会计部门必须按规定和要求进行筹资业务的账务处理，保证金额正确、合法合规合理、入账及时，披露充分。对债券的溢折价，应选用适当的方法及时进行摊销和处理。同时，企业应当建立健全筹资业务的监督检查制度，明确监督检查机构或人员的职责权限，定期或不定期地进行检查。

4. 详细备查记录原则

企业应设立有关筹资登记簿，及时且详细地登记已发行的债券签发日期、债券面值、发行价格、债券利率、债券到期日期、债券本息支付方式或股票种类、签发日期、股票面值、发行价格等。同时，应对不同的筹资项目进行编号。如果是增资配股，可以通过备注形式来充分详细说明有关事项。

第 2 节　投资、筹资核算方法的设计

一、投资业务核算方法的设计

投资业务核算方法的设计包括：以摊余成本计量的金融资产的核算、以公允价值计量且其变动计入其他综合收益的金融资产的核算、以公允价值计量且其变动计入当期损益的金融资产的核算、长期股权投资的核算，如图 11－3 所示。

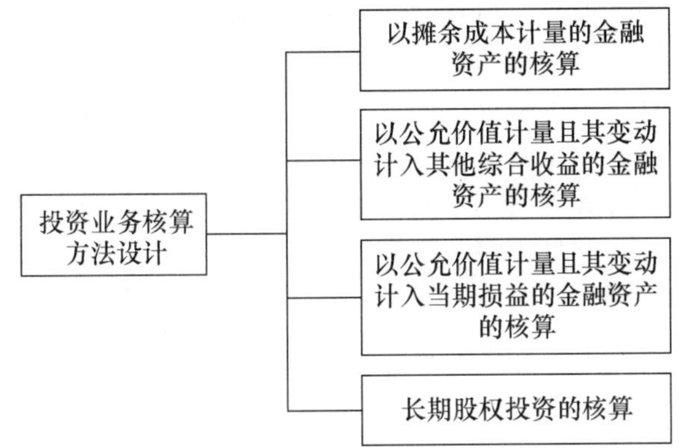

图 11－3　投资业务核算方法设计

（一）以摊余成本计量的金融资产的核算方法

1. 以摊余成本计量的金融资产取得的核算

金融资产同时符合下列条件的，应当分类为以摊余成本计量的金融资产：（1）企业管理该金融资产的业务模式是以收取合同现金流量为目标。（2）该金融资产的合同条款规定，在特定日期产生的现金流量，仅为对本金和以未偿付本金金额为基础的利息的支付。例如，银行向企业客户发放的固定利率的贷款，在没有其他特殊安排的情况下，贷款的合同现金流量一般情况下可能符合仅为对本金和以未偿付本金金额为基础的利息支付的要求。如果银行管理该贷款的业务模式是以收取合同现金流量为目标，则该贷款应当分类为以摊余成本计量的金融资产。

企业一般应当设置“银行存款”“贷款”“应收账款”“债权投资”等科目核算以摊余成本计量的金融资产。

以摊余成本计量的金融资产初始确认时以公允价值计量，相关的交易费用在发生时直接计入初始确认金额。如果支付的价款中包含已到付息期但尚未领取的利息，应单独确认为应收项目。

2. 以摊余成本计量的金融资产持有期间的核算

以摊余成本计量的金融资产应按照摊余成本和实际利率法进行后续计量，以计算确认利息收入，计入投资收益。其中，实际利率法是指计算金融资产或金融负债的摊余成本以及将利息收入或利息费用分摊计入各会计期间的方法。实际利率是指将金融资产或金融负债在预计存续期的估计未来现金流量，折现为该金融资产账面余额或该

金融负债摊余成本所使用的利率。在确定实际利率时，应当在考虑金融资产或金融负债所有合同条款（如提前还款、展期、看涨期权或其他类似期权等）的基础上估计预期现金流量，但不应当考虑预期信用损失。金融资产或金融负债的摊余成本，应当以该金融资产或金融负债的初始确认金额经下列调整后的结果确定：（1）扣除已偿还的本金；（2）加上或减去采用实际利率法将该初始确认金额与到期日金额之间的差额进行摊销；（3）扣除累计计提的损失准备（仅适用于金融资产）。

以摊余成本计量的金融资产如为分期付息、一次还本债券投资，应于资产负债表日按票面利率计算确定的应收未收利息，借记“应收利息”科目；按该投资摊余成本和实际利率计算确定的利息收入，贷记“投资收益”科目；按其差额，借记或贷记“债权投资——利息调整”科目；收到分期付息、一次还本投资持有期间支付的利息，借记“银行存款”科目，贷记“应收利息”科目。

以摊余成本计量的金融资产如为一次还本付息债券投资，应于资产负债表日按票面利率计算确定的应收未收利息，借记“债权投资——应计利息”科目；按该投资摊余成本和实际利率计算确定的利息收入，贷记“投资收益”科目；按其差额，借记或贷记“债权投资——利息调整”科目。

3. 以摊余成本计量的金融资产的处置

企业处置以摊余成本计量的金融资产时，应将所取得的价款与该投资账面价值之间的差额计入投资收益。

（二）以公允价值计量且其变动计入其他综合收益的金融资产的核算方法

金融资产同时符合下列条件的，应当分类为以公允价值计量且其变动计入其他综合收益的金融资产：（1）企业管理该金融资产的业务模式既以收取合同现金流量为目标又以出售该金融资产为目标；（2）该金融资产的合同条款规定，在特定日期产生的现金流量，仅为对本金和以未偿付本金金额为基础的利息的支付。例如，企业持有的普通债券的合同现金流量是到期收回本金及按约定利率在合同期间按时收取固定或浮动利息的权利。在没有其他特殊安排的情况下，普通债券的合同现金流量一般情况下可能符合仅为对本金和以未偿付本金金额为基础的利息支付的要求，如果企业管理该债券的业务模式既以收取合同现金流量为目标又以出售该债券为目标，则该债券应当分类为以公允价值计量且其变动计入其他综合收益的金融资产。

企业应当设置“其他债权投资”科目核算企业取得的以公允价值计量且其变动计入其他综合收益的金融资产（债务工具）的公允价值及取得时发生的相关交易费用；设置“其他权益工具投资”科目核算企业在初始确认时指定为以公允价值计量且其变动计入其他综合收益的非交易性权益工具投资的公允价值及取得时发生的相关交易费用。

1. 以公允价值计量且其变动计入其他综合收益的金融资产取得的核算

以公允价值计量且其变动计入其他综合收益的金融资产应当按取得时的公允价值和相关的交易费用之和作为初始确认金额。如果实际支付的价款中包含已宣告但尚未发放的现金股利或已到付息期但尚未领取的债券利息，应当单独确认为应收项目，不计入以公允价值计量且其变动计入其他综合收益的金融资产的初始确认金额。

企业取得的其他债权投资，应按债券的面值，借记“其他债权投资——成本”科目；按支付的价款中包含的已到付息期但尚未领取的利息，借记“应收利息”科目；按实际支付的金额，贷记“银行存款”等科目；按差额，借记或贷记“其他债权投资——利息调整”科目。

企业取得的其他权益工具投资，应按其公允价值与交易费用之和，借记“其他权益工具投资——成本”科目；按支付的价款中包含的已宣告但尚未发放的股利，借记“应收股利”科目；按实际支付的金额，贷记“银行存款”等科目。

2. 以公允价值计量且其变动计入其他综合收益的金融资产持有期间的核算

以公允价值计量且其变动计入其他综合收益的金融资产持有期间的核算包括对两项业务的核算：一是对企业持有该项金融资产期间有关利息或现金股利的核算；二是对资产负债表日企业持有该项金融资产的公允价值与其账面余额之间的差额的核算。

（1）持有期间有关利息或现金股利的核算。企业持有其他债权投资如为分期付息、一次还本债券投资的，应按票面利率计算确定的应收未收利息，借记“应收利息”科目；按其他债权投资的期初账面余额或者摊余成本和实际利率计算确定的利息收入，贷记“投资收益”科目；按其差额，借记或贷记“其他债权投资——利息调整”科目。企业持有其他债权投资如为一次还本付息债券投资的，应于资产负债表日按票面利率计算确定的应收未收利息，借记“其他债权投资——应计利息”科目；按其他债权投资的期初账面余额或者摊余成本和实际利率计算确定的利息收入，贷记“投资收益”科目；按其差额，借记或贷记“其他债权投资——利息调整”科目。

企业持有其他权益工具投资期间，被投资企业宣告分配现金股利时，投资企业按照其能够分得的现金股利金额，借记“应收股利”科目，贷记“投资收益”科目。

（2）持有期间公允价值变动的核算。资产负债表日，按其他债权投资的公允价值高于其账面余额的差额，借记“其他债权投资——公允价值变动”科目，贷记“其他综合收益——其他债权投资公允价值变动”科目；按公允价值低于其账面余额的差额作相反的会计分录。

资产负债表日，按其他权益工具投资的公允价值高于其账面余额的差额，借记“其他权益工具投资——公允价值变动”科目，贷记“其他综合收益——其他权益工具公允价值变动”科目；按公允价值低于其账面余额的差额作相反的会计分录。

3. 以公允价值计量且其变动计入其他综合收益的金融资产的处置

处置其他债权投资时，应将取得的处置价款与其他债权投资账面余额之间的差额，计入投资收益。按实际收到的金额，借记“银行存款”等科目；按其账面余额，贷记“其他债权投资——成本”“其他债权投资——公允价值变动”“其他债权投资——利息调整”“其他债权投资——应计利息”等科目；按应从所有者权益中转出的公允价值累计变动额，借记或贷记“其他综合收益——其他债权投资公允价值变动”科目；按其差额，贷记或借记“投资收益”科目。

处置其他权益工具投资时，应将取得的处置价款与其他权益工具投资账面余额之间的差额，计入留存收益。按实际收到的金额，借记“银行存款”等科目；按其账面余额，贷记“其他权益工具投资——成本”“其他权益工具投资——公允价值变动”科目；按应从其他综合收益中转出的公允价值累计变动额，借记或贷记“其他综合收益——其他权益工具公允价值变动”科目；按其差额，贷记或借记“盈余公积”“利润分配——未分配利润”科目。

（三）以公允价值计量且其变动计入当期损益的金融资产的核算方法

按照上述（一）和（二）分类为以摊余成本计量的金融资产和以公允价值计量且其变动计入其他综合收益的金融资产之外的金融资产，企业应当将其分类为以公允价值计量且其变动计入当期损益的金融资产。例如，企业持有的普通股股票的合同现金流量是收取被投资企业未来股利分配以及其清算时获得剩余收益的权利。由于股利及获得剩余收益的权利均不符合本金和利息的定义，因此企业持有的普通股股票应当分类为以公允价值计量且其变动计入当期损益的金融资产。

企业应当设置“交易性金融资产”科目核算以公允价值计量且其变动计入当期损益的金融资产。企业持有的直接指定为以公允价值计量且其变动计入当期损益的金融资产在本科目核算。

1. 以公允价值计量且其变动计入当期损益的金融资产取得的核算

以公允价值计量且其变动计入当期损益的金融资产应当按取得时的公允价值作为初始确认金额，相关的交易费用在发生时直接计入当期损益。如果实际支付的价款中包含已宣告但尚未发放的现金股利或已到付息期但尚未领取的债券利息，应当单独确认为应收项目，不计入以公允价值计量且其变动计入当期损益的金融资产的初始确认金额。

2. 以公允价值计量且其变动计入当期损益的金融资产持有期间的核算

企业在持有以公允价值计量且其变动计入当期损益的金融资产期间所获得的现金股利或债券利息，应当确认为投资收益，借记“应收股利”或“应收利息”科目，贷记“投资收益”科目。

资产负债表日，以公允价值计量且其变动计入当期损益的金融资产的公允价值高于其账面余额时，应按二者之间的差额，调增以公允价值计量且其变动计入当期损益的金融资产的账面余额，同时确认公允价值上升的收益，借记“交易性金融资产——公允价值变动”科目，贷记“公允价值变动损益”科目；以公允价值计量且其变动计入当期损益的金融资产的公允价值低于其账面余额时，应按二者之间差额，调减以公允价值计量且其变动计入当期损益的金融资产的账面余额，同时确认公允价值下跌的损失，借记“公允价值变动损益”科目，贷记“交易性金融资产——公允价值变动”科目。

3. 以公允价值计量且其变动计入当期损益的金融资产的处置

处置以公允价值计量且其变动计入当期损益的金融资产时，应将取得的价款与该金融资产账面价值之间的差额计入投资收益。处置该金融资产时，应按实际收到的金额，借记“银行存款”科目；按该金融资产账面余额，贷记“交易性金融资产（成本、公允价值变动）”科目；按其差额，贷记或借记“投资收益”科目。

（四）长期股权投资的核算方法

长期股权投资是指企业准备长期持有的权益性投资，包括：企业持有的能够对被投资单位实施控制的权益性投资，即对子公司投资；企业持有的能够与其他合营方一同对被投资单位实施共同控制的权益性投资，即对合营企业投资；企业持有的能够对被投资单位施加重大影响的权益性投资，即对联营企业投资。除上述情况以外，企业持有的其他权益性投资，应当按照金融工具确认和计量准则的规定，划分为以公允价值计量且其变动计入当期损益的金融资产或以公允价值计量且其变动计入其他综合收益的金融资产。

1. 长期股权投资取得的核算

长期股权投资可以通过企业合并形成，也可以通过企业合并以外的其他方式取得。在不同的取得方式下，长期股权投资初始成本的确定方法有所不同。但是，无论企业以何种方式取得长期股权投资，实际支付的价款或对价中包含的已宣告但尚未领取的现金股利或利润，应作为应收项目单独入账，不构成取得长期股权投资的成本。

（1）同一控制下企业合并形成的长期股权投资。同一控制下的企业合并，合并方以支付现金、转让非现金资产或承担债务方式作为合并对价的，应当在合并日按照取得被合并方所有者权益账面价值的份额作为长期股权投资的初始投资成本。长期股权投资初始投资成本与支付的现金、转让的非现金资产以及所承担债务账面价值之间的差额，应当调整资本公积；资本公积不足冲减的，调整留存收益。

合并方以发行权益性证券作为合并对价的，应当在合并日按照取得被合并方所有者权益账面价值的份额作为长期股权投资的初始投资成本。按照发行股份的面值总额作为股本，长期股权投资初始投资成本与所发行股份面值总额之间的差额，应当调整资本公积；资本公积不足冲减的，调整留存收益。

合并方为进行企业合并发生的各项直接相关费用，包括为进行企业合并而支付的审计费用、评估费用和法律服务费用等，应当于发生时计入当期损益。

（2）非同一控制下企业合并形成的长期股权投资。非同一控制下的控股合并中，购买方应当按照确定的企业合并成本作为长期股权投资的初始投资成本。企业合并成本包括购买方付出的资产、发生或承担的负债、发行的权益性证券的公允价值之和。购买方发生的审计、法律服务、评估咨询等中介费用以及其他相关管理费用，与同一控制下的企业合并一致，应当于发生时计入当期损益。

作为对价投出的资产为非货币资产时，投出资产公允价值与其账面价值的差额应分别不同资产进行会计处理（与出售资产影响损益的会计处理相同）：

①投出资产为存货，符合收入确认条件的，按其公允价值确认主营业务收入或其他业务收入，按其账面价值结转主营业务成本或其他业务成本；若计提存货跌价准备的，应将存货跌价准备一并结转。

②投出资产为固定资产或无形资产的，其差额计入资产处置损益。

③投出资产为以公允价值计量且其变动计入其他综合收益的债权性金融资产，其公允价值与账面价值的差额计入投资收益，原持有期间因公允价值变动形成的“其他综合收益”应一并转入投资收益。

购买方应在购买日按企业合并成本（不含应自被投资单位收取的现金股利或利润），借记“长期股权投资”科目；按享有被投资单位已宣告但尚未发放的现金股利或利润，借记“应收股利”科目；按支付合并对价的账面价值，贷记有关资产等科目；按发生的直接相关费用，借记“管理费用”科目，贷记“银行存款”科目；按其差额，借记或贷记“资产处置损益”或“投资收益”等科目。

（3）其他方式取得的长期股权投资。除企业合并形成的长期股权投资外，企业还可以通过支付现金、非现金资产等非企业合并的其他方式取得长期股权投资。以支付现金、非现金资产等其他方式取得的长期股权投资，应当按照实际支付的价款、非现金资产等的公允价值（包括与取得长期股权投资直接相关的费用、税金及其他必要支出），作为初始投资成本。此外，为发行权益性证券支付的手续费、佣金等与权益性证券发行直接相关的费用，按照《企业会计准则第37号——金融工具列报》规定，不构成取得长期股权投资的成本，该部分费用应冲减权益性证券的溢价收入，冲减不足部分应该冲减盈余公积和未分配利润。

2. 长期股权投资的后续计量

企业取得的长期股权投资在持有期间，要根据所持股份的性质、占被投资单位股份总额比例的大小以及对被投资单位财务和经营政策的影响程度等，分别采用成本法或权益法进行会计处理。

（1）长期股权投资的成本法。成本法是指长期股权投资的价值通常按初始投资成本计量，除追加或收回投资外，一般不对长期股权投资的账面价值进行调整的一种会计处理方法。投资方能够对被投资单位实施控制的长期股权投资应当采用成本法核算。

企业应当设置“长期股权投资”科目，反映长期股权投资的初始投资成本。在持有长期股权投资期间，当被投资单位宣告分派现金股利或利润时，投资企业按应享有的部分确认投资收益，但确认的投资收益仅限于被投资单位接受投资后产生的累积净利润的分配额。如果投资后至本年末（或本期末）止被投资单位累积分派的现金股利或利润大于投资后至上年末止被投资单位累积实现的净损益，则按下列公式计算应冲减初始投资成本的金额。计算公式如下：

$$\begin{array}{c}\text{应冲减初始}\\\text{投资成本的金额}\end{array}=\left[\begin{array}{c}\text{投资后至本年末(或本期末)止被投资}\\\text{单位累积分派的现金股利或利润}\end{array}-\begin{array}{c}\text{投资后至上年末止被投资}\\\text{单位累积实现的净损益}\end{array}\right]\times\begin{array}{c}\text{投资企业的}\\\text{持股比例}\end{array}-\begin{array}{c}\text{投资企业已冲减的}\\\text{初始投资成本}\end{array}$$

$$\begin{array}{c}\text{应确认的}\\\text{投资收益}\end{array}=\begin{array}{c}\text{投资企业当年获得的}\\\text{利润或现金股利}\end{array}-\begin{array}{c}\text{应冲减初始投资}\\\text{成本的金额}\end{array}$$

如果投资后至本年末（或本期末）止被投资单位累积分派的现金股利或利润等于或小于投资后至上年末止被投资单位累积实现的净损益，则被投资单位当期分派利润或现金股利中应由投资企业享有的部分，应确认为投资收益。

（2）长期股权投资的权益法。权益法，是指投资以初始投资成本计量后，在投资持有期间根据投资企业享有被投资单位所有者权益份额的变动对长期股权投资的账面价值进行调整的方法。投资企业对被投资单位具有共同控制或重大影响的长期股权投资，应当采用权益法核算。

①会计科目的设置。在“长期股权投资”科目下，应当设置“投资成本”“损益调整”“其他综合收益”“其他权益变动”明细科目，分别反映长期股权投资的初始投资成本以及因被投资单位所有者权益发生增减变动而对长期股权投资账面价值进行调整的金额。

②取得长期股权投资的会计处理。企业在取得长期股权投资时，按照确定的初始投资成本入账。如果长期股权投资的初始投资成本大于投资时应享有被投资单位可辨认净资产公允价值的份额，不调整长期股权投资的初始投资成本；如果长期股权投资的初始投资成本小于投资时应享有被投资单位可辨认净资产公允价值的份额，则其差额应当计入营业外收入，同时调整长期股权投资的初始投资成本。投资企业应享有被投资单位可辨认净资产公允价值的份额，可用下列公式计算：

$$\begin{matrix}\text{应享有被投资单位可辨认}\\\text{净资产公允价值的份额}\end{matrix}=\begin{matrix}\text{投资时被投资单位可辨认}\\\text{净资产公允价值总额}\end{matrix}\times\begin{matrix}\text{投资企业}\\\text{持股比例}\end{matrix}$$

（3）持有长期股权投资期间投资损益的确认。投资企业取得长期股权投资后，应当按照被投资单位实现的净利润或发生的净亏损中投资企业应享有的或应分担的份额确认投资损益，同时相应调整长期股权投资的账面价值；被投资单位宣告分派现金股利或利润时，投资企业按应分得的部分，相应减少长期股权投资的账面价值；被投资单位分派股票股利时，投资企业不进行账务处理，但应在备查簿中登记增加的股份。

（4）其他综合收益的会计处理。被投资单位确认的其他综合收益及变动，会影响被投资单位的所有者权益总额，进而影响投资企业应该享有被投资单位所有者权益的份额。因此，当被投资单位其他综合收益发生变动时，在持股比例不变的情况下，投资企业应按照持股比例计算的应享有的或承担的部分，调整长期股权投资的账面价值，同时增加或减少其他综合收益。

（5）被投资单位所有者权益其他变动的会计处理。投资企业对于被投资单位除净损益、其他综合收益以及利润分配以外所有者权益的其他变动，在持股比例不变的情况下，按照持股比例计算的应享有的或承担的部分，调整长期股权投资的账面价值，同时增加或减少资本公积——其他资本公积。

3. 长期股权投资的处置

处置长期股权投资发生的损益应当在符合股权转让条件时予以确认，计入处置当期投资损益。长期股权投资的处置损益，是指取得的处置收入与长期股权投资的账面价值和已确认但尚未收到的现金股利之间的差额。对于采用权益法核算的长期股权投资，在处置该项投资时，采用与被投资单位直接处置相关资产或负债相同的基础，按相应比例对原计入其他综合收益的部分进行会计处理。

内容扩展

长期股权投资成本法与权益法的比较

成本法和权益法是长期股权投资的两种不同核算方法，在具体应用中，它们存在以下联系与区别。

1. 联系

（1）股票股利的处理相同。不论是采用成本法还是权益法，对于被投资单位分派的股票股利，投资企业不作账务处理，但应于除权日注明所增加的股数，以反映股份的变化情况。

（2）计提资产减值方式相同。长期股权投资在按照规定进行核算确定其账面价值的基础上，如果存在减值迹象的，应当按照相关准则的规定计提减值准备。不论是采用成本法还是权益法，长期股权投资减值损失一经确认，在以后会计期间均不得转回。

（3）二者可以相互转化。投资企业对长期股权投资的核算到底是采用成本法还是权益法主要取决于所拥有的被投资单位有表决权资本的持股比例。

2. 区别

（1）定义不同。成本法是指长期股权投资按投资成本计价的方法。在该方法下，长期股权投资以取得股权时的成本计价，除投资企业追加投资、收回投资等情形外，账面价值保持不变。确认的投资收益，仅限于所获得的被投资单位在投资后产生的累积净利润的分配额，所获得的利润或现金股利超过上述数额的部分作为初始投资成本的收回。权益法是指长期股权投资最初以初始投资成本计量，其后根据投资企业享有被投资单位所有者权益份额的变化对投资的账面价值进行调整的方法。

（2）核算范围不同。成本法的核算范围是企业能够对被投资单位实施控制的以及企业对被投资单位不具有控制、共同控制或重大影响，且在活跃市场没有报价、公允价值不能可靠计量的长期股权投资。权益法的核算范围是企业对被投资单位具有共同控制以及具有重大影响的长期股权投资。

（3）初始投资成本的确定不同。成本法下初始投资成本的确定，除企业合并形成的长期股权投资外，以支付现金取得的长期股权投资，应当以实际支付的购买价款作为初始投资成本。权益法下长期股权投资的初始成本要和投资时应享有被投资单位可辨认净资产公允价值份额进行比较，如果长期股权投资的初始投资成本大于投资时应享有被投资单位可辨认净资产公允价值份额的，该部分差额系投资企业在购入该项投资过程中通过购买作价体现出的与所得股权份额相对应的商誉，不须进行调整而是构成长期股权投资的成本。如果长期股权投资的初始投资成本小于投资时应享有被投资单位可辨认净资产公允价值份额的，该部分差额可以看作被投资单位的股东给予投资企业的让步，或是出于其他方面的考虑，被投资单位的原有股东无偿赠与投资企业的价值，因而应确认为当期收益，同时调整长期股权投资的成本。

（4）取得期间被投资单位实现净利润或净亏损的会计处理不同。成本法下被投资单位实现净利润或净亏损，投资企业不进行账务处理。权益法下投资企业要随着被投资单位净利润或净亏损而调整账面价值，如果实现净利润，被投资单位应该借记“长期股权投资——损益调整”科目，贷记“投资收益”科目，如果被投资单位亏损，则投资单位应该借记“投资收益”科目，贷记“长期股权投资——损益调整”科目。

（5）持有期间被投资单位所有者权益变动的会计处理不同。在成本法下被投资单位的所有者权益发生变动，投资企业不作账务处理。权益法下被投资单位的其他综合收益发生变动，投资企业要按持股比例计算应享有的份额，借记或贷记“长期股权投资——其他综合收益”科目，贷记或借记“其他综合收益”科目；被投资单位除净损益、其他综合收益以及利润分配以外所有者权益的其他变动，投资单位要按持股比例计算应享有的份额，借记或贷记“长期股权投资——其他资本公积”科目，贷记或借记“资本公积——其他资本公积”科目。

资料来源：梁丽华．长期股权投资成本法与权益法的比较．中国乡镇企业会计，2010（1）．

二、筹资业务核算方法的设计

筹资业务核算方法的设计主要包括负债性筹资业务核算方法的设计和权益性筹资核算方法的设计，如图 11－4 所示。

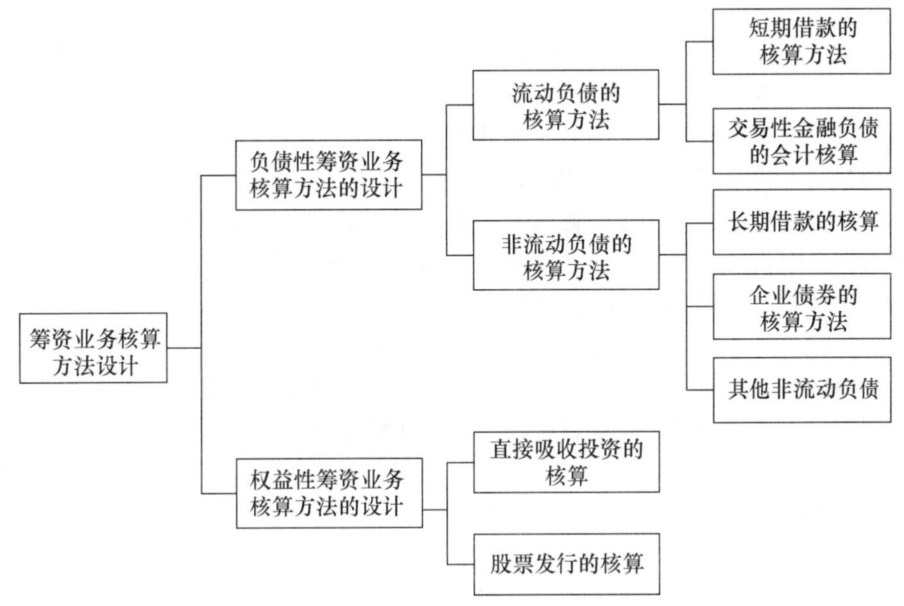

图 11－4　筹资业务核算方法设计

（一）负债性筹资业务核算方法的设计

1. 流动负债的核算方法

（1）短期借款的核算方法。短期借款是指企业向银行或其他金融机构借入的期限在一年以下的各种借款。这部分借款一般是企业为维持正常生产经营所需资金而借入的或为抵偿某项债务而借入的款项。短期借款的债权人一般称该款项为流动资金借款。企业从银行及其他金融机构借入的短期款项，无论用于哪个方面，都需要反映借入的本金及利息。

①短期借款取得的核算。为了正确反映短期借款的取得、归还及结余情况，企业应设置“短期借款”账户。取得借款时，根据借入的本金，记：

借：银行存款

　贷：短期借款

“短期借款”账户应按短期借款的种类设置明细分类账，进行明细分类核算。

②短期借款利息的核算。短期借款是为生产经营的需要而借入的，其利息应作为费用计入当期损益。企业为了正确核算短期借款的利息情况，还应设置“应付利息”与“财务费用”账户，这是短期借款的会计核算重点。为了正确反映各月借款利息的实际情况，会计上应根据权责发生制原则，按月计提利息；如果数额不足，也可于实际支付月份一次计入当期损益。

③短期借款归还的核算。短期借款到期时，应及时归还。财务部门同时进行以下

账务处理：

借：短期借款

　　应付利息或财务费用

　贷：银行存款

（2）交易性金融负债的会计核算。交易性金融负债是指企业采用短期获利模式进行融资所形成的负债。满足以下条件之一的金融资产或金融负债，应当划分为交易性金融负债：取得该金融资产或承担该金融负债主要是为了近期内出售、回购或赎回；属于进行集中管理的可辨认金融工具组合的一部分，且有客观证据表明企业近期采用短期获利方式对该组合进行管理，属于衍生工具。

企业应设置“交易性金融负债”账户，核算交易性金融负债的公允价值，并按照交易性金融负债的类别，分别设置“本金”“公允价值变动”明细账户进行明细核算。其中，“本金”明细账户反映交易性金融负债的初始确认金额；“公允价值变动”明细账户反映交易性金融负债在持有期间的公允价值变动金额。

与以公允价值计量且其变动计入当期损益的金融资产相似，交易性金融负债应当按照公允价值进行初始计量和后续计量。初始计量时，企业应当按照交易性金融负债的公允价值，借记“银行存款”科目，贷记“交易性金融负债——本金”科目。相关交易费用应当在发生时直接计入当期损益。后续计量时，根据《企业会计准则》的规定，交易性金融负债的价值应按资产负债表日的公允价值反映，公允价值的变动计入当期损益。

2. 非流动负债的核算方法

在我国会计实务中，除长期应付债券按公允价值（现值）入账外，其他非流动负债一般直接按负债发生时的实际金额记账。

（1）长期借款的核算。长期借款是企业向银行或其他金融机构借入的、偿还期限超过一年的各种借款。企业取得长期借款，必须按照规定的程序进行，一般要经过申请、审批、签订合同和划拨款项四个步骤。在借款的使用期间，应按期支付利息，到期偿还本金。为了核算长期借款的取得、计息和归还情况，企业应设置“长期借款”账户。该账户属于负债类账户，贷方登记取得的长期借款本金及利息，借方登记归还的本金及利息，期末余额在贷方，反映尚未归还的借款本金及利息。该账户应按借款的种类或用途设置明细账户，进行明细分类核算。

按照现行制度的规定，对长期借款的利息费用等，可直接归属于符合资本化条件的资产的购建或者生产的，应当予以资本化，计入相关资产成本；其他借款费用，应当在发生时根据其发生额确认为费用，计入当期损益。符合资本化条件的资产，是指需要经过相当长时间的购建或者生产活动才能达到预定可使用或者可销售状态的固定资产、投资性房地产和存货等资产。因此，企业取得长期借款时，应记：

借：银行存款

　贷：长期借款

计算利息时应借记“在建工程”“财务费用”等科目，贷记“长期借款”科目；偿还借款、支付利息时应借记“长期借款”科目，贷记“银行存款”科目。

内容扩展

借款费用资本化的要求

借款费用同时满足下列条件的，才能开始资本化：

（1）资产支出已经发生，资产支出包括为购建或者生产符合资本化条件的资产而以支付现金、转移非现金资产或者承担带息债务形式发生的支出；

（2）借款费用已经发生；

（3）为使资产达到预定可使用或者可销售状态所必要的购建或者生产活动已经开始。

（2）企业债券的核算方法。债券是企业为筹集资金而依照法定程序发行，约定在一定日期还本付息的有价证券。企业发行债券必须经国家有关部门批准，委托银行或其他金融机构代理发行。发行债券筹集的资金可用于购建固定资产，也可用于补充流动资金。企业发行的期限超过一年的债券，构成一项长期负债。

①债券发行的核算。为了反映和监督债券的发行、归还和付息情况，发行债券的企业，应设置“应付债券”账户。该账户贷方登记应付债券的本金和应计利息，借方登记偿还债券本金和支付利息的金额，余额在贷方，表示尚未偿还的债券本金和利息。该账户应下设“面值”“利息调整”和“应计利息”等明细账户，进行明细分类核算。

企业发行债券无论是按面值还是溢价或折价，均应按债券面值记入“应付债券——面值”科目。当企业按面值发行债券时，债券价格与债券面值一致，可按债券面值金额借记“银行存款”等科目，贷记“应付债券——面值”科目。

当企业溢价发行债券时，债券价格高于债券面值金额，按实际收到的款项，借记“银行存款”等科目；按债券的面值金额，贷记“应付债券——面值”科目；按实际收到的款项与票面金额的差额，贷记“应付债券——利息调整”科目。

当企业折价发行债券时，债券价格低于债券面值金额，按实际收到的款项，借记“银行存款”等科目；按债券的面值金额，贷记“应付债券——面值”科目；按实际收到的款项与票面金额的差额，借记“应付债券——利息调整”科目。

②债券利息、溢价和折价摊销的核算。企业应根据权责发生制的要求按期计提应付债券的利息费用，并按所筹资金的用途，分别计入财务费用或有关资产的成本，即借记“财务费用”或“在建工程”等科目。同时，对于一次还本付息的债券利息应贷记“应付债券——应计利息”科目，对于分期付息、一次还本的债券利息则应贷记“应付利息”科目。

实际工作中，对债券溢价和折价的摊销应采用实际利率法。实际利率法是以债券发行时的实际利率，乘以每期期初债券的账面价值（亦称摊余成本），求得该期的利息费用，利息费用与实际支付利息的差额，即为该期溢、折价的摊销额。用公式表示如下：

溢价摊销额＝应付利息－当期利息费用

折价摊销额＝当期利息费用－应付利息

当期利息费用＝债券该期期初账面价值×市场利率

③债券还本的核算。债券到期时，发行企业应根据发行债券时规定的还本期限与方式，偿还债券持有人的本金。溢折价发行的债券，由于溢折价在债券的整个存续期内已经摊销完毕，应付债券账面价值与面值一致，因此，无论是面值发行、溢价发行还是折价发行的债券到期时，对于分期付息到期还本的债券，在偿还时均可按票面价值借记“应付债券——面值”科目，贷记“银行存款”科目。对于到期一次还本付息的债券，到期时除偿还债券本金外还需要偿付利息。由于债券每期应付利息已记入“应付债券——应计利息”科目的贷方，故偿付本息时应借记“应付债券——面值”和“应付债券——应计利息”科目，贷记“银行存款”科目。

（3）其他非流动负债。长期应付款主要包括补偿贸易引进设备应付款、采用分期付款方式购入固定资产和无形资产发生的应付账款等。采用补偿贸易方式引进设备时，企业可先取得设备，设备投产后，用其生产的产品偿还设备价款；以分期付款的方式取得资产，也是资产使用在前，款项支付在后。因此，上述两种方式下，企业尚未支付的设备价款形成企业的一项长期负债，会计上称为长期应付款。长期应付款除具有一般长期负债的特点外，其会计核算单设“长期应付款”账户，与一般负债类账户的结构基本相同，其下设置“应付引进设备款”明细账户。

 **内容扩展**

流动负债融资和非流动负债融资的比较

采用流动负债的方式融资，资金到位快，容易取得，长期负债的债权人往往要对债务人进行全面的财务调查以保护其自身利益，因而所需时间一般较长且不易获得，短期负债在短时间内就可以归还，债权人顾虑相对较少。流动负债融资的限制相对宽松，企业的资金使用较为灵活、富有弹性。不仅如此，流动负债的融资成本还低于长期负债。但是短期负债要在短期内偿还，需要企业在短期内能够拿出足够的资金偿还到期债务，因而短期负债融资的风险相对较高。

采用非流动负债的方式融资，可以满足企业长期发展资金的不足。企业不需要在短期内偿还到期债务，因此非流动负债的还债压力较小，融资风险相对较低。但是非流动负债融资的成本较高，款项使用方式的限制较多。

（二）权益性筹资业务核算方法的设计

权益性筹资业务就是企业吸收直接投资和对社会公开发行股票，该业务的会计核算并不复杂，重点是对筹资的财务决策环节的控制。其会计核算需设置“实收资本”账户，按投资者设置明细账。企业除通过“实收资本”总账和明细账进行实收资本核算外，还须设置股东名册，详细登记股东姓名或名称、住所以及出资额等。

1. 吸收直接投资的核算

股东以现金投入的资本，应以实际收到或者存入企业开户银行的金额作为实收资本入账。

如果股东以非现金出资，例如实物资产或无形资产投资，接受的实物资产和无形资产投资，应按评估或双方确认的价值（或实物的发票价值）及相关的税金作为实收资本入账，同时借记“原材料”“固定资产”“无形资产”等科目。

2. 股票发行的核算

股份有限公司以发行股票方式筹集的股本通过“股本”科目核算，按《企业会计制度》规定，对既发行普通股又发行优先股的企业，“股本”科目下应分设明细账对普通股和不同类型的优先股分别登记。股份有限公司因发行股票、可转换债券调换成股票、发放股票股利等原因取得股本时记入该科目贷方，按法定程序报经批准减少注册资本的公司在实际发还股款时记入该科目借方，“股本”科目贷方余额表示公司所拥有的股本总额。公司发行股票时，在收到现金等资产时，将实际收到的金额，借记“库存现金”“银行存款”科目；按股票面值和核定的股份总额的乘积计算得出的金额，贷记“股本”科目。股票的转让只变更股东而不改变股本总额，因此，只需在股东名册中记载，无须在“股本”科目中记录，而且一般股票发行都是溢价发行，其溢价金额记入“资本公积”科目。

当股本减少时，比如采用收购本企业股票方式减资的，在实际购入企业股票时登记入账。股份有限公司采用收购本公司股票（股票回购）方式减资时按注销股票的面值总额减少股本，购回股票支付的价款超过面值总额的部分依次减少资本公积、盈余公积和未分配利润。公司按法定程序以股票回购方式减少注册资本，借记“股本”“资本公积”科目，贷记“银行存款”科目。如果公司购回股票支付的价款低于面值总额，支付的价款低于面值总额的部分增加资本公积。

内容扩展

股东动用自己的钱有错吗？

我国实行严格的资本金管理制度，公司成立后，股东不得抽逃出资。建立资本金制度，有利于保障所有者权益，有利于企业独立自主、自负盈亏，也为企业正确核算盈亏创造了必要的条件。

作为股东，尤其是董事等高级管理人员应当十分明确作为投资者的法律责任。2014 年 3 月 1 日起施行的新《公司法》从维护市场经济秩序出发，十分重视公司董事、监事和高管人员的资格和义务，明确规定了董事、监事和高管的任职资格以及对公司负有忠实义务和勤勉义务。第十一条规定：“设立公司必须依法制定公司章程。公司章程对公司、股东、董事、监事、高级管理人员具有约束力。”第二十一条规定了公司的控股股东、实际控制人、董事、监事、高级管理人员不得利用其关联关系损害公司利益。第一百四十九条规定了董事、监事、高级管理人员执行公司职务时违反法律、行政法规或者公司章程的规定，给公司造成损失的，应当承担赔偿责任。

新《公司法》不仅在内容上明确了董事、监事和高管不得侵害公司利益，或者侵害股东利益，还赋予股东提起损害赔偿的诉讼权。应当清楚地看到，实施新的《公司法》以后，董事、监事和高管成为被诉对象的可能性较以前增大。在“治人才能治本”

的立法宗旨下，加重董事、监事和高管的义务及法律责任是理所当然的。

新《企业财务通则》第十六条指出："企业应当执行国家有关资本管理制度……企业筹集的实收资本，在持续经营期间可以由投资者依照法律、行政法规以及企业章程的规定转让或者减少，投资者不得抽逃或者变相抽回出资。"新《公司法》第二百条更明确规定："公司的发起人、股东在公司成立后，抽逃其出资的，由公司登记机关责令改正，处以所抽逃出资金额百分之五以上百分之十五以下的罚款。"

我国《刑法》第一百五十九条规定：公司发起人、股东违反公司法的规定未交付货币、实物或者未转移财产权，虚假出资，或者在公司成立后又抽逃其出资，数额巨大、后果严重或者有其他严重情节的，处五年以下有期徒刑或者拘役，并处或者单处虚假出资金额或者抽逃出资金额百分之二以上百分之十以下罚金。

针对目前客观存在的抽逃资金的现象，我国政府出台了不少相关文件予以明令禁止，也曾多次大规模地进行联合检查，还安排了每年进行包含注册资本是否到位、是否被抽逃为主要内容的工商年检，但抽逃出资的行为屡禁不止。上海市工商行政管理局、上海市财政局、中国人民银行上海分行、中国银行业监督管理委员会上海监督局印发《关于规范本市公司货币验资工作的意见》（沪工商企〔2006〕251号）文件，该文件明确要求："市工商局、市财政局、人行上海分行和上海银监局应各司其职，加强信息沟通和配合，共同加强对公司货币验资业务的监管。……凡发现公司或股东（发起人）有虚假出资、虚报注册资本、抽逃注册资本等违法行为或会计师事务所出具虚假验资报告的，应当依法予以查处，并可提请市财政局对涉案会计师事务所及其相关人员进行处理。对涉嫌犯罪的，应当移送公安部门，依法追究其刑事责任。市工商局如发现银行有违法违规情况的，应当及时通报人行上海分行、上海银监局予以处理。"

第3节 投资、筹资业务核算程序的设计

一、证券购入业务程序设计

如图11-5所示，证券购入程序设计的要点是：

（1）由投资业务部门编制股票或债券的投资计划书，经批准后据此填制证券购入通知单一式两联，一联留存，一联交会计部门审批后交出纳部门。

（2）出纳根据证券购入通知单开出支票，经审核盖章并登记支票登记簿后交证券公司。

（3）收到证券公司的交割单后，出纳部门根据交割单、支票存根及证券购入通知单编制付款凭证，并据以登记银行存款日记账或"其他货币资金——存出投资款"明细账。

（4）会计部门收到付款凭证及有关单据后，登记有关账簿及有价证券登记簿。

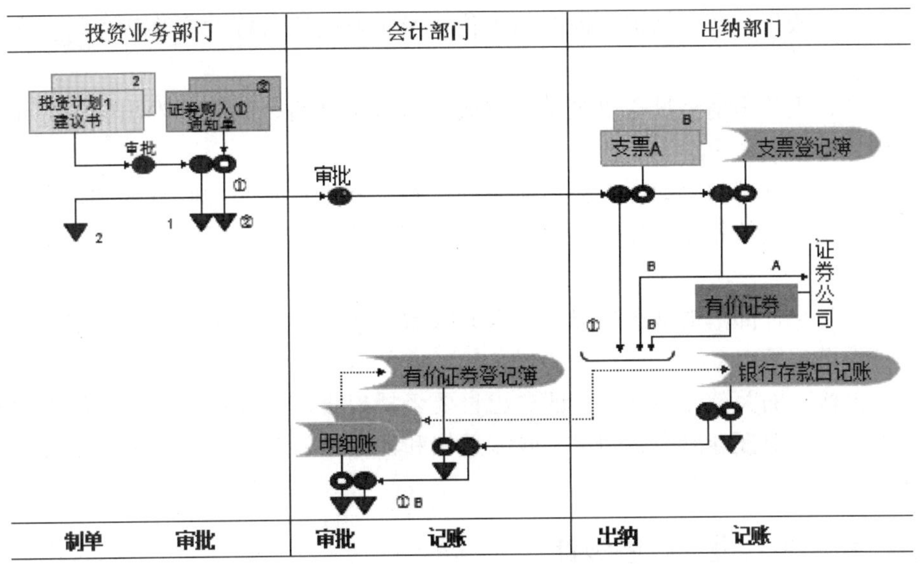

图 11-5　证券购入业务程序

该流程的关键控制点有：投资计划的编制与审批、保管职能要分离；投资数量较小，投资计划可由负责投资业务的经理审批，投资数额较大，投资计划则需经董事会或总经理审批；签发支票时，会计部门应根据证券购入通知单加以审核；定期核对总账与明细账、各明细账与证券投资登记簿，注意审核投资的数量、金额、品种是否正确；证券定期要由独立于证券业务的人员进行盘点。

二、证券出售业务程序设计

如图 11-6 所示，证券出售业务程序设计的要点是：

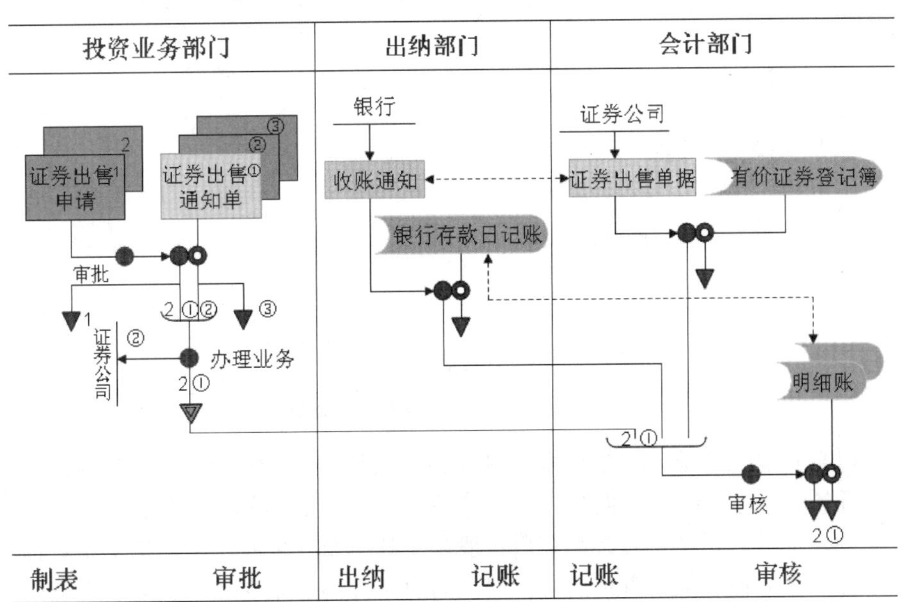

图 11-6　证券出售业务程序

（1）投资业务部门根据证券市场价格及企业投资目标的实现程度，提出证券出售申请。

（2）出售申请经投资决策部门（人）审核批准后，编制证券出售通知单，交证券经纪人办理出售手续。

（3）会计部门收到证券公司交来的交割单和银行转来的收账通知，审核后，交出纳部门编制收款凭证，并登记银行存款日记账或“其他货币资金——存出投资款”明细账。

（4）会计部门根据出纳部门转来的收款凭证及有关原始凭证，登记有关账簿及有价证券登记簿。

该流程的关键控制点有：证券出售要经授权批准；投资部门、出纳部门和会计部门要定期核对证券出售通知单、收账通知和证券出售单据，以保证每笔证券卖出收益正确入账。

三、股票发行业务程序设计

该流程反映股票发行业务的授权批准、记账与收款的业务处理过程。如图11－7所示。股票发行业务程序设计的要点是：

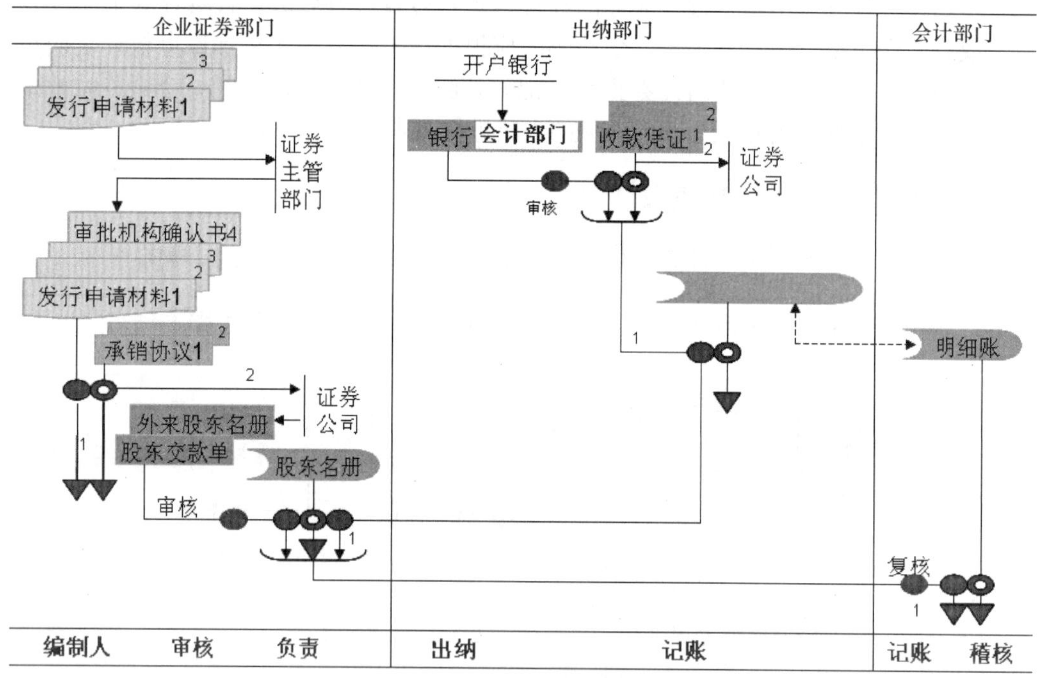

图11－7　股票发行业务程序

（1）企业证券部门根据审批意见在核定的股份总额范围内授权委托证券公司销售股票并签订承销协议一式两份，一份自留，一份交证券公司保存。

（2）证券公司销售股票结束后将股东交款单及外来股东名册送交企业证券部门。

（3）企业证券部门审核后登记股东名册，并将股东交款单送交会计部门。

（4）出纳部门收到证券公司转交的交款清单和银行收款通知后，经审核编制收款

凭证并登记银行存款日记账，并将收款凭证和有关单据送交企业证券部门。

（5）企业证券部门据以在股东名册上登记收到股款日期，并将收款凭证和有关单据转送会计部门作账务处理。

该流程的关键控制点有：股票发行、收款、记账职务分离；核对股票交款单合计和银行收款通知金额合计；核对股东名册持有数合计与会计报表列示发行股数合计。

四、股利分配业务程序设计

该流程反映股利分配业务的审批、记账、付款的处理过程。如图 11－8 所示。股利分配业务程序设计的要点是：

（1）企业证券部门根据通过的股利分配方案进行分配，登记股利分配簿并编制股利分配清单一式三份，一份自留，两份送会计部门。

（2）会计部门对股利分配清单复核后，登记应付股利明细账，清单一份自留，一份送出纳部门。

（3）出纳部门收到审核过的股利分配清单后，签发支票连同清单送证券公司委托发放股利，并按支票副本编制付款凭证，据以登记银行存款日记账，付款凭证和支票副本送回会计部门。

（4）会计部门复核登记应付股利明细账，并通知证券部门在股利登记簿中登记股利支付日期，会计部门定期进行账账核对。

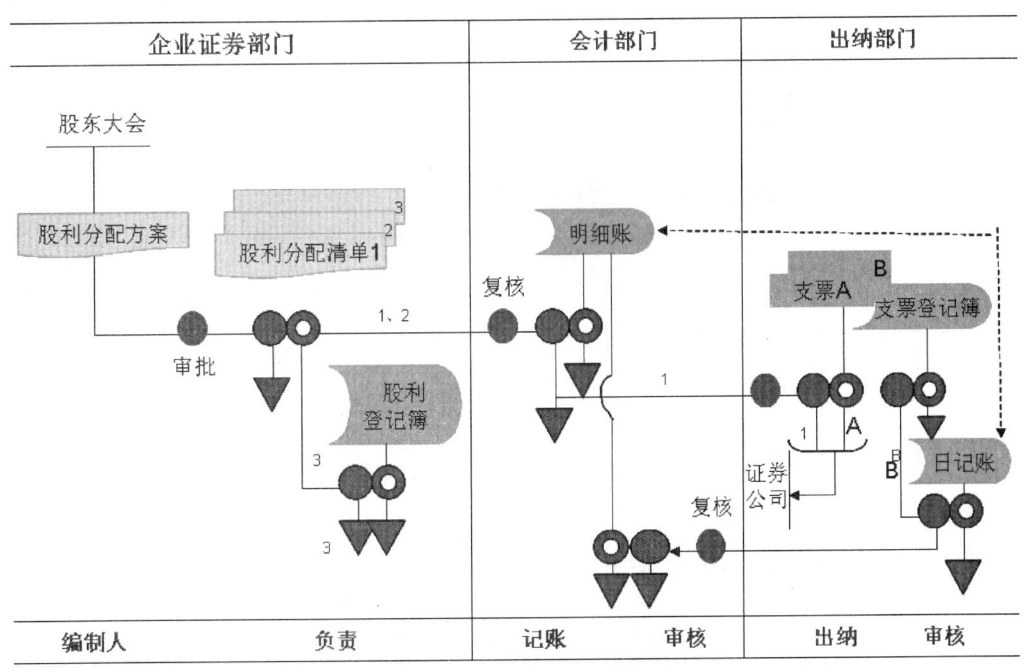

图 11－8　股利分配业务程序

该流程的关键控制点有：股利发行、记录职务分离；股利分配的清单与股东名册中的股东人数要核对相符；检查股利支付与股东收款金额的一致性。

五、债券发行业务程序设计

该流程反映债券发行业务的批准、记账、收款的处理过程。如图 11－9 所示，债券发行业务程序设计的要点是：

（1）企业申请发行债券得到批准后，委托证券公司发行，并签订承销协议一式两份。

（2）证券公司受托发行结束后，将交款清单送交企业证券部门，据以填列应付债券明细表，并将交款清单送交会计部门。

（3）出纳部门收到证券公司转来的交款清单和银行收款通知，经审核后编制收款凭证，并登记银行存款日记账，然后将收款凭证和有关单证交证券部门。

（4）证券部门在应付债券明细表中登记发行日期，并将收款凭证和有关单证转送会计部门，进行相关会计核算。

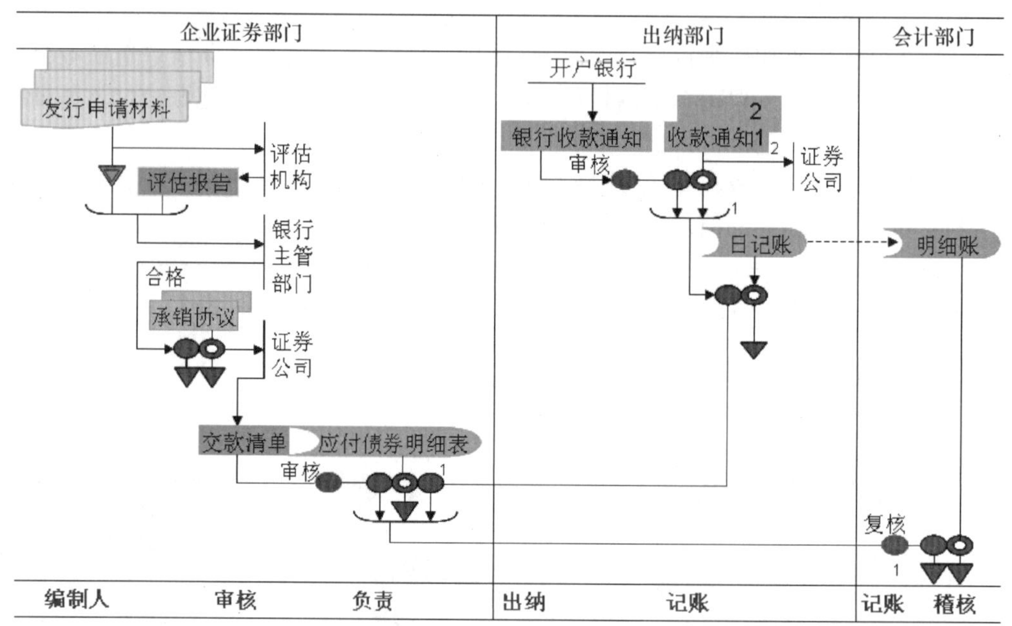

图 11－9 债券发行业务程序

该流程的关键控制点有：债券发行、收款记录职务分离；核对交款清单、应付债券明细账和银行收款通知金额的一致性。

六、银行借款业务程序设计

如图 11－10 所示，银行借款业务程序设计的要点是：

（1）企业根据生产经营需求提出借款申请审批书送交银行审批。

（2）银行审查批准贷款后，与企业签订借款合同一式两份，银行据此办理具体借款业务，进行款项划拨。

（3）企业会计部门在借款入账后，根据银行收款通知和借款合同进行相关账务处理。

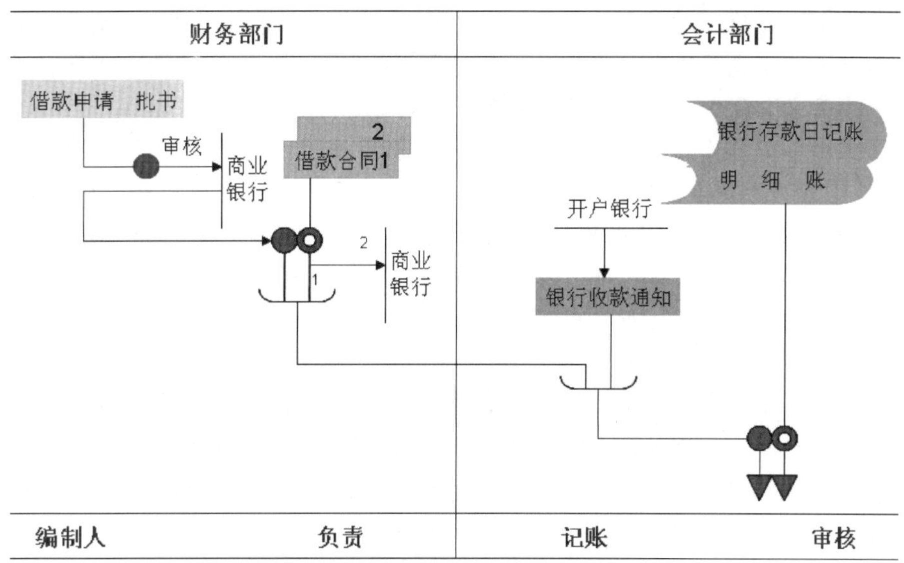

图 11－10　银行借款业务程序

该流程的关键控制点有：银行借款审批、收款、记录职务分离；借款合同须经主管领导审批；核对银行收款通知和借款合同金额的一致性。

案例 11－1

巨额国有资产就这样流失

据《新民晚报》2004 年 12 月 20 日相关报道，经政府批准，中国航油（新加坡）股份有限公司（以下简称“中航油”）自 2003 年开始做油品套期保值业务，在此期间擅自扩大业务范围，从事石油衍生品期权交易。2004 年 10 月 26 日至今，账面实际损失和潜在损失总计约 5.54 亿美元。

中航油原总裁陈久霖在新加坡炒期货指数，造成 5.54 亿美元的巨额亏损，目前已被新加坡警方拘捕，接受调查。

中航油成立于 1993 年，由中央直属大型国企中国航油集团公司控股，总部和注册地均为新加坡。中国航空用油百分之百由中国航油集团包办，其中有 33%左右的航油通过进口采购。当时，中国航油集团内部有一个强势的采购部门，远在新加坡的中航油被闲置一边，陷入了停业状态。

1997 年，陈久霖出任中航油总经理，公司开始参与集团对外的进口油投标，并逐渐获得了越来越多的采购权。中航油在整个中国进口航油的市场份额也由 1997 年不足 3%飙升到 1999 年的 83%、2000 年的 92%，再到 2001 年采购进口航油 160 万吨，市场占有率接近 100%。

就在 2004 年 9 月，中航油还因股东年度总回报率高达 346.3%，名列新加坡 600 多家上市企业的首位，被新加坡《商业时报》评为新加坡股市表现第一名。2004 年 9 月 24 日，新加坡证券投资者协会向中航油颁发“最具透明度企业”奖。

2004 年 8 月 27 日，公司与投资者的在线沟通中，针对某位投资者关于公司是否会在原油上涨中获益的提问，公司以晦涩语言答复道：“公司自身的状况比油价对公司的盈利情况影响更大，所以我们不能说我们能从原油上涨中获益。”当讨论到公司的股票时，公司方面称，从当前的市场水平来看，公司股价便宜，同时公司还称对全年的盈利数据表示乐观。然而，随着公司在交易中损失的骤增，公司再也无力应付来自银行的担保需求。最后，公司不得不向投资者表明真相。

根据公司前总裁陈久霖日前向法院做出的证明，2004 年 6 月份公司就已经面临 3 580 万美元的潜在亏损，同时在原油价格继续上升时还继续追加了错误方向（做空）的资金。在 8 月 12 日披露的第二季度报告中，公司的净利润仍有 1 020 万美元，但该报告没有揭示交易损失和负债情况，相反，还在吹嘘公司紧抓风险管理的程序。中航油在 11 月 12 日发布的声明中还表示："公司仍有把握认定，2004 年全年收益将超过 2003 年，将达到创纪录水平。"

显然，中航油引以为傲的风险管理和内部控制制度，在关键时刻根本没有发挥作用。知情人士说，公司聘请国际知名会计师事务所安永编制了《风险管理手册》，设有专门的风险控制员及软件监控系统，还规定了严格的预警和止损制度。中航油规定，每位交易员损失 20 万美元以上的交易要提交公司风险管理委员会评估；累计损失超过 35 万美元的交易必须得到总裁同意才能继续；任何将导致 50 万美元以上损失的交易将自动平仓。中航油共有 10 位交易员，也就是说，损失上限是 500 万美元，这与 5.5 亿美元的数字极不相称。不知道这是由于交易员隐瞒了交易及其亏损的规模，还是管理层低估了期权隐含的巨大风险，或是对其视而不见，不及时止损，却希望有朝一日能挽回损失。这无疑告诉外界，该公司内部控制、董事会对管理团队的监督出了问题。

新加坡公司事实上基本是陈久霖一人的"天下"。最初公司只有陈久霖一人，2002 年 10 月，中国航油集团公司向新加坡公司派出党委书记和财务经理，但原拟任财务经理派到后，被陈久霖以外语不好为由调任旅游公司经理。第二任财务经理被安排为公司总裁助理。陈久霖不用集团公司派出的财务经理，从新加坡雇了当地人担任财务经理，只听他一个人的。党委书记在新加坡两年多，一直不知道陈久霖从事场外期货投机交易。

中航油违规之处至少有两点：

一是做了国家明令禁止的事。新加坡公司从事的石油期权投机是我国政府明令禁止的。国务院 1998 年 8 月发布的《国务院关于进一步整顿和规范期货市场的通知》中明确规定："取得境外期货业务许可证的企业，在境外期货市场只允许进行套期保值，不得进行投机交易。"

二是违规做场外交易，且超过了现货交易总量。1999 年 6 月，国务院发布的《期货交易管理暂行条例》第四条规定："期货交易必须在期货交易所内进行。禁止不通过期货交易所的场外期货交易。"第四十八条规定："国有企业……进行期货交易，限于从事套期保值业务……期货交易总量应当与其同期现货交易量总量相适应。"

财政部印发的《内部会计控制规范——对外投资（试行）》中对对外投资内部控制监督检查的内容作了如下规定：

（一）对外投资业务相关岗位设置及人员配备情况。重点检查岗位设置是否科学、合理，是否存在不相容职务混岗的现象，以及人员配备是否合理。

（二）对外投资业务授权审批制度的执行情况。重点检查分级授权是否合理，对外投资的授权批准手续是否健全，是否存在越权审批等违反规定的行为。

（三）对外投资业务的决策情况。重点检查对外投资决策过程是否符合规定的程序。

（四）对外投资的执行情况。重点检查各项资产是否按照投资方案投出；投资期间获得的投资收益是否及时进行会计处理，以及对外投资权益证书和有关凭证的保管与记录情况。

（五）对外投资的处置情况。重点检查投资资产的处置是否经过集体决策并符合授权批准程序，资产的回收是否完整、及时，资产的作价是否合理。

（六）对外投资的会计处理情况。重点检查会计记录是否真实、完整。

集团公司作为大股东，是否做到了对对外投资子公司的监督检查。为什么对中航油做了这么长时间的期货投机全然不知，为什么公司派出的财务总监两度被换也没有引起董事会的关注？应有的内部控制形同虚设，以至于中航油完全变成了陈久霖一人的公司。

设计对外投资内部控制制度时，首先应该根据经济活动的内容特点和管理要求提炼内部控制目标，然后据以选择具有相应功能的内部控制要素组成该控制系统。

建立对外投资活动的授权批准、职务分离制度，维护对外投资资产的安全与完整。对外投资内部控制制度要保证一切对外投资交易活动必须经过适当的审批程序、职务分离制度才能进行。投资资产中的有价证券的流动性仅次于现金，如果没有严格的审批授权控制制度，难以保证内部规章制度贯彻执行。为规范企业投资行为，国家颁布了相关的投资法规。为减少投资风险，保障投资者合法权益，企业在投资时的各种交易手续、程序，各种文件记录以及账面数据和财务报告信息的披露等必须符合国家的投资法规，以保护其自身的利益。

规范单位会计行为，保证对外投资资产、收益如实体现在会计报表中，它们较易被冒领、挪用或转移。堵塞漏洞、消除隐患，防止并及时发现、纠正错误及舞弊行为，是维护对外投资资产的安全与完整的重要保证。

确保国家有关投资的法规和核算方法合理反映与揭示。无论现实的、潜在的投资者、债权人还是政府，必然会关心报表所反映的资产、收益数据的真实性、可靠性，企业要使利益相关人和审计人员对企业提供的财务信息感到可信，就必须对对外投资的计价和反映进行有效的控制，对取得的投资收益予以合理的揭示，防止计价方法的不恰当运用和其他原因导致报表错误。

吸取中航油的教训，加强企业的内部控制，对于国内市场与国际市场的结合尤为重要。现在，越来越多的国内企业参与到国际贸易中去，煤、油、钢、原料类进出口越来越多，国际市场上汇率巨幅震荡，原材料价格巨幅波动，都可以利用期货等衍生金融工具控制风险。如果合理运用期货市场，不但不会加大企业的风险，而且可以帮助企业控制风险，只有在不当使用的情况下才会放大企业的风险，给企业经营带来危险甚至导致企业破产。

资料来源：朱荣恩．内部控制案例．上海：复旦大学出版社，2005．

问题：阅读案例，谈谈你对加强国有企业对外投资业务内部控制的理解。

思考题

1. 投资业务内部控制制度设计的原则有哪些？
2. 筹资业务内部控制制度设计的原则有哪些？
3. 如何设计以公允价值计量且其变动计入当期损益的金融资产的核算方法？
4. 如何设计长期股权投资的核算方法？
5. 如何设计权益性筹资业务的核算方法？
6. 长期股权投资的成本法和权益法有什么区别？
7. 证券购入业务程序设计要点有哪些？
8. 股票发行业务程序设计要点有哪些？
9. 股利分配业务程序设计要点有哪些？
10. 债券发行业务程序设计要点有哪些？
11. 银行借款业务程序设计要点有哪些？

练习题

1. 单项选择题

(1) 投资业务操作人员与会计人员相分离是为保证（　　）。

A. 会计账簿对有价证券的安全进行有效监控

B. 业务运行和会计记录的相互核对与控制

C. 防范投资决策风险

D. 审批人员客观地分析投资的可行性、合理性

(2) 在长期股权投资中，实际支付的价款中包含已宣告但尚未领取的现金股利时，应将其通过（　　）账户核算。

A. “应付股利”

B. “长期股权投资”

C. “长期股权投资——损益调整”

D. “应收股利”

(3) 在证券的相关业务处理过程中，出纳部门编制收款凭证并登记银行存款日记账的根据是银行转来的收账通知和会计部门转来的（　　）。

A. 证券投资目录　　B. 证券购入通知单

C. 证券出售通知单　　D. 银行存款日记账

(4) 筹资业务会计核算程序设计不包括（　　）。

A. 股票发行业务程序设计　　B. 债券发行业务程序设计

C. 股利分配业务程序设计　　D. 债券出售（处置）业务程序设计

2. 多项选择题

(1) 投资业务内部控制制度设计原则包括（　　）。

A. 职务分离原则　　B. 授权批准原则

C. 财务分析原则　　D. 投资取得、保管和处置控制制度

E. 明确性原则

(2) 企业对外发行的债券，在计算每期实际利息费用时，应考虑的内容包括（　　）。

A. 债券折价摊销额　　B. 债券溢价摊销额

C. 应计利息　　D. 债券手续费

E. 债券印刷费

(3) 我国《企业会计制度》规定，企业持有的长期股权投资应采用成本法核算的情况有（　　）。

A. 企业对被投资单位不具有控制、共同控制或重大影响，且在活跃市场中没有报价、公允价值不能可靠计量的权益性投资

B. 不准备长期持有被投资单位的股份

C. 准备长期持有被投资单位的股份

D. 被投资单位在严格的限制条件下经营，其向投资企业转移资金的能力受到限制

E. 企业持有的能够对被投资单位实施控制的权益性投资

(4) 我国《企业会计准则》规定，划分为以公允价值计量且其变动计入其他综合收益的金融资产的金融资产需要满足的条件有（　　）。

A. 企业管理该金融资产的业务模式是以收取合同现金流量为目标

B. 企业管理该金融资产的业务模式既以收取合同现金流量为目标又以出售该金融资产为目标

C. 该金融资产的合同条款规定，在特定日期产生的现金流量，仅为对本金和以未偿付本金金额为基础的利息的支付

D. 属于衍生工具

E. 企业管理该金融资产的业务模式以出售该金融资产为目标

(5) 下列关于长期借款费用处理方法的描述不正确的有（　　）。

A. 对购建固定资产而专门借入的款项所发生的利息，在固定资产达到预定可使用状态前发生的，应当予以资本化

B. 对购建固定资产而专门借入的款项所发生的利息，在固定资产达到预定可使用状态前发生的，于发生当期直接计入当期财务费用

C. 对因专门借款而发生的辅助费用，如果金额较小，可于发生当期确认为费用

D. 除专门借款以外安排其他借款所发生的借款利息，属于企业正常经营过程中发生的，应计入当期财务费用

E. 除专门借款以外安排其他借款所发生的借款利息，属于企业正常经营过程中发生的，应计入长期待摊费用

(6) 证券出售业务的核算程序包括如下几个步骤，请指出错误的排列顺序（　　）。

①会计部门收到证券公司转来的证券出售通知单后进行审核，并交出纳部门。

②投资业务部门根据证券市场价格及企业投资目标的实现程度，提出证券出售申

请，经审批后编制证券出售通知单办理证券的卖出手续。

③出纳部门根据会计部门转来的证券出售通知单及银行转来的收账通知编制收款凭证，并登记银行存款日记账。

④会计部门根据出纳部门转来的收款凭证及有关原始凭证，登记有关账簿及证券投资登记簿。

A. ①②③④　　B. ②①④③

C. ②①③④　　D. ③④①②

E. ①③④②

3. 判断题

(1) 董事会对筹资计划和实施细则的审核结果，可以口头形式存在。（ ）

(2) 除专门借款以外安排其他借款所发生的借款利息、溢价或折价的摊销、汇兑差额和辅助费用，一律于发生当期确认为费用。（ ）

(3) 企业投资购入的股票、债券或核准后且已印刷好但尚未发行的股票、债券一般需要自行保管。（ ）

(4) 公司购回股票支付的价款低于面值总额的部分，可增加资本公积。（ ）

实训题

1. A公司有一笔闲置资金，公司董事会打算进行一项长期股权投资活动，由于投资活动存在巨大的风险，公司建立了严格的投资调查审批制度，并有严密的业务处理程序，根据实际情况，公司采用了权益法进行核算。问题如下：

(1) 请设计一套符合A公司实际情况的证券购入业务处理程序。

(2) 请设计A公司在初始投资时的账务处理方法。

(3) 设想一下，A公司为什么会采取权益法进行核算？

(4) 假设A公司的资金不足，需要处置手里的部分证券，请设计一套处置证券的业务处理程序。

2. M公司的筹资业务一直处于混乱状态，新的财务经理上任以后，对此非常关注。经查发现原因是筹资业务内部控制制度不完善。假设你是总经理助理，请为财务经理提供建议，并根据所学知识着手设计M公司筹资业务的内部控制制度。

第12章

固定资产、无形资产的内部控制与核算方法设计

内 容 导 图

固定资产是指同时具有下列特征的有形资产：为生产商品、提供劳务、出租或经营管理而持有的，使用寿命超过一个会计年度。固定资产是企业生产经营的主要劳动资料，是企业创造财富不可或缺的手段。无形资产是指企业拥有或者控制的没有实物形态的可辨认非货币性资产。随着科学技术的迅猛发展，无形资产在企业的经营管理中发挥着越来越重要的作用。

通过本章的学习，学生要了解固定资产、无形资产内部控制与核算方法设计的要求；掌握固定资产、无形资产内部控制制度设计的基本原则；掌握固定资产、无形资产核算的具体方法；掌握固定资产、无形资产业务核算程序的设计内容与要点。

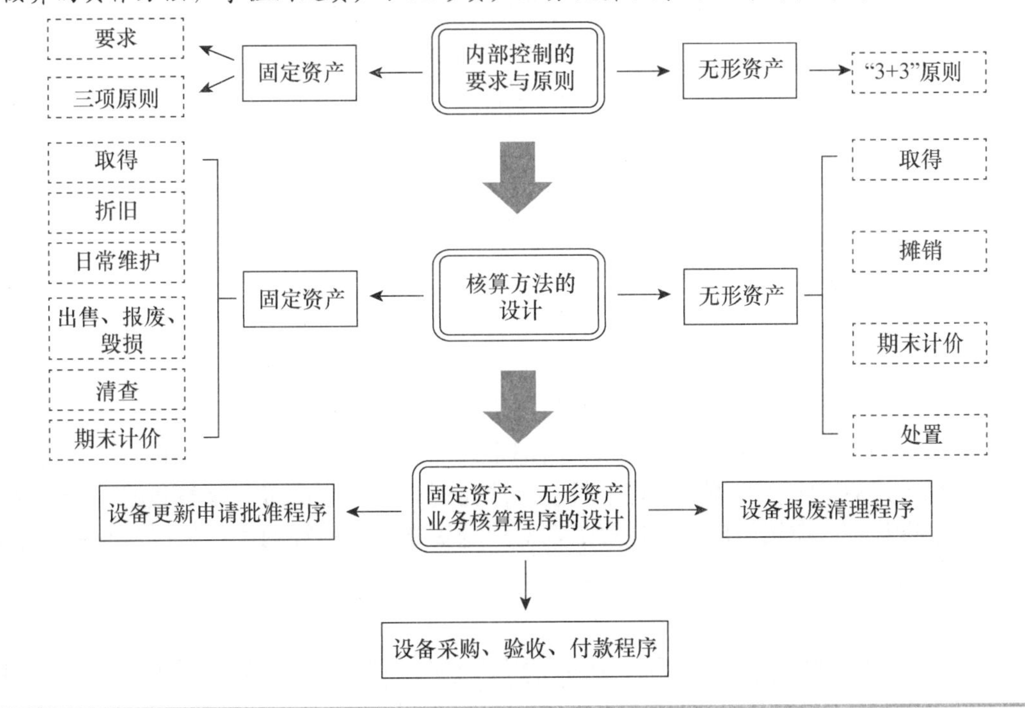

第1节 固定资产、无形资产内部控制要求与原则

一、固定资产业务内部控制制度的设计

固定资产业务内部控制与核算方法的设计，有利于强化固定资产投资效益的管理，减少投资风险，保证固定资产的安全完整及合理使用。

（一）固定资产业务内部控制制度的要求

固定资产业务内部控制制度设计，一是要规范固定资产管理的基础工作；二是要制定固定资产内部控制措施。

就规范固定资产管理的基础工作而言，第一，应根据固定资产的标准，制定固定资产目录，包括每类或每项固定资产的使用寿命、预计净残值、折旧方法等并编制成册，经股东大会或董事会、经理（厂长）会议或类似机构批准，按照法律、行政法规等的规定报送有关各方备案，固定资产目录一经确定不得随意变更[①]；第二，根据管理要求进行固定资产分类和划分固定资产项目；第三，确定固定资产折旧方法、折旧率及修理费处理方法。

（二）固定资产业务内部控制的原则

设计固定资产业务内部控制制度时，应遵循下列三项基本原则，如图12－1所示。

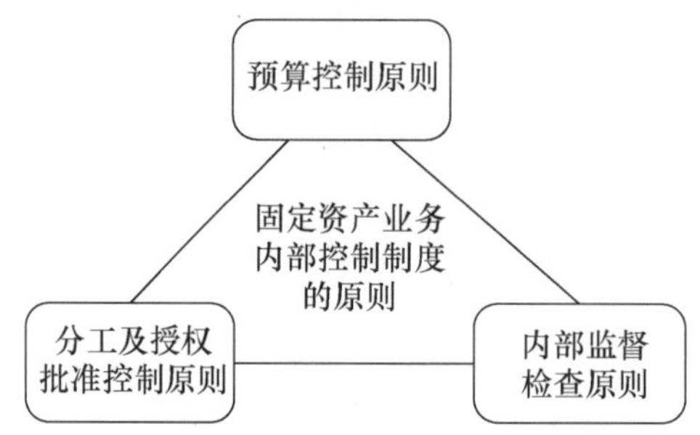

图12－1 固定资产业务内部控制的原则

1. 预算控制原则

企业应当对固定资产的购建和处置实行预算管理。首先，固定资产管理部门或使用部门根据企业发展需要提出固定资产购建要求；其次，管理部门会同会计部门等对固定资产的投资进行可行性研究，并根据决策结果编制投资预算草案，同时，企业负责人应会同有关部门（如会计部门、内部审计部门等）对预算草案进行审核并提出修改意见；最后，由企业预算管理委员会（或总经理、董事会等）审核批准。会计部门和内部审计部门应按照预算管理要求，对固定资产投资预算的执行情况进行有效监督和必要调整。

---

① 如需变更，仍应履行上述程序，并按《企业会计准则第28号——会计政策、会计估计变更和差错更正》规定处理。

2. 分工及授权批准控制原则

企业要明确相关部门和岗位的职责权限，确保业务不相容职务（如请购、审批与验收，日常保管与记账等）相分离。对固定资产业务应建立严格的授权批准制度，严禁未经授权的机构或人员办理固定资产业务。

3. 内部监督检查原则

企业应当建立对固定资产业务的监督检查制度，明确监督检查机构或人员的职责权限，定期和不定期地进行固定资产的清查。对固定资产清查中发现的问题，应当查明原因，追究责任，妥善处理。会计部门依据会计准则、制度和管理要求，制定适当的会计核算制度，对固定资产业务进行全面、系统、连续的核算，及时提供有关固定资产资金运动、使用效果、投资效率等方面的会计信息。

二、无形资产业务内部控制制度的设计

无形资产是指企业拥有或者控制的没有实物形态的可辨认非货币性资产。随着科学技术的迅猛发展，无形资产在企业的经营管理中发挥着越来越大的作用。

无形资产业务内部控制制度的设计同固定资产一样，应遵循预算控制原则、分工及授权批准控制原则、内部监督检查原则等，这里着重结合无形资产的特点强调以下几个方面，如图 12－2 所示。

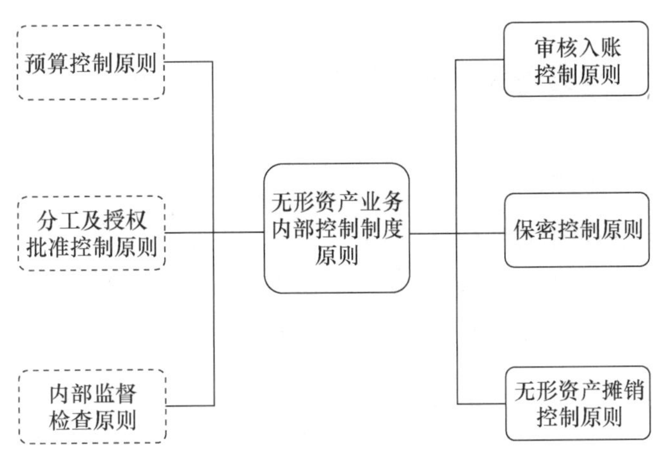

图 12－2　无形资产业务内部控制制度的原则

（一）审核入账控制原则

企业的无形资产，无论是专利权、商标权，还是专有技术，往往是企业自创的，其中有的在正式形成无形资产之前（如专利权、专有技术）发生的大量研究开发费用都已作为期间费用入账，正式取得时支出的直接费用反而很少；有的（如商标权）正式取得时花费很少，一般作为期间费用入账，但随着企业的持续经营其价值反而迅速提高。无形资产确认、计量的复杂性要求其会计核算必须按会计准则、制度的规范，结合企业自身特点，建立一套严格、规范的无形资产审核入账控制制度，正确划分资本性支出与收益性支出界限，以保证可靠地提供企业财务信息，正确计算经营成果。

（二）保密控制原则

专有技术是一种技术秘密，不受法律保护；专利权虽然与专有技术不同，法律保护在有效年限内享有专利的独占权，但有时仍然会发生被侵权行为。因此，企业必须根据拥有的专有技术和专利权的自身特征，实施有效的包括人事控制、资料保密、配方垄断、法律相关保护等一系列有效措施，防止被泄密和被侵权。由于保密控制制度直接影响会计核算的准确性和提供财务信息的可靠性，因而也是会计管理与核算非常关注的一项内部控制制度。

（三）无形资产摊销控制原则

无论是专利权、土地使用权、经营特许权，还是专有技术、商标权等，都会以各种方式表现出其时效性，但这种时效性的表现极其复杂；与此同时，对时效性长短的判断决定了无形资产在各个期间的费用分摊金额，它直接影响着各个期间提供的财务状况和经营成果信息。因此，同无形资产的审核入账控制制度一样，企业必须按会计准则、制度的规范，结合企业各种无形资产的特点，建立一套严格、规范的无形资产摊销控制制度，以保证可靠地提供企业财务信息，正确计算经营成果。

第2节 固定资产、无形资产核算方法的设计

一、固定资产业务核算方法的设计

固定资产业务的核算，需设置“固定资产”“在建工程”“工程物资”“累计折旧”“固定资产清理”等账户。

（一）固定资产取得的核算

固定资产取得的会计核算方法主要是固定资产入账价值的确定。固定资产在取得时，应按取得时的成本入账。固定资产取得时的成本应当根据具体情况分别确定，如图12-3所示。

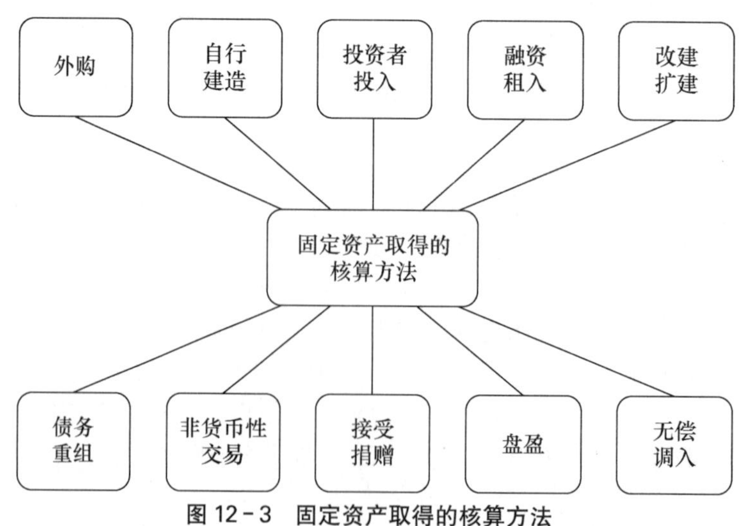

图12-3 固定资产取得的核算方法

（1）外购固定资产的成本，包括买价、相关税费、使固定资产达到预定可使用状态前所发生的可归属于该项资产的运输费、装卸费、安置费和专业人员费等。企业如果发生以一笔款项购入多项没有单独标价的固定资产的情况，且这些资产均符合固定资产的定义，满足固定资产的确认条件，则应将各项资产单独确认为固定资产，并按各项固定资产公允价值比例对总成本进行分配，分别确定各项固定资产的成本。

（2）自行建造的固定资产，其成本由建造该项资产达到预定可使用状态前所发生的必要支出构成。包括建造过程用物资成本、人工成本、缴纳的相关税费、应予资本化的借款费用以及应分摊的间接费用。

企业自行建造的固定资产，有自营建造和出包建造两种方式。无论采用何种方式，对所建工程都应按照实际发生的支出确定其工程成本。

（3）投资者投入固定资产的成本，应当按照投资合同或协议约定的价值确定，但合同或协议约定价值不公允的除外。

（4）融资租入的固定资产，将租赁开始日租赁资产公允价值与最低租赁付款额现值两者中较低者作为租入资产的入账价值，将最低租赁付款额作为长期应付款的入账价值，其差额作为未确认融资费用。在租赁谈判和签订租赁合同过程中发生的，可归属于租赁项目的手续费、律师费、差旅费、印花税等初始直接费用，应当计入租入资产价值。

最低租赁付款额是指在租赁期内，承租人应支付或可能被要求支付的款项（不包括或有租金和履约成本），加上由承租人或与其有关的第三方担保的资产余值。但是，如承租人有购买租赁资产选择权，所订立的购买价款预计将远低于行使选择权时租赁资产的公允价值，因而在租赁开始日就可以合理确定承租人将会行使这种选择权的，购买价款应当计入最低租赁付款额。其中，资产余值是指在租赁开始日估计的租赁期届满时租赁资产的公允价值。

（5）在原有固定资产的基础上进行改建、扩建的，按原固定资产的账面价值，加上由于改建、扩建而使该项资产达到预定可使用状态前发生的支出，减去改建、扩建过程中发生的变价收入，作为入账价值。

（6）企业因债务重组从债务人处取得固定资产。若固定资产存在活跃市场，应当以其市场价格为基础确定其公允价值；不存在活跃市场但与其类似资产存在活跃市场的，应当以类似资产的市场价格为基础确定其公允价值；在上述两种情况下仍不能确定固定资产公允价值的，应当采用估值技术等合理的方法确定其公允价值。

（7）以非货币性交易换入的固定资产，应按以下规定确定其入账价值：

①非货币性资产交换不具有商业实质的，应按换出资产的账面价值加上应支付的相关税费，作为入账价值。若涉及补价，支付补价的，以换出资产的账面价值，加上支付补价的账面价值和应支付的相关税费，作为换入资产的初始计量金额，不确认损益；收到补价的，以换出资产的账面价值，减去收到补价的公允价值，加上应支付的相关税费，作为换入资产的初始计量金额，不确认损益。

②非货币性资产交换具有商业实质的，应按照公允价值和应支付的相关税费作为换入资产的成本。若涉及补价，支付补价的，以换出资产的公允价值，加上支付补价

的公允价值和应支付的相关税费，作为换入资产的成本，换出资产的公允价值与其账面价值之间的差额计入当期损益。有确凿证据表明换入资产的公允价值更加可靠的，以换入资产的公允价值和应支付的相关税费作为换入资产的初始计量金额，换入资产的公允价值减去支付补价的公允价值，与换出资产账面价值之间的差额计入当期损益。收到补价的，以换出资产的公允价值，减去收到补价的公允价值，加上应支付的相关税费，作为换入资产的成本，换出资产的公允价值与其账面价值之间的差额计入当期损益。有确凿证据表明换入资产的公允价值更加可靠的，以换入资产的公允价值和应支付的相关税费作为换入资产的初始计量金额，换入资产的公允价值加上收到补价的公允价值，与换出资产账面价值之间的差额计入当期损益。

（8）接受捐赠的固定资产，应按以下规定确定其入账价值：

①捐赠方提供了有关凭据的，按凭据上标明的金额加上应支付的相关税费，作为入账价值。

②捐赠方没有提供有关凭据的，按如下顺序确定其入账价值：同类或类似固定资产存在活跃市场的，按同类或类似固定资产的市场价格估计的金额，加上应支付的相关税费，作为入账价值；同类或类似固定资产不存在活跃市场的，按该接受捐赠的固定资产的预计未来现金流量现值，作为入账价值。

③如受赠的系旧的固定资产，应以按照上述方法确认的价值减去按该项资产的新旧程度估计的价值损耗后的余额，作为入账价值。

（9）企业盘盈的固定资产。根据《企业会计准则》的规定，企业如有固定资产的盘盈，应作为前期差错记入“以前年度损益调整”科目，不通过“待处理财产损溢”科目进行核算。

内容扩展

“以前年度损益调整”科目

“以前年度损益调整”科目，核算企业本年度发生的调整以前年度损益的事项以及本年度发现的重要前期差错更正涉及调整以前年度损益的事项等。企业调整增加以前年度利润或减少以前年度亏损，借记有关科目，贷记本科目；调整减少以前年度利润或增加以前年度亏损，借记本科目，贷记有关科目；由于以前年度损益调整增加的所得税，借记本科目，贷记“应交税费——应交所得税”科目；由于以前年度损益调整减少的所得税，借记“应交税费——应交所得税”科目，贷记本科目；经上述调整后，应将本科目的余额转入“利润分配——未分配利润”科目。本科目如为贷方余额，借记本科目，贷记“利润分配——未分配利润”科目；如为借方余额，作相反的会计分录。本科目在损益调整结转结束后应无余额。

（10）经批准无偿调入的固定资产，按调出单位的账面价值加上发生的运输费、安装费等相关费用，作为入账价值。固定资产的入账价值中，还应当包括企业为取得固定资产而缴纳的契税、耕地占用税、车辆购置税等相关税费。

（二）固定资产折旧的核算

1. 固定资产折旧的提取范围

（1）固定资产计提折旧的空间范围。《企业会计准则第 4 号——固定资产》规定，企业应对所有的固定资产计提折旧。但是，已提足折旧仍继续使用的固定资产和单独计价入账的土地除外。一般来说，企业计提折旧的固定资产包括但不限于：房屋和建筑物；在用的机器设备、仪器仪表、运输工具、工具器具；季节性停用、大修理停用的固定资产；租赁确认的使用权资产和以经营租赁方式租出的固定资产。达到预定可使用状态应当计提折旧的固定资产，在年度内办理竣工决算手续的，按照实际成本调整原来的暂估价值，并调整已计提的折旧额，作为调整当月的成本、费用处理。如果在年度内尚未办理竣工决算的，应当按照估计价值暂估入账，并计提折旧；待办理了竣工决算手续后，再按照实际成本调整原来的暂估价值，但不需要调整原已计提的折旧额。

（2）固定资产计提折旧的时间范围。固定资产应当按月计提折旧。固定资产应自达到预定可使用状态时开始计提折旧，终止确认时或划分为持有待售非流动资产时停止计提折旧。在计提折旧时，对于月份中间投入使用或退出的固定资产，原则上应按固定资产的实际使用天数计算最为合理，但这样势必使计算工作量加大，再加上企业月份中间投入使用和退出的固定资产也是相对均衡的，因此，为了简化核算，固定资产应用指南仍沿用了实务中的做法：当月增加的固定资产，当月不计提折旧，从下月起计提折旧；当月减少的固定资产，当月仍计提折旧，从下月起不计提折旧。

2. 固定资产折旧的计算方法

企业应当根据自身固定资产的性质和消耗方式，合理地确定固定资产使用年限、预计净残值，并根据科技发展、环境及其他因素，选择恰当的折旧计算方法。折旧的计算方法可以采用年限平均法、工作量法、年数总和法、双倍余额递减法等。折旧方法一经确定，不得随意变更。如确需变更，应在会计报表附注中予以说明。企业至少应当于每年年度终了，对固定资产的使用寿命、预计净残值和折旧方法进行复核。

内容扩展

年限平均法也称直线法，它认为折旧是因时间的推移、服务水平的降低所带来的陈旧和破坏，并非使用造成的磨损，所以不管固定资产如何使用，都认为它在各个会计期间的服务总成本是相同的。年限平均法模式简单，但它忽略了折现因素，按直线法计算的净利，会给人以投入资本总额的收入率在不断提高的假象。企业固定资产一般都采用该种方法折旧。

工作量法是指按照固定资产预计完成的工作总量平均计提折旧的方法。采用这种方法，假定固定资产的服务潜力随着完成工作量的增加而逐渐递减，其效能与固定资产的新旧程度无关。

年数总和法也称年限合计折旧法，它是以固定资产折旧年限的各年尚可使用年限相加之和为分母，以各年尚可使用年限为分子来计算各年折旧额的折旧计算方法。

双倍余额递减法是根据固定资产净值乘以折旧率来计算折旧额的折旧计算方法。

按现行财务制度的规定，采用双倍余额递减法计算折旧的固定资产，应在其固定资产折旧年限到期两年内，将固定资产净值扣除预计净残值后的净额平均摊销。

企业因更新改造等而调整固定资产价值的，应当根据调整后价值，预计尚可使用年限和净残值，按选用的折旧方法计提折旧。

对于接受捐赠的固定资产，企业应当按照确定的固定资产入账价值、预计尚可使用年限、预计净残值，按选用的折旧方法计提折旧。

对于租赁确认的使用权资产，能够合理确定租赁期届满时将会取得租赁资产所有权的，应当在租赁资产尚可使用年限内计提折旧；无法合理确定租赁期届满时能够取得租赁资产所有权的，应当在租赁期与租赁资产尚可使用年限两者中较短的期间内计提折旧。

固定资产按月计提折旧时，应根据固定资产折旧计算分配表列示的当月折旧额，按固定资产的服务对象，分别借记“制造费用”“销售费用”“管理费用”“其他业务成本”等科目，贷记“累计折旧”科目。

内容扩展

固定资产折旧的历史发展

第一次产业革命以前，在会计上几乎没有折旧的概念。此后，由于大机器、大工业的发展，特别是铁路的发展和股份公司的出现，产生了长期资产的概念，并要求区分“资本”和“收益”，因此确立了折旧费用是企业生产过程中不可避免的费用。折旧概念的产生是企业由收付实现制向权责发生制转变的重要标志，其概念基础是权责发生制以及体现这一制度要求的配比原则。按照配比原则，固定资产的成本不仅仅是为取得当期收入而发生的成本，也是为取得以后各项收入而发生的成本，即固定资产成本是为在固定资产有效使用期内取得收入而发生的成本，自然与收入相配比。

内容扩展

《中华人民共和国企业所得税法实施条例》有关固定资产折旧的规定

第五十九条　固定资产按照直线法计算的折旧，准予扣除。

企业应当自固定资产投入使用月份的次月起计算折旧；停止使用的固定资产，应当自停止使用月份的次月起停止计算折旧。

企业应当根据固定资产的性质和使用情况，合理确定固定资产的预计净残值。固定资产的预计净残值一经确定，不得变更。

第六十条　除国务院财政、税务主管部门另有规定外，固定资产计算折旧的最低年限如下：

（一）房屋、建筑物，为20年；

（二）飞机、火车、轮船、机器、机械和其他生产设备，为 10 年；

（三）与生产经营活动有关的器具、工具、家具等，为 5 年；

（四）飞机、火车、轮船以外的运输工具，为 4 年；

（五）电子设备，为 3 年。

案例 12-1

固定资产的预计使用年限

李莉是一家上市印刷科技公司的会计人员，公司正面临财务危机，因此想方设法削减开支。公司首席执行官（CEO）要求李莉在计算某种特殊用途机器的折旧时，将使用年限由原来的 5 年增加到 10 年，该 CEO 认为此举将大大节约折旧费用，因为该方法将机器资产的折旧费用减少了一半。

问题：应该由谁决定企业固定资产的预计使用年限？考虑到 CEO 的要求，李莉该如何做？

（三）固定资产日常维护的核算

企业应当定期对固定资产进行维护和保养，并对损坏的部分进行及时的修复。固定资产按其修理范围大小、费用支出多少、修理间隔时间长短等，分为日常修理和大修理。固定资产的日常修理和大修理从作用上来讲只是对固定资产使用性能的恢复和维持，因此在发生的当期按照固定资产的用途和部门的不同分别计入有关成本和费用中，不再进行资本化处理。

（四）固定资产出售、报废和毁损的核算

对于那些多余闲置或不需用的固定资产，可以出售转让；对于由于使用磨损而到期报废，或由于技术进步等原因提前报废，或由于自然灾害等非常损失发生毁损的固定资产要进行清理。固定资产清理的核算分为以下几个步骤，如图 12-4 所示。

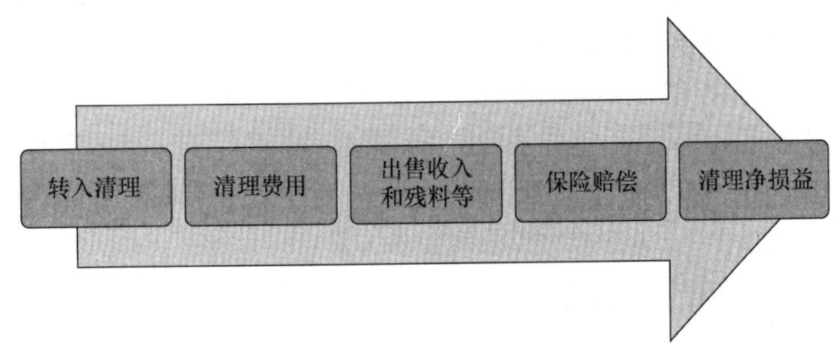

图 12-4　固定资产清理的核算步骤

第一，固定资产转入清理。固定资产转入清理时，按固定资产账面价值，借记“固定资产清理”科目；按已计提的累计折旧，借记“累计折旧”科目；按已计提的减值准备，借记“固定资产清理”科目；按固定资产原价，贷记“固定资产”科目。

第二，发生的清理费用。固定资产清理过程中发生的有关费用以及应支付的相关税费，借记“固定资产清理”科目，贷记“银行存款”“应交税费”等科目。

第三，出售收入和残料等的处理。企业收回出售固定资产的价款、残料价值和变价收入等，应冲减清理支出。按实际收到的出售价款以及残料变价收入等，借记“银行存款”“原材料”等科目，贷记“固定资产清理”“应交税费”等科目。

第四，保险赔偿的处理。企业计算或收到的应由保险公司或过失人赔偿的损失，应冲减清理支出，借记“其他应收款”“银行存款”等科目，贷记“固定资产清理”科目。

第五，清理净损益的处理。固定资产清理完成后的净损失，属于筹建期间的，借记“管理费用”科目，贷记“固定资产清理”科目；属于生产经营期间正常的处理损失，借记“资产处置损益”科目，贷记“固定资产清理”科目；属于生产经营期间自然灾害等非正常原因造成的，借记“营业外支出——非常损失”科目，贷记“固定资产清理”科目。固定资产清理完成后的净收益，属于筹建期间的，借记“固定资产清理”科目，贷记“营业外收入”科目；属于生产经营期间的，借记“固定资产清理”科目，贷记“资产处置损益”科目。“固定资产清理”科目如有期末余额，表示企业尚未清理完毕的固定资产的价值或成本以及尚未处理的清理净损益（清理收入减去清理费用）。

（五）固定资产清查

企业对固定资产应当定期或者至少每年实地盘点一次。对盘盈、盘亏、毁损的固定资产，应当查明原因，写出书面报告，并根据企业的管理权限，经股东大会或董事会，或经理（厂长）会议或类似机构批准后，在期末结账前处理完毕。盘盈的固定资产，作为前期差错处理；盘亏或毁损的固定资产，在除去过失人或者保险公司等应收款项和残料价值之后，计入当期营业外支出。

如盘盈、盘亏或毁损的固定资产，在期末结账前尚未经批准的，在对外提供财务会计报告时应按上述规定进行处理，并在会计报表附注中作出说明；如果其后批准处理的金额与已处理的金额不一致，应按其差额调整会计报表相关项目的年初数。

（六）固定资产的期末计价

企业的固定资产应当在期末时按照账面价值与可收回金额孰低计量，对可收回金额低于账面价值的差额，应当计提固定资产减值准备。按应减记的金额，借记“资产减值损失”科目，贷记“固定资产减值准备”科目。在资产负债表中，固定资产减值准备应当作为固定资产净值的减项反映。

二、无形资产业务核算方法的设计

无形资产业务核算需设置的账户主要有“无形资产”、“累计摊销”和“无形资产减值准备”。

（一）无形资产取得的核算

企业的无形资产在取得时，应按取得时的实际成本计量。取得时的实际成本应按以下规定确定。

（1）外购无形资产的成本，包括购买价款、进口关税和其他税费以及直接归属于使该项资产达到预定用途所发生的其他支出。其中，直接归属于使该项资产达到预定用途所发生的其他支出包括使无形资产达到预定用途所发生的专业服务费用、测试无形资产能否正常发挥作用的费用等。但不包括为引入新产品进行宣传发生的广告费、管理费用及其他间接费用，也不包括在无形资产已经达到预定用途以后发生的费用。无形资产达到预定用途后所发生的支出，不构成无形资产的成本，一般应于发生时计入当期损益。

(2) 投资者投入无形资产的成本，应当按照投资合同或协议约定的价值确定，在投资合同或协议约定价值不公允的情况下，应按无形资产的公允价值入账。

(3) 企业因债务重组从债务人处取得无形资产，若无形资产存在活跃市场，应当以其市场价格为基础确定其公允价值；不存在活跃市场但与其类似资产存在活跃市场的，应当以类似资产的市场价格为基础确定其公允价值；在上述两种情况下仍不能确定固定资产公允价值的，应当采用估值技术等合理的方法确定其公允价值。

(4) 以非货币性交易换入的无形资产，按换出资产的账面价值加上应支付的相关税费，作为实际成本。涉及补价的，按以下规定确定换入无形资产的实际成本：①收到补价的，按换出资产的账面价值加上应支付的相关税费减去补价后的余额，作为实际成本。②支付补价的，按换出资产的账面价值加上应支付的相关税费和补价，作为实际成本。

(5) 接受捐赠的无形资产，应按以下规定确定其实际成本：①捐赠方提供了有关凭据的，按凭据上标明的金额加上应支付的相关税费，作为实际成本。②捐赠方没有提供有关凭据的，按如下顺序确定其实际成本：同类或类似无形资产存在活跃市场的，按同类或类似无形资产的市场价格估计的金额，加上应支付的相关税费，作为实际成本；同类或类似无形资产不存在活跃市场的，按该接受捐赠的无形资产的预计未来现金流量现值，作为实际成本。

(6) 自行开发的无形资产，其成本由可直接归属于该资产的创造、生产并使该资产能够以管理层预定的方式运作的所有必要支出组成。可直接归属于该资产的成本包括：开发该无形资产时耗费的材料、劳务成本、注册费、在开发该无形资产过程中使用的其他专利权和特许权的摊销，按照有关规定资本化的利息支出，以及为使该无形资产达到预定用途前所发生的其他费用。在开发无形资产过程中发生的除上述可直接归属于无形资产开发活动的其他销售费用、管理费用等间接费用、无形资产达到预定用途前发生的可辨认的无效和初始运作损失、为运行该无形资产发生的培训支出等不构成无形资产的开发成本。应予强调的是，内部开发无形资产的成本仅包括在满足资本化条件的时点至无形资产达到预定用途前发生的支出总和，对于同一项无形资产在开发过程中自满足准则规定的相关条件后至达到预定用途资本化之前所发生的支出总额，已经费用化计入当期损益的支出不再调整。

无形资产按其取得途径，借记“无形资产”科目，贷记“银行存款”“实收资本”“资本公积”等科目。无形资产在确认后发生的支出，应在发生时计入当期损益。

(二) 无形资产摊销的核算

对使用寿命有限的无形资产，应在其预计的使用寿命内采用系统合理的方法对其应摊销金额进行摊销。应摊销金额是指无形资产的成本扣除残值后的金额。已经计提无形资产减值准备的，还应扣除已经提取的减值准备金额。除以下任一情况外，使用寿命有限的无形资产，其残值一般应当视为零。其一，除非有第三方承诺在无形资产使用寿命结束时购买该无形资产；其二，存在活跃的市场，可以根据活跃市场得到无形资产使用寿命结束时的残值信息，并且从目前的情况看，在无形资产使用寿命结束时，该市场还很可能存在，才可以预计无形资产的残值。对使用寿命不确定的无形资产不应摊销。

特别提示

根据《小企业会计准则》第四十一条规定，小企业的无形资产应当在其使用寿命内采用年限平均法进行摊销。有关法律规定或合同约定了使用年限的，可以按照规定或约定的使用年限分期摊销。小企业不能可靠估计无形资产使用寿命的，摊销期不得低于10年。

企业摊销无形资产的摊销期，应当自无形资产可供使用时（即其达到预定用途）起，至不再作为无形资产终止确认时止。在无形资产的使用寿命内系统地分摊其应摊销金额有多种方法，包括直线法和生产总量法等。企业对某项无形资产摊销所使用的方法应依据从资产中获取的预期未来经济利益的预计消耗方式来选择，并一致地运用于不同会计期间。例如，对受技术陈旧因素影响较大的专利权和专有技术等无形资产，可采用类似固定资产加速折旧的方法进行摊销；有特定产量限制的特许经营权或专利权，应采用生产总量法进行摊销。无法可靠确定消耗方式的，应当采用直线法摊销。

计提摊销无形资产价值时，借记“管理费用”“其他业务成本”等科目，贷记“累计摊销”科目。无形资产的摊销金额一般应当计入当期损益，如果某项无形资产是专门用于生产某种产品的，其所包含的经济利益是通过转入到所生产的产品中体现的，无形资产的摊销费用应构成产品成本的一部分。对持有待售的无形资产不进行摊销，按照账面价值与公允价值减去处置费用后的净额孰低进行计量。

对于使用寿命有限的无形资产，企业至少应当于每年年度终了对其使用寿命进行复核，如果有证据表明其使用寿命不同于以前的估计，由于合同的续约或无形资产应用条件的改善，延长了无形资产的使用寿命，应改变其摊销年限，并按照会计估计变更进行处理。对于使用寿命不确定的无形资产，如果有证据表明其使用寿命是有限的，应当按照《企业会计准则第6号——无形资产》中关于使用寿命有限的无形资产的处理原则进行处理。

案例12-2

商标的摊销方式

行军金属公司几年前出资120 000美元为其安全门锁和其他产品购买了著名的商标，商标使用3年后，该公司完全退出了制锁行业，将生产集中于飞机零部件制造。该公司将该商标每年摊销3 000美元，分40年摊销完毕，摊销现在还在继续。

问题：行军金属公司的这种做法是否合理，为什么？

（三）无形资产的期末计价

企业应当在资产负债表日判断资产是否存在可能发生减值的迹象。使用寿命不确定的无形资产，无论是否存在减值迹象，每年都应当进行减值测试。

无形资产存在减值迹象的，应当估计其可收回金额。若无形资产的可收回金额低于其账面价值，则按应减记的金额，借记“资产减值损失”科目，贷记“无形资产减值准备”；企业计提减值准备后，资产的价值又得以恢复的，已计提的减值准备不得转回。

（四）无形资产处置的核算

无形资产的处置主要是指无形资产出售、对外出租、对外捐赠，或者是无法为企业带来未来经济利益时，应予转销并终止确认。

1. 无形资产的出租

企业将所拥有的无形资产的使用权让渡给他人，并收取租金，属于与企业日常活动相关的其他经营活动取得的收入，在满足《企业会计准则第 14 号——收入》规定的确认标准的情况下，应确认相关的收入及成本。

2. 无形资产的出售

企业将无形资产出售，表明企业放弃无形资产的所有权，应按照持有待售资产、处置组的相关规定进行会计处理。

3. 无形资产的报废

如果无形资产预期不能为企业带来未来经济利益，不再符合无形资产的定义，应将其转销。例如，无形资产已被其他新技术替代，不能为企业带来经济利益，或者无形资产不再受到法律保护，且不能给企业带来经济利益等。

无形资产预期不能为企业带来经济利益的，应按已摊销的累计摊销额，借记“累计摊销”科目；原已计提减值准备的，借记“无形资产减值准备”科目；按其账面余额，贷记“无形资产”科目；按其差额，借记“营业外支出”科目。

特别提示

无形资产摊销与固定资产提取折旧的区别

会计业务中，企业在取得固定资产后，应当按月计提折旧，当月增加的固定资产，当月不提折旧，从下月起计提折旧；当月减少的固定资产，当月仍提折旧，从下月起停止计提折旧。固定资产提足折旧后，不管能否继续使用，均不再提取折旧；提前报废的固定资产，也不再提取折旧。

企业在取得无形资产后，应当自取得当月起在预计使用年限内分期平均摊销，处置无形资产的当月不再摊销，即无形资产摊销的起始日和停止日为：当月增加的无形资产，当月开始摊销；当月减少的无形资产，当月不再摊销。

第 3 节 固定资产、无形资产业务核算程序的设计

固定资产业务核算程序设计，主要包括设备更新申请批准程序，设备采购、验收、

付款程序以及设备报废清理程序。

一、设备更新申请批准程序设计

设备更新申请批准程序设计的目的在于正确反映和有效控制固定资产更新申请批准实施的处理过程。如图12－5所示，其程序设计的要点包括：

（1）由设备管理部门编制设备更新计划交总工程师室（或类似机构）审批；

（2）经审批后，如属外购设备，总工程师室编制购买通知单一式三份，如属自制设备，编制自制设备制造任务书交辅助生产部门安排制造；

（3）设备管理部门根据购买通知单与供货单位签订合同，并将合同副本、设备购买通知单和自制设备制造任务书交会计部门留存，作为外购设备付款和自制设备核算的依据。

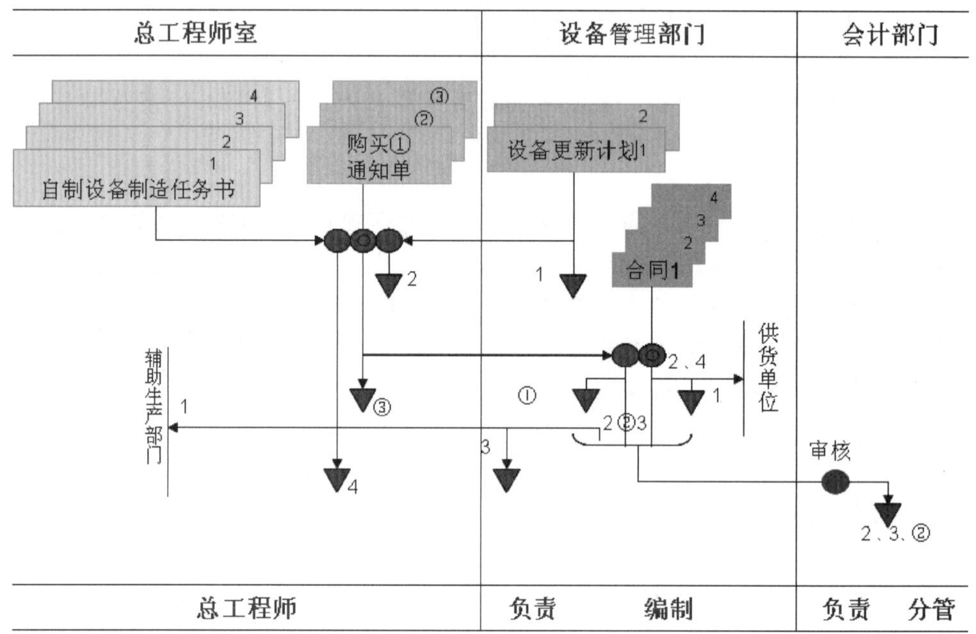

图12－5 设备更新申请批准程序

该流程的关键控制点有：设备更新计划必须经过审批才能实施；会计部门参加合同的会签。

二、设备采购、验收、付款程序设计

设备采购、验收、付款程序的设计，其目的在于正确反映和有效控制固定资产从采购、验收到付款的业务处理过程。如图12－6所示，其程序设计的要点包括：

（1）供货单位根据合同发货后，将设备购买发票和运输提货单函寄设备管理部门；

（2）设备管理部门根据有关设备购买通知单和合同编制设备入库单一式三联，并分别通知厂内运输部门提货和设备仓库准备接货；

（3）厂内运输部门提取设备后编制到货清单，并交设备管理部门验收，验收无误后登记设备库存账，并通知会计部门付款；

（4）会计部门核对合同副本和购买通知单，经确认无误后办理货款结算，并登记有关总账和明细账。

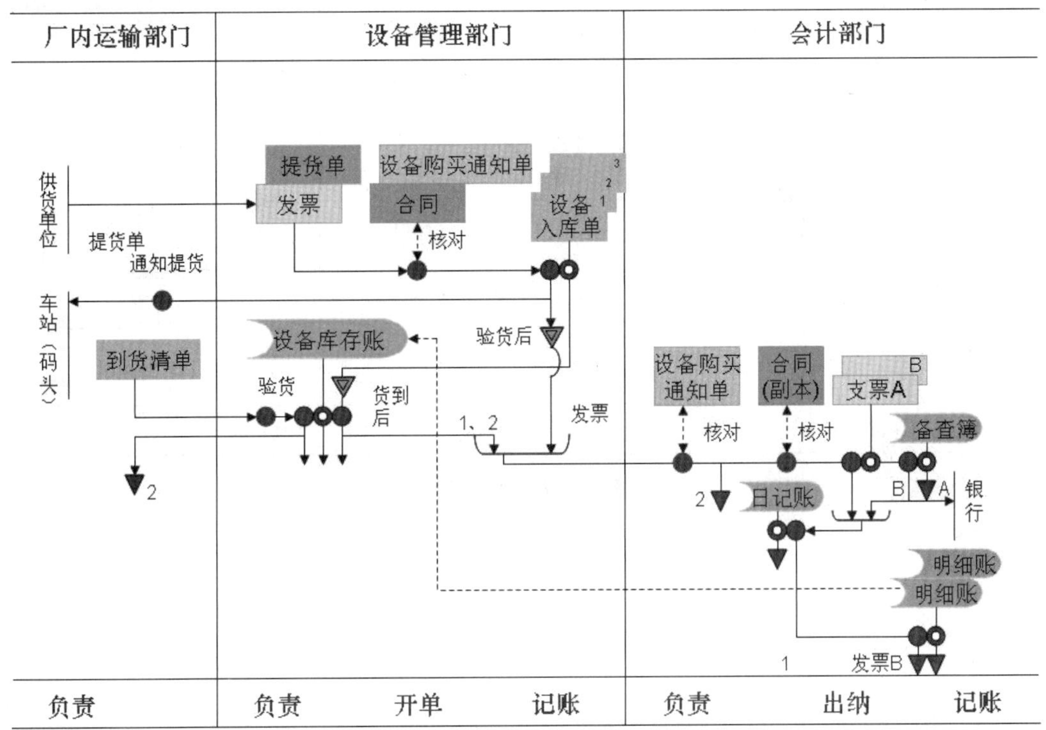

图 12－6　设备采购、验收、付款程序

该流程的关键控制点有：提货、验收、付款分管；设备验收、付款均要核对有关合同和凭证；定期进行账账、账实核对。

三、设备报废清理程序设计

设备报废清理程序的设计，其目的在于保证设备报废清理合规有序地进行。如图 12－7 所示，其程序设计的要点包括：

（1）设备使用部门提出设备报废申请报设备管理部门；

（2）设备管理部门审核同意后，注销该部门的固定资产卡片，并在固定资产登记簿做好记录；

（3）设备管理部门通知设备使用部门注销固定资产卡片，通知清理部门清理报废设备，通知会计部门注销固定资产卡片，并进行固定资产报废清理核算。

该流程的关键控制点有：设备报废必须经过审核后才能办理；对固定资产增减变动及时做好记录；定期核对设备使用部门、设备管理部门和会计部门的固定资产卡片，并保证账卡、账实相符。

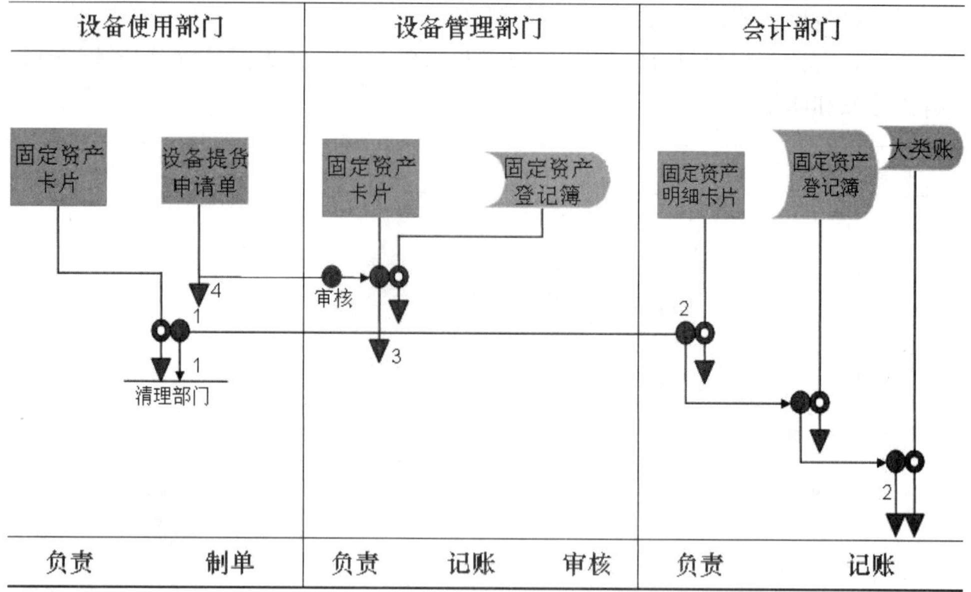

图 12-7 设备报废清理程序

思考题

1. 固定资产内部控制与核算方法的设计要求有哪些？
2. 固定资产业务内部控制制度设计包括哪些基本原则？
3. 无形资产业务内部控制制度设计包括哪些基本原则？
4. 如何设计固定资产业务的核算方法？
5. 如何设计无形资产业务的核算方法？
6. 设备更新申请批准程序设计要点有哪些？
7. 设备采购、验收、付款程序设计要点有哪些？
8. 设备报废清理程序设计要点有哪些？

练习题

1. 单项选择题

(1) 职务分离在固定资产内部控制制度中体现为（　　）。

A. 采购人员与使用人员相分离　　B. 使用人员与会计人员相分离

C. 采购人员与审批人员相分离　　D. 维修人员与使用人员相分离

(2) 固定资产发生盘盈时，据以入账的价值是（　　）。

A. 原始价值　　B. 重置完全价值

C. 折余价值　　D. 评估确认价值

(3) 核算企业库存的用于建造或修理固定资产工程项目的各种物资的实际成本的账户是（　　）。

A. “固定资产清理”　　B. “固定资产”
C. “工程物资”　　D. “在建工程”

(4) 无形资产摊销时的账务处理中，贷方科目是（　　）。

A. “制造费用”　　B. “生产成本”
C. “其他业务成本”　　D. “累计摊销”

2. 多项选择题

(1) 固定资产内部控制的原则主要包括（　　）。

A. 预算控制原则　　B. 保密控制原则
C. 分工及授权批准控制原则　　D. 内部监督检查原则
E. 摊销控制原则

(2) 以下关于固定资产取得和控制制度的叙述正确的有（　　）。

A. 使用部门发现固定资产需要报废时，为提高工作效率，可直接执行对固定资产的报废清理处置
B. 固定资产不需进行总分类核算，但要严格做到账、卡、物相符
C. 要形成有专人负责的固定资产使用管理制度
D. 对清理报废的固定资产残值要及时入账
E. 固定资产的核算不需要参照原始凭证

(3) 我国现行的财务制度规定，折旧的计算方法可以采用（　　）。

A. 年数总和法　　B. 双倍余额递减法
C. 年限平均法　　D. 后进先出法
E. 先进先出法

(4) 企业转让无形资产的方式有（　　）。

A. 转让其价值　　B. 转让其研究开发权
C. 转让其所有权　　D. 转让其使用权
E. 禁止转让

(5) 下列关于设备更新申请批准程序设计的描述正确的有（　　）。

A. 由设备管理部门编制设备更新计划交总工程师室审批
B. 经审批后，如属外购设备，总工程师室编制购买通知单一式三份
C. 经审批后，如属自制设备，编制自制设备制造任务书交辅助生产部门安排制造
D. 设备管理部门根据购买通知单与供货单位签订合同
E. 总工程师室将合同副本、设备购买通知单和自制设备制造任务书交财会部门留存

3. 判断题

(1) 根据管理要求进行固定资产分类和划分固定资产项目，属于规范固定资产管理的基础工作。（　　）

(2) 在建工程项目交付使用以前的固定资产不需计提折旧。（　　）

(3) 盘亏的固定资产经批准处理后，最后记入“固定资产清理”科目。（　　）

(4) 如对外投出无形资产评估的价值小于无形资产的账面价值，应将其差额记入“营业外支出”科目。（ ）

实训题

1. 大华公司是一家重型设备生产企业，内部控制薄弱。假定你是公司新聘的管理咨询专家，请为该公司设计固定资产业务内部控制制度，并就某大型设备采购、验收、付款程序进行设计（文字说明）。

2. 根据固定资产的业务特点，结合资产负债表的编制要求，设计固定资产的主要核算账户，并设计固定资产出售、报废、毁损的核算内容。

第 13 章

责任会计制度设计

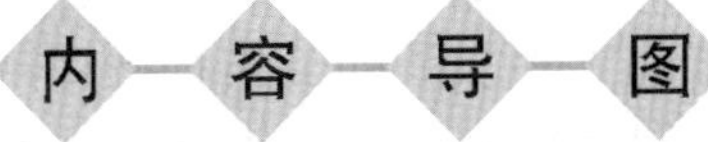

责任会计制度是现代分权管理模式的产物，它是指通过在企业内部建立若干责任中心，并对其分工负责的经济业务进行计划与控制，实现业绩考核与评价的一种内部控制制度。

通过本章的学习，学生要理解责任会计制度设计的意义和原则；掌握责任中心以及责任会计核算方法的设计；掌握内部转移价格、内部结算制度和责任会计报告的设计。

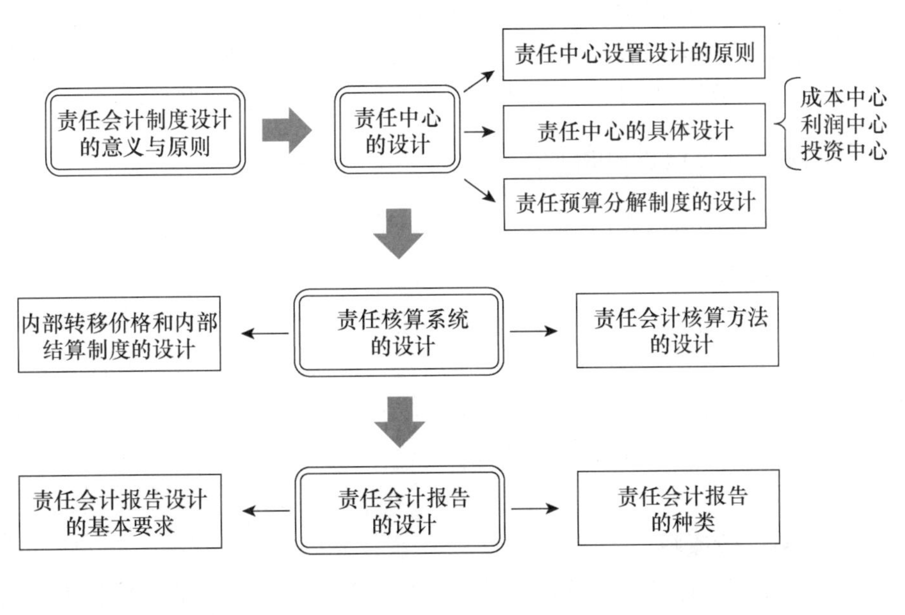

第1节 责任会计制度设计的意义与原则

责任会计是指企业为了有效地控制各责任中心的职责履行情况、合理地确定与其职责履行相关的经济利益而建立的一套能及时和正确地反映、评价和考核各责任中心实际经营业绩的一种企业内部会计制度。一套完整的责任会计制度通常包括以下几项具体内容：划分责任中心；规定权责范围；确定责任核算系统；建立企业内部转移价格和内部结算制度；编制责任报告；考评工作业绩。

一、责任会计制度设计的意义

随着现代经济的发展，企业规模不断扩大，传统的企业集中管理模式已无法满足经营管理的需要。为了有效地控制与管理庞大的经济组织，分权管理模式应运而生。采用分权管理优点很多，例如，可以提高各层管理人员的工作积极性；能迅速及时地解决问题，提高管理效率；通过业绩评价和奖惩措施能使管理人员的利益与企业保持高度一致；使最高管理层将精力集中在企业战略目标的制定及其控制管理上等。

分权管理也会带来相应的问题，如部门以牺牲整体利益为代价实现自身利益、部门之间产生相互摩擦、恶性竞争等。为使分权管理扬利去弊，责任会计应运而生。责任会计是会计核算和会计管理向企业内部纵深发展而出现的一种服务于企业内部的会计制度，通过设计一套行之有效的、完整的责任会计制度，将企业划分为各种不同形式的责任中心，建立起以责任中心为主体，以责、权、利相统一为特征，以责任预算、责任控制、责任考核为内容，通过信息的积累、加工和反馈而形成的企业内部控制系统，就可以使企业确定的目标、组织、控制、决策等达到最优组合。

二、责任会计制度设计的原则

设计责任会计制度应遵循以下六项基本原则，如图13-1所示。

（一）责任主体原则

在分权管理模式下，企业经营管理的责任也随着经营决策权的下放层层落实到各级管理部门，使各级管理部门在充分运用经营决策权的同时，也对其经营管理的有效性承担相应的经济责任。为了考核、评价各级管理部门经济责任的落实情况，责任会计的核算必须按各级管理部门设置相应的责任中心，建立责任主体，并以责任中心为对象进行会计资料的收集、加工整理、记录、计算对比和分析等项工作。

（二）目标一致原则

无论是集中管理还是分权管理，其最终目的都是实现企业的整体目标。因此，当经营决策权授予各级管理部门时，实际上就是将企业的整体目标分解成各责任中心的具体目标。为此，在设计责任会计制度时，无论是责任中心权责范围的确定，还是责任预算的编制、责任中心的业绩考评，都必须始终注意与企业的整体目标保持一致，

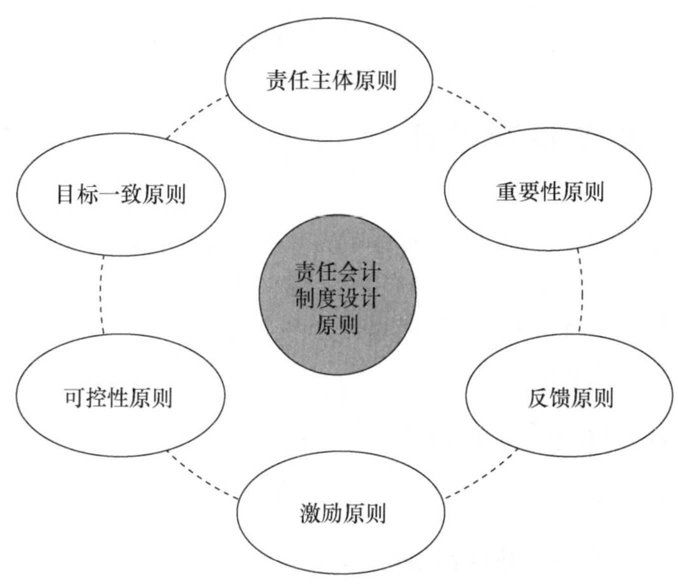

图 13－1　责任会计制度设计原则

避免因片面追求局部利益而损害整体利益。

（三）可控性原则

可控性原则，即各责任中心只对其权力可以控制的经济活动负责，对于其权力控制不了的经济活动，不承担经济责任。因此，设计责任会计制度，在责任中心的责任目标、责任预算、责任核算与责任考核等方面，必须始终关注可控性原则，尽可能排除责任中心不能控制的因素。

（四）激励原则

分权管理及相应的责任会计的建立，都是为最大限度地调动各责任中心员工的工作积极性，提高工作质量，更好地实现企业的整体目标。这就要求对各责任中心的责任目标、责任预算的确定相对合理，主要包括两个方面：一是目标合理、切实可行，若目标过高，会挫伤员工的积极性，反之，也不利于企业的整体目标；二是奖励水平与努力程度相适应，充分有效的激励能够使员工保持甚至进一步提高工作的努力程度，激励水平过高或者过低都会对员工的努力程度起到消极影响。

（五）反馈原则

及时准确地反馈生产经营中的各种相关信息，才能有效实施管理控制。责任会计的管理集中在事前、事中和事后三个方面，这些都需要相应的信息反馈，尤其是事中、事后管理。责任会计制度的设计必须保证以下两个信息反馈渠道的畅通：一是信息向责任中心的反馈，使责任中心能够及时了解预算的执行情况，以便采取有效措施调整偏离目标或预算的差异；二是向责任中心的上级反馈，以便上级管理部门作出适当反应。

（六）重要性原则

重要性原则要求责任会计在责任预算、责任核算、业绩考核、报告及评价等方面的指标设计，应注意在全面中突出重点，注重成本效益性。

第2节 责任中心的设计

责任中心是指具有一定的管理权限并承担相应经济责任的企业内部单位，其基本特征是责、权、利相统一。为了调动企业的一切积极因素，使各中心在其职责范围内努力工作，有必要将整个企业逐级划分为多个责任中心。设置责任中心是进行责任会计制度设计的首要问题。

一、责任中心设置设计的原则

在企业里，责任中心的设置方式与设置数量取决于以下方面。

（一）与企业的组织机构相适应

企业的经营管理机构是由一个个既相互依存又相互制约的管理部门组成的完整体系。无论是集权管理的企业还是分权管理的企业，都会有若干部门和若干管理层次。这就要求责任会计作为企业内部管理的一种形式，责任中心的设置，一方面必须与企业的组织结构相适应；另一方面必须对企业原有的组织结构作通盘研究和统筹设计，根据责任会计的要求进行适当调整，将责任会计管理与企业管理的其他形式有机结合。

（二）保证划清责任单独核算

为保证责任中心经营管理责任的有效实施，企业的各个责任中心必须单独核算。只有以划清各责任中心的责任范围为前提，才能对责任中心进行单独核算。

（三）使责权利紧密结合

设计责任中心，除了必须明确其相应的责任外，还必须赋予其相应的管理权力。在责、权、利三者中，“责”是核心，“权”是尽责的必要条件，“利”是履行责任的内在动力。责权利紧密结合，要求企业对责任中心的管理应做到：第一，让责任中心拥有与企业总体管理目标相协调，并且与其职能责任相适应的经营决策权；第二，使其承担与其经营决策权相适应的经济责任；第三，建立与其责任相配套的利益机制。

二、责任中心的具体设计

按授权范围和责任范围的不同，责任中心可以划分为成本中心、利润中心、投资中心三类，如图13-2所示。

（一）成本中心的设计

1. 成本中心的含义

成本中心是指只发生成本而不取得收入的责任中心，即只考核所发生的成本和费用而不考核其他内容的责任单位。这类责任中心大多是指只负责产品生产的生产部门、劳务提供部门以及给予一定费用指标的企业管理科室。

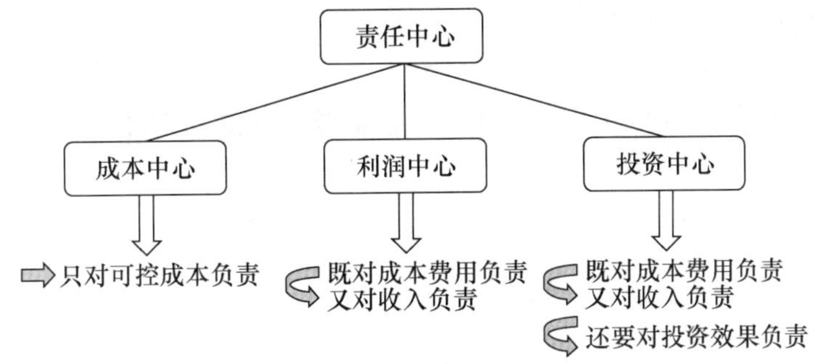

图 13-2　责任中心的划分

2. 成本中心的分类

成本中心包括两种类型，即标准成本中心和费用中心。

标准成本中心通常是指通过技术分析可以相对可靠地估算出该部门成本发生的数额的成本中心，如产品成本中的直接材料、直接人工、制造费用等。其特点是投入（耗用）量与产出量有密切关系，成本可通过标准成本或弹性预算予以控制。标准成本中心是对那些以实际产出量为基础，并按标准成本进行成本控制的成本中心。

费用中心是指以控制经营管理费用为主的责任中心。主要包括各种管理费用和某些间接成本项目，这些费用是否发生以及发生数额由管理人员的决策决定，如研究开发费、广告宣传费、职工培训费等，其特点是投入量与产出量没有直接关系。

3. 成本中心的特点

（1）成本中心只衡量成本费用，不衡量收益。一般而言，成本中心没有经营权和销售权，其工作成果不会形成可以用货币计量的收入。例如，一个生产车间，由于其所生产的产品仅为企业生产过程的一个组成部分，不能单独出售，因而不可能计算货币收入；有的成本中心可能有少量的收入，但不是主要的考核内容，因而没有必要计算货币收入。

（2）成本中心只对可控成本负责。凡是责任中心能控制的各种耗费，称为可控成本；凡是责任中心不能控制的各种耗费，称为不可控成本。具体而言，可控成本应具备如下三个条件：第一，责任中心能够通过一定的方式了解将要发生的成本；第二，责任中心能够对发生的成本进行计量；第三，责任中心能够通过自己的行为对成本加以调节和控制。凡不能同时具备上述三个条件的成本通常为不可控成本，一般不在成本中心的责任范围之内。

特别提示

可控成本，即能被某个责任单位或个人的行为制约的成本。可控成本具有多种发展可能性，并且有关的责任单位或个人可以通过采取一定的方法与手段使其按所期望的状态发展。如果某些成本只具有一种可能结果，则不存在进行控制的必要性；如果某些成本虽具有几种可能结果，但有关的责任单位或个人无法根据自己的需要对其施加影响，则也不存在进行控制的可能性。

4. 成本中心的考核

成本中心考核的主要内容是责任成本，即将成本中心实际发生的责任成本同预算的责任成本目标或目标成本进行比较，包括成本（费用）降低额和降低率。其计算公式如下：

$$成本(费用)降低额=预算成本(费用)-实际成本$$

$$成本降低率=\frac{成本降低额}{预算成本}\times 100\%$$

在对成本中心进行考核时，如果预算产量与实际产量不一致，应按弹性预算的方法首先调整预算指标，再计算上述指标。

（二）利润中心的设计

1. 利润中心的含义

利润中心是对利润负责的责任中心，由于利润等于收入减去成本和费用，因此利润中心实际上既要对收入负责，又要对成本费用负责。在一个企业中，利润中心往往处于较高的层次，如分厂、分公司、有独立经营权的各部门，包括辅助生产部门或封闭式生产车间等。各利润中心都自成一体，独立经营，但也相互协调。与成本中心相比，利润中心的权力和责任要大得多。

2. 利润中心的分类

利润中心可以分为自然的利润中心和人为的利润中心。

（1）自然的利润中心是指以对外销售产品而取得实际收入为特征的利润中心，它类似于一个完整、独立的企业。这类利润中心一般具有产品销售权、价格制定权、材料采购权、生产决策权。例如，当公司采取事业部制时，每个事业部均有销售、生产、采购的职能，有很大的独立性，这些事业部就是自然的利润中心。

（2）人为的利润中心是以产品在企业内部流转而取得内部销售收入为特征的利润中心。销售业务发生时，人为利润中心必须按照内部转移价格结算，并因此获得相应的内部利润。这类利润中心一般也应具有独立的经营管理权，即能够自主决定本利润中心的产品品种、产品产量、作业方法、人员调配、资金使用等。

3. 利润中心的考核

考核利润中心的指标一般包括毛利、贡献毛益、营业利润三种形式。

（1）毛利。毛利是指销售净额与销售成本的差额。作为利润中心的考核指标，毛利包含了利润中心管理者所能控制的收入和销售产品成本两个因素，有利于各部门进行成本分析与控制。此外，由于这一指标不考虑营业费用因素，能促使各部门管理者调整产品结构，以最大限度地获取毛利，为最终利润的实现奠定基础。

（2）贡献毛益。贡献毛益是毛利减去直接费用后的差额。在计算贡献毛益时首先要区分直接费用和间接费用。直接费用是指那些因特定部门的业务所引起的、能直接归属于该部门并能为该部门所控制的费用，如与销售量相关的推销员工资等；间接费用则是指那些由企业整体受益、不能直接归属于某一部门的费用，如企业管理人员工资等。某一部门的毛利减去部门直接费用后即为该部门的贡献毛益。

采用贡献毛益指标对利润中心进行考核评价，其优势在于：其一，由于将各部门可以影响和控制的一部分营业费用（直接费用）计入各部门，使这些费用的减少既有利于部门创利额的增加，也有利于企业净收益的增加，保持了利润中心目标与企业整体目标的一致。其二，贡献毛益指标更好地体现了可控性原则，能促使各部门充分利用公用设备、设施，节约有关费用。其三，采用贡献毛益指标有利于企业高层管理者的决策，即当一个部门亏损时，只要它能创造贡献毛益，在没有其他合理方案的前提下，就应保留。

(3) 营业利润。营业利润是在上述贡献毛益的基础上减去各部门应负担的营业费用（间接费用，包括摊销费用和管理费用）后的余额。采用营业利润作为考核指标，不但可以克服毛利指标可能出现的利润中心目标与企业整体目标的不一致，也考虑到了企业发生的间接费用都是间接地为各部门经营服务的事实。间接费用在各部门之间的分配，应根据企业的具体情况，有公平合理的基础，这是保证营业利润可控及保护各部门工作积极性的关键。

(三) 投资中心的设计

1. 投资中心的含义

投资中心是对投资负责的责任中心，其特点是既要对成本和利润负责，又要对投资效果负责。由于投资的目的是获得利润，因而投资中心同时也是利润中心。投资中心与利润中心的区别主要在于：利润中心没有投资决策权，它是在企业确定投资方向后进行具体的经营；投资中心则拥有投资决策权，能够相对独立地运用其所掌握的资金，有权购置和处理固定资产，扩大或缩小生产能力。

投资中心在责任中心中处于最高层次，它拥有最大的决策权，也承担最大的责任。投资中心是分权管理模式最突出的表现，大型集团公司的分公司、子公司往往都是投资中心。在组织形式上，成本中心基本上不是独立的法人，利润中心可以是也可以不是独立的法人，但投资中心一般是独立的法人。

2. 投资中心的考核

评价投资中心业绩的指标，主要是投资利润率和剩余收益。

(1) 投资利润率。投资利润率又称投资报酬率，是指投资中心所获得的利润与投资额之间的比率，其计算公式为：

$$\text{投资利润率}=\frac{\text{利润}}{\text{投资额}}\times 100\%$$

为便于分析，投资利润率还可扩展为：

$$\begin{aligned}\text{投资利润率}&=\frac{\text{销售收入}}{\text{投资额}}\times\frac{\text{成本费用}}{\text{销售收入}}\times\frac{\text{利润}}{\text{成本费用}}\times 100\%\\&=\text{资本周转率}\times\text{销售成本率}\times\text{成本费用利润率}\end{aligned}$$

投资利润率是目前许多公司十分偏爱的评价投资中心业绩的指标。其优点如下：一是能反映投资中心的综合盈利能力；二是具有可比性，体现了资本的获利能力，有利于评价各投资中心经营业绩的优劣；三是可以作为选择投资机会的依据，有利于调整资本流量和存量，优化资源配置；四是有利于正确引导投资中心的管理行为，避免短期行为。以投资利润率作为评价指标的不足之处是缺乏全局观念，各投资公司为达到较高的投资利润率，可能会采取减少投资的方式，损害集团的整体利益。

（2）剩余收益。剩余收益是指投资中心获得的利润扣除其最低投资收益后的余额。其计算公式为：

剩余收益＝利润－利润×预期最低投资收益率

以剩余收益作为投资中心经营业绩评价指标的基本要求是，只要投资利润率大于预期的最低收益率，该项投资便是可行的。一项投资，只要其投资利润率高于预期最低投资收益率，就能为投资中心和企业所接受；反之，该投资项目既不会为企业又不会为投资中心所接受。剩余收益避免了投资利润率的缺陷，与投资利润率互补，可以在投资决策方面使投资中心利益和企业整体利益保持一致。

三、责任预算分解制度的设计

责任预算是指以责任中心为对象，以其可控的收入、成本和利润等为内容编制的预算。作为责任中心的努力目标和控制依据以及考核责任中心业绩的标准，责任预算同时也是企业总预算的具体化，可以和总预算融为一体。预算分解应按各责任中心权、责、利相匹配的原则进行，既公平合理，又有利于企业实现预算目标。预算考核以预算完成情况为考核核心，通过预算执行情况与预算目标的比较，确定差异并查明产生差异的原因，进而据以评价各责任中心的工作业绩，并通过与相应的激励制度挂钩，促进其与预算目标相一致。[①] 责任预算分解制度设计包括责任预算分解制度设计原则和责任预算编制方法两个方面。

（一）责任预算分解制度设计原则

责任预算分解制度的设计应遵循以下四个原则。

1. 以明确的经营目标为前提

经营目标的确定是会计管理活动的起点，同时也是责任预算编制的基础。责任预算是联结企业整体经营目标与目标落实的中介，它以定量方式将企业的整体经营目标具体地描述为各责任中心的经营目标，使之明确各自为目标的完成应作出何种程度的贡献。

2. 全面性与突出重点相结合

责任预算对影响经营目标实现的各项业务都要以金额或数量的形式进行反映，应尽量避免由于缺乏周详的考虑而影响目标的实现，使有关责任指标之间相互衔接，保证责任预算的综合平衡。同时，企业经营的多面性、复杂化导致责任预算编制的困难程度增加，在编制责任预算时，要注意抓住经营重点。

3. 积极可行并留有余地

面对竞争激烈的市场环境，任何一个企业，无论其规模多大，管理水平多高，也不可能洞悉市场的一切，不可能十分准确地计算出自身的产品销售量、销售额及费用水平等一系列指标，因而在责任预算编制时必须留有余地。

4. 编制过程要充分民主集中

责任预算在编制程序上要充分民主集中，先自上而下再由下而上进行反复论证。

① 参考《管理会计应用指引第200号——预算管理》第一、四章。

首先，要由企业依据种种预测资料制定出以达到企业整体目标为中心的全年经营目标，并按责任中心的具体情况将经营目标分解为数量指标和价值指标下达给有关责任中心；其次，由各责任中心根据自身情况提出资金、技术、设备、材料、用工等方面的安排及相应的意见和要求；再次，经企业与各责任中心反复协调、平衡后，由各责任中心结合企业制定的内部结算价格编制出各自的责任预算；最后，由企业依据各责任中心的预算进行平衡、修订，编制出企业的责任预算下发到各责任中心，作为具有强制约束力的文件要求责任中心执行。

（二）责任预算编制流程和方法的设计

企业应建立和完善预算编制的工作制度，明确预算编制依据、编制内容、编制程序和编制方法，确保预算编制依据合理、内容全面、程序规范、方法科学，确保形成各层级广泛接受的、符合业务假设的、可实现的预算控制目标。②

编制责任预算的目的在于将责任中心的经济责任数量化。责任预算编制基本程序和方法主要有两种。

一种是在企业总预算的基础上，从责任中心的角度，对总预算进行层层分解而形成的各责任中心的预算。或者说，是把总预算确定的目标，按照企业内部各责任中心进行划分，落实到企业的各个部门和各级单位，以保证实现企业的总体目标。这种自上而下、指标层层分解的方式比较常见。其优点是使整个企业浑然一体，便于统一指挥和调度；不足之处是可能遏制责任中心工作的积极性和创造性。具体见案例13-1中的案例提示3。

另一种是采取自下而上的方式，即由各个责任中心自行列示各自的预算指标，层层汇总，最后由企业负责人或诸如预算委员会等机构进行汇总和调整，从而建立企业总预算。该方式有利于发挥各责任中心的积极性，但容易使各责任中心只注意本中心的具体情况，或者局限于本部门管理的狭窄范围之内，影响到企业总目标的实现。

责任预算的编制一般按照分级编制、逐级汇总的方式，除了上述自上而下、自下而上两种基本流程外，还可以采用上下结合或多维度相协调的流程编制预算。预算编制流程与编制方法的选择应与企业现有管理模式相适应。责任预算的编制程序与企业组织结构设置和经营管理方式有密切关系。组织结构设置与经营管理方式不同，责任预算的编制流程也会有很大差异，在编制责任预算时，应根据企业现有管理模式及自身特点来选择编制方法。

案例13-1

责任预算的编制

北方公司下属A，B两个分公司，各分公司下属三个部门：销售部门、生产部门、行政管理部门，其具体组织结构设置如图13-3所示。请你为该公司设计编制2019年责任预算。

---

② 参考《管理会计应用指引第200号——预算管理》第三章。

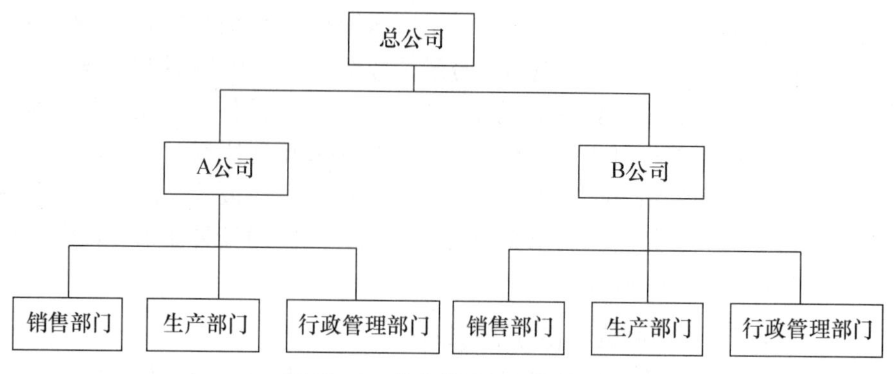

图 13-3 北方公司组织结构图

案例提示：

1. 两个分公司设为利润中心，分公司下属销售部门设为收入中心，生产部门和行政管理部门设为成本中心。

2. 假设各成本中心发生的均为可控成本。

3. 按照自上而下、指标层层分解的方式，总公司及A公司责任预算如表13-1至表13-6所示。

表 13-1 北方公司责任预算

2019年 单位：万元

责任中心	营业利润	责任预算	责任人
利润中心	A公司	1 720	A公司经理
利润中心	B公司	2 000	B公司经理
合计		3 720	公司总经理

表 13-2 A公司责任预算

2019年 单位：万元

责任中心	项目	责任预算	责任人
收入中心	销售部门	23 000	销售部门经理
成本中心	可控成本		
	生产部门	15 000	生产部门经理
	行政管理部门	3 280	行政管理部门经理
	销售部门	3 000	销售部门经理
	合计	21 280	A公司经理
利润中心	营业利润	1 720	

表 13-3 A公司销售部门责任预算（收入）

2019年 单位：万元

责任中心	项目	责任预算	责任人
收入中心	东北销售区	10 000	责任人A
收入中心	华北销售区	5 000	责任人B
收入中心	西北销售区	1 000	责任人C

续表

责任中心	项目	责任预算	责任人
收入中心	东南销售区	6 500	责任人 D
收入中心	出口销售	500	责任人 E
合计		23 000	销售部门经理

表 13-4　A 公司销售部门责任预算（费用）

2019 年　　单位：万元

责任中心	项目	责任预算	责任人
成本中心	工资费用	1 500	
	办公费	1 000	
	广告费	300	
	其他	200	
合计		3 000	销售部门经理

表 13-5　A 公司生产部门责任预算（费用）

2019 年　　单位：万元

责任中心	项目	责任预算	责任人
成本中心	一车间：		
	变动成本		
	直接材料		
	直接人工	5 000	
	变动制造费用	600	
	小计	400	车间负责人
	固定成本	6 000	
	固定制造费用		
	合计	700	
	二车间：	6 700	
	变动成本		
	直接材料	4 000	
	直接人工	400	
	变动制造费用	600	
	小计	5 000	
	固定成本		
	固定制造费用	2 300	车间负责人
	合计	7 300	生产部门经理
	生产部门其他费用	1 000	生产部门经理
总计		15 000	

表13-6 A公司行政管理部门责任预算（费用）

2019年　　单位：万元

责任中心	项目	责任预算	责任人
成本中心	工资费用 办公费 广告费 其他	3 000 200 50 30	
合计		3 280	行政管理部门经理

第3节　责任核算系统的设计

在责任核算系统中，为了分清各责任中心的经济责任，明确各责任中心的业绩，以及为考核提供依据，要求分别考核各责任中心的经营业绩。当各责任中心相互提供产品或劳务时，应当按照合理的内部转移价格进行结算，对于因责任归属而发生的责任成本也应进行转移和清算。进行责任核算系统设计时，需要设计内部转移价格和内部结算制度以及选择适合本企业特点的责任会计核算方法。

一、内部转移价格和内部结算制度的设计

（一）内部转移价格的设计

为了正确反映各责任中心的工作业绩，对企业内部各责任中心之间所转移的各种产品、劳务等都应进行结算，并对企业内部所转移的各种产品、劳务等确定其转移价格。转移价格的确定直接涉及与其相关的各责任中心的利益，企业在制定内部转移价格时必须根据各种产品或劳务的具体情况，确定得科学、合理，使之无可争议，为内部结算、考核打好基础。

所谓内部转移价格，是指企业内部分公司、分厂、车间、分部等责任中心之间相互提供产品（或服务）、资金等内部交易时所采用的计价标准。从企业总体来看，内部转移价格无论怎样制定，都不影响企业的利润总数，影响的只是利润或内部利润在各责任中心之间的分配情况。

1. 内部转移价格的设计原则

（1）合规性原则。内部转移价格的制定、执行及调整应符合相关会计、财务、税收等法律法规的规定。

（2）效益性原则。企业内部转移价格的制定方法，应以企业整体利益最大化为目标，避免为追求局部最优而损害企业整体利益的情况；同时，应兼顾各责任中心及员工利益，充分调动各方积极性。

（3）适应性原则。内部转移定价体系应当与企业所处行业特征、企业战略、业务流程、产品（或服务）特点、业绩评价体系等相适应，使企业能够统筹各责任中心利益，对内部转移价格达成共识。

2. 内部转移价格的设计类型

企业绩效管理委员会或类似机构应根据各责任中心的性质和业务特点，分别确定适当的内部转移定价形式。内部转移定价通常分为价格型、成本型和协商型。

（1）价格型内部转移定价。是指以市场价格为基础制定的、由成本和毛利构成内部转移价格的方法，一般适用于内部利润中心。以市场价格作为内部转移价格的责任中心，应该是独立经营核算的利润中心。它们有权决定生产的数量、出售或购买的对象及其相应的价格。通常认为，市场价格是制定内部转移价格的最好依据。因为市场价格最能体现责任中心的基本要求，即在企业内部引进市场机制，营造一种竞争氛围，使其中每个利润中心实质上都成为独立的机构，各自经营、相互竞争，最终通过利润指标来考核和评价其工作成果。采用价格型内部转移定价，一般有以下三种情况：第一，责任中心所提供的产品（或服务）经常外销且外销比例较大的，或所提供的产品（或服务）有外部活跃市场可靠报价的，可以外销价或活跃市场报价作为内部转移价格；第二，责任中心一般不对外销售且外部市场没有可靠报价的产品（或服务），或企业管理层和有关各方认为不需要频繁变动价格的，可以参照外部市场价或预测价制定模拟市场价作为内部转移价格；第三，没有外部市场但企业出于管理需要设置为模拟利润中心的责任中心，可以在生产成本基础上加一定比例毛利作为内部转移价格。

独立经营核算的利润中心，有权决定生产的数量、出售或购买的对象及其相应的价格，会以市场价格作为内部转移价格。通常认为，市场价格是制定内部转移价格的最好依据。因为市场价格最能体现责任中心的基本要求，即在企业内部引进市场机制，造成一种竞争气氛，使企业内每个利润中心实质上都成为独立的机构，各自经营、相互竞争，最终通过利润指标来考核和评价其工作成果。以市场价格作为内部转移价格时应注意两点：第一，在中间产品有外部市场，可向外部单位销售，或从外部单位购买时，以市场价格作为内部转移价格，并不等于直接将市场价格用作结算，应在此基础上，对外部价格作一些必要的调整。外部销售价格一般都包括销售费、广告费及运输费等，这些费用一般可避免。为使利益在各责任中心分配更公平，这些可避免的费用应从市场价格中扣除，即市场价格减去对外的销售费、广告费等才是尚未销售的中间产品价格。第二，以市场价格为依据制定内部转移价格时，通常假设中间产品有完全竞争市场或中间产品提供部门即卖方无闲置生产能力。但完全竞争的市场条件是很难找到的，而且市场价格受到一定的限制，有些产品（半成品）没有现成的市价，另一些产品只有非完全竞争市场价格，不能直接作为内部转移价格。

（2）成本型内部转移定价。以产品成本作为内部转移价格，是制定转移价格最简单的方法。在制定转移价格时，主要有实际成本法、实际成本加成法、标准成本法和变动成本法等方法可供选择。

实际成本法是以中间产品生产时发生的生产成本作为内部转移价格。这种方法的优点是简单，但只是一种实际成本的计算转让过程，严格上不能作为一种内部价格发挥其在各部门之间划清经济责任和调节企业内部利润的作用。因此，这种方法对于产品或劳务的提供部门降低成本缺乏激励作用。

实际成本加成法是在实际成本的基础上加上一定的利润作为内部转移价格。这种方法能够让提供中间产品的部门取得一定的利润，适用于各成本中心相互转移产品或劳务时确定价格。但是，这种转移价格包含了实际成本，不能消除工作业绩或缺陷转嫁现象，无助于调动提供部门降低成本、增加利润的积极性。加成的高或低具有主观随意性，影响双方经营业绩的正确评价。

变动成本法是以变动成本作为内部转移价格。这种方法的优点是符合成本性态，能够明确揭示成本与产量的关系，便于考核各责任中心的工作业绩，有利于企业和各责任中心进行生产经营决策。缺点是不包含固定成本，不能反映劳动生产率的变化对单位固定成本的影响，割裂了固定成本与产量之间的关系，不利于调动各责任中心增加产量的积极性。变动成本法主要适用于采用变动成本法计算产品成本的成本中心。

基于上述实际成本法、变动成本法制定内部转移价格的缺陷，成本型内部转移定价是指以标准成本等相对稳定的成本数据为基础，制定内部转移价格的方法，一般适用于内部成本中心。这种方法最大的优点是将管理和核算工作结合起来，可以避免业绩和缺陷转嫁现象的发生，使责任分明，能调动双方的积极性。标准成本法适用于成本中心产品的转移。企业在应用标准成本法时，应依据各责任中心的责任成本和成本控制标准，按照业绩考核制度和办法，定期进行成本管理业绩的考核与评价，为各责任中心和人员的激励奠定基础。同时，应定期将实际成本与标准成本进行比较和分析，确定差异数额及性质，揭示差异形成的动因，落实责任中心，寻求可行的改进途径和措施。①

（3）协商型内部转移定价。是指企业内部供求双方为使双方利益相对均衡，通过协商机制制定内部转移价格的方法，主要适用于分权程度较高的情形。协商价的取值范围通常较宽，一般不高于市场价，不低于变动成本。

以内部协商价格作为内部转移价格，具有一定的弹性，可以照顾双方利益并得到双方的认可，但在确定内部协商价格时，容易使双方争执不休，造成部门间的矛盾。如果过多地依赖上级管理当局的仲裁，又会降低衡量部门业绩的能力。

（二）内部结算制度的设计

只有建立以内部转移价格为基础的内部结算制度，才能及时准确地反映各责任中心之间的相互联系和责任关系。内部结算制度的形式有多种，如内部转让通知单、内部托收承付结算方式、内部货币结算方式、内部银行支票方式等。各种结算制度的繁简程度不一，适合于各种不同类型的企业和责任单位。因此，企业必须根据自身的实际需要进行选择。

除以外销价或活跃市场报价制定的内部转移价格可能随市场行情波动而变动较频繁外，其余内部转移价格应在一定期间内保持相对稳定，以使需求方责任中心的绩效不受供给方责任中心绩效变化的影响。

（三）内部转移定价的分析与评价

企业应及时对内部转移定价形成的结果进行汇总分析，作为考核责任中心绩效的依据；同时，应监测内部转移定价体系运行情况，协调、裁决交易中的争议，保障内

① 参考《管理会计应用指引第302号——标准成本法》第三章。

部转移定价体系运转顺畅。

内部转移定价能够清晰反映企业内部供需各方的责任界限，为绩效评价和激励提供客观依据，有利于企业优化资源配置。但由于可能受到相关因素影响，内部转移定价体系产生的定价结果不合理，造成信息扭曲，误导相关方行为，从而损害企业局部或整体利益。因此，企业应定期开展内部转移定价应用评价工作，根据内外部环境变化及时修订、调整定价策略。

二、责任会计核算方法的设计

按照责任会计核算与财务会计核算的相互关系，责任会计的核算方法一般分为双轨制和单轨制两种模式。

（一）双轨制核算模式

责任会计核算的双轨制核算，是指将责任会计核算与财务会计核算区别开来分别进行，即在不影响和改变企业原有财务会计核算的前提下，根据企业内部控制和责任管理的需要，在财务会计核算体系之外，购建一套独立的责任会计核算体系，进行责任收入、责任成本、责任利润等方面的核算。

实行双轨制核算，在责任会计核算上，可以完全按照内部控制管理的要求，设置独立的账户、独立编制凭证、独立登记账簿，从而专门提供企业各责任中心责任预算的完成情况。但也存在以下两个缺点：一是由于设置双重的核算体系，加大了日常账务处理的工作量，造成重复性劳动；二是由于两个彼此具有相互联系的核算内容相互脱节，致使财务会计和责任会计所提供的信息之间缺少直接联系，不利于企业管理当局将企业的整个财务状况、经营成果和各责任中心的责任考核相结合进行综合分析。因此，双轨制核算一般只适用于实行责任会计的初期，随着企业管理水平的提高和会计人员在业务实践中的经验积累，一般都会转向单轨制核算。

（二）单轨制核算模式

单轨制核算是指将责任会计核算与财务会计核算融合在一起的核算体系。这种模式不需要另设专门的责任会计账户，通过设置一套账簿同时进行责任会计与财务会计的核算。

在该核算模式下，企业必须根据对各责任中心进行考核的需要增设内部核算账户，或在正常的财务会计账户下，按对各责任中心的考核内容增设二级或三级明细分类账户。在按统一的财务会计制度反映企业财务状况、经营成果的同时，也要根据内部管理需要，反映各责任中心的财务状况和经营成果。如，在“主营业务成本”账户下，按不同的成本或利润中心设置二级账户，如果企业需要分门别类地反映成本项目，也可按成本项目设置三级明细账户，或按成本项目设置二级账户，按责任中心设置三级明细账户。这类账户主要还有“主营业务收入”“税金及附加”“销售费用”“管理费用”“财务费用”“本年利润”等。

单轨制核算模式下，成本中心既要计算责任成本，又要计算产品成本。二者结合的形式一般包括责任成本与产品成本结合核算的形式、责任成本与产品变动成本结合核算的形式。

1. 责任成本与产品成本结合核算的形式

采用责任成本与产品成本结合核算的形式，其核算方法有两种。第一种，以传统的产品成本核算体系为基础设置账簿，计算产品制造成本，并将成本责任中心当期发生的不可控成本剔除，计算责任成本。责任成本的计算是通过编制调整成本计算表完成的，无须另行设置账簿。第二种，在成本责任中心的生产费用类账户下，分设“可控成本”和“不可控成本”明细账，将可控成本和不可控成本分别进行登记，并分别在各种产品之间进行分配。成本责任中心各种产品的当期可控成本之和为实际责任成本，某种产品的可控成本与不可控成本之和为该产品的实际成本。这两种责任成本与产品制造成本相结合的核算方法，都能够避免双轨制会计核算下成本计算工作的重复。

2. 责任成本与产品变动成本结合核算的形式

责任成本与产品变动成本结合核算的形式，一般以变动成本法为基础设置账簿并核算。具体而言，车间及以下层次的成本责任中心按照变动成本法计算产品成本，变动成本按产品进行归集；固定成本按成本中心进行归集，分为可控成本和不可控成本。成本中心当期发生的可控变动成本与可控固定成本之和为成本责任中心的责任成本。责任成本与产品变动成本相结合的核算形式，能够清晰地表明产量变动与成本控制水平引起的成本变动，便于合理考核成本责任中心的工作业绩。

第4节　责任会计报告的设计

责任中心的业绩考核通过编制责任会计报告来完成。责任会计报告又称业绩报告、绩效报告，它既是企业各级管理部门评价各责任中心工作业绩的重要依据，也是各责任中心总结经验、发现问题、分析原因、改进工作的参考资料。

一、责任会计报告设计的基本要求

（一）内容系统

责任会计制度要求以按责任中心编制的责任预算为起点，对预算的执行情况进行系统的记录、计量，按期编制责任报告，对责任中心进行考核。责任中心层次不同，责任预算目标也不相同，其责任会计报告内容的详细程度自然各异。尽管如此，为了能够系统地反映企业内部经济活动的全貌，设计的责任会计报告必须以最低的责任层次为起点，将责任报告逐级汇总（如成本中心的从班组到车间），直至向企业最高管理层的报告，形成系统的责任会计报告体系。

（二）信息相关

责任会计报告所披露的信息必须与所要报告的管理者的需要相关。一方面，它能够提供该层管理人员所能控制的并对责任预算指标有影响的指标；另一方面，要保证指标具有清晰的逻辑层次，还要以文字形式提出需要管理当局特别注意之处。

（三）形式灵活

责任会计报告可以采用多种灵活的形式，如编制报表、数据分析、文字说明等。尽管对责任预算的实际执行情况以及所产生的差异采用报表方式来加以反映，但责任会计报告在分析差异产生的原因并提出相应的改进建议时，多采用数据分析和文字说明形式。

二、责任会计报告的种类

责任会计报告按不同的标准可以有多种不同的分类，但由于责任中心是责任会计的报告主体，因此，责任会计报告按不同类型的责任中心分类并进行设计是最重要的。

（一）成本中心的责任会计报告

成本中心的责任会计报告应主要反映其责任成本的预算额、实际发生额及其差异额，并按成本或费用项目分别列示。采用不同成本计算方法的责任中心，其责任会计报告的成本或费用项目也不相同。

通过成本中心的责任会计报告，可以了解成本中心责任成本预算的完成情况和产生差异的原因，有助于对成本中心进行控制，并据此对各成本中心的业绩进行考核。表 13-7 是采用变动成本法计算成本的成本中心责任会计报告。

表 13-7　成本中心责任会计报告

编制单位：　　　　　　　　　　年　　月　　　　　　　　　　金额单位：

项目	预算	实际	超支（节约）	差异原因
可控成本				
变动成本				
直接材料				
直接人工				
变动制造费用				
变动成本合计				
固定成本				
固定制造费用				
……				
固定成本合计				

（二）利润中心的责任会计报告

利润中心的责任会计报告主要反映其责任利润的预算额、实际发生额和差异额，并按利润的形成过程分项列示。

利润中心的利润差异较大时，应在责任会计报告中进行分析并说明。通过利润中心的责任会计报告，可以了解利润中心的销售、成本等情况，分析影响责任中心目标利润完成的主要原因，并据以对利润中心的工作业绩进行评价。其一般格式如表 13-8 所示。

表 13-8　利润中心责任会计报告

编制单位：　　　　　　　　　　年　　月　　　　　　　　　　金额单位：

项目	预算	实际	超支（节约）	差异原因
销售净额				
销售成本				
毛利				
部门直接费用				
人员工资				
广告费				
折旧费				
直接费用合计				
部门贡献毛益				
间接费用				
管理人员工资				
办公费用				
销售费用				
间接费用合计				
营业利润				

（三）投资中心的责任报告

投资中心的责任报告主要反映投资利润预算完成情况，包括投资利润预算的完成情况、投资利润率和资金周转率指标的完成情况。在投资中心的责任会计报告中，应对投资利润率预算的完成情况，影响投资利润率变动的原因进行重点分析。其一般格式如表 13-9 所示。

表 13-9　投资中心责任会计报告

编制单位：　　　　　　　　　　年　　月　　　　　　　　　　金额单位：

项目	预算	实际	超支（节约）	差异原因
销售净额				
销售成本				
毛利				
部门直接费用				
人员工资				
广告费				
折旧费				
直接费用合计				
部门贡献毛益				
间接费用				
管理人员工资				
办公费用				
销售费用				
间接费用合计				
营业利润				
资产平均占用额				
投资周转率				
销售利润率				
投资利润率				
剩余收益				

思考题

1. 责任会计制度设计的原则有哪些？
2. 责任中心设计的原则是什么？
3. 责任中心的设计类型包括哪几种？
4. 各责任中心的常用指标有哪些？
5. 责任预算编制方法包括哪几种？各有什么优缺点？
6. 内部转移价格的设计包括哪几种类型？各有什么优缺点？
7. 责任会计的核算模式设计有哪两种？各自的适用性如何？
8. 责任会计报告设计的基本要求有哪些？
9. 如何编制责任会计报告？

练习题

1. 单项选择题

(1) 反映投资利润预算完成情况需设计的责任中心是（　　）。

A. 成本中心　　B. 收入中心

C. 投资中心　　D. 利润中心

(2) 为合理考核和评价责任中心的业绩应遵循的原则是（　　）。

A. 责任主体原则　　B. 目标一致原则

C. 可控性原则　　D. 激励原则

2. 多项选择题

(1) 一套完整的责任会计制度的具体内容通常包括（　　）。

A. 划分责任中心，规定权责范围

B. 确定责任核算系统

C. 建立企业内部转移价格和内部结算制度

D. 编制责任会计报告，考评工作业绩

(2) 责任中心的形式包括（　　）。

A. 成本中心　　B. 利润中心

C. 投资中心　　D. 收入中心

(3) 内部转移价格的设计类型包括（　　）。

A. 市场价格

B. 协商价格

C. 双重内部转移价格

D. 以成本作为内部转移价格

3. 判断题

(1) 责任会计的核算必须按各级管理部门设置相应的责任中心，建立责任主体。 (　　)

(2) 从企业总体来看，内部转移价格的制定将影响企业的利润总数。 (　　)

(3) 责任会计报告按不同类型的责任中心分类并进行设计是最重要的。 (　　)

实训题

1. 请以一家采用责任会计制度的制造企业为分析对象，分析该企业责任会计制度的设计情况：

(1) 该企业责任中心的分类；

(2) 其责任会计核算方法的选择与设计；

(3) 分析该企业责任会计报告的设计及具体编制情况。

2. N公司准备按照分权管理的要求建立责任会计制度，设立内部责任中心。该公司是一家规模较大的服装生产企业，主要有三个生产车间和两个辅助部门，两个辅助部门分别是行政管理部门和水电管理部门。以上各部门都具有较大的独立性。在设计责任会计制度的过程中，N公司业务经理提出以下几个设想供参考：

(1) N公司的各机构和部门均可确认为一个责任中心；

(2) 企业只要求在执行预算的过程中将信息迅速反馈给各责任中心，无须再将信息向上级汇报；

(3) 责任中心的设置必须与企业的组织结构相适应，组织结构不可变动，以确保责任会计制度的顺利实行；

(4) 内部转移价格由业务部门具体操作，与各责任中心无关；

(5) 为了提高效率，企业的各个责任中心可以根据需要进行综合核算，不必一定强调进行单独核算；

(6) 成本中心是对成本或费用负责的责任中心，同时也应该考核其收入，可以通过成本降低额对各责任中心进行考核。

要求：根据责任会计制度设计的原则和要求，指出上述设想存在的不足之处，并加以修正。

参考文献

1. 阎德玉. 会计制度设计. 2版. 北京：中国财政经济出版社，2008.
2. 徐政旦，等. 会计制度设计. 上海：上海财经大学出版社，1996.
3. 董惠良，等. 企业会计制度设计. 4版. 上海：立信会计出版社，2013.
4. 张文贤. 会计制度设计案例. 上海：立信会计出版社，2001.
5. 刘明辉，方红星. 企业会计设计导论. 大连：东北财经大学出版社，1995.
6. 《企业会计制度》研究组.《企业会计制度》及讲解. 大连：东北财经大学出版社，2001.
7. 张以宽. 会计制度设计. 北京：中国财政经济出版社，2001.
8. 李凤鸣. 会计制度设计. 3版. 北京：中国财政经济出版社，2015.
9. 张跃进. 企业内部会计制度设计. 2版. 北京：经济科学出版社，2002.
10. 于长春. 会计制度设计：实务、案例、习题. 北京：首都经济贸易大学出版社，2004.
11. 宋艳敏，刘晓东. 会计制度设计. 北京：科学出版社，2009.
12. 李凤鸣. 会计制度设计. 3版. 上海：复旦大学出版社，2010.
13. 李端生，等. 会计制度设计. 5版. 大连：东北财经大学出版社，2013.
14. 企业会计准则编审委员会. 企业会计准则. 上海：立信会计出版社，2015.
15. 企业会计准则编审委员会. 企业会计准则应用指南. 上海：立信会计出版社，2015.

图书在版编目（CIP）数据

会计制度设计/陈艳利编著. --3 版. --北京：中国人民大学出版社，2021.4
高等学校经济管理类主干课程教材. 会计与财务系列
ISBN 978-7-300-29181-9

Ⅰ.①会… Ⅱ.①陈… Ⅲ.①会计制度-设计-高等学校-教材 Ⅳ.①F233

中国版本图书馆 CIP 数据核字（2021）第 055235 号

高等学校经济管理类主干课程教材·会计与财务系列
会计制度设计（第 3 版）
陈艳利　编著
Kuaiji Zhidu Sheji

出版发行	中国人民大学出版社		
社　　址	北京中关村大街 31 号	**邮政编码**	100080
电　　话	010－62511242（总编室）		010－62511770（质管部）
	010－82501766（邮购部）		010－62514148（门市部）
	010－62515195（发行公司）		010－62515275（盗版举报）
网　　址	http://www.crup.com.cn		
经　　销	新华书店		
印　　刷	北京市鑫霸印务有限公司	**版　　次**	2017 年 8 月第 1 版
规　　格	185 mm×260 mm　16 开本		2021 年 4 月第 3 版
印　　张	19.5 插页 1	**印　　次**	2023 年 2 月第 4 次印刷
字　　数	443 000	**定　　价**	42.00 元

教师教学服务说明

中国人民大学出版社财会出版分社以出版经典、高品质的会计、财务管理、审计等领域各层次教材为宗旨。

为了更好地为一线教师服务，近年来财会出版分社着力建设了一批数字化、立体化的网络教学资源。教师可以通过以下方式获得免费下载教学资源的权限：

在中国人民大学出版社网站 www. crup. com. cn 进行注册，注册后进入“会员中心”，在左侧点击“我的教师认证”，填写相关信息，提交后等待审核。我们将在一个工作日内为您开通相关资源的下载权限。

如您急需教学资源或需要其他帮助，请在工作时间与我们联络：

中国人民大学出版社　财会出版分社

联系电话：010-62515987，62511076

电子邮箱：ckcbfs@crup. com. cn

通讯地址：北京市海淀区中关村大街甲 59 号文化大厦 1501 室（100872）